깃털 달린 아인슈타인 앵무새

-대자연의 경이로움을 알게 해주신
 부모님께 이 책을 헌정합니다.

마니아를 위한 Pet Care 시리즈 NO 5

깃털 달린 아인슈타인
앵무새

심용주 지음 · 이태승 감수

씨밀레북스

Prologue

좀 더 많은 **앵무새**들이 **행복한 삶**을 **살게 되기**를 바라며

이 글을 읽고 계신 독자의 대부분은 현재 앵무새를 기르고 계시거나, 과거에 앵무새를 기르셨거나, 또는 앞으로 앵무새를 기를 계획을 가지고 계실 것입니다. 앵무새는 다양하고 아름다운 색상으로 시각적 즐거움을 주며, 보호자를 알아보고 재주를 배우거나 말을 따라 하기도 합니다.

개나 고양이와 마찬가지로 앵무새를 제대로 잘 기르기 위해서는 단순하게 물과 먹이를 주고 사랑하는 것만으로는 부족합니다. 여러분이 사랑하는 앵무새를 제대로 기르기 위해서는 부단한 전문지식의 습득과 그렇게 얻은 지식의 실천이 필수적입니다. 그러나 지금까지 국내에서는 앵무새 사육을 위한 제대로 된 전문지식을 얻기가 매우 어려웠습니다. 70~80년대에 몇 권의 책이 출간됐고 그 중 한두 권은 비교적 탄탄한 구성과 방대한 내용으로 지금까지도 마니아들의 서고에서 당당한 위치를 차지하고 있습니다. 그러나 이들은 최근 증대되고 있는 훈련, 행동학, 핸드 피딩 등에 대한 독자의 점증하는 요구에 적절하게 부응하지 못하는 것이 사실입니다. 또한 대부분의 서적이 핀치류와 앵무류를 함께 다루다 보니 앵무새에 대한 관심이 과거 어느 때보다도 증대된 지금의 시각에서 볼 때 그 내용이 다소 불충분하다고 하겠습니다.

근래에 출판된 일부 관련서적은 이러한 문제점들을 개선하고 새로운 이정표를 제시하기보다는 기존 서적의 한계를 벗어나지 못하고 시대적 흐름에 부응하지 못하는 등 증대되는 앵무새 마니아와 입문자들의 끝없는 지식욕을 채우기에 한없이 부족한 형편입니다. 물론 아마존닷컴 등 해외 온라인서점이나 국내 대형서점을 통한 해외 전문서적의 구입이 한결 용이해졌음에는 이론의 여지가 없으나, 언어의 장벽은 지식욕을 가로막는 또 다른 장애요소인 것이 대부분의 마니아들이 처한 현실입니다.

우수한 전문서적의 부재는 결국 앵무새 마니아층이 확대되는 데 장애요소로 작용함은 물론 앵무새들의 권리와 복지향상에도 큰 걸림돌이 되고 있습니다. 지금 이 순간에도 수많은 보호자들이 아픈 앵무새에게 전문적 진료기회를 제공하기는커녕 수십 년 된 책에 쓰인, 믿거나 말거나 식의 지침 아닌 지침에 따라 포도주 몇 방울로 기적을 바라고 있습니다. 야채를 주면 설사를 한다는 웃지 못할 낭설 때문에 곡물로만 이뤄진 모이를 먹이고,

새장이 너무 크면 새가 안정감을 갖지 못한다는 황당한 논리로 좁디좁은 새장에서 날개 한번 펴지 못한 채 죽을 날만을 기다리는 안타까운 앵무새들의 이야기는 우리가 도처에서 어렵지 않게 만날 수 있는 참혹한 현실입니다.

이런 앵무새들은 그 새의 삶도 불행하지만 그 새를 기르는 보호자도 불행하게 만듭니다. 제대로 된 환경에서 양질의 먹이를 먹었다면 15년 이상 온가족에게 무한한 즐거움을 선사하며 행복하게 살 수 있는 왕관앵무가 형편없는 먹이와 날개조차 펴기 힘든 작은 새장 속에서 불과 2~3년을 넘기지 못한 채 저 세상으로 가는 것을 수도 없이 봐왔습니다. 이런 새의 보호자는 새를 일찍 떠나보내는 슬픔에 자괴감과 심적 가책마저 느낄 것입니다. 설사 그러한 새들이 죽지 않고 요행히 몇 년 더 연명한다 하더라도 자신의 궁박한 현실 속에서 보호자에게 참된 행복을 나누어 주기 어려울 것입니다. 보호자에게 행복한 지저귐과 장난기 가득한 몸짓을 보여주지 못하고 그저 자신의 깃털을 뽑거나 우울증에 걸린 채 소리나 질러대는, 재미없다 못해 끔찍한 앵무새로 남음으로써 보호자는 앵무새를 기르는 진정한 행복을 느낄 수 없게 될 것입니다. 지금 이 순간에도 보호자의 무지와 무관심으로 엄청난 숫자의 앵무새들이 비참하기 이를 데 없는 삶을 살고 있으며 또한 저 세상으로 떠나고 있습니다. 아마 여러분 중 많은 분의 새들도 그와 유사한 삶을 살고 있을 것입니다.

이 책의 목적은 바로 행복한 삶을 사는 앵무새의 숫자를 늘리는 것입니다. 즉 이 책은 일차적으로 이 책을 읽고 계신 여러분을 위한 것이 아니라 여러분이 기르고 있거나 기르게 되실 앵무새들을 위한 책입니다. 좀 더 많은 앵무새들이 이 책으로 인해 행복한 삶을 살게 된다면 그 앵무새를 기르시는 여러분도 좀 더 많은 기쁨을 얻으실 것이라고 확신합니다. 더 많은 노랫소리를 들려주고 좀 더 재미있고 아름다운 모습을 보여줄 것입니다.

자, 이제 앵무새를 행복하게 만드는 방법을 배울 준비가 되셨습니까? 그럼 저와 함께 앵무새의 세계로 여행을 떠나 보시겠습니까?

2010년 8월
관악산 자락이 굽어보이는 연구실에서 심용주

Contents

Prologue **6**

Chapter 1 앵무새 사육의 역사
Section 1 역사적 고찰과 해외의 현황 12
귀족 등 특수계층의 애장품 | 유명인사들의 앵무새 | 이국적인 풍모로 식을 줄 모르는 인기

Section 2 국내 앵무새 사육의 역사와 현황 18
삼국유사의 역사적 기록 | 90년대 후반 새로운 전기 | 앵무새 애호문화의 위기와 도전 | 새로운 희망에 대한 기대

Chapter 2 앵무새의 생물학적 특성
Section 1 진화의 역사 26
앵무새의 진화적 기원 | 두발공룡의 후예

Section 2 신체구조와 기능 30
깃털과 피부 | 발톱 | 부리 | 머리뼈(두개골) | 기타 골격 | 혀 | 식도 | 장 | 간 | 생식선 | 기낭 | 중추신경계 | 눈

Chapter 3 앵무새 주요 종 및 변종
Section 1 종의 분류방법 42
체구에 따른 분류 | 서식지에 따른 분류 | 먹이에 따른 분류 | 훈련가능 여부에 따른 분류

Section 2 주요 종 48
왕관앵무 | 모란앵무 | 사랑앵무 | 패럿랫 | 리네오레이티드 패러킷 | 코뉴어(선 코뉴어, 골든 코뉴어) | 로리 및 로리킷류(레인보우 로리킷 채터링 로리) | 호주계 패러킷(레드럼프드 패러킷 이스턴 로젤라, 터콰즈 패러킷) | 아시아계 패러킷(로즈링넥 패러킷 알렉산드리안 패러킷) | 이클레터스 패럿 | 아프리칸 그레이 패럿 | 코카투(서퍼 크레스티드 코카투, 메이저 미첼 코카투) | 아마존앵무(블루프론티드 아마존, 옐로우 크라운드 아마존) | 매커우(블루앤옐로우 매커우, 레드숄더드 매커우)

Chapter 4 앵무새 분양받기
Section 1 앵무새 사육이 주는 즐거움 116
아름다운 깃털과 독특한 용모 | 우수한 지적능력과 인간과의 교감 | 희귀한 개체에 대한 자부심과 기쁨

Section 2 앵무새 기르기 전 고려할 제약사항 120
소음 | 청소 및 관리의 어려움 | 제한된 관련 지식 | 강한 부리 힘 | 고도의 지적능력 | 질병, 죽음과 감정적 상처 | 경제적 부담 | 매우 긴 수명 | 사육자의 헌신에 대한 높은 요구

Section 3 좋은 앵무새 고르기 130
건강하고 활기찬 앵무새 선택 | 몸의 이상 유무 확인하기 | 좋은 분양자 찾기 | 나에게 적합한 앵무새

Section 4 분양 전 준비 146
적합한 분양시기 | 기초준비사항 | 주요 준비물품 | 앵

무새에게 안전한 환경 만들기 | 주변사람 동의 구하기

Section 5 새로운 환경에 적응시키기 156
낯가림 받아들이기 | 적응할 시간 주기 | 이름 지어주기 | 식구들 소개하기 | 다른 동물 소개하기 | 철저하게 검역하기 | 손님 맞기

Chapter 5 앵무새의 일반적인 관리
Section 1 용품 및 장비 166
새장 | 횃대 | 먹이통과 물통 | 둥지상자 | 기타장비 및 용품

Section 2 앵무새에게 필요한 영양 196
단백질 | 탄수화물 | 지방 | 아미노산 | 미네랄 | 칼슘 | 비타민 | 기타 영양소의 종류와 역할

Section 3 먹이의 종류와 금기식품 216
펠릿사료 | 곡물사료 | 과일 및 야채 | 단백질 보충사료 | 미네랄 및 비타민보충제 | 앵무새용 특별식 | 금기식품 | 먹이 바꾸기 | 핸드 피딩 포뮬러 | 이유식

Section 4 사육환경 238
온도 | 조명 | 환기 | 소음 | 습도 | 천적 및 해충

Section 5 일반관리 246
발톱손질 | 부리손질 | 날개손질 | 목욕 | 계절별 관리의 요점

Chapter 6 앵무새 길들이기
Section 1 앵무새의 본능 254
왜 앵무새를 길들여야 하는가 | 앵무새의 본능

Section 2 앵무새의 일반적인 행동 262
깃털 다듬기 | 물건 씹기 | 깨물기와 잘근잘근 씹기 | 비행 | 기어오르기 | 꼼짝하지 않고 버티기 | 하품 | 부리 갈기 | 부리 닦기 | 토하기 | 꼬리 깃 흔들기 | 번식행동 | 목욕 | 수면 | 긁기 | 코풀기

Section 3 기초훈련 270
훈련 시 유의사항 | 새장에서 꺼내기 | 기초훈련

Section 4 문제행동의 촉발과 심화원인 276
존중, 이해, 인내심의 부족 | 과도한 응석 받아주기 | 임계점 이상의 스트레스 | 성성숙 및 성호르몬의 주기적 분비 | 일상의 과도한 비일상화 | 가족구조

Section 5 문제행동 및 해결방법 284
바이팅 | 바이팅의 전조증상 | 깃털 뽑기 및 자해 | 스크리밍 | 과도한 집착 및 공격적인 행동

Section 6 말 가르치기 296
앵무새의 발성기관 | 발성의 의미 | 말 가르치기 | 모델 라이벌학습법 | 말을 못하는 앵무새

Section 7 트릭훈련 306
오퍼런트 컨디셔닝 | 훈련프로그램 디자인 | 다양한 트릭훈련

Section 8 그 밖의 훈련 318
배변훈련 | 함께 놀아주기 | 풍부화 프로그램 | 프리 플라이트 | 나이든 앵무새의 교육훈련

Chapter 7 앵무새의 건강과 질병

Section 1 질병의 징후와 예방 326
질병의 징후 | 질병 및 부상의 예방

Section 2 흔히 걸리는 질병 및 부상 332
피부 및 관련 질환 | 자해 | 상부호흡기계 질병 | 하부호흡기계 질병 | 구토, 토해먹이기, 연하곤란 | 분변의 이상 | 응급조치

Chapter 8 앵무새의 번식

Section 1 번식 전 고려해야 할 사항 358
앵무새 번식의 목적 | 번식을 시도하지 말아야 하는 이유

Section 2 번식준비 366
종조 구하기 | 장비 준비 | 환경 조성

Section 3 산란 및 포란, 육추 372

발정 및 교미 | 산란 | 포란 | 부화 | 육추 | 위닝 | 다음 번식 준비 | 포스터링(fostering)

Section 4 인공포란 및 인공부화 380
알의 구조 | 인공부화 장비 | 알의 취급 시 주의사항 | 인공포란 | 인공부화 | 빈발하는 문제점

Section 5 핸드 피딩 394
핸드 피딩의 기초 | 핸드 피딩용 장비 및 기구 | 핸드 피딩 포뮬러 | 핸드 피딩의 실제 | 위닝

Chapter 9 앵무새의 유전

Section 1 유전의 의미 410
유전이란 | 유전지식의 의미

Section 2 기초유전학 414
유전자 | 멘델의 법칙 | 돌연변이 | 육종 | 반성유전 | 동형접합체 | 치사유전자 | 근친교배 | 이종교배 | 검정교배

Section 3 색상돌연변이 422
블루(blue) | 루티노(lutino) 또는 이노(ino) | 시나몬(sex linked cinnamon) | 딜루트(dilute) | 팰로우(fallow) | 올리브 및 다크 그린 | 오팔린(opaline) | 파이드(pied) | 멜라니스틱(melanistic)

Chapter 1

앵무새 사육의 역사

앵무새 사육에 대해 역사적으로 고찰해보고, 해외의 사육현황 및 국내 앵무새 사육의 역사와 현황을 살펴본다.

Section 01

역사적 고찰과 해외의 현황

귀족 등 특수계층의 애장품

문헌에 따르면 앵무새 사육의 역사는 고대 이집트, 그리스까지 거슬러 올라간다. 고대 이집트의 벽화에는 앵무새를 묘사한 그림이 남아 있다. 인도의 리그베다[1]는 기원전 1400년에 쓰인 것으로서 앵무새에 대한 최초의 문헌기록으로 알려져 있다. 산스크리트어로 된 이 작품은 앵무새가 사람의 말을 따라할 수 있음을 언급하고 있다.

유럽의 문헌 중 앵무새와 관련된 가장 오래된 기록은 기원전 397년에 쓰인 쳇시아의 인디카라는 작품으로, 인도어를 할 줄 아는 플럼 해디드 패러킷(Plum Headed Parakeet)으로 보이는 앵무새에 대한 언급이 있다. 또 아리스토텔레스(기원전 385~322년)는 프시타카에(Psittacae)라고 불리는 앵무새에 대한 기록을 남긴 바 있다. 프시타카에라는 말은 오늘날 앵무류를 통칭하는 Psittacine의 어원이다.

아시아에 서식하는 앵무 중 몸길이가 가장 길고 뛰어난 언어능력을 지닌 것으로 널리 알려진 알렉산드리안 패러킷(Alexandrian Parakeet)의 이름은 기원전 327년 인도로부터 이 앵무새를 비롯해 서너 종의 다른 앵무새를 데려갔던 알렉산더 대왕에서 따왔다.

엄브렐러 코카투

아프리칸 그레이 패럿

고대 로마인들은 앵무새를 일종의 사치품으로 인식해 귀금속이나 거북 등갑과 같은 고급재료로 만든 새장에서 사육했으며, 아프리카 등지에서 엄청난 숫자의 앵무새를 수입하고 유럽 각지에 소개했다. 이러한 앵무새 교역은 당시 중요한 경제활동의 하나였다. 콜럼버스 이전의 북아메리카 원주민들에게도 앵무새는 중요한 교역대상품의 하나였던 것 같다. 고고학자들에 따르면 북아메리카 남서부에 거주했던 원주민들의 거주지인 차코협곡에서 톨테카족(서기 850~1120)[2]과 교역한 것으로 추정되는 앵무새의 뼈 등이 발견됐다.

중세 유럽에서 앵무새는 귀족이나 왕족 같은 특수계층이 향유하던 전유물이었다. 신성로마제국의 황제인 프레더릭 2세(Frederick II, 1215~1250 재위)는 바빌론의 술탄이 선물한 엄브렐러 코카투를 무척이나 아꼈다. 로마의 교황도 이러한 앵무새 마니아 리스트에 이름을 올린 것으로 유명하다. 교황 마틴 5세(Pope Martin V, 서기 1417~1431 재임)는 심지어 '앵무새의 방'이라고 이름붙인 고급스런 장식의 앵무새 전용침실을 마련하고 앵무새 관리인을 임명하기도 했다. 서기 1413년 아메리카대륙으로부터 돌아온 콜럼버스는 이사벨 여왕에게 쿠반 아마존(Cuban Amazon Parrot) 1쌍을 선물했고, 이로부터 유럽은 아메리카대륙의 다양한 앵무새를 대량으로 수입하기에 이른다. 16세기 유럽의 헨리 8세(Henry VIII, 1509~1547 재위)는 자신의 햄튼 궁에서 아프리칸 그레이 패럿(African Grey Parrot)을 길렀는데, 사람과 똑같은 목소리로 강 건너에 있는 뱃사공들을 불러 헛걸음을 시키곤 했다는 일화가 매우 유명하다. 마리 앙투아네트와 빅토리아 여왕은 모두 아프리칸 그레이를 길렀으며, 특히 빅토리아 여왕의 아프리칸 그레이는 '신께서 여왕을 구하시네'라는 노래를 불러 여왕의 총애를 받은 것으로 기록돼 있다.

유명인사들의 앵무새

미국의 대통령들도 앵무새에 대한 사랑이 유별났다. 루즈벨트 대통령은 블루앤골드 매커우(Blue&Gold Macaw)와 히아신스 매커우(Hyacinth Macaw)를 길렀고, 케네디 대통령은 사랑앵무(Budgerigar) 두 마리를 유난히 사랑했으며, 존슨 대통령은 모란앵무(Lovebird)를 길렀다.

앵무새는 세계대전 중에도 중요한 역할을 수행했다. 제1차 세계대전 중 프랑스군은 에펠탑 최상층에 앵무새를 둔 관측소를 운영했는데, 이 앵무새들은 원거리에서 접근하는 적기를 조기에 탐지하고 경고하는 역할을 훌륭히 수행했다. 영국 수상 처칠은 제2차 세계대전 무렵부터 블루앤골드 매커우를 곁에 두고 말동무로 삼았는데, 2004년 발간된 자료에 따르면 이 앵무새는 처칠 사후에도 살아남아 2004년에 104번째 생일을 맞았다고 한다. 이 매커우는 그때까지도 여전히 처칠의 음성으로 '히틀러', '나치' 라는 말을 하곤 했다고 알려져 있다.

할리우드 등의 유명인들에게도 이런 앵무새는 빼놓을 수 없는 소중한 반려동물로 자리 잡고 있다. 그중에서도 가장 유명한 이는 세계적 호텔 체인의 상속녀인 패리스 힐튼이라 할 수 있다. 패리스 힐튼은 수년 전부터 배어 아이드 코카투(Bare Eyed Cockatoo)를 기르고 있다. 한때 할리우드 최고의 여배우로 자리매김했던 엘리자베스 테일러는 옐로우 네입드 아마존(Yellow Naped Amazon Parrot)을 말동무로 삼았다.

현재 미국, 유럽, 일본 등의 반려동물 선진국에서는 조류가 개, 고양이에 이어 세 번째로 많이 길러지는 애완동물이다. 비둘기, 카나리아, 핀치류, 오리, 닭 등 여러 조류 중에서도 앵무

완전히 성숙한 분홍머리 모란앵무 ©Cityparrots/Jonker&Innemee

현존하는 최대 앵무새인 히아신스 매커우 ⓒCityparrots/Jonker&Innemee

새는 탁월한 지적능력과 화려한 깃털을 비롯한 이국적 풍모로 많은 이의 사랑을 받고 있다. 미국의 경우 로스앤젤레스를 비롯한 거의 모든 주요 도시에 대규모의 앵무새 전문점이 위치하고 있으며, 일본의 경우도 도쿄 등 대도시를 위주로 유명한 대형 전문점들이 산재해 있다. 네덜란드나 영국, 호주는 다양한 앵무새의 개량과 육종에 상당한 업적을 쌓아온 것으로 유명하다.

이국적인 풍모로 식을 줄 모르는 인기

앵무새가 지닌 이국적인 외모와 뛰어난 언어능력은 엔터테인먼트업계까지도 주목하도록 만든 매력적인 장점이다. 앵무새가 나오는 유명한 영화로는 '폴리(Paulie)'가 있다. 1998년 개봉한 이 영화에서 주인공 역을 맡은 블루 크라운드 코뉴어(Blue Crowned Conure) 폴리는 말을 더듬는 소녀와 교감을 나누는, 산전수전 다 겪은 노장 앵무새로 멋진 연기를 보여줬고, 미국 등지에서 앵무새 사육 붐을 불러일으키기도 했다. 이외에도 해적이 나오는 여러 영화에서 앵무새는 빠질 수 없는 주요 등장인물이다. 비교적 최근에 개봉된 '캐러비안의 해적'에는 멋진 매커우가 등장하기도 했다.

앵무새는 관광업계에서도 중요한 위치를 점하고 있다. 국내에도 많이 알려진 싱가포르의 주롱버드파크는 국내에서 보기 어려운 화려하고 이국적인 앵무새를 직접 만지고, 버드 쇼를 관람하며 식사를 즐길 수 있도록 꾸며져 있어 싱가포르를 찾는 관광객들이 꼭 한번 들러야 하는 명소로 자리 잡았다. 이외에도 호주나 미국 등지에는 다양한 페팅쥬(petting zoo)³⁾가 많은 이들의 사랑을 받고 있다.

동물원에서도 앵무새는 중요한 위치를 점하고 있다. 다른 어떤 동물보다도 이국적인 모습을 지닌 앵무새는 많은 동물원에서 코끼리, 사자, 호랑이와 더불어 가장 인기 있는 동물로 손꼽힌다. 캘리포니아 롱비치에 위치한 퍼시픽 아쿠아리움의 로리킷 포레스트는 1500㎡가 넘는 넓은 공간에 130여 마리의 로리(Lori)와 로리킷(Lorikeet)이 자유롭게 날아다니며 관람객과 어울려 생활한다. 이곳은 현재 매일 수천 명의 관람객이 찾는 퍼시픽 아쿠아리움의 가장 유명하고도 인기 있는 공간이 됐다.

1. 영화 폴리의 한 장면 **2.** 로리킷 포레스트의 레인보우 로리킷

Section 02

국내 앵무새 사육의 역사와 현황

삼국유사의 역사적 기록

우리나라의 경우 앵무새가 언제부터 알려졌는지, 언제부터 수입됐는지에 대한 명확한 기록은 전해진 바가 없으나, 삼국유사에 다음과 같은 언급이 있는 것으로 미뤄 최소 삼국시대까지 앵무새 사육의 역사가 거슬러 올라갈 것으로 판단된다.

'42대 흥덕대왕은 보력 2년(서기 826년)에 즉위했다. 얼마 뒤 어떤 사람이 당에 사신으로 갔다 돌아오며 앵무새 한 쌍을 가져왔다. 오래지 않아 암놈이 죽자 홀로 된 수놈은 슬피 울며 그 울음을 그치지 않았다. 왕이 사람을 시켜 거울을 걸어줬다. 수놈은 거울 속 그림자를 보더니 제 짝을 얻었나 싶어 거울을 쪼았다. 그러나 그것이 그림자인 줄 알고는 슬피 울다 죽었다.'

고려시대에 제작된 기와나 청자에 앵무새가 새겨진 것이 많이 출토되는 것으로 볼 때 고려시대를 전후해 중국이나 동남아 등지로부터 앵무새에 대한 정보가 우리나라에 널리 알려진 것 또한 분명하다. 조선시대에는 앵무새가 좀 더 흔해진 것으로 보인다. 비록 일반 대중이 앵무새를 기르기는 어려웠겠지만, 기록에 따르면 이서구란 이는 녹앵무경(綠

완전히 성장한 왕관앵무 노멀 펄 파이드(normal pearl pied) 품종

앵무새 문양이 그려진 고려청자

鸚鵡經)이라는 앵무새 사육과 관련된 서적을 저술[4]했으며, 궁중에서는 궁녀들의 처녀성을 판별하기 위해 앵무새의 피를 이용했다는 기록이 있다. 의서 중에는 불에 태운 앵무새 고기가 종기에 특효라는 언급도 있다.

일제강점기 이후 우리나라에는 문조, 십자매 등의 소형 핀치류[5]가 일본을 통해 많이 소개됐으며 이 과정에서 사랑앵무, 모란앵무 등의 소형앵무류도 소개됐다. 이런 앵무새들은 80년대 이후 경제발전이 가속화면서 일대 대부흥기를 맞이하게 된다.

90년대 후반 새로운 전기

필자의 어린 시절 주변에는 유난히 사랑앵무, 모란앵무 등 소형앵무류를 기르는 이웃이 많았다. 필자 역시 이런 소형앵무들을 기르고 번식해 용돈을 마련했던 기억이 있다. 당시에는 앵무새 등 소형조류의 사육 붐에 힘입어 농가 등에서 전업으로 대규모 사육장을 운영하기도 했고, 행상을 다니며 앵무새 등을 판매하는 이들도 있었다.

당시에는 동네어귀나 시장 근처마다 크고 작은 수족관이나 조류원이 있었고, 이런 곳에서 물고기와 토끼를 비롯해 사랑앵무, 모란앵무 등을 판매했다. 당시만 해도 골든 체리 등의 변종은 상당한 고가에 거래됐으며, 왕관앵무 정도만 해도 쉽게 보기 힘들었고 가격도 매우 높았다. 몇몇 방송국에서는 앵무새를 비롯한 소형조류 기르기와 관련된 특집 프로그램을 방영하기도 했다. 서점에서도 어렵지 않게 앵무새 등의 사육과 관련된 책을 찾아볼 수 있었다. 한마디로 앵무새의 전성기라 할만 했다. 하지만 80년대 말 90년대에 들어서면서 실내에서 기를 수 있는 소형애완견들이 높은 인기를 구가하기 시작했고, 앵무새를 비롯한 조류의 인기는 급격히 식어 많은 조류원들이 업을 접기에 이른다.

이러한 앵무새 사육에 새로운 전기가 마련된 것은 90년대 후반부터 불기 시작한 이른바 반려조[6] 열풍과 인터넷의 급속한 보급이다. 새장 안에 가둬두고 소리를 듣거나 모습을 보는 것이 아니라 직접 강아지처럼 손으로 만질 수 있도록 길러지고 훈련된 애완조는, 어린아이들을 비롯해 어린 시절 앵무새를 길러본 경험이 있거나 앵무새에 동경을 품고 있던 많은 성인들의 마음을 사로잡았다. 인터넷을 통해 이에 대한 정보가 급속히 확산되면서 앵무새 기르기는 새로운 전환점을 맞이하게 된다.

앵무새 애호문화의 위기와 도전

90년대 말 이후 우리나라 앵무새 애호문화는 전례 없이 급격히 확산됐으며, 이에 따라 앵무새업계도 최고의 호황을 맞았다. 서울과 수도권은 물론이거니와 지방의 주요 도시 곳곳에 애완조나 중대형앵무를 전문적으로 취급하는 업체들이 무수히 생겨났고, 수많은 인터넷 카페와 블로그가 태동했다. 처음에는 단순히 모든 앵무새를 취급했으나 시간이 흐르면서 각각의 업체와 인터넷 동호회들은 패럿렛, 모란앵무, 아프리칸 그레이 등과 같이 좀 더 전문적인 영역을 개척하기에 이르렀다.

그러나 현재 우리나라의 앵무새 애호문화는 한마디로 위기와 도전의 시대를 보내고 있다. 2008년 말 제한적으로 자유화된 앵무새 수입으로 인해 이른바 합법적인 앵무새들이 물밀듯이 밀려들고 있다. 이는 최근 수년간 우리나라 신규 앵무새 공급의 대부분을 차지

장난감을 가지고 노는 스칼렛 매커우(Scarlet Macaw)

야생의 페스티브 아마존(Festive Amazon)
ⓒCityparrots/Jonker&Innemee

하던 비합법적 앵무새들과 맞물려 일시적으로 공급과잉을 초래하고 있다. 이런 와중에 일부 종들은 과거 네덜란드의 '튤립구근가격폭락'[7]에 버금가는 가격폭락을 경험하고 있다.

합법적이든 비합법적이든 앵무새의 수입량은 급격히 증가했으나, 앵무새를 더 깊이 이해하고 앵무새를 위한 노력을 하기보다는 좀 더 많은 이익을 남기고 더 많은 앵무새를 판매[8]하는 데 모든 초점이 맞춰진 것이 현실이다. 필자도 어린 시절 앵무새를 번식해 용돈을 번 경험이 있고, 현재도 일정부분 관련업계에 발을 담그고 있는 것이 사실이다. 그럼에도 언제나 중요하게 생각하는 것은 '내가 기르는 앵무새는 최소한의 인도적 대우를 받아야 하며, 그 보호자인 내가 그러한 기본권을 충족시켜주기 위해 부단한 노력을 해야 한다' 는 것이다. 그러나 여전히 '앵무새와 함께 가기' 에 대해 고려하는 문화는 국내에 그리 보편화되지 않았다고 본다.

새로운 희망에 대한 기대

단기적으로 봤을 때, 우리나라 앵무새 애호가들은 크게 두 부류로 재편될 것이다. 일부는 앵무새의 경제적 가치에 집중을 할 것이고, 다른 일부는 앵무새와 함께 살아가기에 노력을 기울일 것이다. 전자라고 해서 모두 업체 또는 이른바 업자가 아니며, 후자라고 해서 모두 애호가이고 마니아는 아니다. 경제적 이익을 그 기반으로 하지만 동시에 전문지식과 인도적 관리를 겸비했다면 충분히 후자로 분류될 수 있으며, 마니아를 자칭하지만 전자로 분류될 이들도 있을 것이다. 이처럼 카테고리를 분류하는 데 가장 중요한 준거는 금전적 이득을 목표로 하는지의 여부가 아니라, 앵무새를 우리와 함께 살아가는 반려동물로 받아들이고 그들의 권익과 복지를 위한 최소한의 고민과 실천이 있는지 여부일 것이다. 아무리 앵무새를 좋아한다고 해도 앵무새에게 작은 새장, 영양학적으로 부적합한 먹이, 비인도적 환경을 강요한다면 진정한 앵무새 마니아라고 볼 수 없을 것이다. 이처럼 양분된 앵무새 애호가 및 업계는 상당기간 양립해서 존재할 것이다. 장기적으로는 미국, 유럽 및 일본처럼 후자가 마니아 집단 및 업계를 주도하게 되겠지만, 전자에 속하는 그룹도 새로 진입한 마니아들에게 그릇된 정보를 제공하고 앵무새를 다양하게 착취하며 상당기간 그 명맥을 유지할 것으로 보인다.

관련업계 역시 여러 가지 면에서 아직 일천한 상황이다. 몇몇 조류용품 및 장비전문 쇼핑몰이 영업 중이지만 마니아층이 두텁지 못한 상황에서 장기간 영업활동을 유지하는 경우가 많지 않으며, 지난 십여 년간 수많은 업체가 명멸해왔다. 청계천의 퇴조 역시 두드러진 현상이다. 필자가 어린 시절에는 청계천이 국내 유일, 최고, 최대의 조류시장이었으나 현재는 인터넷업체 및 개인브리더의 성장으로 그 명맥만 유지하는 데 급급한 것이 현실이다. 최근에는 앵무새 수입의 제한이 완화되며 수입업체가 난립하고 있는 것도 특기할 사항이라 하겠다. 아직 규모나 자금, 전문지식 등의 전반적인 면에서 확고한 강자가 없는 상황에서, 한동안 중소규모업체와 개인브리더들이 혼재돼 현재와 같은 다소 하향평준화된

먹이를 먹고 있는 야생 패럿렛

시장분할구도를 유지할 것으로 보인다. 전체적으로 봤을 때 앵무새 애호가의 규모는 현재보다 커질 수밖에 없다고 본다. 이는 고령화 사회로 진입하며 외로운 노년층이 증가하고 이에 따라 반려동물에 대한 수요가 증가할 것이며, 반려동물에 대한 인식개선 등에 힘입어 자연적으로 반려동물 인구 전체가 증가할 것이기 때문이다.

하지만 중대형앵무에 대한 부분은 조금 모호한 것이 사실이다. 중대형앵무는 우리가 앵무새에게서 기대하는 거의 모든 것을 완벽하게 갖추고 있지만 우리나라의 주거현실을 고려할 때, 중대형앵무 애호가의 증가세는 태생적인 한계를 가지고 있다고 할 수 있다. 소형앵무의 경우는 앞으로도 무한히 밝은 미래를 가지고 있다고 보는 데 애조가들의 견해가 일치할 것이다. 특히 왕관앵무, 모란앵무 등과 같은 소형앵무는 어린이와 초심자층을 망라해 지속적으로 그 유명세를 뻗어갈 것으로 믿어 의심치 않는다.

최근의 앵무새 애호가 그룹 및 업계에 기대를 심어주고 있는 것은 바로 앵무새 브리더가 되기를 꿈꾸는 초·중·고생 및 청년층의 증가다. 비교적 어린 시절부터 앵무새를 사랑하고 앵무새에 대한 꿈을 꿔온 후속세대가 증가하고 있다는 것은 바로 우리나라 앵무새 마니아문화가 더욱 발전할 중요한 밑거름인 것이다. 전문적 지식과 앵무새에 대한 깊은 사랑으로 무장한 이들이 현재와 같은 후진적 현실에 새로운 길을 열어줄 것으로 믿어 의심치 않는다.

각주 1) 인도에서 가장 오래된 종교 문헌으로, 브라만교의 근본경전 중 첫째 문헌 리그베다 상히타의 약칭 2) 치첸잇사 등의 유적지를 남긴 것으로 유명한 멕시코지역에 번성했던 종족, 문명 3) 동물을 직접 만져보며 먹이를 주거나 사진을 찍을 수 있게 돼 있는 동물원 4) 동아일보 2004년 11월 19일자 5) 부리가 짧고 뾰족하며 몸이 크지 않은 소형조류의 통칭 6) 최근에는 애완보다 반려라는 용어가 일부 마니아층의 지지를 받고 있다. 그들에 따르면 애완은 단순히 '사랑하며 데리고 놀다'라는 의미이며 반려란 '함께 가다'라는 뜻이라고 주장한다. 그러나 애완이건 반려이건 '인간의 목적에 맞게 동물을 이용한다'라는 좀 더 진일보한 시각에서 보자면 두 용어 모두 인간중심적이라는 비난을 피하기 어려울 것으로 보인다. 필자는 두 용어를 구분 없이 사용하도록 하겠다. 7) 1630년대 네덜란드에서는 튤립이 투자(또는 투기)의 수단으로 각광을 받았고, 튤립구근 하나의 가격이 현재가치 기준으로 최대 10만 달러에 달하기도 했다. 그러나 급격한 거품붕괴로 튤립가격은 폭락하고 말았다. 8) 일각에서는 앵무새가 생명이 있는 존재이기 때문에 일반 공산품과 달리 앵무새의 양수도 행위를 판매와 구매가 아닌 분양과 입양으로 칭해야 한다고 주장한다. 그러나 아무런 대가 없이 단순한 사랑과 관심으로 앵무새를 양수도하지 않는 이상 대금이 오고가는 상행위 자체를 부정하기는 어렵기에 판매와 구입이라 칭하는 데 별다른 문제가 있다고 보지 않는다. 좀 더 중요한 것은 단순한 피상적 용어의 선택이 아니라 앵무새를 대하는 마음자세일 것이다. 대금을 지급하고 앵무새를 양수도하는 이상 모든 양수도인은 일종의 상행위를 하는 것이며, 그 상행위의 대상물인 앵무새는 판매되고 구매되는 것이다. 동호회 사이트 등에서 이뤄지는 이른바 비영리목적의 책임분양의 경우에도 책임비라는 웃지 못할 명목으로 대금이 개입되는 것을 볼 때 분양과 입양, 판매와 구매 사이에 어떤 근원적 차이가 있는지 알기 어렵다. 만일 판매와 구매의 어감이 불쾌하다면 앵무새의 소유 자체를 불쾌해 하고 앵무새의 소유를 반대하는 것이 더 적절한 반응일 것이다. 근본적인 문제는 앞서 언급했듯이 단순한 용어의 뉘앙스가 아니라 앵무새를 인간에게 이용당하는 열등한 존재로 인식하는 데 있다. 물론 이러한 종평등주의적 측면에 있어서는 필자도 결코 자유롭지 못한 것이 사실이다. 이러한 주제와 관련해 관심이 있는 독자는 피터 싱어의 Animal Liberation을 참조하기 바란다.

Chapter 2

앵무새의 생물학적 특성

앵무새의 진화적 기원과 역사에 대해 간략하게 살펴보고, 앵무새의 신체구조 및 각각의 기능에 대해 알아본다.

Section 01

진화의 역사

앵무새의 진화적 기원

300여 종이 넘는 앵무새는 그 엄청난 종의 분화만큼이나 매우 다양한 서식지에 폭넓게 분포하고 있으며, 동일한 지역에 분포하는 앵무새라도 종에 따라 매우 상이한 생활양식을 보인다. 앵무목으로 분류되는 300여 종의 앵무새는 60%를 넘는 습도와 40℃를 넘나드는 적도의 야자 숲에서부터, 만년설로 뒤덮인 영하 10℃ 정도 되는 남반구의 마지막 육지에까지 골고루 분포하고 있다.

어떤 종은 꽃의 꿀과 화분을 먹으며, 어떤 종은 곡식을 먹고, 어떤 종은 심지어 고기를 먹기도 한다. 크기가 작은 종은 몸무게가 불과 달걀 하나 정도밖에 되지 않으며, 어떤 종은 웬만한 소형견종만큼이나 육중한 몸집을 자랑한다. 또 어떤 종은 머리에 멋진 우관이 있고, 어떤 종은 50cm가 넘는 멋진 꼬리를 가지고 있다. 어떤 종은 반경 수 km에 달할 정도의 어마어마한 소리를 지르며, 어떤 종은 카나리아처럼 아름답고 조용한 소리를 낸다. 대부분의 종은 주행성이지만 카카포(Kakapo)와 같은 일부 종의 경우에는 야행성이다.

밀리 아마존 앵무

이처럼 다양한 현생 앵무류는 과거 언젠가 지구상에 처음 나타난 조류의 시조로부터 시작됐을 것이나, 아직까지 오늘날 앵무류의 초기형태를 보여주는 완벽한 화석은 발견된 바가 없다. 그나마 지금까지 발굴된 화석 중 앵무새의 직접적 조상으로 보이는 가장 오래된 것은 미국 와이오밍의 나이오브라라 카운티 지역에서 발견된 백악기[1] 무렵의 화석이다. 학자들은 아랫부리의 형태를 보고 지금은 사라진 이 생명체가 앵무류의 초기 조상인 것으로 추정하고 있다.

이외에도 영국에서 발굴된 초기 마이오세[2] 시대의 화석과 독일에서 발굴된 중기 에오세[3] 시대의 화석이 있었으나 모두 다른 조류를 잘못 분류한 것으로 밝혀진 바 있어 아쉬움을 자아낸다. 2002년 연구자들에 의해 밝혀진 바에 따르면, 지금으로부터 약 4000~3600만 년 전에 존재한 것으로 보이는 퀘르킵시타 수드레이(Quercypsitta sudrei)와 퀘르킵시타 이바니(Q. ivani)[4]가 현생 앵무류의 가장 직접적인 조상이다.

두발공룡의 후예

앵무목의 상위분류인 조류강에 대해서는 좀 더 상세한 자료가 존재한다. 모두가 알다시피 1800년대에 발견된 화석자료에 따르면 조류는 파충류로부터 진화했다. 현생조류가 정확하게 언제 출현했는지는 아직 논란의 여지가 있으나 분자생물학자들의 연구결과에 따르면 지금으로부터 약 1억5000만 년 전에 기존의 파충류로부터 조류의 첫 조상이 출현했다. 현생 조류의 시조는 약 5400만 년 전에 등장한 것으로 고생물학자들은 판단하고 있다. 물론 그보다 앞서 파충류와 조류의 진화과정에 중요한 역할을 하는 이른 바 시조새가 2억4천만 년 전에 처음 등장했다.[5]

가장 유명한 초기 조류 중 하나인 시조새의 모사품 사진

일군의 학자들에 따르면 조류는 수각아목[6]의 두발공룡인 벨로키랍토르나 티라노사우루스의 후손이다. 계통분류학적 측면에서 보면 조류는 독립된 강에 속하기보다는 파충류강의 아강으로 보는 것이 더 적합하다고 한다. 두 발로 걷던 벨로키랍토르와 같은 공룡으로부

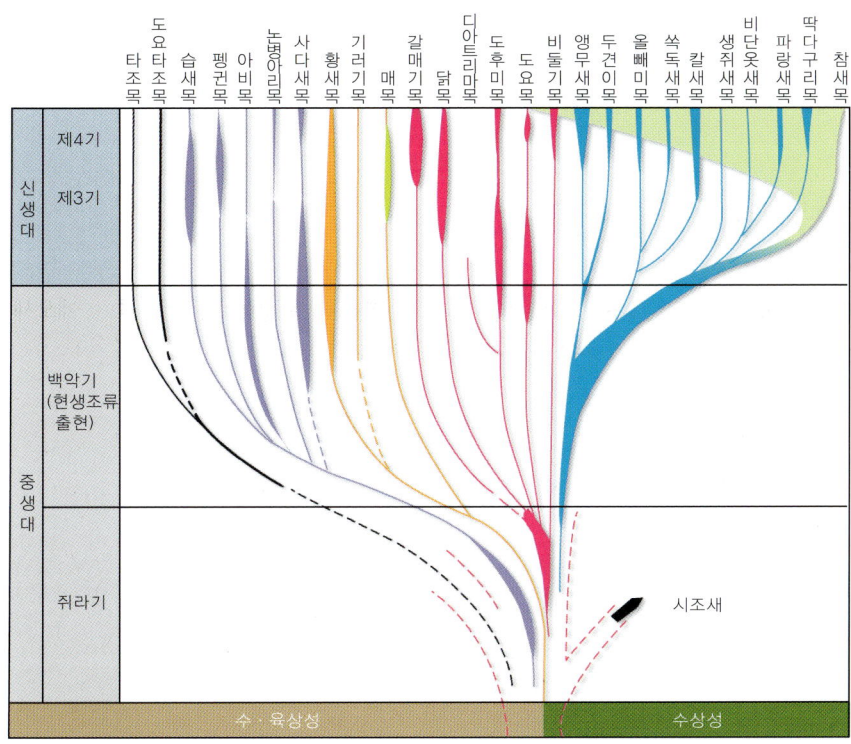

조류의 진화계통도(주: 매목, 비둘기목은 주로 수상성으로 진화했다. 가지의 굵기는 종류의 다수 비율에 따라 나타냈다)

터 현재의 걷거나 날 수 있는 깃털로 덮인 조류가 출현하기까지는 수많은 지질학적 이벤트가 있었다. 판게아[7]와 곤드와나[8]의 분리, 소행성의 충돌로 인한 KT대멸종[9], 남아메리카 및 오스트리아대륙의 형성, 북남미대륙의 재결합에 따른 파나마지협의 형성, 빙하기의 도래 등이 그것이다. 이런 일련의 지질학적 시간의 흐름 속에서 각각의 종들은 비선형적인 진화의 과정을 겪게 된다.

화석상의 조상을 찾는 것은 어느 정도 갈피를 잡아가고 있지만, 조류의 진화계통도 상에 앵무류의 명확한 위치를 찾는 것은 그리 쉬운 일이 아닌 것 같다. 대부분의 생물학자들은 해부학적으로 유사한 부분이 많음을 들어 앵무목을 비둘기목과 두견목 사이에 위치시키고 있다. 그러나 최근의 분자생물학적 분석방법에 기초한 DNA 분석에 따르면, 앵무목은 두견목과 칼새목[10] 사이에 위치하는 것이 더 적절하다는 의견이 있기도 하다. 이러한 분석방법에 따르면 비둘기는 이들과 진화적 관계가 더 멀다.

Section 02

신체구조와 기능

깃털과 피부

조류가 다른 동물과 구분되는 가장 큰 특징은 바로 깃털이다. 깃털은 조류의 체온을 유지시키고 비행을 가능하게 함으로써 천적으로부터 피하거나 먹이를 얻는 데 상당한 이점을 제공한다. 앵무새를 포함한 대부분의 조류는 포유류에 비해 비교적 얇은 표피층을 지니고 있다. 얇지만 견고한 표피층을 피지[11]라는 특수한 오일층이 한 번 더 덮고 있어서 견고할 뿐더러 수분을 쉽게 잃어버리지도 않는다. 별도의 땀샘이 없기 때문에 체열은 호흡기와 발을 통해 발산되며, 비행 중 이러한 체열발산이 극대화된다.

진피층 역시 포유류보다 얇으며, 모낭과 깃털을 움직이기 위한 근육들이 위치하고 있고, 진피층 아래에는 지방층이 있다. 아마존앵무와 코카투를 비롯한 일부 앵무류는 일반적인 경우보다 더 두꺼운 지방층을 지닌 것으로 알려져 있다.

암컷의 경우 하복부에는 이른바 포란대라 불리는 특수한 조직이 있다. 산란 전 암컷은 호르몬 작용에 의해 이 부위의 깃털이 탈락되며 혈관이 확장돼서 포란 시 알로 전달되는 체열을 극대화시킨다. 이때 포란대에 위치한 신경조직은 알의 온도를 측정해 적정온도

재야생화된 미트레드 코뉴어(Mitred Conure) ⓒCityparrots/Jonker&Innemee

를 자동으로 유지하게 한다. 다리는 비늘과 유사한 조직으로 덮여 있고, 발바닥은 다소 부드러운 표피로 덮여 있다. 깃털은 좀 더 복잡하게 구성돼 있으며, 이는 다음 페이지의 표와 같이 각기 6가지로 세분될 수 있다. 깃털의 색상은 각각의 종을 구분하는 데 있어서 가장 중요한 요소다. 또한, 깃털의 색상은 야생에서 위장을 쉽게 하고 성적이형을 나타내며, 유조와 성조를 구분하는 지표로도 사용된다. 깃털은 위장에 있어서도 매우 중요한 역할을 하는데, 녹색이나 회색빛의 앵무새가 뛰어난 위장술을 지니고 있음은 당연하거니와 매우 화려한 매커우나 로리류도 실제 밀림에서는 거의 완벽하게 위장하는 것으로 알려져 있다.

포유류와 비교할 때 조류를 비롯한 앵무류의 깃털의 색상은 놀라울 정도로 다양하며, 다양한 색소와 깃털의 구조적 특성이 이런 다양한 색상을 만들어낸다. 검은색, 갈색 등은 검은색 멜라닌색소를 생산하는 멜라노사이트에 의해 생성되며, 붉은색과 노란색 등은 카로틴이나 크산토필에 의해 나타난다. 흰색은 깃털의 중앙부가 비어 있어 모든 빛을 반사하기 때문에 나타난다. 푸른색은 매우 드문 편인데 사랑앵무에서 관찰되는 옅은 푸른

1. 몰루칸 코카투를 비롯한 코카투 및 왕관앵무는 이른바 파우더를 만들어 깃털을 보호한다. 2. 이클레터스 패럿. 일반적인 앵무새와는 달리 핀과 같이 다소 단순한 구조의 깃털을 지니고 있다. 그러나 방수 및 비행 등에 있어서의 탁월한 기능은 어떤 다른 앵무종과 비교해도 뒤지지 않는다.

★ 깃털의 세부구조 ★

명칭	역할
코튼 피더(cotton feather)	외부 깃털의 대부분을 차지한다. 각각의 깃털은 강인하고 긴 줄기가 있으며, 이 줄기에서 잔가지로 나누어지고 각각의 잔가지는 다시 좀 더 작은 가지로 분화된다.
다운 피더(down feather)	우리가 입는 오리털이나 거위털 옷의 주 충진재로 사용되는 깃털이다. 줄기가 비교적 짧으며, 길고 부드러운 가지들로 구성돼 있다.
세미플룸(semiplume)	코튼 피더와 다운 피더가 서로 결합된 형태의 깃털이다. 주로 코튼 피더의 경계부분에서 나타난다.
파우더 다운 피더 (powder down feather)	깃털의 끝부분이 끊임없이 부서져 흰색 또는 회색의 파우더가 되는 형태다. 이러한 파우더는 깃털의 마모를 방지하는 일종의 윤활유 역할을 수행한다. 코카투 계열의 앵무새에서 흔하게 볼 수 있다.
필로플룸(filoplume)	말단부에 잔가지가 난 긴 핀 형태의 깃털이다. 감각기의 역할을 수행한다.
브리스틀 피더(bristle feather)	눈이나 외이도 부근에 위치한 짧은 깃털로 각 기관을 보호하는 역할을 수행한다.

색은 틴들효과[12] 때문이며, 대부분의 앵무새가 초록색을 보이는 것은 황색 카로틴과 틴들효과 때문이다. 선택적인 브리딩에 의해 초록색을 이루는 구성요소 중 하나만을 나타나게 할 수 있으며, 이를 통해 노란색 또는 파란색의 변종[13]을 작출할 수 있다. 보라색은 색소에 의한 것이 아니라 깃털의 내부구조에 기인한다.

발톱
발톱은 각각의 발가락 끝에 위치한, 단백질과 무기질로 이뤄진 단단한 조직이다. 상부조직이 하부조직보다 빠르게 성장하기 때문에 물건을 움켜잡기 쉽도록 갈고리처럼 휘어진 형태를 띤다. 발톱내부에는 혈관이 위치해 발톱이 정상적으로 성장할 수 있도록 영양분을 공급한다. 종에 따라 다양한 색상을 띤다.

부리
부리는 본래 상피세포가 변형돼 케라틴화된 것으로 상악과 하악에 매우 단단하게 고정돼 있다. 부리의 일부는 비교적 양호한 감각을 갖추고 있으나 일반적으로는 감각에 대한 민감도가 매우 떨어진다.

1. 이클레투스 패럿 유조의 발톱. 불과 생후 2개월 령이지만 매우 강력한 발톱을 지니고 있다.
2. 엄브렐러 코카투의 부리. 건강한 코카투는 언제나 발과 부리에 흰색 파우더가 묻어 있다. 만약 부리에 파우더가 없이 반질반질 검은색으로 윤이 난다면 PBFD를 의심해야 한다.

부리는 평생 동안 끊임없이 성장한다. 대형 매커우류의 경우 비공 부근에 표식을 남겨두고 약 9개월 정도 경과한 후에 살펴보니 그 표식이 부리의 끝으로 이동했다는 연구결과가 있다. 이 연구결과에 따르면, 대형 매커우류의 부리의 길이를 고려할 때 매우 빨리 성장한다고 볼 수 있다.

머리뼈(두개골)

머리뼈는 두개골과 턱뼈의 두 부분으로 구성돼 있으며 매우 가볍다. 윗부리와 아랫부리는 각각 두개골과 턱뼈의 말단에 단단히 고정돼 있다. 대형앵무류의 경우는 두개골의 말단과 윗부리 사이에 일종의 관절이 있으며, 중소형앵무류는 비교적 유연한 조직을 사이에 두고 부리와 두개골이 만난다. 이런 이유로 부리는 단순히 가위처럼 상하로만 움직이는 것이 아니라 제한된 범위 내에서 비교적 자유롭게 움직일 수 있다. 윗부리는 일부가 비어 있고, 이 비어 있는 부분은 기도를 통해 폐와 연결된다.

기타 골격

조류의 뼈는 함기골이라 해서 뼈의 내부가 스펀지처럼 구멍이 뚫려 있다. 이런 구조 덕분에 조류는 다른 동물에 비해 체중을 극단적으로 줄여 이륙할 때의 하중을 감소시키며, 내구성을 강화해 착지 시의 충격 등으로부터 안전할 수 있다. 목뼈는 다른 조류처럼 매우 자유롭게 움직일 수 있으며, 가슴뼈는 흉곽 내의 주요 장기를 보호하기 위해 가벼우면서도 단단하다. 포유류의 앞발에 해당하는 날개는 오랜 진화의 결과 공기의 흐름을 가장 적절하게 이용해 비행할 수 있으며, 강한 근육이 잘 발달돼 있다. 다리와 발가락은 견고해 체중을 적절하게 지탱할 수 있으며, 강한 힘으로 나뭇가지 등에 견고하게 몸을 안착시킬 수 있다.

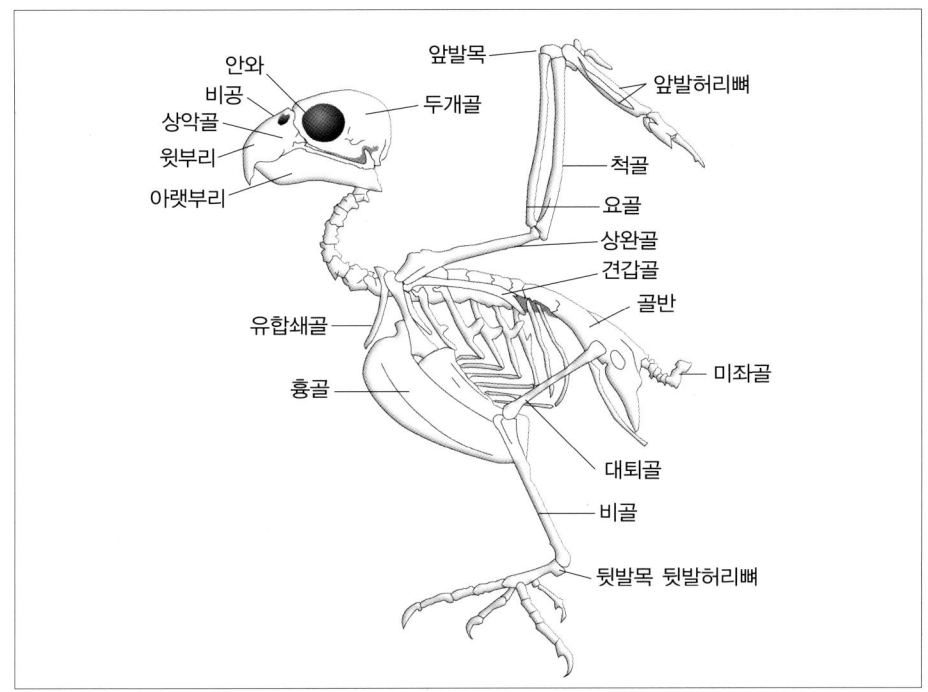

앵무새 골격의 해부학적 명칭

다른 조류들과 마찬가지로 횃대 등에 앉은 후 몸을 낮추게 되면 발가락이 횃대 등을 견고하게 붙잡을 수 있다. 핀치류 등과는 달리 발가락이 전방과 후방으로 각각 2개씩 위치하고 있어 마치 영장류의 손처럼 물건을 잡을 수 있으며, 상당히 정교한 움직임도 어려움 없이 수행할 수 있다. 중대형앵무와 일부 소형앵무의 경우 한발을 따로 움직여 원하는 동작을 수행할 수 있다.

별도의 땀샘이 없는 앵무새는 발을 통해 체열을 발산할 수 있다. 동시에 발로 가장 많은 체열이 빠져나가기 때문에, 추운 계절에는 한쪽 발만으로 횃대에 서고 한쪽 발은 깃털 속에 감추는 것을 쉽게 볼 수 있다.

혀

앵무새의 혀는 복잡한 근육으로 이뤄진 매우 두꺼운 조직으로 다른 조류에서는 찾아보기 어렵다. 앵무새의 혀는 비교적 정교한 움직임이 가능하며, 혀와 부리를 이용해 작은

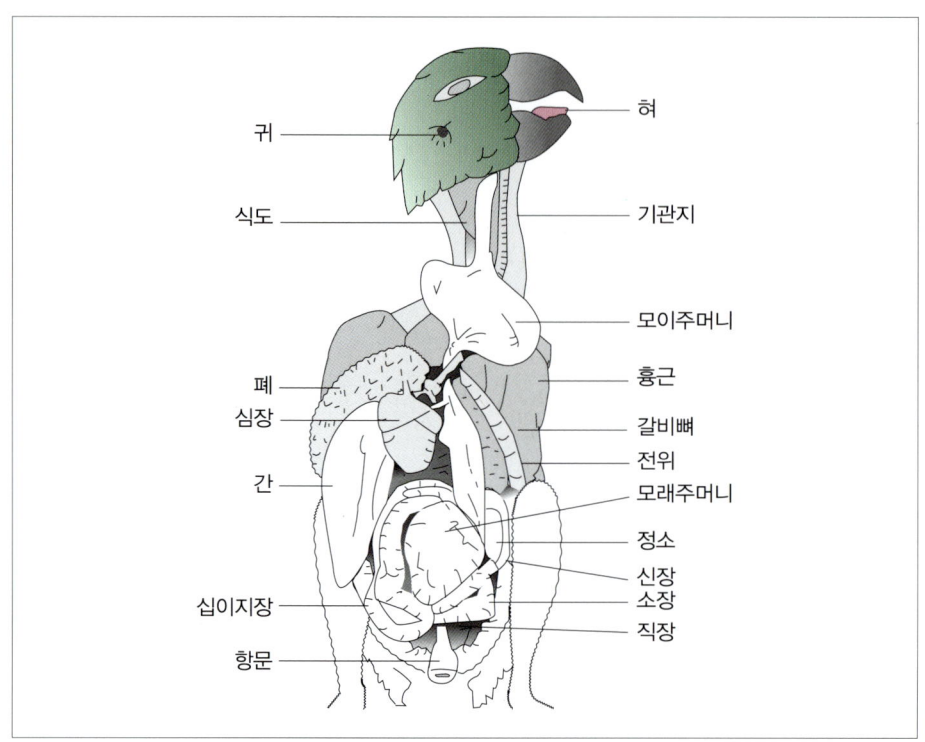

앵무새 내부기관의 해부학적 명칭

씨앗을 고정하고 껍질을 벗겨낼 수도 있다. 로리류의 경우 혀의 끝부분에 요철이 있어 꿀이나 과즙 같은 액체나 화분 등을 쉽게 취할 수 있다. 침샘은 혀, 입천장, 입안 구석 등에 여러 개가 분포하며 육안으로도 어렵지 않게 그 개구부를 확인할 수 있다.

식도

식도는 입안의 오른쪽에 위치해 있으며, 연동운동을 통해 음식물을 소낭으로 전달한다. 위장은 전위와 위, 두 부분으로 구성돼 있다. 전위와 위에는 소화효소를 생산하는 샘들이 위치해 있다. 특히 위는 매우 강력한 근육질로 돼 있으며, 그리트(grit)[14] 등을 이용해 먹이를 잘게 부순다. 최근의 연구결과에 따르면, 음식물은 전위와 위 사이를 양방향으로 오고 가며 가늘게 분쇄돼 장으로 넘어간다.

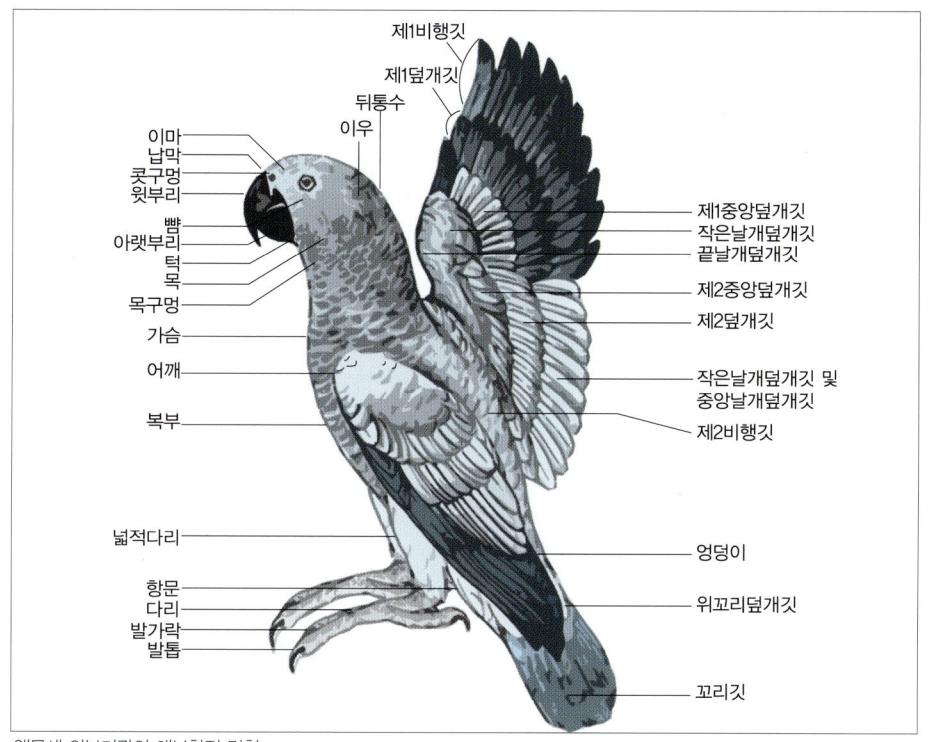

앵무새 외부기관의 해부학적 명칭

장

장은 소장과 대장으로 구성돼 있으며, 화학적 소화와 영양소의 흡수는 소장에서 이뤄진다. 대장은 짧고 항문과 연결돼 있다. 췌장은 포유류의 경우와 그 작용이 유사해 아밀라아제, 리파아제, 프로테아제 등을 분비한다. 췌장에서는 인슐린과 글루카곤도 생산하지만 인슐린이 당대사에 미치는 영향은 제한적이며, 주로 스테로이드 호르몬이 이에 관여한다.

간

간은 좌우 두 부분으로 구성돼 있으며, 코카투를 제외한 대부분의 앵무새는 담낭을 지니고 있지 않다. 앵무새는 등 쪽에 두 개의 신장을 지니고 있으며, 이곳에서 요산과 소변을 생산한다.

제2장 앵무새의 생물학적 특성 **37**

생식선

수컷의 경우 신장 근처에 두 개의 정소를 지니고 있다. 발정기가 도래하면 혈액공급이 급격히 증가하며 정소의 크기가 확대되는데, 일반적으로 왼쪽의 정소가 더 크다. 포유류의 경우와는 달리 별도의 부속생식선은 없으며, 생성된 정자는 부고환에 보관됐다가 교미 시 방출된다. 조류는 별도의 외부생식기가 없으며, 항문과 항문을 맞대고 정자를 전달한다. 암컷의 경우도 수컷의 경우와 비슷하게 왼쪽의 난소만이 정상적으로 발달하고 활동한다. 난소로 연결된 혈관은 매우 굵고 짧아 많은 양의 혈액을 효율적으로 공급한다. 어린 암컷의 난소는 매우 작지만, 번식기에 접어든 성숙한 암컷은 난황의 크기 때문에 매우 커지게 된다.

성숙한 난포로부터 방출되는 난자는 풍부한 영양분을 함유한 난황에 둘러싸인 형태로 난관을 거치며 알부민으로 감싸진다. 이 난자는 자궁협부로 이동해 난각막으로 감싸진다. 이 과정을 거치면서 알의 모양이 어느 정도 결정된다. 난각선에서 전체 알 형성과정의 80%에 달하는 시간을 보내는데, 여기에서 알은 수분을 흡수해 그 크기가 실제 알에 가깝게 커지며, 칼슘과 단백질로 이뤄진 알 껍질이 형성된다. 알 껍질에는 매우 미세한 구멍이 나 있어 알 내부에 신선한 산소를 공급한다. 이렇게 해서 만들어진 알은 총배설강을 통해 산란된다.

참고로 대부분의 앵무새는 총배설강 안쪽에 정자를 저장해둘 수 있는 저정낭이 위치해 있다. 이를 통해 앵무새는 사정된 정자를 3~4일까지 보관하고 필요할 때마다 꺼내 수정시킬 수 있다. 수정을 위해 정자가 난관으로 이동하기까지는 불과 몇 분이 채 걸리지 않는다.

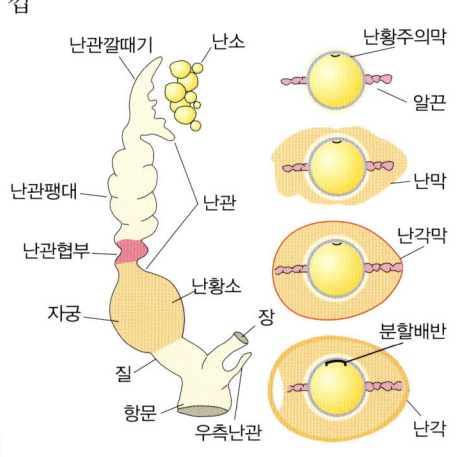

알의 형성과정 및 해부학적 명칭

심장

대부분의 조류와 마찬가지로 앵무새는 비행을 위해 장시간 동안 강도 높은 근육운동을 해야 한다. 이처럼 강력한 근육운동을 지탱하기 위해 조류의 심장은 동일한 체구의 포유동물과 비교할 때 훨씬 크고 빠르며, 강력하게 피를 뿜어낸다. 최대 운동치를 기준으로 할 때 사랑앵무는 사람이나 개보다 최대 7배나 많은 피를 뿜어낼 수 있다. 조류의 심장근 세포는 포유류보다 그 직경이 작지만 심혈관계와 달리 조류의 임파계는 포유류보다 덜 발달돼 있으며, 앵무새를 비롯한 대부분의 조류는 임파절이 존재하지 않는다.

기낭

앵무새를 비롯한 조류는 비행 시 원활한 호흡을 위해 폐 이외에 기낭이라는 특수한 조직을 가지고 있는데, 날개와 복부 등에 걸쳐 모두 8개가 있다. 산소와 이산화탄소의 실질적인 교환은 두 개의 폐에서 이뤄지지만, 기낭은 이러한 폐호흡을 보조하는 중요한 역할을 수행한다. 기낭은 일부 곤충을 비롯해 비행능력이 있는 생물군에서 발달된 호흡보조기관으로 조류의 경우 호흡 시 포유류와 달리 폐가 팽창하거나 수축하지 않으며, 오직 기낭만이 팽창하고 수축한다.[15]

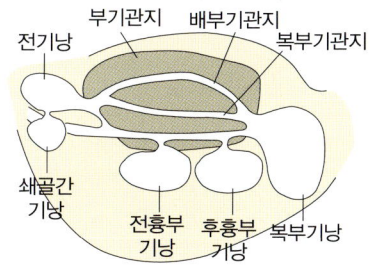

기낭의 해부학적 구조

중추신경계

조류의 중추신경계는 포유류와 대동소이하다.
뇌조직은 동일한 크기의 포유류보다는 작으나 파충류보다는 크고, 대뇌피질의 발달이 미흡하나 시신경계는 매우 발달돼 있다. 척추내부가 척수액이 아닌 젤라틴으로 채워져 있다는 것이 특이한 사항이다.

눈

시력은 조류의 가장 중요한 감각이다. 이에 따라 눈은 가장 중요한 감각기관이며, 체구나 머리 크기에 비해 매우 큰 안구를 가지고 있다. 청각은 그리 발달하지 못했으며, 이는 듣기능력이 뛰어난 앵무류의 경우도 마찬가지다. 피포식동물인 앵무류는 포식동물인 맹금류 등에 비해 매우 넓은 시각을 지니고 있다. 일반적으로 앵무류의 시각은 300° 이상이다. 그러나 양안시는 매우 좁아서 불과 6~10° 수준이다. 이런 이유로 앵무류는 어떤 사물이나 대상을 명확하게 보고 싶을 때 양쪽 눈을 번갈아 이용해 그 사물의 정확한 모양을 가늠하려고 애쓰곤 한다.

일반적으로 알려진 바와 달리 앵무새는 야간시력이 비교적 좋은 편이다. 대부분의 색깔을 구분할 수 있지만, 종에 따라 다소 차이가 있다. 예를 들어 사랑앵무는 적색을 제대로 보지 못한다. 반면 상당수의 앵무새는 어려움 없이 자외선을 식별할 수 있다. 이는 익은 열대과일을 구분하는 데 큰 도움을 준다. 많은 앵무새는 자외선을 통해 같은 종 내에서 성별과 연령을 구분할 수도 있다. 즉 인간의 눈으로 볼 때는 성적동종동형(sexually monomorphic)이지만, 앵무새의 눈으로 보면 성적동종이형(sexually dimorphic)인 것이다.

각주 1) 중생대를 셋으로 나눈 것 중 마지막 시대로서, 약 1억3500만 년 전부터 6500만 년 전까지의 기간이다. 암모나이트, 이노케라무스, 트리고니아, 대형유공충, 공룡 등이 번성했다. 겉씨식물이 우세하다가 후기부터 속씨식물의 쌍떡잎류가 우세해졌다. 2) 중신세라고도 칭하며 약 2600만 년 전부터 700만 년 전까지로, 신생대 제3기 초에 해당하는 지질시대다. 초, 중, 말기 3개로 구분한다. 코끼리, 말, 코뿔소의 조상이 번성했고 유공충과 조개류 등이 특징적이며, 현세와 유사한 고생물 화석이 많다. 석탄, 석유 등 지하자원의 주요 산출 층이다. 3) 지금으로부터 약 5300만~5000만 년 전에 시작돼 약 3700만 년 전에 끝났다. 알프스 조산대(造山帶) 주변부에서 이 시대에 지향사성(地向斜性) 퇴적층이 두껍게 쌓였다. 바다에는 고등 유공충인 화폐석 화석이 번성했다. 얕은 바다에는 부족류(이매패류)가 번성했으며, 기후가 온난·습윤했기 때문에 산림이 번성해 세계 각처의 에오세 지층에는 많은 석탄층(石炭層)이 퇴적돼 있다. 4) 에오세 후기의 선사조류의 한 종류다. 현재는 날개와 다리뼈의 일부가 남아 있다. 현생 아프리카 및 아시아 등지에 서식하는 앵무류와 관련이 깊으나 이 계통은 빙하기 도래와 더불어 모두 멸종한 것으로 짐작된다. 5) 최근 중국 연구자들은 1억6000만 년 전의 날개가 넷 달린 파충류와 조류의 과도기적 형태를 지닌 화석을 발견하고 이를 Anchiornis huxleyi라고 지었다. 이처럼 공룡과 조류를 잇는 진화과정에 대한 연구는 아직 진행 중이며, 진화과정을 입증할 새로운 화석들이 끊임없이 발견되고 있다. 즉 다시 말해서, 아직 이 부분에 대한 연구는 조류의 진화과정에 대한 우리의 지식욕을 채우기에 부족함이 많은 것이 사실이다. 6) 수각류(獸脚類)는 이족보행을 한 용반류 공룡을 말한다. 대부분 육식성이었으나 일부는 백악기에 초식성으로 진화한 것으로 보인다. 수각류는 트라이아스기 말(약 2억2000만 년 전)에 처음으로 출현해 쥐라기 초부터 백악기 말(약 6500만 년 전)까지 유일한 육식공룡이었다. 현재는 쥐라기 말 시조새로부터 진화한 9300여 종의 새만 남아 있다. 수각류와 새의 공통점은 발가락이 세 개라는 점과 차골, 속이 빈 뼈(일부 수각류의 경우), 깃털과 알을 낳는다는 점 등이 있다. 7) 초대륙이라고도 한다. 1915년 A. 베게너가 처음 주창했으며, 현재의 대륙이 고생대 말기까지는 하나로 뭉쳐 거대한 단일대륙을 이뤘던 것으로 상정해 부른 이름이다. '지구 전체'라는 의미의 그리스어에서 유래했다. 8) 지질시대의 고생대 말기부터 중생대 초기에 걸쳐 남반구에 존재했던 것으로 추측되는 대륙이다. 곤드와나 대륙은 이후 현재의 아프리카·오스트레일리아·남아메리카·남극대륙 등으로 분리된 것으로 생각되는데, 이 대륙이 현재처럼 분리된 이유로는 대륙이동설, 침강·해몰(海沒)에 의해 대서양·인도양이 출현했다는 설 등이 거론되고 있다. 9) 공룡이 사라진 백악기 후반의 멸종사건으로 지구상의 생명 종의 50%가 사라졌다. 이를 계기로 지구를 지배하던 공룡은 사라지고 포유류가 번성하기 시작했다. 이 KT대멸종 사건이 없었으면 인류는 존재하지 않았을 것으로 추정된다. 하지만 이렇게 중대한 KT멸종사건도 지구 역사에서 발생한 생명멸종사건 중에서 5번째의 멸종사건에 불과하다. 대멸종에 관한 좀 더 상세한 사항은 마이클 J. 벤턴의 '대멸종'을 참고하기 바란다. 10) 칼새과, 뿔칼새과, 벌새과로 이뤄진 조류의 한 목이다. 그 중 칼새는 제비와 아주 유사한 형태와 생활양식을 가지고 있다. 가늘고 긴 낫 모양의 날개를 가지고 고속으로 비행한다. 11) 항문선에서 주로 분비된다. 그러나 아마존이나 피오누스(Pinous) 계열의 앵무새들은 이러한 항문선을 지니고 있지 않다. 12) 하늘의 색깔이 푸르게 보이는 것과 같은 원리로 특정파장의 광선이 산란돼 나타난다. 13) 변종이란 적절한 선택적 교배를 통해 얻어진, 야생에 존재하지 않는 다른 특성을 지닌 개체 또는 개체군을 의미한다. 예를 들어 왕관앵무의 와일드타입은 수컷의 경우 온몸이 회색이고 얼굴만 노란색에 뺨에 붉은색 반점이 있으나 현재는 온몸이 하얗거나(white face lutino 또는 albino), 조가비무늬가 있거나(pearl), 온몸이 노랗거나(lutino) 한 수백 가지 이상의 다양한 종류의 변종이 육종돼 있다. 14) 소화를 돕기 위한 작은 돌멩이나 모래 등의 단단한 물질이다. 그러나 조류사육가 간에는 그리트의 효용에 대한 다양한 논쟁이 존재한다. 15) 조류의 폐와 기낭에 대한 상세한 설명은 http://people.eku.edu/ritchisong/birdrespiration.html을 참조하기 바란다.

Chapter 3

앵무새 주요 종 및 변종

앵무새 각 종의 분류방법에 대해 알아보고, 주요 종의 종류와 특징, 서식현황, 사육방법과 번식 등에 대해 살펴본다.

Section 01

종의 분류방법

일반적인 앵무새의 분류방법은 이른바 계통분류학적 방법에 따르는 것이다. 이에 따르면 현존하는 353종의 앵무새는 모두 앵무목(*Psittaciformes*)으로 분류된다. 이는 다시 유황앵무과(*Cacatuidae*)와 앵무과(*Psittacidae*) 등 두 개의 과로 분류된다. 우리에게 친숙한 왕관앵무(Cockatiel)를 비롯한 코카투(Cockatoo)류가 모두 유황앵무과에 속하며, 이외의 앵무류 전 종은 앵무과에 속한다. 전자는 다시 모든 코카투를 포함하는 유황앵무아과(*Cacatuinae*)와 왕관앵무아과(*Nymphicinae*)로 나뉘며, 후자는 각기 로리아과(*Loriinae*)를 비롯해 카카포아과(*Strigopinae*), 독수리앵무아과(*Psittrichadinae*), 난쟁이앵무아과(*Micropsittinae*), 앵무아과(*Psittacinae*) 등 5개의 아과로 나뉜다.

이런 식으로 나누다 보면 종과 속으로 이뤄진 종별 분류가 가능해지며, 이를 각각 라틴어나 그리스어에 바탕을 둔 이른바 학명으로 구분하게 된다. 우리에게 친숙한 가장 대표적인 속은 유리앵무속(*Forpus*), 모란앵무속(*Agapornis*), 로리속(*Lorius*), 아마존앵무속(*Amazona*), 코카투속(*Cacatua*), 네오페마속(*Neophema*) 등이 있다. 앞으로 논할 분류체계에서는 여기서 언급한 속을 기본단위로 앵무새들을 분류할 것이다.

깃털을 통해 감정을 표현하는 데 뛰어난 능력을 지닌 몰루칸 코카투

체구에 따른 분류

앵무새 브리더 및 마니아들에게 가장 친숙한 분류방법이다. 통상 소형앵무와 중대형앵무로 나누며, 개인에 따라 중대형을 다시 중형과 대형앵무로 분류하기도 한다. 소형앵무는 유리앵무, 모란앵무, 왕관앵무, 네오페마 계열, 호주산 소형 그래스 패러킷(Grass Parakeet, 일명 미성앵무, 청휘앵무라고 부르는 *Psephotus* 계열 등을 통칭), 행잉 패럿(Hanging Parrot, *Loriculus*) 등 체장 25cm 내외 또는 미만이며 체형이 날씬한, 문자 그대로 소형앵무를 일컫는다. 중형 또는 중대형앵무에는 아프리칸 그레이, 이클레터스 패럿(Ecletus Parrot, *Ecletus* spp.),[1] 로젤라(Rosella, *Platycercus* spp.), 매커우, 코카투, 링넥 패러킷(Ring Necked Parakeet, *Psittacula* spp.)을 비롯한 체장 30cm 내외 또는 이상의 모든 앵무류가 포함된다.

참고로 이렇게 분류할 경우 앵무새 마니아들 사이에는 하나의 묵시적 약속이 있는데, 소형앵무의 경우 언어능력이나 훈련능력에 상당한 제한이 있으며, 중대형앵무는 상대적으로 우수한 언어능력 및 훈련능력을 보인다는 것이다. 이에 따라 중대형앵무는 통상 마니아들 사이에서 이른바 소형앵무보다 우월한 종으로 인식되곤 한다.[2] 그러나 이러한 논점에서 분류하면 몇 가지 어려움이 발생한다. 즉 예를 들어 소형앵무로 분류되는 왕관앵무는 일반적으로 중형앵무로 분류되는 팜 코카투(Palm Cockatoo)보다 훨씬 우수한 언어능력을 지니고 있다. 중대형앵무로 분류되는 카카포(Kakapo, *Strigops habroptilus*)나 케아(Kea, *Nestor notabilis*) 등은 언어능력은 물론 길들이기도 매우 어려운 것으로 알려져 있다.

또 하나의 맹점은 이른바 크지도 작지도 않은 앵무류의 분류문제다. 페어리 로리킷(Fairy Lorikeet, *Charmosyna pulchella*)을 비롯한 상당수의 로리킷은 체장이 25cm 내외다. 이들은 외형이 다른 로리류와 매우 흡사하지만 체구가 조금 작을 뿐이며, 상당히 뛰어난 언어능력을 지닌 것으로 유명하다. 이들을 체장 등만 보고 소형앵무류로 분류하자니 체구에 다른 분류의 부수적 묵약인 언어능력과 관련된 부분이 발목을 잡는다. 그렇다고 중대형앵무로 분류하기에는 체구가 그리 크지 않은 것이 사실이다.

이렇듯 일반적으로 널리 알려진 앵무새의 경우는 위에서 언급했듯이 체구만으로 분류하는 데 어려움이 없어 보이나, 흔히 보기 어려운 종류의 경우 체구만으로 분류하는 데는 다소의 문제가 발생한다. 물론 혹자는 이렇게 말할 수 있다. 체구로 분류하는 것 자체가 이른바 앵무새 브리더나 마니아 간의 약속이며, 이러한 부류의 사람들에게 흔히 접하기 어려운 종은 주요한 관심의 대상이 아니기 때문에 큰 문제가 되지 않는다고 말이다.

어찌됐든 그 누구도 모란앵무와 패럿렛을 소형앵무로 분류하거나 매커우를 중대형앵무로 분류하는 데 이견을 달 사람은 없는 것으로 보이므로 보편적인 차원에서는 다소의 제한적인 합리성을 갖는다고 하겠다.

서식지에 따른 분류

서식지에 따른 분류는 앵무새 각 종을 기후대나 서식국가, 대륙에 따라 나누는 것이다. 이에 따라 분류하자면 현재 조류사육계에서 다루는 주된 앵무새는 서식지에 따라 각기 중남미, 아프리카, 인도 및 동남아, 호주 등으로 크게 나눌 수 있다. 북미에 서식하던 토착종들은 모두 멸종됐고, 기타 지역에 서식하는 앵무새가 거의 없는 관계로 서식

비내셔스 아마존앵무(Vinaceous Amazon)
ⓒCityparrots/Jonker&Innemee

지를 크게 네 그룹으로 나누는 데는 무리가 없을 것이다. 다만 중남미나 아프리카의 경우 워낙 대륙이 넓은 관계로 한 내륙 내에 해발높이와 지형, 위도 등에 따라 열대, 온대, 한대기후가 모두 존재하는 것이 문제가 될 수는 있다.

이렇게 구분해 보면 매커우, 패럿렛, 리네오레이티드 패러킷, 카이크 패럿(Caique Parrot, *Pionites* spp.),[3] 아마존, 블랙윙드 패럿(Black-winged Parrot, *Hapalopsittaca melanotis*) 등이 모두 여기에 속한다. 이들은 주로 아마존 강을 중심으로 중미 및 남미대륙의 북부 열대우림지대에 서식한다. 일부 매커우류를 제외하고는 대부분 꼬리가 짧고 녹색 깃털로 덮여 있다. 하지만 오스트럴 코뉴어(Austral Conure, *Enicognathus ferrugineus*)와 같은 일부 종은 겨울에 영하 이하로 내려가며 눈이 많이 오기로 유명한 칠레 남부의 띠에라델푸에고에까지 서식한다.

아프리카도 많은 앵무의 서식지로 유명하다. 가장 대표적인 앵무는 아프리칸 그레이와 모란앵무다. 이외에도 세네갈 패럿(Senegal Parrot, *Poicephalus senegalus*), 자딘 패럿

먹이를 찾고 있는 케아

(Jardin's Parrot, *Poicephalus gulielmi*) 등이 조류사육계에 널리 알려져 있다. 호주 및 그 부속도서들에 서식하는 앵무로는 코카투, 로젤라, 네오페마, 이클레터스 등이 유명하다. 이중에서도 가장 독특한 종은 바로 케아와 카카포다. 케아는 앵무종 중 거의 유일하게 육식을 하며, 카카포는 체중이 4kg에 달하고 유일하게 날지 못하는 앵무새다.

인도 및 동남아지역에서는 알렉산드리안 패러킷, 블로섬해디드 패러킷(Blossom Headed Parakeet, *Psittacula roseata*)을 비롯한 프시타쿨라 계열이 유명하며, 이외에도 행잉 패럿 등의 소형앵무와 각종 로리 및 로리킷이 많이 서식하고 있다. 호주와 동남아시아는 도서지역에 있어 코카투 및 로리 등 일부 종을 공유하고 있다.

이상에서 지역별로 서식하는 대표적인 앵무종을 살펴봤다. 조류사육가인 앵무새 애호가들은 종별 서식지 환경을 반드시 염두에 둬서 최대한 이와 유사한 환경을 재현하도록 노력하는 자세가 필요하다. 건조지대에 서식하는 종에게 과도하게 습윤한 환경을 제공한다거나, 열대지방에 서식하는 종을 영하의 기온에 방치하는 것은 해당 개체의 생명을 단축시키고 삶의 질을 저하시키는 등 광의의 동물학대에 해당한다고 볼 수 있다.

먹이에 따른 분류

현존하는 앵무새의 대부분은 초식성이다. 호주에 서식하는 대부분의 패러킷은 각종 초본의 씨앗을 먹고, 아마존일대에 서식하는 매커우류는 야자나무열매를 위주로 새싹 등 다양한 먹이를 먹으며, 로리 및 로리킷류는 꽃의 꿀과 화분을 주식으로 한다. 하지만 대부분의 앵무새는 곡물, 견과류, 과일, 새순 및 식물의 잎과 줄기를 가리지 않고 먹는다. 경우에 따라 작은 곤충이나 곤충의 유충을 먹기도 한다.

따라서 완전히 먹이만을 가지고 앵무류를 분류하는 것은 그리 수월하지 않다. 다만 앞서 언급한 대로 케아는 육식성으로 널리 알려져 있으며, 거의 모든 로리 및 로리킷은 넥타라고 불리는 꽃의 꿀과 화분, 열대과일의 과즙이 주식이다. 호주에 서식하는 패러킷류도 일반적으로 곡물을 잘 먹지만, 들판에서 구할 수 있는 각종 베리류를 마다하지 않는다. 몇몇 특수한 종을 제외하고 거의 모든 앵무류는 식물성 먹이를 주로 먹는 잡식성[4]이라고 보는 것이 맞다.

훈련가능 여부에 따른 분류

다소 논란의 소지가 많은 분류법이다. 일반적으로 코카투, 코뉴어, 매커우, 아마존, 아프리칸 그레이, 세네갈, 자딘, 왕관앵무, 모란앵무, 사랑앵무는 어렵지 않게 사람과 친숙해진다. 일부 개체는 핸드 피딩을 하지 않았음에도 불구하고 보호자와 상당한 수준의 친밀도를 성취할 수 있다. 반면에 대부분의 호주계 패러킷은 여간해선 길들이기가 쉽지 않고, 친밀도도 잘 유지되지 않는 것으로 유명하다.

물론 개체별로 특성이 다르고 보호자의 헌신의 정도가 다르기 때문에 일부 개체는 앞서 말한 그룹의 일반적인 개체보다 충분히 더 높은 친밀도를 보여주는 것이 가능할 것이다. 그러나 각 종의 보호자에 대한 친밀도의 정도나 훈련가능 정도가 정규분포한다고 할 때, 각각의 그룹별로 통계적으로 비슷한 수준의 차이가 있는 것은 사실이다. 친밀도나 훈련가능성의 정도에 있어서도 종이나 속에 따라 상당한 차이가 있다. 필자가 브리딩한 바 있는 코뉴어 중 두 마리는 필자가 출장관계로 두 달 이상 브리딩 팬을 비웠는데도 두 달 만에 돌아온 필자를 여전히 기억하고 페팅을 허락했다. 그러나 필자와 3년 이상 함께한 모란앵무 한 녀석은 필자를 완전히 잊어버리고 필자에게 경계태세를 취했다.

필자의 경험상 이른바 중대형앵무일수록 기억력과 훈련가능성 등이 체구에 비례해 증가하는 것으로 보인다. 언어능력에 있어서는 종간의 격차가 더 큰 편이다. 비슷한 체구의 코카투와 아프리칸 그레이를 비교할 때 일반적으로 코카투는 언어습득능력이 떨어지고, 대신 재주를 부리는 등 행동을 따라하는 능력이 우수하다. 아프리칸 그레이는 이와 반대인 것으로 알려져 있다. 다만 언제나 이런 평균적인 범주를 벗어나는 개체들이 있다. 필자가 아는 모란앵무는 '모란앵무는 말을 따라하지 못한다'는 일반적인 통념을 보란 듯이 깨뜨리고 한두 마디 말을 따라하곤 했다. 반면에 어떤 이클레투스 패럿은 주변의 다른 동료들이 적어도 서너 마디를 하는데 자신은 10살이 넘도록 한 마디도 못한 경우가 있다.

Section 02

주요 종

현존하는 앵무만 353종에 달하는 관계로 도감이 아닌 본서에서는 우리나라에서 비교적 쉽게 볼 수 있는 종을 위주로 그 간략한 특징을 언급하고자 한다. 독자들이 사육하고 있는 특정 종과 관련된 사항이 없더라도 크게 실망할 필요는 없을 것이다. 앵무새의 특성상 같은 속이나 과에 속하는 종들은 생태, 서식지, 외형, 먹이, 번식, 질병 등에 있어 상당히 많은 부분을 공유하기 때문에 유사한 부류에 속하는 종과 관련된 자료로도 해당 종의 사육에 필요한 정보를 얻을 수 있을 것으로 본다.

이 장은 세계적인 앵무새도감인 'Lexicon of Parrot' 및 'Parrots of the World' 와 조류사육계의 최대 히트시리즈인 'ABK A Guide to~ 시리즈'로부터 많은 도움을 받았음을 밝혀둔다. 각각의 종에 대한 좀 더 심도 깊은 자료가 필요한 경우 해외의 주요 사이트나 아마존 등을 이용해 추가적인 자료를 확인하기 바란다. 특히 ABK 시리즈는 조류사육가들에게 사랑받는 주요 종을 중심으로 앵무새에서 핀치류 심지어 가금에 이르기까지 방대한 종에 대해 심도 깊은 정보를 제공하는 것으로 유명하다. 특정 종에 대해 관심이 깊은 마니아들에게 많은 도움이 될 것이다.

먹이를 먹고 있는 선 코뉴어 ⓒCityparrots/Jonker&Innemee

왕관앵무(Cockatiel, *Nymphicus hollandicus*)

사실 왕관앵무는 움직이는 우관을 가지고 있기 때문에 소형 코카투라고도 볼 수 있다. 그러나 이런저런 말썽을 많이 부리는 것으로 악명 높은 코카투에 비하면 훨씬 조용하고 얌전하며 저렴한 품종이다. 님피쿠스(*Nymphicus*)과는 오직 님피쿠스 홀란디쿠스(*Nymphicus hollandicus*) 한 종만 존재한다.

전 세계적으로 왕관앵무는 여러 앵무 중에서 가장 귀엽고 재롱을 잘 부리는 앵무로 인식되고 있으며, 다른 앵무새들과는 달리 개체 간 성격의 차이가 크지 않은 편이다. 왕관앵무는 아름답고 얌전하며, 모든 앵무새가 반려앵무로서 가지고 있어야 할 거의 모든 것을 완벽하게 갖추고 있다고 해도 과언이 아니다. 왕관앵무는 보통 대부분의 사람들에게 첫 앵무새이자 마지막 앵무새로 길러지며, 평생을 쫓겨나지 않고 한 가정에서 사는 몇 안 되는 앵무새로 알려져 있다. 유명한 앵무새 사육가인 뱃시 롯에 의하면 왕관앵무는 대부분의 경우 완벽한 반려앵무가 되며, 사람을 물거나 하는 일은 매우 드물다고 한다. 또 휘파람불기를 좋아하고 몇 마디 말도 배우곤 한다. 일부 변종의 경우 어렵지 않게 외형으로 암수를 구분할 수 있다.

한편, 왕관앵무는 다른 앵무새들처럼 매우 다양한 색상을 지니고 있다. 녹색, 적색, 청색 같은 화려한 색상은 아니지만 나름대로 매우 단아한 색상을 보여주며, 성격 또한 매우 조용하다. 많은 사랑과 적절한 보살핌을 받은 경우 뛰어난 가족구성원으로서의 역할을 담당하기도 한다. 'The Complete Book of Cockatiel'의 저자인 다이안 그린돌에 따르면 일반적인 수명은 15~20년이며, 최대 38년까지 산 왕관앵무도 있다고 한다. 현재 국내의 거의 모든 개체는 핸드 피딩된 개체이며, 화이트 페이스 계열의 교차변이의 경우 매우 희소해 구하기 어려운 경우가 많다.

외형

호주나 영국 등에서는 경우에 따라 케리언(Quarrion), 코카투 패럿(Cockatoo Parrot), 크레스티드 패럿(Crested Parrot), 위로(Weero) 등으로 불리기도 한다. 몸 전체는 회색이고 가슴과 배는 좀 더 연한 색이며, 개체에 따라서 갈색을 띠기도 한다. 우관, 이마, 볼과 목 부분은 노란색이고 귀 부위에 넓은 주황색 반점이 있다. 날개의 일부분이 흰색 반점으로 덮여 있고, 꼬리깃의 안쪽은 검은색이 감도는 회색이다. 부리는 회색이고 눈동자

다양한 모습의 왕관앵무 변종

왕관앵무 루티노(lutino) 변종

는 갈색이며, 발 역시 회색이다.

와일드 타입 및 일부 변종은 성적동종이형이어서 암컷은 수컷에서 보이는 노란색이 적고 회색과 섞여 있다. 볼의 동그란 반점은 옅은 주황색이며, 꼬리깃과 날개깃의 안쪽에 흰색의 가로무늬가 있다. 아성조는 암컷과 같은 색이다. 단, 부리가 좀 더 옅은 색이고 3~4개월 이후에 털갈이를 통해 성조의 색으로 변하며, 이때 수컷은 머리 쪽이 노란색으로 바뀌게 된다. 체장은 32cm이며 체중은 80~100g이다.

화이트 페이스, 옐로우 페이스, 파스텔 페이스, 펄, 파이드, 루티노, 실버, 플래티넘, 그린 등 교차변이[5]까지 합치면 수백 종의 변종이 작출돼 있다. 사랑앵무와 모란앵무를 제외하고는 가장 많은 육종이 이뤄진 종이며 현재도 미국, 네덜란드, 호주 등에서 일류 육종가들에 의해 다양한 종이 새로 작출되고 있다.

서식현황

동부를 제외한 호주 남·북부 해안의 습한 지역이 원산지이며, 거의 모든 지형에서 서식하나 특히 야생곡물류가 서식하는, 물을 얻기 쉬운 지역에서 주로 발견된다. 거의 모든 서식지에서 매우 흔하게 관찰되고, 소규모 집단이나 소그룹을 지어서 생활하며, 빽빽한 산림은 좋아하지 않는다. 충분한 먹이가 있다면 철에 따른 이동시기에 수백 마리 이상의 대규모 군락을 이루기도 한다.

유랑하는 습성이 있으며, 얕은 물이 있는 곳에서 재빠르게 물을 섭취하고 다시 이동한다. 호주 북부의 경우는 특히 대부분의 개체군이 물과 먹이를 찾아 유랑생활을 한다. 땅에서 먹이를 취하고 매우 조심성이 많으며, 직선으로 비행한다. 먹이를 찾는 동안에는 매우 조용하고, 주로 비행하며 운다. 각종 초본류의 씨앗, 목본류의 씨앗, 딸기 등을 비롯한 각종 과일을 즐겨 먹으며 경작지대에서 먹이를 취하기도 한다.

사육

왕관앵무는 비교적 아름다운 울음소리를 지닌 조용한 앵무새로 매우 쉽게 친해진다. 부리의 힘이 강하지 않고, 다른 새들에게 공격적이지 않아서 네오페마 및 사랑앵무와 함께 기를 수 있다. 사육 시 대형새장이나 비가리개가 있는 외부금사(2.5x1x2m)가 가장 이상적이다. 국내의 경우 불과 사방 50cm인 소형새장에서 사육하는 경우가 많은데, 이는 지극히 부적절한 환경임을 유의하기 바란다. 참고로 미국 등의 경우 이처럼 협소한 사육공간에서의 사육은 벌금부과 등 처벌의 대상이 된다. 여러 쌍을 함께 기른다면 쌍 당 최소한 1.5평방미터의 공간이 필요하고, 겨울의 추위로부터 피할 수 있어야 한다.

번식

서식지에서 번식은 통상 8월부터 12월까지다(호주는 남반구로 한국과는 계절이 반대다). 그러나 실제로는 기후조건에 따라서 일 년 내내 번식이 가능하고, 연속으로 수회에 걸쳐 번식하는 것도 가능하다. 번식기에는 영역개념이 강하고, 높이가 높은 죽은 나무의 구멍에 둥지를 튼다. 2~5개를 산란하고 19일 동안 포란하는데, 암수 두 마리 모두 포란하며 부화한 지 5주면 둥지를 떠난다. 알의 크기는 24.5x19.0mm다.

사육상태에서도 매우 쉽게 번식이 가능하며, 실내사육 시에는 특별히 정해진 번식기가 없다. 횃대에서 좌우로 깡충깡충 뛰거나 노래를 불러대면, 또는 갑자기 위로 날아오르면 번식기가 된 것이다. 수컷은 알 낳을 자리를 찾아다니며, 암컷은 하루걸러 하나씩 4~5개의 알을 낳는데, 때로는 8개까지 낳기도 한다. 18~19일간 포란하며 33일 정도면 새끼가 둥지 밖으로 나오는데, 어미새는 그 후로도 새끼에게 3주 이상 더 먹이를 먹인다.

왕관앵무에 대해 좀 더 전문적인 지식을 얻고 싶은 독자는 다이안 그린돌의 'Cockatiel for dummies' 나 테리 마틴 박사와 다이안 앤더슨이 함께 쓴 'A guide to cockatiels and their mutations as pet & aviary birds' 를 참조하기 바란다.

모란앵무(Lovebird, *Agapornis*)

모란앵무는 일본식 이름이며, 영어로는 러브버드(Lovebird)라 칭한다. 암수의 사랑이 유별나서 한시도 떨어져 있지 않고, 서로 깃털을 골라주며 사랑을 나누는 모습 때문에 이런 이름이 붙었다. 모란앵무의 학명은 아가포르니스(*Agapornis*)로 아가포르니스속에는 모두 9종의 독립된 종이 존재한다. 이들은 통상 눈 주변의 노출된 피부인 아이림(eye rime)의 유무에 따라 두 그룹으로 분리되는데, 특히 아가포르니스 페르소나투스(*Agapornis personatus*), 아가포르니스 로세이콜리스(*Agapornis roseicollis*), 아가포르니스 피스크리(*Agapornis fischri*)가 많이 사육되고 있다. 이중 아가포르니스 로세이콜리스는 눈 주변에 노출된 피부가 없어 논 아이림드 그룹으로 분류하며, 다른 두 종은 눈 주변의 노출된 피부 때문에 아이림드 그룹으로 분류한다.

현재 국내 사육자들은 아이림드 그룹의 종 내에서 이종 간 교잡을 많이 시켜 순수한 혈통의 아가포르니스 페르소나투스와 아가포르니스 피스크리를 찾기는 거의 불가능하다. 또한, 이 품종은 성격이 다소 거친 측면이 있고 번식이 까다로운 편이다. 이에 반해 아가포르니스 로세이콜리스는 사람을 잘 따르고 성격도 온화한 편이라 본서에서는 이 종만을 다루도록 하겠다. 앞서 설명한 3종 외에 다른 종들도 매우 독특한 외모를 지니고 있고 해외의 경우 많은 마니아로부터 사랑을 받고 있으나, 국내에서는 찾아보기도 어렵거니와 일부 종의 경우 무분별한 교잡이 이뤄져 그 명맥이 끊긴 경우가 많다.[6]

아가포르니스 로세이콜리스, 즉 피치 페이스드 러브버드(Peach-faced Lovebird, 분홍머리모란앵무)의 경우 옐로우 페이스, 블루, 루티노, 크리미노, 알비노, 파이드 등을 비롯해 수백 종의 변종이 존재한다. 미국, 네덜란드, 남아공, 태국 등이 뛰어난 모란앵무 육종가를 많이 배출했다. 1990년대 말부터 2000년대 초까지 일부 국내업자들이 태국 등지로부터 당시까지 국내에 소개된 적이 없던 변종을 비정상적인 루트를 통해 반입해 마니아층으로부터 상당한 반향을 불러일으킨 바 있다.

외형

몸 전체는 대체로 녹색이며, 앞이마와 눈 주변이 붉은색이다. 정수리, 뺨, 뒷머리와 앞가슴은 진분홍색이고 몸의 양 옆, 복부, 꼬리 아래쪽은 황록색이다. 엉덩이는 밝은 청색이며, 날개 안쪽은 연한 초록빛이 감도는 청색이다. 꼬리깃의 위쪽은 녹색이고 바깥쪽 깃털에는 주황색 띠가 둘러져 있으며, 끝 쪽은 검은색이다. 눈가의 테는 매우 좁고 회색이며, 부리는 뿔색이고 눈동자는 짙은 밤색이며 다리는 회색이다.

암컷은 수컷과 색상이 동일하며, 아성조는 성조의 붉은색 부분이 옅은 회홍색이고 부리의 뿌리부분이 검다. 생후 약 4개월경이면 어미와 동일한 깃털을 갖게 된다. 체장은 15cm이며 체중은 46~63g이다. 로세이콜리스(*Agapornis r. roseicollis*)와 카툼벨라(*Agapornis r. catumbella*) 두 아종이 존재하지만 구분이 수월하지는 않다.

서식현황

나미비아의 오렌지 강 남쪽 및 케이프 지방의 북부, 보츠와나의 느가미 호수 내륙지역 등지에 서식한다. 남아공의 사이먼타운과 미국 투산 지역에 야생화된 개체군[7]이 보고된 바 있다. 해발 1600m 부근의 삼림이 우거지고 암석이 노출된 지역, 때때로 야자나무 경작지나 일반 곡물 경작지 주변에서 주로 발견되며, 수원이 먼 곳에서는 발견되지 않는다. 일부 지역에서는 흔하게 볼 수 있으며, 왕관앵무 등과 더불어 앵무목 중 몇 안 되는 비멸종위기종이다.

분홍머리모란앵무의 파이드(pied) 변종

일반적으로 최대 12마리 정도까지 군집을 이루나 때때로 좀 더 큰 집단을 이루기도 한다. 시끄럽고 매우 활동적이며, 집단 내에서 다툼이 자주 발생하곤 한다. 한번 쌍을 이루면 오래도록 함께하며, 서로 깃털을 손질해주곤 한다. 한 곳에 정주하지 않고 유랑하다가 물이 있는 곳에서 잠시 머물곤 하는데, 물이 다 말라버리면 다음 장소로 떠나고 하루에도 수회씩 샘물을 찾는다. 떼를 지어 초지나 경작지에 모여들어 먹이를 먹는다.
위아래로 빠르게 움직이며 비행하고, 갑자기 방향을 전환하기도 한다. 금속성의 소리를 내고, 때때로 매우 빠르게 지저귀거나 규칙적으로 부드러운 소리로 재잘거리기도 한다. 아카시아 씨앗을 비롯한 각종 씨앗, 장과류[8]와 같은 다양한 과일류를 주로 먹으며, 경작지에 심각한 피해를 입히기도 한다.

사육

활동적이고 강건하며 집단을 이뤄 생활하고, 중간 정도의 소음을 낸다. 부리로 씹어대는 것을 좋아하기 때문에 항상 깨끗한 나뭇가지나 장난감 등을 제공해야 한다. 집단번식도 가능하며, 별다른 문제없이 다른 개체들과 어울린다. 스프레이 목욕 등을 매우 즐긴다.
매우 활동적이기 때문에 2x1x2m 정도 크기의 공간이 이상적이다. 국내의 경우 대부분의 사육자들이 사방 40~50cm의 케이지에 사육하나, 이러한 개체들은 대부분 운동부족에 따른 근골격계 이상으로 생후 수년 내 조기 폐사하게 된다. 따라서 최소한 가로 1m 이상의 케이지에 사육할 것을 권한다. 집단번식을 할 때는 세 쌍 이상을 함께 기르는 것이 좋으며, 한 쌍 당 최소한 1평방미터의 공간이 필요하다. 여름에는 야외에서 사육할 수 있으나 춥고 습한 계절에는 실내에서 사육해야 한다. 추위에 매우 약하고 어린 새의 경우 최저온도가 10℃를 넘어야 하며, 추운 경우에는 반드시 추위를 피할 수 있는 둥지상자 등을 달아줘야 한다.
카나리아씨드, 조, 수수, 귀리, 기장 등을 포함한 다양한 혼합곡류, 덜 익은 곡류나 초본의 씨앗, 충분한 야채와 과일, 싹틔운 씨앗을 주로 주며 번식기에는 에그 푸드가 필요하다. 아성조에게는 충분한 양의 비타민C와 다양한 미네랄보충제가 필요하다.

번식

원산지에서의 번식기는 2~4월이다. 집단을 이뤄 번식하고 암벽 등의 갈라진 틈이나 베짜기새 등의 둥지를 이용해 알을 낳으며, 나중에는 베짜기새의 단체둥지를 통째로 빼앗

생후 4주령의 모란앵무 유조. 좌측의 녹색개체가 분홍머리모란앵무의 원종이다.

아 여러 쌍이 함께 번식하기도 한다. 발과 부리를 이용해 작은 나뭇가지나 짚 등을 둥지로 운반해 바닥에 깐다. 한배에 4~6개를 산란하고 23일간 포란하는데, 암컷만이 포란하며 43일이면 새끼는 독립한다. 알의 크기는 23.8x17.6mm다.

사육상태에서는 정기적으로 어려움 없이 번식하며, 항상 번식할 준비가 돼 있다. 특히 집단번식을 하면 번식률이 높아지는 것으로 알려져 있으나 국내의 거의 모든 사육자는 개별번식형태를 취하고 있다. 난방이 되는 실내에서는 연중 번식이 가능하다. 연간 수회의 번식도 가능하지만, 어미 새의 건강 등을 고려해 전문적인 브리더라도 일 년에 2회만 번식하도록 해야 한다.

둥지를 지을 수 있도록 짚과 작은 나뭇가지를 넣어줘야 하는데, 번식기의 암수는 둥지재료를 입으로 물거나 꽁지깃에 꽂아서 둥지상자로 가져간다. 때때로 너무 많은 둥지재료를 가져가서 둥지상자를 완전히 막아버리기도 하므로 유의해야 한다. 경우에 따라서는 별도의 둥지재료를 주지 않고 굵은 톱밥 등을 바로 둥지상자 바닥에 깔아주기도 한다. 3~6개를 산란해 20일간 포란하며, 32일이면 둥지상자에서 나온다. 미네랄성분이 부족하면 새끼새의 깃털을 뽑기도 하므로 미네랄블록과 오징어뼈 등을 충분히 제공해야 한다.

변종이나 번식 등과 관련된 추가정보가 필요한 경우 브라질의 유명한 조류번식가인 알레산드로 단지에리 박사의 'The colored atlas of lovebirds'를 참조하기 바란다.

사랑앵무(Budgerigar, *Melopsittacus undulatus*)

국내에서는 보통 잉꼬(앵무의 일본어식 발음)라는 일본식 이름으로 더 많이 알려져 있다. 70, 80년대에는 대부분의 중대형앵무새도 'oo잉꼬'와 같은 식으로 불렸을 정도다. 일부 대중은 사랑앵무가 앵무새라는 사실조차 모르는 경우가 있으나, 사랑앵무는 분명한 앵무목으로 대부분의 앵무새 마니아들이 사랑앵무를 통해 앵무새에 입문하고 있다. 너무 흔하고 저렴하게 거래되다 보니 적절한 대우를 받지 못하는 경우가 많은 것이 안타까운 현실이다. 처음 새를 기르는 사람들은 문조, 카나리아 등과 함께 사랑앵무를 선택하는 경우가 많으나 초심자이다 보니 적절한 케이지나 먹이를 제공하지 못하고, 따라서 제대로 기대수명을 누리지 못한 채 이런저런 건강상의 이유로 일찍 숨을 거두는 경우가 많다.

국내의 개체들은 과도한 인브리딩의 영향으로 계속해서 체구가 작아지는 형편이지만, 미국이나 유럽 쪽의 개체들은 국내 개체에 비해 1.5배 이상 큰 경우가 일반적이다. 수백 종 이상의 변종이 작출됐으며, 체구가 와일드타입의 약 2배에 가까운 잉글리시 벗지(English budgerigar/budge)도 수십 년 전에 작출돼 많은 이들의 사랑을 받고 있다. 잉글리시 벗지는 별도의 품평회가 있을 정도로 많은 마니아층을 거느리고 있다. 현재 국내에서 이른바 점보잉꼬라고 불리는 잉글리시 벗지 개체들은 겨우 와일드타입 크기 정도에 불과하다. 필자가 유럽의 브리더들로부터 본 개체들은 왕관앵무 성체에 버금가는 사이즈였으나, 국내에는 과도한 교잡과 무분별한 인브리딩으로 인해 이 정도 수준의 개체들을 찾아보는 것이 사실상 불가능해져 버렸다. 새로운 혈통의 도입이 필요한 시점이다.

일반적으로 국내에서는 변종에 따른 가격의 차이가 거의 없으며, 별도의 사랑앵무 마니아층도 형성돼 있지 않다. 다른 중대형앵무 등에 비해 현저하게 홀대를 받고 있는 것이 현실이지만, 조용한 울음소리와 작은 체구 등을 고려할 때 대부분의 공동주택에서 무리 없이 기를 수 있는 몇 안 되는 앵무종이다. 지능도 결코 나쁘지 않아서 몇 마디 말을 하는 경우도 종종 있다. 기록에 따르면 1700 마디에 달하는 단어의 구사가 가능했던 사랑앵무도 있었다고 하지만, 일반적인 경우는 아니다.

외형

일반적으로 녹황색이다. 머리 뒤쪽, 목의 양 옆, 등 위쪽, 날개는 옅은 갈색을 띤다. 각각의 깃털은 흑황색으로 둘러져 있고, 목덜미와 얼굴은 황색이다. 뺨의 아래쪽에는 보랏빛

처음 새를 기르는 사람들은 문조, 카나리아 등과 함께 사랑앵무를 선택하는 경우가 많다.

이 도는 청색 반점이 있으며, 목덜미의 양쪽에는 작은 검은색 반점이 세 개씩 위치해 있다. 날개깃은 연한 청색과 회록색이며, 날개 안쪽은 흰색 무늬가 들어간 회색이다. 꼬리깃의 위쪽은 검은색 테가 둘러진 청록색이고, 아래쪽은 검은색이다. 꼬리깃의 바깥쪽은 넓은 황색 띠가 쳐진 녹색이며, 아래쪽은 황색 띠가 쳐진 회색이다. 부리는 살구색계통이며, 눈가에 좁은 테가 있고 다리는 회색이다. 코 부위는 청색이다.

암컷은 수컷과 동일한 색상이나, 약간 색이 연하고 코 주위의 노출된 피부가 살구색이다. 아성조는 암컷과 동일한 색상이며 좀 더 연하고, 암수 모두 코 주위의 피부는 분홍색이다. 생후 3~4개월이면 성조와 동일한 깃털로 바뀐다. 체장은 17~20cm이며, 체중은 22~32g이다.

서식현황

케이프요크 반도와 연안지역을 제외한 호주의 전 지역에 걸쳐 흔하게 서식한다. 일반적으로 개방된 초지, 반건조지역, 개방된 삼림, 아카시아나 유칼립투스가 자라는 사바나지역, 농경지 주변에서 발견되며 샘물이나 강으로부터 먼 곳에서는 발견되지 않는다.

그룹을 이루는데 적게는 20마리에서 많게는 수백 마리에 달하기도 하며, 종종 25,000마리나 그 이상의 개체가 운집하기도 한다. 갑자기 방해를 받으면 수백 마리가 한꺼번에 날아올라 상공에서 원을 그리며 선회하다가 안전한 나무 위에 다시 내려앉곤 한다. 뛰어난 비행능력을 가지고 있다.

집단 내에서는 위계질서가 존재하지 않으나 각각의 개체는 자기만의 영역을 지니고 있고 잘 싸우지 않는다. 작은 집단마다 하나의 나무를 거처로 정해 생활하며, 아침 일찍 물을 먹고 먹이를 찾아 나선다. 정오에는 잎이 우거진 그늘에서 휴식하며, 늦은 오후에 다시 먹이를 찾아 나선다. 해가 질 무렵에 다시 집단을 이뤄 쉴 수 있는 나무로 돌아온다. 깃털의 위장능력이 뛰어나 종종 찾아내기가 어려울 수 있다.

주로 땅위에서 먹이를 찾으며, 예민하지는 않아서 관찰자가 아주 가까이 다가가도 큰 문제가 없는 경우가 많다. 방목지나 강, 샘물 근처에서 자주 발견된다. 군락을 이뤄 매우 짧은 시간 동안 한 번에 많은 물을 마시고, 정주하지 않으며 먹이와 물을 찾아서 유랑한다. 추운 기간 동안에는 호주 북부에 머물고, 더운 기간에는 남부로 이동한다. 매우 조용하지만 군집을 이루면 시끄러운데, 9종류 정도의 서로 다른 울음소리를 내는 것으로 알려져 있다.

다양한 초본의 씨앗을 즐겨 먹는데 미첼 그래스라 불리는 초본의 씨앗을 특히 좋아한다. 또한, 이외에도 너비 0.5~2.5mm, 무게 0.3~1.3mg 정도 되는 크기의 씨앗을 즐겨 먹으며, 하루에 보통 5g 정도의 씨앗을 섭취한다.

사육

조용하고 통상 낮은 소리로 지저귀며, 강건하지만 강한 바람이나 춥고 습한 날씨에는 조심해야 한다. 동일한 품종이나 다른 작은 새들하고 쉽게 어울리고, 땅에 내려앉기를 즐기며 모래목욕을 즐겨 한다.

남해나 제주도 등의 경우에는 햇빛가리개가 있는 야외방사장에서 집단번식을 시킬 수 있다. 대부분 사방 40cm 정도의 소형새장에서 번식시키는데, 이는 절대로 금해야 한다. 최소한 이른바 날림장이라 불리는 플라이트 케이지에서 사육할 것을 권한다. 번식 시에도 절대로 둥지상자를 내부에 설치하지 말아야 하는데, 내부에 설치할 경우 그만큼의 내부공간을 차지하기 때문에 최소한의 건강유지를 위한 비행공간 확보가 어려워진다. 한 쌍 당 최소 1평방미터의 공간이 필요하다. 둥지상자는 18x12x12cm가 적당하며, 입구는 직경이 5cm 정도인 것이 좋다.

먹이로는 카나리아씨드, 조, 귀리 등을 포함하는 혼합곡물모이, 당근과 사과를 비롯한 다양한 과일 및 야채가 좋으며, 번식기에는 에그 푸드나 밀웜 등을 제공하는 것이 좋다.

번식

야생의 개체는 모든 지역에 걸쳐서 연중 제한 없이 번식한다. 하지만 호주 남부의 경우는 8~1월을 더 좋아하며, 호주 북부에서는 6월~9월 기간 중에 많은 번식이 이뤄지는데, 풍부한 먹이가 번식을 유도하는 것으로 알려져 있다. 번식기에는 수컷의 생식선이 약 6배 정도로 커지며, 암컷의 납막은 연한 푸른색에서 갈색으로 변한다. 난소는 그 무게가 최대 237배나 증대된다.

군집을 이뤄 번식하나 둥지는 서로 조밀하지 않게 위치한다. 살아 있거나 또는 죽은 나무의 구멍에 둥지를 트는데 특히 쿨리바 나무를 즐겨 이용하며, 낡은 담장 등에 둥지를 트는 경우도 있다. 둥지는 입구가 매우 작고, 깊이는 적어도 25cm 정도 된다. 먼지나 흙 그리고

호주계 앵무새들이 서식하는 척박한 건조지대

부리로 씹은 나무부스러기 등으로 알자리를 만든다. 보통 4~5개의 알을 낳고 종종 9개까지 낳는 경우도 있으며, 17일간 포란하고 약 40% 정도만 부화한다. 암컷만이 포란하고 수컷이 날라다 주는 먹이를 먹는다. 5주면 새끼들은 어미로부터 독립하는데, 새로 태어난 새끼들은 사망률이 높은 편이다. 어미들은 통상 바로 다음 번식에 들어가며, 새끼새들은 집단을 이뤄 생활한다. 알의 크기는 18.6x14.2mm다.

사육상태에서의 번식은 전혀 어렵지 않으며, 매우 자주 번식한다. 단독번식이나 집단번식 모두 좋은 번식결과를 얻을 수 있다. 일 년 내내 번식이 가능하고 한배에 보통 4~5개를 산란하며, 때때로 9개까지 산란하기도 한다. 18일 동안 포란하고 4주면 둥지상자에서 나온다. 2주간 어미 곁에 더 머무른 후 독립하는데, 갓 독립한 새끼는 추위 등에 매우 민감하다. 연간 수회 이상 번식이 가능하지만, 어미새의 건강 등을 고려해 연 2회 이하로 제한할 것을 강력히 권고한다.

패럿렛(Parrotlet, *Forpus* spp.)

해외의 경우 패럿렛은 이른바 초소형 앵무새로 많은 이들의 사랑을 받고 있으며, 국내에서는 유리앵무라는 이름으로 불리고 있다. 패럿렛의 크기는 현재 조류사육에서 길러지는 앵무새 중 가장 작은 편에 속한다. 피그미 패럿 등 일부 더 작은 종이 있기는 하지만, 그리 대중적이지는 않은 편이다.

포르푸스(*Forpus*)속 내에 모두 7개의 종이 존재하지만 일반적으로 퍼시픽 패럿렛(Pacific Parrotlet, *Forpus coelestis*)이 가장 많이 사육되며, 스펙타클드 페럿렛(Spectacled Parrotlet)이 일부 보이기도 하지만 우리나라의 경우 교잡이 많이 이뤄져 순수한 혈통을 찾는 데 다소 어려움이 있다. 국내에는 비정상적인 루트를 통해 2000년 초부터 소개되기 시작했다. 당시에는 노멀이라 불리는 와일드타입과 블루 변종이 고가종으로 거래됐으며, 2006년경 국내에 처음 반입된 아메리칸 화이트(American white), 아메리칸 블루(American blue), 알비노(albino), 루티노(lutino) 등은 상당히 높은 가격에 거래됐다. 번식이 용이하게 이뤄지고 앵무새의 수입이 자유화되면서 현재는 가격이 많이 하락했다. 딜루트(diluted), 파이드(pied), 그레이(grey)를 비롯해 수십 종에 달하는 변종이 있으며 그 수가 계속 늘어나고 있다.

작은 크기에도 불구하고 중대형앵무처럼 발을 이용해 물건을 잡는 등의 정교한 동작이 가능하며, 어느 정도의 기본적인 언어습득능력을 지니고 있기 때문에 마니아가 많다. 중대형앵무를 기르기 어려운 대부분의 국내 주거환경에 매우 적합한 종으로 향후 마니아층의 확대가 기대된다. 본서에서는 가장 많이 사육되는 퍼시픽 패럿렛에 대해서만 논하도록 하겠다.

외형

전반적으로 녹색이며 이마, 머리 위쪽, 볼, 귀, 목덜미는 황록색이다. 머리 뒤쪽은 청회색이고 눈 뒤쪽으로 연한 푸른색의 줄무늬가 있으며, 가슴과 배는 연한 황록색이다. 등과 날개는 회록색이고 등 아래쪽과 꼬리깃 위쪽, 날개 안쪽과 엉덩이는 코발트색이며, 날개의 안쪽 깃은 청록색이다.

부리는 연한 뿔색이고 눈가의 좁은 환형 피부는 회색이며, 눈동자는 짙은 밤색이고 발은 살구색이다. 암컷은 수컷과 동일하지만 목덜미 쪽을 제외하고는 청색이 없으며, 등은 다

그린윙 패럿렛(Green Wing Parrotlet) 한 쌍

소 회색빛이 돈다. 아성조도 성조와 동일한 색상이지만 전반적으로 옅은 색이다. 암수구분이 가능하고 체장은 13cm, 체중은 33g이다.

서식현황

페루 북서부에서부터 뜨루히요와 리베르따 북부까지, 안데스 산맥의 태평양쪽 산사면과 리오 쵸네, 서부 에쿠아도르 일대가 원산지다. 주로 가시덤불이 있는 사바나, 개방된 교외지역, 건조한 열대 삼림지대의 낙엽성 교목지대 등에서 서식한다. 야생개체 수는 비교적 풍부한 편이다.

번식기 외에는 4~10마리가 집단을 이뤄 생활하며, 먹이를 먹는 곳에서는 최대 수백 마리까지 대규모로 군락을 이루는 일도 있다. 먹이를 먹기 위해서 땅위로 내려오기도 하는데, 나무에 있건 땅위에 있건 녹색 깃털은 완벽한 보호색으로 작용한다. 위협을 받으면 조금 떨어진 20~30m 높이의 나무 위로 자리를 옮긴다. 집단을 이룰 때는 매우 시끄럽다. 가까이 다가가도 크게 놀라지 않으며, 때로는 수 미터 근처까지 접근할 수도 있다. 더운 여름날에는 높지 않은 나무 위에 홰를 튼다. 부드러운 소리로 서로를 부르며, 때로는 매우 날카로운 소리를 내기도 한다. 비교적 평탄하게 비행한다.

사육

비교적 조용하고 활동적이며, 초기에는 예민할 수 있지만 곧 친숙해진다. 다른 패럿렛에게는 매우 공격적인데, 경우에 따라 약한 개체의 발을 물어뜯어 불구로 만들거나 죽일 수도 있으므로 합사 초기에는 주의해야 한다. 많은 패럿렛이 물통에서 목욕을 하기 때문에 목욕을 위한 통을 따로 마련해줄 필요가 있다. 신선한 나뭇가지를 씹는 것을 좋아하고, 작은 새장에서는 쉽게 비만에 걸린다. 기후나 환경에 적응되면 매우 강건하다. 새장의 크기는 약 2x1x2m가 가장 이상적이고, 실내 새장의 경우도 최소한 120x40x50cm는 돼야 하며, 채광이 잘 돼야 한다. 종종 사방 40cm 내외의 새장에 둥지상자까지 설치한 상태로 사육하는 경우를 본 적이 있는데, 이는 결과적으로는 동물학대와도 같은 매우 부적절한 환경이므로 참고하기 바란다.

여름에는 실외사육도 가능하나, 온도에 예민한 만큼 여름기간 이외에는 반드시 실내에서 기르도록 한다. 최저 온도가 10℃는 넘어야 하며, 초기 적응기에는 20℃를 넘어야 한다.

패럿렛 사육에 적합한 케이지. 이탈리아 Italgabbie사의 최신형 소형케이지로 패럿렛 등 소형 조류의 사육에 적합하다.

야생에서는 덜 익었거나 또는 완전히 익은 초본의 씨앗, 각종 나무열매, 선인장 열매를 즐겨 먹으며 귀리, 밀, 카나리아씨드, 다양한 조, 수수, 소량의 해바라기씨, 스프레이밀레, 각종 과일 및 야채, 곤충을 즐겨 먹는다. 다른 먹이를 먹게 하려면 곡물을 제공하지 말아야 한다.

번식

원산지에서 번식기는 우기가 끝난 직후인 2~5월 말 사이다. 자연상태에 존재하는 거의 모든 구멍을 둥지로 이용하며 심지어는 선인장의 구멍, 나뭇가지, 전봇대, 우체통, 유전시설, 오븐버드(Ovenbird, 솥 모양의 둥지를 짓는 휘파람새류의 일종)의 진흙둥지, 파이프의 끝 등에 둥지를 틀기도 한다.

4~6개의 알을 낳는데, 36~48시간 후에 한 개씩 알을 낳으며 2개째부터 포란한다. 암컷만이 포란하며, 17일간 포

1. 한배의 퍼시픽 패럿렛 형제. 모두 아메리칸 화이트 변종이다.
2. 퍼시픽 패럿렛 유조. 국내 주거여건 등을 고려할 때 가장 적합한 종은 패럿렛과 같은 소형종이다.

란하고 약 3일이면 모든 새끼들이 부화한다. 알의 크기는 19.4x16.0mm다. 40일간 육추하며 연간 2회 번식이 가능한데, 두 번째 번식은 첫 번식으로부터 수일 이내에 이뤄진다.

사육상태에서도 어렵지 않게 정기적으로 번식하는데 각각의 쌍을 독립적으로 기르는 것이 좋으며, 보통 번식은 봄에 시작하지만 사실상 일 년 내내 가능하다. 4~6개를 산란하고 20~22일간 포란하며, 4~5주간 육추하고 그 후로 약 1주가 지나면 완전히 독립한다. 어미가 다음 번식을 시작하기 전에 새끼를 분리해야 하는데, 그렇지 않으면 새끼를 물어 죽일 수 있다. 10개월이면 성숙하지만 통상 2년째부터 번식을 시킨다.

리네오레이티드 패러킷(Lineolated Parakeet, *Bolborhynchus lineola*)

2000년 초반부터 국내에 소개되기 시작한 리네오레이티드 패러킷은 바드 패러킷(Barred Parakeet)이라 불리기도 하며, 국내에서는 사자나미라는 일본식 명칭으로 더 널리 알려져 있다. 미국 등지에서는 리네오 또는 리니라고 줄여서 발음하는 편이다. 본서에서는 리네오라 칭하도록 하겠다.

리네오는 사랑앵무 정도의 체구에 패러킷이라는 이름과는 달리 꼬리가 길지 않은, 어찌 보면 패럿에 더 가까운 형태를 지녔다. 패럿렛과 마찬가지로 작은 체구에도 불구하고 중형앵무처럼 발을 자유자재로 사용할 수 있으며, 비교적 양호한 언어습득능력을 지녔다. 다른 앵무류와는 달리 비행과 더불어 발과 부리로 기어 올라가거나 매달리는 것을 무척이나 즐긴다. 케이지 안에서 사육할 경우 비행하는 모습보다 기어 다니는 모습이 더 많이 관찰된다. 또한, 기어 다니거나 케이지의 벽을 타고 올라갈 경우에도 매우 느릿느릿 움직이는 편이다. 횃대에 앉을 때는 몸이 지면과 거의 평행이 되게 하거나 또는 머리 부분은 낮고 꼬리부분을 높게 해서 앉기를 즐긴다.

암컷의 경우 수컷보다 어깨의 검은 반점을 비롯해 몸체의 줄무늬 크기 및 꼬리의 검은색 반점의 분포가 적은 것으로 어느 정도 구분할 수 있으나 매우 어려운 편이다. 더불어 리네오에는 리네올라(*B. l. lineola*)와 티그리누스(*B. l. tigrinus*)의 두 아종이 있으며, 각 아종마다 검은색 반점의 크기가 상대적으로 다르기 때문에, 아종이 구분되지 않은 상황에서의 검은 반점을 근거로 한 암수구분은 현실적으로 의미가 없다. 또한, 현재 사육되는 대부분의 개체는 두 아종 간에 교잡된 것이므로 어깨의 검은 반점 등을 근거로 구분하는 것은 의미가 없다 하겠다. 분명한 성별확인을 위해서는 다른 수단을 강구할 것을 권한다. 와일드타입인 그린(또는 노멀)을 비롯해 다크 그린, 올리브, 터콰즈, 코발트, 머브, 크리미노, 루티노, 파이드, 딜루트 등 십여 종이 넘는 변종이 작출된 바 있다.

외형

전체적으로 녹색이며, 머리 앞쪽은 황록색이고 머리 위쪽은 연한 푸른색이다. 등과 날개 그리고 꼬리 쪽의 깃에는 검은색 횡무늬가 있으며, 가슴의 양 옆은 올리브 그린이다. 모든 깃털의 끝 쪽은 흑녹색이고, 등과 꼬리깃은 넓은 검은색 테두리가 있다. 날개의 안쪽

어린 리네오레이티드 패러킷. 각각 그린과 터콰즈 변종이다.

은 청록색이고, 꼬리날개의 안쪽은 탁한 녹색이다. 부리는 뿔색이고 눈가의 노출된 피부는 회색, 눈동자는 흑회색, 발은 살구색이다. 암컷은 통상 깃털의 검은색 끝부분이 적고 꼬리의 위쪽은 통상 좁은 검은색 무늬가 있으며, 때때로 완전히 없기도 하다. 체장은 16cm이고 체중은 42~52g이다.

서식현황

멕시코 남쪽의 베라구아스, 파나마 서부 등이 원산지이며 개방된 삼림, 경작을 위해 개간된 삼림, 나무가 있는 사바나 또는 해발 900m에서 2000m에 달하는 중앙아메리카의 아열대지역의 습한 산림지대에서 발견되고, 종종 경작지를 찾는다. 국지적으로 비교적 흔하게 발견된다. 6~30마리에 이르는 소그룹을 이루고, 국지적으로 수백 마리에 이르는 대규모 집단을 형성하기도 한다. 홰를 틀 때는 더 많은 숫자의 무리를 형성하기도 한다. 지역 또는 고도 간 계절적 이동을 한다.

생후 60일령의 리네오 유조 ⓒCityparrots/Jonker&Innemee

높은 나무를 좋아하고 땅위에는 머물지 않는 편이며, 매우 예민하지만 먹이를 먹을 때는 주변에 그다지 신경을 쓰지 않는 편이다. 위협을 받으면 두세 바퀴 공중을 돈 후 다시 원래의 자리로 돌아온다. 강한 날갯짓으로 직선을 그리며 날고, 비상할 때는 매우 높은 목소리로 지저귄다.

사육

조용하고 아주 가끔 활발하게 움직이며, 만일 흥분된 상태라면 좀 더 큰 소리로 지저귄다. 새로 수입된 새들은 기후적응에 주의해야 하며, 기후적응만 잘 된다면 비교적 강건한 새다. 통상 횃대 위에 웅크리고 앉아 있으나, 만일 놀라게 되면 거칠게 날아다니는데 이때 부상의 위험이 있으므로 주의해야 한다. 같은 종이나 또는 다른 종의 유사한 크기의 새와 함께 기를 수 있다. 비행보다 기어 다니는 것을 더 좋아하며, 씹는 물건이나 목욕은 그다지 즐기지 않지만 스프레이는 매우 즐기는 편이다.

가능하다면 야외에 비를 가릴 수 있는 시설을 설치하고 쌍 당 약 1.5평방미터의 공간을 제공해 집단번식을 하는 것이 좋다. 실내에 넓은 새장을 설치하고 번식을 시도하는 것도 좋지만 최선은 아니다. 새로 수입된 새라면 최소한 20℃ 이상의 온도를 유지해야 하며,

절대로 5℃ 이하로 내려가서는 안 된다.
야생에서는 과일의 씨앗, 각종 산딸기류, 곤충이나 그 애벌레를 먹고 종종 옥수수 밭에서 목격되기도 한다. 사육상태에서는 혼합된 곡류, 카나리아씨드, 쌀, 귀리, 수수, 조, 야채, 과일, 새싹, 미네랄보충제, 에그 푸드와 비스킷, 식빵을 급이한다.

번식

서식지인 중앙아메리카에서는 통상 12월부터 번식을 시작하고, 베네수엘라와 콜롬비아에서는 5~7월 사이에 번식한다. 4미터 정도 높이의 죽은 나무에 둥지를 튼다. 사육상태에서는 정기적으로 수월하게 번식하는데, 집단번식이 더 유리하고 통상 5~6월에 번식을 시작한다. 둥지상자는 25x15x15cm의 크기가 좋고, 세로로 된 18x18x30cm 크기도 쓰인다. 둥지상자의 출입구는 직경 5cm가 좋다. 한배에 보통 4~5마리를 낳고, 포란기간은 20~21일이다. 스트레스를 받을 수 있으므로 둥지상자의 검사는 최소한으로 제한해야 한다.

암컷은 통상 두 번째 알을 낳고부터 포란을 시작하고 6주간 육추하는데, 일 년에 3회까지 번식이 가능하다. 변에 수분이 많은 경우가 종종 있으므로 특별한 문제가 없다면 규칙적으로 둥지상자를 검사해 베딩이 과도하게 더러워진 경우 교체해줘야 한다. 정상적으로 부화했으나 육추과정에서 상당수가 폐사하는 경우가 있는데, 이는 둥지상자 내부의 청결과 관련된 것으로 추정된다. 깃풀형태의 베딩을 넣어주면 고치와 같은 형태의 다소 엉성한 내부 둥지를 따로 마련하기도 한다.

리네오 노멀 유조

리네오 유조, 생후 2주령의 리네오 터콰즈 변종

코뉴어(Conure)

아라틴가(Aratinga), 피르후라(Pyrrhura)를 비롯해 9개 속 47종이 현존한다. 여기서는 국내에 가장 많이 알려진 종으로서 녹색과 황색의 아름다운 색상을 띤 선 코뉴어와, 아름다운 색상으로 '코뉴어의 왕'이라 불리는 골든 코뉴어에 대해 설명한다. 코뉴어에 관한 좀 더 세부적인 자료는 앤 C. 왓킨스의 'The conure handbook' 등을 참고하기 바란다. 최근에는 국내번식도 비교적 어렵지 않게 이뤄지고 있고 마니아층도 넓어지고 있으나, 과도한 소음으로 인해 공동주택 등지에는 그리 적합한 종이 아닌 것으로 판단된다.

• 선 코뉴어(Sun Conure, *Aratinga solstitialis*)

외형
전체적으로 노란색이고 얼굴, 배, 가슴, 등 쪽에 약한 주황빛이 돌며, 꼬리깃과 날개의 비행우는 녹색과 청색으로 이뤄져 있다. 부리는 검은색이며 둥글고 짧다. 눈가는 옅은 회색이고 눈동자는 짙은 밤색이며, 다리는 회색이다. 잔다야 코뉴어(Jandaya Conure)와 매우 비슷하게 생겼으나 잔다야 코뉴어는 등과 날개가 모두 녹색이다. 어린 개체는 눈동자가 더 어두운 색이며 날개와 머리, 배, 가슴 등에 올리브 그린 또는 녹색깃털이 점점이 뿌려져 있는데 때때로 날개깃에 노란빛이 돌기도 한다. 체장은 30cm이며, 체중은 120~130g이다.

서식현황
브라질 북동부의 호라이마주, 기아나와 베네수엘라의 남동부지역, 아마파, 수리남지역이 원산지다. 프랑스령 기아나에도 서식한다는 보고가 있으나 명확히 확인되지는 않은 것으로 알려져 있다. 주로 덤불과 목본이 있는 사바나지역과 야자나무 군락지에서 발견되며, 지역적으로 서식하고 비교적 흔하게 관찰된다.

보통 4~12마리 정도가 그룹을 지어 생활하며 많게는 30여 마리까지 함께 생활하기도 하는데, 과일나무 등에 떼를 지어 먹이를 먹으러 다닌다. 덤불에 있을 때는 밝고 선명한 깃털에도 불구하고 구별하기가 쉽지 않지만, 상공에서는 비교적 쉽게 눈에 띈다. 상하로 조금씩 물결을 타듯이 움직이고 직선으로 비행하며, 반복적으로 날카로운 소리를 내며 운다.

사육

서식지에서는 주로 씨앗, 베리류, 과일, 꽃을 먹으며 사육상태에서는 해바라기씨, 밀, 귀리, 카나리아씨드를 비롯한 여러 종의 혼합곡물, 싹틔운 곡물, 과일과 야채(사과, 망고, 오이, 옥수수, 당근)를 먹는다. 칼슘 및 미네랄보충제, 흰빵 및 에그 푸드(번식기 동안)를 함께 주는 것이 좋다.

대부분의 코뉴어가 그렇듯이 비교적 시끄러운 편이며, 공동주택에서의 사육은 어려움이 많다. 특히 아침과 저녁에는 매우 시끄럽다. 상당히 강건하고 사육하는 데 별다른 어려움이 없으며, 호기심이 많아 사육자와 쉽게 친해진다. 부리가 매우 강력하며, 씹는 것을 좋아하기 때문에 계속해서 새로운 나뭇가지 등을 제공해야 한다. 번식기 이외에는 다른 아라틴가(*Aratinga*)속의 코뉴어와 합사해도 큰 무리가 없다.

케이지는 사방 각 3x1x2m 정도의 크기면 이상적이며, 최악의 경우라도 한 면의 길이가 150cm 이상이 되도록 해야 한다. 가급적 야외조사에서의 사육이 적합한데, 야외조사를 설치할 경우 비바람과 강한 태양광선으로부터 피할 수 있는 가리개를 만들어줘야 한다. 합사할 경우 개체당 2평방미터의 공간이 필요하다.

선 코뉴어 무리

번식

서식지에서는 12월에서 3월 사이에 죽은 나무나 야자나무에 둥지를 튼다. 사육상태에서의 번식은 매우 수월하고 연간 수회 이상 번식하는데, 일반적으로 봄에 번식기가 시작되지만 겨울에도 번식이 가능하다. 단, 겨울의 경우 충분한 보온대책을 강구해야 한다. 일반적으로 4~5개를 산란하며, 쌍별로 격리수용하는 것이 좋다. 23일간 포란하고 50일간 육추하며, 알의 크기는 28.5x22.8mm다.

둥지상자에서 나온 뒤에도 수일간 부모새와 함께 머무는 것이 일반적이다. 둥지상자는 가급적이면 단단한 나무로 만들어야 파손을 막을 수 있으며, 사이즈는 18x18x50cm가 적당하고, 입구의 직경은 7cm 정도로 한다. 번식기 동안 케이지를 이동하거나 하면 종종 다음해의 번식이 중단되는 경우가 있으므로 유의해야 한다.

• 골든 코뉴어(Golden Conure, *Aratinga guarouba*)

외형

전체적으로 밝은 황색이며 날개깃은 녹색이다. 부리의 뿌리 쪽은 푸른빛이 돌고, 전체적으로는 연한 살구색이다. 눈가의 노출된 피부는 회백색이며, 눈동자는 갈색이고 발은 살구색이다. 체장은 약 34cm, 체중은 270g이다. 선 코뉴어와 비슷하나 부리가 살구색이고, 날개 끝을 제외하고는 몸 전체가 밝은 황색이다. 암수 모두 동색이며, 어린 새끼는 머리와 등에 녹색이 많은 편이다.

서식현황

브라질 북동부의 싱구 강과 빠라주 일대부터 마라냐웅 북서부까지 분포하며, 주로 강이나 호수에 접근이 용이한 열대우림에서 발견된다. 최근 밀림지역의 광범위한 개발에 따른 서식지파괴로 개체 수가 급격히 감소하고 있다. 브리딩 시즌 이외에는 쌍 또는 소규모 그룹으로 생활한다. 나무의 꼭대기에 앉기를 좋아하며, 종종 한 나무에서 다른 나무로 빠르게 이동하는 것을 즐긴다. 매우 사회적이고, 울음소리가 커서 아주 먼 곳에서도 울음소리를 들을 수 있다. 종종 다른 종의 앵무새들과 함께 어울려 먹이를 먹기도 한다.

사육

자연상태에서는 과일, 베리류, 씨앗 및 견과류를 먹으며 사육상태에서는 열대과일을 포함한 다양한 과일, 해바라기씨, 귀리, 기장 등을 포함한 혼합곡물사료, 다양한 야채, 옥수수 등을 즐겨 먹는다. 비타민 및 칼슘보충제, 번식기에는 건새우, 비스킷, 에그 푸드를 추가로 주는 것이 좋다. 매우 시끄럽고, 새로 수입된 새들은 매우 소심하지만 곧 새로운 환경에 적응한다. 인공증식된 개체들은 장난기가 많고 호기심이 넘친다.

추위에 매우 약하므로 유의해야 하고, 최소한의 목욕장소와 씹고 즐길 거리를 제공해야 한다. 종종 깃털을 뽑는 경우가 있으므로 관심을 돌릴 다양한 장난감이 필요하다. 여러 마리를 합사하는 것도 좋다. 사육장은 최소한 사방 2x2x1m가 돼야 하고, 케이지 내에 몸을 숨길 수 있는 장소를 마련해줘야 한다. 난방대책을 철저하게 강구해야 하는데 새로 수입된 새들은 절대로 20℃ 이하가 되지 않도록 유의하고, 국내기후에 적응된 경우라도 최소 15℃ 이상은 유지돼야 한다.

번식

서식지에서는 10m 정도 높이의 고사목에 둥지를 틀고 2~3개의 알을 낳는다. 암컷만이 포란하고, 수컷은 둥지 밖에서 둥지를 지킨다. 28~30일간 포란하고 육추는 55~60일이 소요되며, 둥지를 나온 이후로도 한동안 새끼들은 부모새와 함께 생활하고 곧 전체 집단에 합류한다. 알의 크기는 37.1x29.9mm다. 사육상태에서의 번식은 어렵지 않은 편이며, 쌍별로 격리해 수용해야 한다.

둥지상자는 사방 각 22x40x30cm가 적당하며 입구의 직경은 7cm가 좋고, 케이지 구석의 어두운 부분에 설치한다. 일반적으로 번식기는 12월에 시작하는데 온도는 25℃ 이상, 습도는 높게 유지해야 한다. 한배에 3~5개를 산란하고 23일간 포란하며, 7주간 육추한다. 브리딩 기간에는 매우 공격적으로 변하고 둥지상자검사에 예민해지므로 유의해야 한다. 이 경우 어미는 종종 알을 깨버리거나 새끼새를 버리기도 한다. 생후 30개월이면 성성숙에 도달한다. 코뉴어에 대한 좀 더 세부적인 사항은 앤 왓킨스의 'The Conure Handbook'을 참조하기 바란다.

골든 코뉴어는 해외 브리더들 사이에서도 매우 높은 인기를 구가하고 있다.

로리 및 로리킷류(Lori, Lorikeet)

에오스(*Eos*), 비니(*Vini*) 등 11속 모두 55종이 존재한다. 대부분 열대우림에 서식하며, 넥타라고 불리는 꽃의 꿀물을 먹기에 적합하도록 진화한 브러시 형태의 혀를 지니고 있다. 부리가 매우 날카로우며, 색상이 화려한 것으로 유명하다. 여기서는 국내에 가장 많이 알려진 레인보우 로리킷과 채터링 로리에 대해 알아보도록 하겠다.

통상 체구가 작고 꼬리가 긴 로리를 로리킷이라고 부른다. 킷은 일종의 축소형 어미다. 로리 및 로리킷류는 말과 행동을 잘 흉내 내고 에너지가 넘치는 것으로 유명하다. 다만 먹이의 특성상 거의 물에 가까운 묽은 변을 물총 쏘듯이 배설하는 것 때문에 국내의 경우 애호가가 많지는 않다. 국내에서는 대부분의 사육자들이 '마른모이 길들이기'라는 미명 아래 로리류의 섭식행태를 완전히 무시하고 마른 곡물모이만을 주는 황당한 일들이 벌어지고 있다. 이로 인해 대부분의 로리류는 생후 불과 수년을 넘기지 못하고 간과 소화기계통의 이상으로 폐사하고 있다. 로리를 기르려는 사육자는 해당 개체의 섭식행태를 깊이 연구해 적절한 먹이를 공급해줄 것을 간절히 부탁한다.

• 레인보우 로리킷(Rainbow Lorikeet, *Tricoglossus haematodus*)

외형

국내에서는 오색청해앵무라고 불리기도 하는 레인보우 로리킷에는 모두 32가지(학자에 따라 28종 내외를 주장)에 달하는 아종이 보고돼 있고, 아종 내 배색이 매우 다양하다. 일반적으로 우리가 레인보우 로리킷이라 부르는 몰루카누스(*T. h. moluccanus*)는 전체적으로 온몸이 녹색이며, 머리는 검거나 짙은 푸른색이다. 앞가슴에 가로로 붉은 무늬가 있고, 그 바탕은 밝은 황색 또는 붉은색이다. 꼬리깃의 위쪽은 녹색이고 아래쪽은 황색이며, 아랫배는 황색, 녹황색, 청색 등으로 다양하다. 눈은 붉고 부리는 연한 황색이다. 근연종인 오르나투스(*T. ornatus*)도 색상이 유사하다.

레인보우 로리킷은 오히려 종간 차이보다 아종 내 변이가 더 심한 것으로 알려져 있다. 체장은 28cm에 달하며, 체중은 145g이나 아종에 따라 다소의 차이가 있다. 멜라니스틱(melanistic), 시나몬(cinnamon), 블루, 딜루트 등 다양한 변종이 작출돼 있고 점점 그 수가 늘어나고 있다.

서식현황

호주대륙의 해안과 발리, 몰루카, 순다, 웨다, 솔로몬 등 인도네시아 및 그 부속도서 인근해양의 군도 일대에 주로 서식하며 산림이나 개방된 산림지역, 해발 1000m 이하의 사바나 또는 플랜테이션농장 인근에서 발견된다. 뉴기니의 경우 해발 2200m에서도 서식하며, 일부 아종을 제외한 대부분의 아종이 비교적 흔하게 발견된다.

번식기에는 보통 쌍 또는 가족끼리 생활하지만, 번식기 이외에는 큰 그룹을 이뤄 생활하고, 종종 수백 마리 이상이 군집하기도 한다. 의심이 많고 시끄러우며, 나뭇가지를 매우 잘 타고, 먹이를 먹고 있을 때는 근처에 다가가도 별 관심을 보이지 않는 경우가 많다. 다른 로리류와 함께 다니는 경우도 종종 관찰된다. 먹이를 찾아 계절적 이동을 하기도 하는데, 종종 상당히 멀리 떨어진 섬까지 이동하는 경우도 있으며, 바다 한가운데서 발견되기도 한다. 이동 중에도 시끄럽게 재잘거리는 편이다.

사육

비교적 시끄러우며, 매우 날카롭고 찢어지는 소리를 낸다. 활동적이고 호기심이 많으며, 일부 아종은 초기에 다소 소심할 수 있으나 곧 새로운 환경에 적응한다. 다른 종에게 종종 공격적이기도 하므로 그룹으로 사육할 경우 케이지의 크기가 충분히 커야 다툼이 없다. 케이지는 최소 2.5x1x2m가 돼야 하고 최소온도는 22℃이며, 둥지상자의 크기는 사방 30x22x25cm가 적당하다. 자연상태에서의 먹이는 주로 넥타, 꽃, 과일, 베리류, 씨앗, 새순, 벌레와 유충이며 종종 사과나 배 농장에 심각한 타

레인보우 로리킷은 아종의 변이가 매우 다양해 다른 종으로 착각하는 경우가 많다.

격을 입힌다. 사육상태에서는 로리용 넥타, 화분, 혼합곡물먹이, 비타민 및 미네랄보충제, 우유에 담근 비스킷과 식빵, 사과, 배, 포도 등의 다양한 과일, 스프레이밀레, 싹틔운 곡물을 제공하며 번식기에는 밀웜, 에그 푸드 등을 추가로 공급한다. 넥타 및 즙이 많은 과일이 로리 및 로리킷의 주식임을 절대로 잊지 말아야 한다.

번식

원산지에서는 아종에 따라 번식시기가 매우 상이하다. 통상 세람에서는 11월에서 1월, 솔로몬군도에서는 10월에서 12월, 뉴기니에서는 2월, 플로레스에서는 2월부터 8월이며, 호주의 경우는 8월에서 다음해 5월까지로 알려져 있다. 죽은 나무 등의 속빈 등걸에 산란하며, 입으로 씹은 나무 조각을 바닥에 깐다. 한배에 2~3개를 산란하고 25일간 품으며, 7~8주간 육추한다. 알의 크기는 26.9~22.4mm다.

사육상태에서는 일 년 내내 매우 쉽게 번식하는데, 브리딩 시즌에는 가급적 쌍별로 격리수용해야 한다. 일반적으로 2개의 알을 낳고 25일간 포란하며, 육추에는 7~8주가 걸린다. 육추기간에는 둥지 상자 내부에 충분한 양의 부드러운 톱밥을 깔아줘야 하며, 자주 청소해줘야 한다. 일부 아종의 경우 연간 3회 이상 번식하기도 한다. 종종 알을 깨거나 번식을 포기하는 경우가 있으므로 유의해야 한다. 생후 11개월이면 성성숙에 도달한다.

서식지의 레인보우 로리킷

• **채터링 로리(Chattering Lory, *Lorius garrulus*)**

외형

전체적으로 붉은색이 지배적이며, 어깨는 좀 더 검은색이다. 노란무늬가 들어가 있는데, 이 무늬는 개체 또는 개체군마다 그 넓이와 색채가 매우 다양하게 나타난다. 다리와 꼬리깃은 짙은 녹색이다. 눈동자는 붉은색이고 눈가의 노출된 피부는 진회색, 부리는 짙은 주황색, 발은 짙은 회색이다. 모두 3개의 아종이 확인된 바 있고, 암수 모두 동일한 모습이다. 아성조의 부리는 좀 더 짙은 색이며, 눈동자도 진한 색상이다. 체장은 30cm이고 체중은 200g 수준이다. 채터링 로리, 레드 로리(Red Lory), 블랙캡드 로리(Black Capped Lory) 등은 외관이 유사해 경우에 따라 서로 다른 종을 암수로 알고 잘못 구입하는 경우가 있으므로 유의하기 바란다.

로리류는 대부분 고가에 거래되지만, 최근에는 그 모습을 보기가 매우 힘든 것이 사실이다. 옐로우백 앤 블랙아이드 클리어(Yellow back and black eyed clear) 등의 변종이 작출된 바 있으나 흔하지 않다.

서식현황

웨다 섬 및 할마헤라 섬 일대가 원산이고 섬의 전역에 서식하며, 특히 코코넛 농장 주변에 즐겨 서식한다. 과거에는 매우 흔했으나 최근에는 밀렵 및 애완목적의 포획으로 그 수가 감소하고 있다. 보통 쌍을 이뤄서 이리저리 옮겨 다닌다. 열매가 열리거나 꽃이 피는 나무에서 주로 발견되며, 해당지역의 주민들이 애완용으로 많이 기른다. 비행하는 동안 큰 소리로 울기도 한다.

사육

매우 시끄럽고 활동적이며, 장난기가 많다. 또 호기심이 가득하고 사람과 쉽게 친해지며, 목욕하는 것을 즐긴다. 하루 종일 새로운 장난거리를 제공해줘야 한다. 꽤나 호전적인 성격이어서 콜로니 브리딩(colony breeding, 수컷 한 마리에 여러 마리의 암컷을 두고 번식하는 것을 말함)은 적합하지 않다. 브리딩 시기에는 다른 쌍을 종종 공격하고 심하면 사육사도 공격당할 수 있으며, 브리딩 시기 이외에도 호전적인 경우가 있으므로 유의해야 한다.

최소 20℃ 이상의 온도를 유지해야 하고, 최소한 사방 2x1.5x1.5m 정도의 케이지를 제공해야 한다. 둥지상자는 사방 40x20x30cm 정도가 적당하다.

자연상태에서의 먹이는 화분, 넥타, 과일, 꽃 등이며 사육상태에서는 다양한 과일(사과와 포도를 가장 좋아함), 화분, 효모, 다양한 혼합곡물, 저지방 요거트, 물에 불린 비스킷, 식물의 새순, 싹틔운 씨앗을 제공한다. 소량의 밀웜, 비타민 및 미네랄보충제 등도 주기적으로 제공해야 한다.

번식

원산지에서는 주로 고목에 둥지를 틀며, 번식기는 5월에서 11월까지이고 알의 크기는 25.8x21.8mm다.

사육상태에서도 어렵지 않게 연중 번식하는데, 번식기 중에 매우 공격적일 수 있으므로 반드시 쌍별로 분리해서 수용하도록 해야 한다. 한배에 보통 2개의 알을 낳으며, 26일간 포란하고 10주간 육추한다. 높은 습도를 유지할 수 있도록 유의해야 한다. 스스로 먹이를 먹게 되면 가급적 빨리 어미로부터 분리해야 불상사를 막을 수 있다.

채터링 로리는 로리류 중에서도 체구가 큰 편에 속한다.

변이 매우 묽어 둥지상자 내부가 쉽게 부패되기 때문에 내부를 자주 청소해줘야 한다. 연간 2번 정도 번식할 수 있다. 좀 더 세부적인 사항은 피터 오더커큰의 'A Guide to Rories & Lorikeets : Their Management, Care & Breeding'을 참고하기 바란다.

호주계 패러킷(Australian Grass Parakeet)

호주계 패러킷은 통상 네오페마(*Neophema*)와 프세포투스(*Psephotus*)를 비롯해 프로소페이아(*Prosopeia*), 알리스테루스(*Alisterus*), 아프로스믹투스(*Aprosmictus*), 폴리텔리스(*Polytelis*), 푸르푸레이세팔루스(*Purpureicephalus*), 바르나르디우스(*Barnardius*), 플라티세르쿠스(*Platycercus*), 키아노람푸스(*Cyanoramphus*), 이우님피쿠스(*Eunymphicus*), 라타무스(*Lathamus*), 멜롭시타쿠스(*Melopsittacus*) 등 총 12속 40여 종이 있다. 보통 왕관앵무와 사랑앵무도 호주계 패러킷으로 분류하지만, 그 대중성이 다른 12속에 비해 현저히 높기 때문에 본서에서는 별도의 섹션으로 분리했다.

이 부류의 앵무새들은 전체적으로 날렵하고 작은 체구를 지녔으며, 초원에서 씨앗을 주워 먹는 습성이 있어 그래스 패러킷(grass parakeet)이라고 칭한다. 체색이 아름답고 소리가 비교적 조용한 편이지만, 훈련이 어려운 것이 단점이다. 일부 종을 제외하고는 매우 다양한 변종이 작출된 바 있으며, 한때 국내 가격이 개체 당 수백만원에 달하는 종도 있었을 정도로 일부 마니아들 사이에서 인기가 높았다. 여기서는 국내에서 가장 많이 알려져 있고, 대체적으로 강건하고 브리딩이 용이한 레드럼프드 패러킷과 이스턴 로젤라, 터콰즈 패러킷에 대해 알아보도록 하겠다.

• 레드럼프드 패러킷(Red Rumped Parakeet, *Psephotus haumatonotus*)

외형

머리는 녹색이며 앞이마, 정수리의 앞부분, 뺨의 아래쪽은 푸른빛이 돈다. 가슴은 황록색이고 배는 좀 더 진한 황색, 꼬리의 아래쪽은 흰빛이 돈다. 앞가슴과 등의 깃털은 청록색이고 날개는 청록색, 날개의 끝은 황색이다. 날개의 횡무늬, 제1날개깃, 날개의 안쪽은 남보랏빛이다. 등의 아래쪽은 붉으며 꼬리깃의 위쪽은 녹색, 꼬리깃 중간의 안쪽은 진한 청색으로 끝이 물든 청동녹색이다. 바깥쪽 꼬리깃은 흰빛이 도는 청색으로 끝이 물든 청록색이다. 꼬리의 안쪽은 연한 청색이며 부리는 검다. 눈가의 좁은 피부는 회색이고 눈동자는 진한 밤색, 다리는 회색이다.

암컷은 올리브 그레이로 정수리, 등, 날개는 녹색이 도는 올리브색이다. 날개의 횡무늬, 제1날개깃, 날개 안쪽의 깃털은 연한 남보랏빛이다. 날개에는 끝부분이 연한 청색으로 물든 올리브 그린 색상의 깃털이 나 있고, 날개 바깥쪽은 연한 청색이다. 등 아래쪽과 꼬리 위쪽은 녹색이고, 꼬리의 아래쪽은 연한 청색물이 들었으며 부리는 회색이다. 아성조는 어미와 동일한 색상이지만 좀 더 연한 색이며, 어린 수컷은 등 아래쪽의 붉은 부분이 적다. 생후 4개월이면 어미의 깃털을 가진다. 체장은 27cm이며, 체중은 55~85g이다.

모두 2종의 아종이 존재하는데, 멀가 패럿(Mulga Parrot) 등과 매우 유사하게 생겼으며 하이마토노투스(*P. h. haematonotus*)와 카이룰레우스(*P. h. caeruleus*)의 두 아종이 존재한다. 국내에서는 통상 미성앵무라 불리는데, 이는 목소리가 아름답다고 해서 일본인들이 부르는 것을 그대로 차용한 것으로 보인다.

서식현황

쿠퍼스 크릭 지역을 제외한 남동호주 전역, 남호주의 북동부, 퀸스랜드의 남서부가 원산이며 개방된 산림, 과수원, 유칼립투스 서식지, 교목이 있는 사바나지역, 해발 1100m까지의 강을 따라 교목이 있는 경작지나 낙농지역, 쿠라강 섬의 맹그로브 숲, 공원과 정원 등지에서 쉽게 발견된다. 서식지에서 매우 흔하게 볼 수 있고 최근 수십 년간 개체 수가 증가하고 있으며, 서식지도 확대되고 있다.

통상 쌍 또는 소규모 집단으로 생활하며, 지면에서 먹이를 먹는 모습이나 전봇대 또는 담장 위에서 휴식을 취하는 것이 쉽게 목격된다. 겨울에는 100여 마리 또는 그 이상의 규모로 집단을 이루는데, 번식기에는 수컷으로만 이뤄진 집단이 관찰되기도 한다.

하루에도 수 시간 이상을 땅위에서 보내고 큰 나무 아래 그늘에서

왼쪽의 탁한 색깔이 레드럼프드 패러킷 암컷이며, 오른쪽의 화려한 색상이 수컷이다.

먹이 찾기를 즐기며, 암수 한 쌍은 서로 가까운 거리에서 먹이를 구한다. 비행 중에는 식별이 용이하지만, 지면에서는 주변 환경과 잘 어울려 식별이 용이하지 않다. 떨어진 먹이를 먹기 위해 인간의 거주지나 낙농지역 주변에 종종 출몰한다.

먹이를 먹기 위해 이동하기 직전 이른 아침에 물을 찾아 마시고, 무더운 여름의 한낮에는 숲의 나무속에서 휴식을 취하며, 여름 동안에는 하루에도 수차례 이상 물을 찾아 마신다. 지면에 있을 때도 그다지 경계심이 강하지 않아 고양이 등 포식자에게 자주 공격을 당하고 먹이가 되기도 한다. 포식자가 나타나면 상당히 높게 날아오르며 날카로운 휘파람소리를 낸다. 쉴 때는 노래를 부르고, 둥지를 지킬 때는 날카로운 소리로 지저귀는 등 번식초기에는 비교적 시끄럽다.

사육

예쁜 소리로 우는 조용한 앵무새로 활동적이고 예민하지 않으며, 강건하다. 번식기 이외에는 다른 앵무새와 합사사육이 가능하고, 과일나무나 버드나무 가지를 씹는 것을 즐긴다. 지면에 내려오기를 좋아하고, 모래를 휘저으며 놀기 때문에 정기적인 구충이 필요하다. 3x2x1m 크기의 야외조사가 가장 이상적이며, 햇빛을 가릴 수 있고 비를 피할 수 있는 장소가 필요하다. 둥지는 15x15x40cm 정도가 적당하며, 입구는 직경 5cm 정도가 좋다. 자연에서는 주로 지면에서 얻어지는 각종 씨앗과 야채 그리고 아주 가끔 과일, 장과류, 꽃, 꽃의 꿀 등을 먹는다. 정기적으로 작은 돌과 모래를 섭취한다.

사육상태에서는 카나리아씨드, 수수, 기장, 조, 밀, 소량의 삼씨를 섞은 혼합곡물이 좋다. 해바라기씨의 양은 엄격히 통제해야 비만으로 인한 문제를 미연에 방지할 수 있다. 다양한 과일과 야채를 공급해야 하며 특히 당근, 사과를 좋아한다. 번식기에는 달걀, 벌레, 싹을 틔운 해바라기 씨앗 등을 제공하면 좋다.

번식

서식지에서는 통상 8~2월에 걸쳐 번식하는데, 북부와 서부지역에서는 계절이 아닌 강우량에 따라서 번식한다. 번식기에 수컷은 날개를 살짝 벌린 채 조금 구부리고 앞가슴의 깃털은 부풀린 채, 암컷의 횃대 근처에서 머리를 뒤쪽이나 옆으로 늘어뜨린다. 그리고는 머리를 앞뒤로 흔들고 꼬리를 활짝 펼쳐 흔들며 계속해서 지저귄다. 그리고 나서 암수는 서로 먹이를 먹여준다.

레드럼프드 패럿은 암수구분이 용이하다. 사진은 성숙한 수컷

일반적으로 흐르는 물가에 서 있는 유칼립투스의 구멍에 둥지를 틀며, 집 벽의 균열된 틈이나 울타리 등에도 둥지를 틀곤 한다. 종종 여러 쌍이 근처에 함께 둥지를 틀기도 하지만, 각각의 쌍은 서로의 영역을 지킨다. 한배에 4~8개의 알을 낳으며, 보통은 5개를 산란하고 암컷 홀로 포란한다. 알의 크기는 23.5x19.2mm다.

둥지 근처의 나뭇가지에서 수컷으로부터 먹이를 받아먹고, 이를 위해 하루 수회 둥지를 떠나지만 즉시 둥지로 돌아온다. 때로는 물을 마시기 위해 물가를 찾기도 하는데, 그런 경우에도 약 10~20분 안에 둥지로 돌아온다. 19일간 포란하고 4주간 육추하며, 육추기간이 끝나면 어린 새끼는 부모와 함께 집단에 합류해 먹이를 찾는다.

사육상태에서도 정기적으로 번식하며 어렵지 않다. 번식기에 매우 공격적일 수 있으므로 가능하면 한 쌍씩 격리해야 하고, 매우 큰 조사라면 여러 쌍을 길러도 관계없다. 통상 4월에 번식기가 시작되며, 한배에 5~7개의 알을 낳는다. 19일간 포란하며 포란기간 동안 수컷이 암컷에게 먹이를 먹이고, 암컷은 배설 시에만 둥지를 비운다. 28일간 육추하고, 어린 새끼는 둥지를 떠난 후 14일이면 완전히 독립한다. 보통 어미새들은 연간 2회 정도 번식하기 때문에 새끼새들이 성숙하면 즉시 어미와 분리해야 한다. 이 앵무새는 다른 호주계 그래스 패러킷의 매우 훌륭한 가모 역할을 수행하곤 한다.

- 이스턴 로젤라(Eastern Rosella, *Platycercus eximius*)

외형
머리, 가슴 위쪽, 꼬리 아랫부분은 붉은색이다. 뺨은 흰색이고, 가슴 아랫부분은 노란색에서 시작해 배 부분에서는 황록색으로 변한다. 가슴 아래쪽과 배의 가장자리는 거무스름하고, 등과 어깨에는 녹황색 테두리에 검은색 깃털이 나 있다. 날개의 안쪽은 흑색과 청색이고, 등 아래쪽과 꼬리깃의 위쪽은 연한 녹색이며 검은색 테두리를 하고 있다. 꼬리깃의 바깥쪽은 진청색 바탕에 연한 청색의 무늬가 있으며, 꼬리깃의 안쪽은 옅은 푸른기가 있다. 부리는 회갈색이며 눈가에는 옅은 진녹색의 테두리가 둘러져 있고, 눈동자는 진한 갈색이며 다리는 회색이다.

국내에서는 통상 (일반)장미앵무라고 불리며, 모두 3종의 아종이 존재한다. 일부에서 골든 멘틀이라 부르는 것은 바로 엘레키카(*P. e. elecica*)라는 아종의 영명이다. 그러나 아종 간 구별은 매우 어려우며, 교잡이 많이 행해져서 조류사육에 있어서의 아종구분은 무의미하다고 보는 것이 옳다. 일부에서는 골든 멘틀이라 해서 더 높은 가격을 요구하는 경우가 있으나 해외의 경우에도 이스턴 로젤라의 아종 내에는 가격의 차이가 없으며, 별도의 아종을 분류해 판매하지도 않는다. 루티노, 멜라니스틱 등 다양한 변종이 있다.

암컷은 보통 수컷보다 체구가 작으며, 붉은색이 덜 진하고 목뒤와 등의 색깔이 옅은 녹색이다. 대부분의 암컷은 날개 안쪽에 흰색의 무늬가 있으며, 부리가 좁고 작다. 암수구분은 그리 어렵지 않으나 만약의 경우를 위해 다른 성감별수단을 강구하는 것도 권할 만하다. 아성조는 암컷과 유사하지만 좀 더 연한 색을 띠고, 머리의 뒤쪽이 녹색이며 날개 안쪽에 옅은 무늬가 있다. 생후 18개월경에 환우한다. 체장은 30cm이며 체중은 95~120g선이다.

서식현황
오스트리아 뉴 사우스 웨일즈의 중남부와 빅토리아 인근이 원산지이며, 뉴질랜드 북섬에 새로 이주해 정착 중인 것으로 확인된 바 있다. 여름 동안 여러 쌍 또는 소그룹을 지어 생활하고 겨울이 되면서 8~20마리 정도가 작은 그룹을 이루는데, 때로는 100여 마리에 이르는 대규모 집단을 이루기도 한다.

예민한 편은 아니라서 종종 땅위에서 먹이를 찾는데, 이때는 보호색으로 인해 발견하기가 쉽지 않다. 종종 크림슨 로젤라(Crimson Rosella, *Platycercus elegans*)와 함께 어울리기도 한다. 한낮에는 유칼립투스 나무의 높은 가지에서 쉬고, 쉴 때는 나무의 가장자리에 위치한 가지에서 머문다. 쉬는 동안은 주로 깃털을 다듬거나 또는 나뭇가지 등을 씹는다. 저녁 무렵에는 함께 모여서 잠을 잘 장소로 이동한다. 봄이 되면 이러한 소규모 집단들은 번식을 위한 영역을 확보하기 위해 해체된다.

짧은 거리를 이동할 때는 매우 빠르고 낮게 움직이며, 먼 거리를 이동할 때는 매우 높은 고도에서 비행한다. 높은 소리로 경고음을 내기도 하며, 나무 위에서 쉴 때는 부드러운 노랫소리를 낸다. 울음소리는 보통 크림슨 로젤라보다 톤이 높다.

사육

소음이 그다지 크지 않고, 쉽게 적응하고 활동적이며, 비행을 매우 잘한다. 매우 강건하고 과일나무나 새순 등을 씹기를 좋아하며, 목욕을 즐긴다. 다른 종류의 새들과 함께 기를 수 없다. 땅위에서 오랜 시간을 머무르며, 모래 등을 가지고 잘 놀기 때문에 정기적으로 기생충을 없애줘야 한다.

케이지는 한 쌍을 실외에서 기를 경우는 최소한 4x2x1.5m 크기의 비가리개가 있는 금사가 필요하다. 국내의 대다수 사육자들은 사방 70cm 또는 100cm 새장에서 사육하고 있으나 2x1x1m 정도의 케이지를 이용할 것을 강력히 권한다.

생후 2개월령의 이스턴 로젤라 유조. 한배의 유조

둥지를 지키는 이스턴 로젤라

일부 사육자들은 가로세로 각 1m에 높이가 1.5m인 케이지를 사용하기도 하지만, 앵무새의 비행습성을 고려할 때 이는 사방 100cm 케이지와 동일한 공간밖에 제공하지 못함을 유의하기 바란다. 최근 모 업체에서 가로로 긴 케이지를 생산하고 있으므로 참고하기 바란다. 둥지상자는 22x22x60cm 크기에 출입구는 8cm 정도가 좋다.

자연상태에서는 주로 풀씨와 나무의 씨앗을 먹으며, 특히 유칼립투스와 아카시아의 씨앗을 좋아한다. 이와 더불어 과일과 야채를 즐겨 먹고 산딸기, 꽃, 꽃의 꿀물, 벌레 및 견과류도 즐겨 먹는다. 종종 사과 등의 유실수와 기타 경작지에 치명적인 피해를 입히기도 한다. 사육상태에서는 해바라기씨, 카나리아씨드, 다양한 곡물, 다양한 과일, 야채(특히 당근과 사과, 딸기), 달걀, 벌레가 좋고 육추 시에는 싹을 틔운 해바라기씨가 좋다.

번식

서식지의 경우 번식은 8~2월 사이에 이뤄지는데, 예외적으로 4~5월 정도까지 번식이 이뤄지기도 한다. 번식준비가 된 수컷은 암컷의 옆에서 날개를 살짝 벌리고 가슴의 털을 부풀리며, 머리는 뒤 또는 한쪽 옆으로 젖혀 꼬리날개를 넓게 펼친 채 춤을 춘다. 끊임없이 지저귀고 땅위에서도 이러한 춤을 춘다. 나무의 구멍이나 죽은 나무의 공동 등에 둥지를 트는데, 유칼립투스를 특히 좋아한다. 심지어는 토끼굴이나 쓰러진 나무, 우체통, 딱새의 둥지, 흰개미의 집 등에서도 발견된다.

4~9개의 알을 낳고 통상은 5개를 산란한다. 암컷 홀로 알을 품으며, 수컷과 함께 먹이를 찾거나 또는 수컷이 먹여주는 먹이를 먹기 위해 하루에 2~3회 정도 둥지를 비운다. 19일간 포란하고 5주간 육추하며, 알의 크기는 28.1x22.5mm다. 최초 10일간은 암컷 혼자 먹이를 먹이지만, 그 이후에는 수컷과 협력해 먹이를 먹인다.

사육상태에서도 역시 정기적으로 어렵지 않게 번식하지만, 주변에 다른 로젤라 계통의 새를 두지 말아야 한다. 3~4월 사이에 구애춤을 추며 4월경부터 번식이 시작되는데, 이때 수컷은 종종 매우 공격적으로 변해 암컷을 쫓아다닌다. 만일 너무 공격적이라면 번식을 중단하고 분리시켜야 한다. 둥지상자는 가로 세로 25cm 정도가 좋고, 깊이는 최소한 60cm 정도가 돼야 한다.

보통 5~7마리의 새끼를 낳고 20~21일 정도 포란한다. 이 기간 동안 암컷은 수컷이 먹이를 먹여주며, 암컷은 배변을 할 때만 자리를 비운다. 35일간 육추하고, 새끼가 둥지에서 나온 뒤에도 14일 정도 더 지난 후 어미새로부터 완전히 독립하지만, 육추가 끝나고

야생의 이스턴 로젤라

도 4주 정도 어미새와 함께 둔 후 분리하는 것이 안전하다. 통상 일 년에 2회 번식한다. 이스턴 로젤라에 대해 좀 더 세부적으로 알고 싶은 독자는 'A Guide to Rosellas : Their Mutations, Care & Breeding'을 참조하기 바란다.

- 터콰즈 패러킷(Turquoise Parakeet, *Neophema pulchella*)

외형
전체적으로 녹색을 띤다. 얼굴은 청색이고 뺨 부위는 좀 더 연한 청색이며 목, 가슴, 배와 꼬리 아래쪽은 황색이다. 목이나 가슴 쪽은 종종 연한 주황빛을 띠기도 한다. 날개 안쪽은 검붉은 색이고 바깥쪽 날개는 터키석색이다. 바람깃은 진한 청색이고 꼬리깃의 중앙부위의 위쪽은 녹색, 바깥쪽은 황색으로 테가 둘러진 녹색, 꼬리깃의 아래쪽은 옅은 황색이다. 부리는 회색이 감도는 흑색이고, 좁은 회색 아이림이 둘러져 있다. 눈동자는 짙은 갈색이고, 발은 회색이 도는 뿔색이다. 암컷은 수컷과 같으나 얼굴부분이 조금 옅은 색이고, 날개의 붉은 부분이 없다. 귀 부위, 목덜미, 위쪽 가슴이 녹색이고, 날개 안쪽에 옅은 가로무늬가 있다. 아성조는 암컷과 유사하며, 어린 수컷은 종종 날개에 붉은색이 있거나 얼굴색에서 차이가 난다. 날개 안쪽의 가로무늬는 존재하며, 생후 6개월이 지나면 성조의 깃털로 환우한다.

국내에서는 주로 도라지앵무라고 칭하며 체장은 20cm, 체중은 35~46g이다. 알비노, 루티노, 파이드 등을 비롯해 백여 종이 넘는 변종이 작출된 바 있다. 일부 변종은 한때 개체 당 200만원이 넘는 가격에 거래되기도 했지만, 수입자유화 이후 급격한 조정국면을 거친 상황이다.

서식현황
빅토리아 북부에서 퀸즈랜드 남동부에 이르는 호주의 남동부가 원산지이며 산림, 개방된 산림, 나무가 있는 사바나, 경사지에 있는 경작지 또는 물이 흐르는 지역에서 주로 발견된다. 서식지에서는 개체 수 감소로 일반적으로 보기 힘든 편이며, 국지적으로 다수가 존재한다.

일반적으로 쌍으로 행동하거나 소규모 그룹을 짓고, 이례적으로 30여 마리에 이르는 그룹을 만들기도 한다. 이른 아침 물을 먹으러 수원지로 향하는데, 수원지에서는 매우 조심스레 행동한다. 낮 시간 동안은 땅위에서 먹이를 찾고 삼림지대의 나무, 전봇대, 담장 등에서 홰를 틀며 먹이를 먹을 때는 그다지 겁을 내지 않는다. 사람이 다가가면 달려서 도망가고, 위험에 처한 경우에만 날아간다. 그러고 나서는 가까운 곳의 나무 위에 있다가 다시 땅위로 내려와 먹이를 찾는데, 키가 큰 나무의 그늘에서 먹이 찾기를 좋아한다. 지역에 따라 계절 간 이동을 하기도 하고, 번식기 동안은 산림지대를 좋아하며 나머지 기간 동안에는 사바나를 좋아한다. 날개를 빨리 움직여 파도치듯이 비행하고, 비행하는 동안 꼬리날개는 활짝 펼친다. 부드러운 목소리로 이음절의 노래를 부르는데, 비교적 멀리에서도 울음소리를 들을 수 있으며, 먹이를 먹을 때는 매우 높은 소리로 운다.

사육

아름다운 노래를 부르는 조용한 앵무새로 민감하지 않으며, 기르기 쉽다. 핀치류를 비롯한 다른 작은 새들과 함께 기를 수 있다. 수컷은 번식기에 매우 공격적일 수 있으므로 다른 네오페마 계통의 새들과는 합사하지 말아야 한다. 땅위에 있기를 즐기고, 모래를 파고 노는 것을 즐기기 때문에 정기적인 구충이 필요하다. 햇빛 가리개가 있는 3x2x1m 크기의 야외금사가 이상적이지만, 부득이한 경우 한 면의 길이가 1.2m 정도인 케이지에서도 제한적으로 사육할 수 있다. 둥지상자는 15x15x30cm 크기가 좋으며, 입구는 직경 5cm여야 한다.

자연상태에서는 주로 곡물을 먹고 야채도 섭취한다. 곡물수송차량에서 떨어진 곡물을 도로주변에서 주워 먹기도 한다. 사육상태에서는 카나리아씨드를 비롯한 다양한 곡물, 스프레이밀레, 다양한 과일과 야채(특히 사과와 당근)를 좋아한다. 육추를 위해서는 에그푸드, 곤충, 싹틔운 해바라기씨 등이 좋다.

번식

서식지에서의 번식기는 8~12월이고, 지역에 따라서 12~5월에 걸쳐 두 번째 번식기를 맞이하기도 한다. 번식기가 되면 수컷은 암컷 주위에 앉아 날개를 살짝 벌리고 꼬리깃을 활짝 펼친 상태에서 춤을 추며 노래를 부른다. 그러고 나서 암수는 서로에게 먹이를 먹여준다. 통상 나무의 구멍이나 속이 빈 가지, 울타리의 기둥, 땅위에 쓰러진 나무 등걸 등에 알자리를 잡으며 때에 따라서는 매우 큰 나무 구멍을 이용하기도 한다. 알자리에는 나무 부스러기, 나무 거스름 또는 푸른 잎을 까는데, 암컷이 엉덩이 부위의 깃털을 깔기

터콰즈 패럿은 국내의 경우 통상 도라지앵무라고 불린다. 휴식을 취하고 있는 터콰즈 패럿. 황변종이다.

도 한다. 통상 2~6개의 알을 낳고 암컷만이 포란한다. 알의 크기는 21.1x17.8mm다. 아침과 늦은 오후에 알자리 근처의 나뭇가지에서 수컷에게서 먹이를 전달받는다. 그러고 나서는 암수 모두 물을 먹기 위해 수원지로 비행하며, 물을 마시고 나면 암컷은 바로 알자리로 다시 돌아온다. 18일간 포란하고 30일간 육추하며, 어린 새끼는 부모를 떠나기 전까지 일정기간 더 머문다.

사육상태에서도 정기적으로 번식하며 어렵지 않다. 다른 앵무새들에게 공격적일 수 있기 때문에 번식기에는 한 쌍씩 따로 기르는 것이 좋다. 여러 쌍을 한꺼번에 번식시키려면 매우 넓은 공간이 필요하고, 또 어린 새끼가 둥지를 떠나면 가급적 바로 분리시켜야 한다. 통상 4월경부터 번식을 시작하며, 4~7개의 알을 낳고 18~19일간 포란한다. 암컷은 배변을 할 때만 둥지상자를 비운다.

4~5주간 육추하고 새끼들은 그로부터 약 3주 후에 완전히 독립한다. 새끼들은 일반적으로 매우 예민하며, 둥지를 떠난 후에는 많이 날아다닌다. 위급한 경우에는 철망으로 날아들어 다치기도 하므로 철망을 천 등으로 덮어주는 것도 좋은 방법이다. 스탠 신델과 제임스 질이 함께 쓴 'Australian Grass Parakeets : Experiences in the Field and Aviary'에 터콰즈 패러킷에 대해 좀 더 상세한 내용이 있으므로 참고하기 바란다.

아시아계 패러킷(Asian Parakeet)

아시아대륙 및 인도 아대륙, 중동, 동남아 도서지역 등에 서식하는 앵무로 링넥으로 통칭하며 프시타쿨라(*Psittacula*) 한 속에 총 15종의 앵무가 있다. 영어에서 앵무새를 뜻하는 psittacine이라는 용어도 이 속의 라틴어명에서 유래했다.

여기서는 국내외에서 가장 널리 길러지는 로즈링넥 패러킷과, 이 계통 중 가장 큰 종이고 뛰어난 언어능력을 인정받고 있는 알렉산드리안 패러킷에 대해서 알아보도록 하겠다. 참고로 아시아지역에는 이외에도 무수히 많은 종류의 앵무새가 서식하고 있으나 국내에서 보기 어려운 경우가 많아 언급을 생략했다.

- **로즈링넥 패러킷(Rose Ring Necked Parakeet, *Psittacula krameri*)**

외형

꼬리가 매우 길며 날렵한 모양이다. 전체적으로 녹둣빛이고, 날개 끝과 꼬리 끝은 더 진한 색이다. 목에 연한 청색과 보라색으로 테가 둘러져 있고, 꼬리의 안쪽은 녹황색이며 꼬리의 위쪽은 녹색이 감도는 청색이다. 윗부리는 짙은 붉은색이고, 아랫부리는 짙은 흑색이다. 비공으로부터 눈까지 얇은 검은 선이 둘러져 있고, 눈자위는 녹색이며 밝은 흑색이다. 암컷과 어린 개체는 목에 진한 테두리가 없다.

국내에서는 통상 목도리앵무라고 불리며 사랑앵무, 모란앵무를 제외하고는 가장 많은 변종이 작출돼 있고 현재도 지속적으로 개량되고 있다. 자연상태에는 4종의 아종이 존재한다. 우리나라의 경우 2000년 중반 한때 로즈링넥의 새로운 변종들이 비정상적인 경로로 반입되면서 상당한 인기를 끌기도 했다. 로즈링넥 패러킷은 핸드 피딩을 하더라도 사람을 잘 따르지는 않는 것으로 알려져 있으며, 체구에 비해 소음이 큰 만큼 공동주택 등에서는 유의해야 한다. 체장은 40cm이고 체중은 116~140g이다.

서식현황

서부아프리카의 기니, 세네갈, 남부 모리타니아, 우간다 서부, 수단 남부에 서식한다. 아종들은 아프리카 북서부부터 중동을 거쳐 인도 아대륙과 동남아시아까지 폭넓게 분포한다. 주로 나무나 덤불이 있는 개활지, 사바나, 건조한 산림지대, 경작지 인근, 도심지역,

공원과 정원, 커피 및 과일농장 등지에서 발견된다. 지역에 따라 흔하거나 매우 흔하지만, 일부 지역에서는 점점 그 수가 줄어들고 있다. 통상 소규모 그룹으로 목격되는데, 먹이를 먹거나 휴식을 취할 때는 좀 더 큰 규모의 그룹을 이루기도 한다. 시끄럽고 의심이 많으며, 주로 한 지역에 정주하고 먹이를 찾을 때만 이동하는 편이다. 매우 빠른 날갯짓으로 위아래로 연달아 날거나 또는 직선으로 비행한다. 매우 시끄럽게 지저귀고, 비행 중이거나 쉴 때도 큰 소리를 낸다.

사육

꽤 시끄러운 편이고 매우 강건하며, 새로운 환경에 쉽게 적응한다. 나무 등을 씹는 것을 즐기므로 새로운 장난감을 항상 공급해줘야 한다. 목욕하는 것을 즐기며 넓은 공간에서는 콜로니 브리딩도 가능하다. 최소한 사방 2.5x1.x2m 이상의 케이지가 필요하다. 국내 대부분의 사육자들은 사방 1m의 케이지를 이용하나 최소한 이러한 케이지를 횡으로 2개 이상 연결해 사용할 것을 권장한다. 최저온도는 5℃ 이상이며, 여러 마리를 수용할 경우 한 쌍당 최소 1.5평방미터의 면적이 필요하다. 둥지상자는 사방 30x30x45cm 정도면 적당하다.

서식지에서는 곡물, 과일, 베리류, 꽃과 넥타, 인도 등지의 경우 브리딩 시즌이 끝나면 엄청난 규모의 군집을 이뤄 곡물 등을 먹으며 농작물에 막대한 피해를 입히기도 한다. 사육상태에서는 다양한 혼합곡물, 스프레이 밀레, 다양한 과일과 야채, 에그 푸드, 미네랄과 비타민보충제를 공급한다. 육추기간 동안은 물에 적신 빵과 비스킷 등을 추가로 공급하면 좋다.

생후 3개월령의 로즈링넥 패러킷 블루 변종

생후 20일경의 로즈링넥 패러킷 유조와 어미새

번식

원산지에서는 인도의 경우 12월에서 5월, 실론의 경우 11월에서 6월, 아프리카의 경우 8월부터 11월 사이에 번식한다. 짝짓기 도중에는 조용하게 지저귀는 소리를 내며, 암컷은 머리로 반원을 그리면서 날개를 흔들거나 동공을 빠르게 확장하고 축소시킨다. 수컷은 한쪽 발을 쳐들고 암컷에게 먹이를 먹이면서 교미를 시도한다. 높은 나무의 동공에 둥지를 틀고 인도에서는 벽이나 처마 밑의 구멍에 둥지를 틀기도 하며, 종종 다른 종류의 새가 남기고 간 둥지를 이용하기도 한다. 둥지에는 썩은 나무 부스러기를 깔고 암수 모두 포란한다. 한배에 2~6개를 산란해 21~24일간 포란하며, 6~7주간 육추한다. 알의 크기는 30.7x23.8mm다.

사육상태에서도 어렵지 않게 번식이 가능하다. 브리딩 기간 중 다소 공격적으로 변할 수 있으므로 쌍별로 격리할 것을 권장한다. 일반적으로 3~4개의 알을 낳고 7주간 육추하는데, 1차 번식에 실패하면 곧이어 2차 번식에 들어간다. 보통 생후 18개월이면 성성숙에 도달하지만, 생후 3년경부터 번식을 시작하는 것이 일반적이다. 필자의 경우도 매년 1~2월이면 산란한 한배의 새끼를 3~4마리씩 성공적으로 길러낸 경험이 있다.

- **알렉산드리안 패러킷(Alexandrine Parakeet, *Psittacula eupatria*)**

외형

로즈링넥 패러킷과 거의 똑같은 외형을 지니고 있으나 다만 체장과 체구가 크고 날개에 붉은 반점이 있다. 실제로 두 종 간의 교잡이 어렵지 않게 이뤄진다. 부리는 모두 선홍빛이고 모두 5아종이 존재하며, 수컷의 경우 생후 36개월경 성체와 동일한 깃털을 갖게 된다. 체장은 58cm이고 체중은 250g 정도다.

알렉산드리안 패러킷 ⓒCityparrots/Jonker&Innemee

서식현황

인도 남부, 스리랑카 등지에 널리 분포하고 해발 800미터 이내의 맹그로브 숲, 경작지, 나무가 있는 개활지, 경우에 따라서는 도심, 공원, 정원에도 나타나며 과일과 코코넛 농장 근처에서도 흔히 볼 수 있다. 서식지에서는 지역적으로 흔하나 점차 그 수가 줄어들고 있다. 브리딩 시즌 이외에는 쌍 또는 소규모 그룹으로 생활하며, 저녁이 되면 많은 개체가 모이는데 경우에 따라 1천 마리 이상이 함께 모이기도 한다. 새벽이 되면 소규모 그룹으로 나뉘어 먹이를 찾아 날아간다. 매우 경계심이 많고, 위아래로 움직이며 날거나 직선으로 비행하고, 매우 크고 굵은 소리를 낸다.

사육

꽤 시끄러운 편이고 활동적이며, 부리 힘이 매우 강해 씹는 것을 즐긴다. 추운 계절에도 매우 강건하고, 초기에는 경계심이 많으나 쉽게 사육자와 친해진다. 최소한 사방 4.5x1x2m 정도의 케이지를 마련해줘야 하고 최소온도는 5℃ 이상이며, 둥지상자는 사방 35x35x60cm 정도가 적당하다. 바닥에는 썩은 나무부스러기 등을 깔아준다. 다른 부분은 로즈링넥 패러킷과 비슷하며, 자연상태 및 사육상태에서의 먹이는 로즈링넥 패러킷과 동일하다.

번식

서식지에서는 11월부터 4월 사이에 큰 나무에 둥지를 튼다. 종종 처마 밑이나 벽의 갈라진 틈새에 둥지를 틀기도 하며, 직접 죽은 나무에 구멍을 뚫고 둥지를 만들기도 한다. 다른 새들이 사용하던 오래된 둥지를 이용하는 경우도 있다. 종종 소규모 군락을 이뤄 번식하고 여러 쌍이 한 나무에서 함께 둥지를 틀기도 하며, 둥지는 썩은 나무로 장식한다. 한배에 2~4개의 알을 낳고, 알의 크기는 34.0x26.9mm다.
사육상태에서도 어렵지 않게 번식이 이뤄진다. 짝짓기 기간 동안 수컷은 날개를 들어 올리고, 머리를 좌우로 높이 뽐내듯이 흔들며 암컷 근처에서 서성이다 암컷에게 고개를 숙이는 동작을 반복한다. 가급적 쌍별로 격리해 브리딩해야 한다. 2월경부터 산란이 시작되는데 한배에 2~4개의 알을 낳고 28일간 포란하며, 육추기간은 약 7주. 국내에서도 수회 번식이 성공한 것으로 알려져 있다. 좀 더 세부적인 사항은 시드 스미스와 잭 스미스 형제의 'A Guide to Asiatic Parrots : Their Mutations, Care & Breeding'을 참조하기 바란다.

이클레터스 패럿(Eclectus Parrot, *Eclectus rotatus*)

1990년대 중반 이후 국내에 많이 소개된 중형앵무새로 화려한 색깔과 뛰어난 언어능력 때문에 많은 이들의 사랑을 받고 있다. 국내에서도 비교적 수월하게 번식이 이뤄지고 있으며, 분양가도 중대형앵무 중에서는 비교적 저렴하다. 미국의 경우 개체 당 분양가가 1000달러 전후로 국내보다 비싼 편이다.

코카투나 코뉴어 계통에 비해 상당히 조용해 마니아층이 두터워지고 있으며, 처음 중대형앵무새를 접하는 이들에게 적절한 종으로 평가받고 있다. 이클레터스에 대한 좀 더 상세한 사항은 롭 마샬 박사와 이안 워드가 함께 쓴 'A Guide To Eclectus Parrots As Pet & Aviary Birds'를 참조하기 바란다.

외형

현재 9종의 아종이 존재한다(학자에 따라 10종으로 분류한다). 수컷의 색깔은 대부분 녹색으로 날개 쪽에 파란색과 붉은색 패치가 일부 있다. 수컷의 경우 아종 구분이 거의 불가능할 정도로 서로 흡사한데, 체구와 날개의 색상으로 최소한의 구분을 시도할 수 있으나 거의 무의미하다. 암컷 역시 아종의 구분이 수월치 않은 편이며, 크게 보아 눈가에 푸른 링의 존재 여부와 앞가슴 깃털의 색상에 따라 라벤더, 코발트, 레드의 세 그룹[9]으로 분류한다.

암컷은 대부분 몸 전체가 적색이다. 부리는 검고 앞가슴에 라벤더 또는 코발트빛의 패치가 있거나, 패치 없이 모두 붉은색이다. 일부 아종은 꼬리 끝이 황색을 띠기도 한다. 체구에서도 다소 차이가 나지만, 일부 아종은 그 구분이 매우 모호하다. 특히 사육상태

생후 2개월령의 이클레터스 패럿 수컷 유조

에서 아종 간 교잡이 빈번히 일어나기 때문에 실제로 일부 대형 아종을 제외한 다른 아종의 구분은 현실적으로 무의미하다. 로타투스(E.r. rotatus)의 경우 체장은 37cm이고 체중은 450~600g에 이르며, 아종에 따라 차이가 다소 큰 편이다.

서식현황

인도네시아 도서지역 전역, 뉴기니, 일부 호주 해안지역 등지가 원산이며 일부 개활지를 포함한 밀림, 맹그로브 숲이 있는 해발 1000m 이내의 사바나지역, 경작지 근처, 정원이나 농장 근처에서 주로 발견된다. 대부분의 아종들이 서식지에서는 비교적 흔한 편이며, 다만 일부 종은 밀렵과 애완목적의 포획으로 개체 수가 감소하고 있다. 일반적으로 혼자 또는 작은 가족그룹으로 지내고 브리딩 시즌에는 쌍끼리 생활하며, 큰 규모의 그룹을 이루는 경우는 매우 드물다. 어두운 밀림에서는 녹색과 적색의 색상이 뛰어난 위장이 돼 찾기가 매우 어렵다. 비교적 조심성이 많고, 적이 접근하면 크게 소리 지르며 높이 날아 주변을 선회한 후 멀리 날아간다. 매우 다양한 울음소리를 내며, 소리가 상당히 크다.

둥지에서 나오는 이클레터스 패럿 암컷

사육

비교적 조용한 편이지만, 아침과 저녁에는 꽤 시끄럽다. 때때로 비행하는 것보다 부리와 발로 타고 오르는 것을 더 즐기며, 작은 새장에서는 조용하게 있지만 새장이 커지면 매우 활동적이다. 새로 태어난 새끼도 매우 강건한 편이다. 새장의 위치가 바뀌면 먹이를 먹지 않는 경우가 있으므로 주의가 필요하다. 부리 힘이 강하지는 않지만 부드러운 나무 등을 씹는 것을 매우 즐긴다. 최소한 3x1x2m의 케이지가 필요하다. 일부 국내 사육자들이 사방 1m의 새장에서 번식을 시도하고 실제로 성공하기도 하지만, 이는 동물학대에 가까울 정도로 가혹한 환경이라는 것을 명심하도록 하자. 좁은 케이지 내에서 이런 중대형 개체를 기르면 대흉근의 약화로 수명이 급격히 줄어드는 것이 일반적이며, 깃털 뽑기 등의 자학행위가 이뤄질 가능성도 높아진다. 온도는 최소 20℃를 넘어야 한다.

자연상태에서는 다양한 열대과일과 베리류, 견과류, 새싹, 넥타, 꽃과 화분, 옥수수를 주로 먹고 사육상태에서는 다양한 종류의 열대과일 및 야채가 필수적이다. 삶은 옥수수, 다양한 혼합곡물, 약간의 견과류를 먹이며 비타민A를 별도 급여하는 것이 필요하다. 번식기에는 에그 푸드를 공급한다.

번식

서식지의 대부분의 지역에서 연중 번식한다. 키가 큰 죽은 나무에 둥지를 트는데, 일반적으로 둥지의 높이는 15m 이상이다. 최대 6m에 이를 정도로 깊은 둥지를 마련하고, 부리로 씹어 부드럽게 만든 나무 조각 위에 2개의 알을 낳는다. 암컷 혼자 포란하고, 수컷이 먹이를 먹인다. 알의 크기는 40.2x31.0mm다.

사육상태에서는 서로 잘 지내는 어린 쌍을 구하면 매우 쉽게 번식한다. 번식기의 암컷은 종종 수컷에게 매우 공격적이다. 둥지상자는 사방 30x30x80cm 정도면 충분하며, 일부에서는 통나무 등걸의 속을 뚫어서 매달거나 또는 이클레터스만을 위해 특별히 고안된 경사진 형태의 대형 둥지상자를 사용하기도 한다. 둥지상자의 입구직경은 10cm 정도가 적당하다. 일반적으로 2개, 때때로 3개를 산란하며 포란은 28~30일, 육추기간은 80일 정도다. 암컷이 독립한 새끼에게 공격적일 수 있으므로 유의해야 한다.

연간 수회 이상 번식하고 연달아 번식하는 것이 일반적이지만, 두 번째 번식 이후에는 수정률이 떨어지거나 육추에 성공하지 못하는 것이 일반적이므로 유의해야 한다. 국내 일부 사육자들은 인공포란하는 방법으로 연간 한 쌍으로부터 10개 이상의 수정란을 얻기도 하지만, 이런 행태는 어미새에게 심각한 심리 및 건강상의 장애를 초래할 수 있기 때문에 결코 권장하지 않는다. 인공포란 및 부화가 어미새에게 미치는 심리적 장애에 대해서는 미라 트웨티의 'Of Parrots and People'을 참조하기 바란다.

아프리칸 그레이 패럿(African Grey Parrot, *Psittacus erithacus*)

이렌느 페퍼버그 박사가 진행한 '알렉스프로젝트'의 실험용 아프리칸 그레이 '알렉스'는 세계적인 유명인사였다. 뛰어난 언어능력으로 앵무새 마니아들의 절대적인 지지를 받는 종이지만, 지겨움과 외로움을 쉽게 느껴 심각한 자해행동을 보이기 쉬우므로 유의해야 한다. 국내에서 고가에 거래되며, 언어능력이 워낙 출중하다 보니 언어능력이 높은 개체는 재분양의 경우에도 분양가가 두세 배에 달하는 경우가 종종 있다. 좀 더 세부적인 사항은 로즈마리 로우의 'A Guide to Grey Parrots As Pet & Aviary Birds'를 참조하기 바란다.

외형

일반적으로 전체적인 색깔은 회색이고 꼬리 끝만 짙은 적색이다. 부리는 짙은 검은색이고, 눈가에 다소 노출된 피부가 있다. 날개깃의 끝은 짙은 회색이고 눈자위는 짙은 겨자색, 발은 검은색이다. 몸 전체에 마치 물고기의 비늘 같은 무늬가 퍼져 있고 암수 모두 동일한 색상이다. 체장은 약 30cm이고, 체중은 400g이다. 최근에는 유럽에서 알비노 개체가 작출된 바 있다. 체장이 다소 작은 아종이 있는데, 보통 팀네 그레이(Timneh Gray)라고 부르며 전체적으로 색상이 어둡고 꼬리의 붉은색도 좀 더 탁한 편이다. 윗부리의 일부가 다소 붉은빛을 띤다.

서식현황

코트디부아르의 남동부부터 케냐의 서부와 앙골라의 일부 지역, 콩고와 탄자니아의 저지대 산림이 원산지다. 나무가 있는 사바나 및 해안의 맹그로브 숲 지역에 서식하고, 인간의 거주지에는 접근하지 않는다. 비교적 흔하게 볼 수 있으나 팀네

오렌지를 먹고 있는 아프리칸 그레이 패럿
©Cityparrots/Jonker&Innemee

그레이는 최근 그 수가 급감하고 있다. 낮 동안에는 쌍 또는 소그룹으로 먹이를 찾고, 저녁이 되면 높은 나무나 산림의 외곽에 모여 잠든다. 종종 수백 마리 이상이 함께 모이기도 한다. 빠르게 비행하고, 비행 시 날개를 맞부딪혀 소리를 내는 경향이 있다. 비행 중에는 매우 소란스럽지만, 먹이를 먹거나 하는 동안은 조용한 편이다. 다양한 종류의 울음소리를 낸다.

사육

매우 조심성이 많은 편이고, 씹는 것을 좋아한다. 야생에서 포획된 개체들은 쉽게 길들지 않으며, 일부는 향후 깃털 뽑기 등의 행동문제가 발생하기도 한다. 흉내를 매우 잘 내고, 알렉스라는 천재앵무새의 사례를 통해 전 세계적으로 상당한 인기를 끌고 있다. 최소한 3.5x1.5x2m 정도의 케이지가 필요하고, 최소온도는 5℃다. 길들여지지 않은 개체는 다루기가 매우 어렵다.

재야생화된 아프리칸 그레이 패럿
ⓒCityparrots/Jonker&Innemee

자연상태에서는 곡물, 견과류, 과일, 베리류, 넥타, 야자의 열매를 좋아한다. 사육상태에서는 다양한 혼합곡물모이, 싹틔운 씨앗, 다양한 과일, 덜 영근 옥수수를 주로 먹인다. 번식기에는 과일즙 등에 불린 비스킷이나 식빵을 추가로 주면 좋다. 한두 가지 먹이만 편식해서 건강상에 이상이 생기는 경우가 많으므로 유의해야 한다.

번식

원산지의 경우 지역별로 상이한 번식기를 보인다. 일반적으로 지상 30m 정도의 높은 나무에 둥지를 틀고, 한번에 3~4개의 알을 썩은 나무부스러기 위에 낳는다. 알의 크기는 39.4x31.0mm이고, 둥지상자의 크기는 30x30x60cm 정도가 적당하다. 사육상태에서도 매우 쉽게 번식한다. 한번에 3~4개를 산란하고 26일간 포란하며, 11주간 육추한다. 어미새는 둥지검사에 매우 예민하므로 유의해야 한다.

코카투(Cockatoo)

코카투는 호주, 뉴기니, 몰루칸 제도 등지에 서식하는 머리에 우관을 지닌 앵무류의 총칭이다. 보통 백색계열, 흑색계열이 있으며 경우에 따라 갈라(Galha), 엄브렐러(Umbrella)나 메이저 미첼(Major Mitchell)을 분홍색계열로 구분하기도 한다. 카카투아(Cacatua)속을 비롯해 모두 5속 20여 종이 알려져 있으며, 경우에 따라 왕관앵무도 코카투 계열로 분류하기도 한다. 우리나라의 경우 흑색계열에 속하는 팜 코카투(Palm Cockatoo, 일명 야자앵무) 등은 찾아보기가 어렵다.

대부분 일명 유황앵무라고 불리는 서퍼 크레스티드 코카투(Surphur Crested Cockatoo)나 옐로우 크레스티드 코카투(Yellow Crested Cockatoo)이며, 일부 듀코스(Ducorps's)나 고핀(Goffin)도 눈에 띄고 있다. 여기서는 서퍼 크레스티드와 메이저 미첼에 대해 알아보도록 하겠다. 각 종에 대한 좀 더 세부적인 사항은 크리스 헌트의 'A Guide to Australian White Cockatoos : Their Management, Care & Breeding'을 참조하기 바란다.

• 서퍼 크레스티드 코카투(Surphur Crested Cockatoo, *Cacatua galerita*)

외형

몸 전체가 하얗고 우관은 노란색이다. 귀 부분에 아주 옅은 노란 패치가 있으나 개체에 따라 눈에 잘 띄지 않는 경우가 많으며, 부리와 발은 검은색이다. 갈레리타(*Cacatua g. galerita*)를 포함해 모두 5아종이 알려져 있으나, 눈 주변이 푸른색을 띠는 피츠로이(*C.g. fitzroyi*)와 트리톤(*C.g. triton*)을 제외하고는 아종 간 구분이 매우 어렵다. 암수 모두 동일한 색이며, 성성숙에 도달하면 암컷의 눈자위가 다소 붉은 듯한 느낌을 주지만, 이것으로는 명확하게 암수를 구분하는 데 어려움이 있기도 하므로 완벽을 기하기 위해 추가적인 확인을 권한다.

국내에서는 이 종과 옐로우 크레스티드 코카투 간의 구분을 명확히 하지 못하는 경우가 많으므로 유의해야 한다. 가장 공신력 있는 앵무류 도감인 조셉 M. 포쇼의 'Parrot of the world'에 따르면 전자와 후자를 구분하는 가장 큰 차이는, 후자는 체구가 작고 귀부

애교를 부리는 서퍼 크레스티드 코카투 ⓒCityparrots/Jonker&Innemee

고핀 코카투 ⓒCityparrots/Jonker&Innemee

분에 노란 반점이 있으나 전자는 체장이 최대 50cm에 달하고 귀부분에 노란색 반점이 적거나 거의 없는 것이다. 더불어 트리톤(*C.g. triton*)과 오프탈미카(*C. ophthalmica*)도 모두 눈 주변에 파란 테두리가 있고, 노란색 우관이 있어 혼동의 여지가 있으므로 주의가 필요하다. 이 두 종은 후자의 우관에 노란 깃털이 더 적은 것으로 구분할 수 있다. 통상 우리가 레서(시트론도 마찬가지로)라고 부르는 종은 옐로우 크레스티드 코카투다. 미국 등지에서는 레서 서퍼 크레스티드 코카투(lesser sulphur crested cockatoo, 즉 작은 서퍼 크레스티드 코카투)라고 부르며, 서퍼 크레스티드를 그레이트 서퍼 크레스티드 코카투로 구분해 부르기도 한다.[10] 또한, 영명으로 서퍼 크레스티드 코카투이지만, 학명으로는 *Cacatua sulphurea*(유황, 즉 supher의 라틴어)가 아닌 *Cacatua galerita*인 것도 유의해야 한다.

서식현황

호주 동부와 남동부지역, 태즈매니아, 킹섬 등의 산림, 개활지, 산림의 외곽, 반건조지대, 맹그로브 숲 등에 서식하며 먹이를 먹기 위해 농장 근처나 주거지 근처까지 접근하기도 한다. 최대 해발고도 2400m까지 서식한다. 원산지의 일부 지역에서는 그 수가 감소하고 있으나 일반적으로 흔한 편이다.

농작물을 해친다는 이유로 종종 사냥당하는데, 호주정부의 자국 조류의 해외반출전면금지 조치로 수출목적의 포획은 거의 중지된 상황이다. 보통 쌍 또는 소규모 그룹으로 움직이고 최대 30마리까지 모이기도 하며, 브리딩 시즌 이외에는 수백 마리가 함께 생활하기도 한다. 아침에 물가 등지로 함께 떠나 나무 위 등에서 먹이를 구하고, 경우에 따라 땅 위에서 먹이를 찾기도 한다. 이럴 경우 집단 내 한 마리가 경계를 선다. 저녁이 되면 함께 떼를 지어 쉴 곳으로 돌아오고 매우 시끄럽게 운다. 조심성이 매우 많아 다가가기 힘들고 다양한 울음소리를 낸다.

사육
매우 시끄러우며, 특히 아침과 저녁에는 그 정도가 더하다. 부리 힘이 매우 강하고, 항상 씹을 것을 넣어줘야 한다. 기후에 쉽게 적응하고 강건하며, 초기에는 조심성이 매우 많은 편이지만 쉽게 적응한다. 최소한 사방 6x2x2m 정도의 공간이 필요하고, 일반적인 철망은 부리로 끊어버릴 수 있으므로 굵은 철망을 대줘야 안전하다. 최소온도는 약 5℃다. 둥지상자의 크기는 40x40x100cm이 적당한데, 모서리 진 부분은 얇은 철판을 대줘야 둥지상자의 파손을 방지할 수 있다. 자연상태에서는 곡물, 견과류, 베리류, 곤충과 그 애벌레, 새순을 주로 먹는다. 사육상태에서는 다양한 견과류, 혼합곡물모이, 사과, 오렌지, 체리, 포도를 비롯한 다양한 과일(편식하는 경향이 있으므로 유의한다)을 먹인다.

번식
호주 남부에서는 8월에서 1월까지이고, 북부에서는 5월부터 9월까지다. 물가의 높은 나무에 둥지를 트는데, 경우에 따라 3.5m 높이에 둥지를 튼 경우도 발견된 바 있으며, 때때로 절벽에 둥지를 틀기도 한다. 짝짓기 시기가 되면 수컷은 우관을 한껏 부풀리고 머리를 앞뒤로 움직이며 암컷에게 다가가는데, 서로 깃털을 골라주다가 교미한다. 한배에 2~3개의 알을 낳으며, 바닥에는 썩은 나무부스러기를 깐다. 암수 모두 포란하고 포란기간은 약 30일이며, 알의 크기는 46.5x33.5mm다. 사육상태에서도 어렵지 않게 번식하는데, 보통 생후 4년 이전에는 번식이 어렵고 쌍별로 격리수용해야 한다. 2~3개의 알을 낳고 29일간 포란하며, 10주간 육추한다. 둥지검사에 매우 민감하므로 유의해야 한다. 국내의 경우는 충분한 개체 수가 확보되지 않아[11] 번식이 활발하게 이뤄지지는 못하고 있다.

생후 3개월령의 서퍼 크레스티드 코카투

• 메이저 미첼 코카투(Major Mitchell's Cockatoo, *Cacatus leadbeateri*)

외형

경우에 따라 리드비터스 코카투(Leadbeater's Cockatoo)라고 칭하기도 한다. 인디언추장의 머리장식과 비슷한 화려한 우관을 지닌 앵무새로 갈라 코카투(Galah Cockatoo)와 함께 핑크 코카투로 분류된다. 머리, 얼굴, 목, 앞가슴은 연한 분홍색이다. 부리는 희고 눈자위는 검으며 날개, 등, 꼬리 등은 모두 흰색이다. 우관은 내렸을 때는 흰색이고 펼치면 흰색, 붉은색, 노란색, 주황색 등으로 무지개와 같은 층을 이루고 있다. 발은 짙은 회색이고, 모두 2종의 아종이 보고돼 있다.

멀리서 봐도 눈에 쉽게 띄는 독특한 외모를 지니고 있어 구분에 어려움이 없다. 체장은 약 35cm이고, 체중은 340~425g이다. 암수 모두 동색이나 암컷의 배 부위가 좀 더 흰 편이며, 우관의 노란 밴드가 더 넓고 눈자위가 붉은색에 가깝다. 하지만 명확한 구분을 위해서는 다른 수단을 강구할 것을 권장한다. 국내에서는 거의 거래된 적이 없으나 해외에서는 상당히 고가의 희귀종으로 많은 이들의 사랑을 받고 있다.

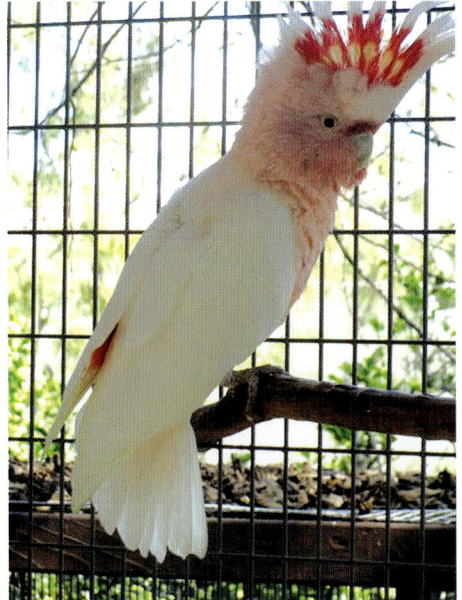

메이저 미첼 코카투 ⓒQuesthaven/Mary&Matthew Holden

서식현황

북부를 제외한 호주 전역에 걸쳐 분포하고, 건조지대나 반건조지대에 서식한다. 현재 개체 수가 줄어들고 있고, 일부 지역에서는 갈라 코카투에게 서식지를 점령당하고 있다. 쌍 또는 소규모 그룹으로 주로 생활하는데 경우에 따라 600마리 정도로 큰 그룹을 이루기도 하며, 때때로 갈라 코카투와 함께 생활하기도 한다.

하루 중 대부분을 땅위나 나무 위에서 먹이를 찾는 데 보낸다. 더운 한낮에는 높은 나무 그늘에서 쉬고 어둠이 내리기 전물을 찾아 나서기도 하는데, 경우에 따라 한곳에 정주하지 않고 물이 있는 곳을 찾아 이동한다. 비행 시 날개를 부딪쳐 소리를 내고, 높이 날거나 멀리 나는 경우는 별로 없다.

사육

종종 매우 큰 소리를 낸다. 부리 힘이 매우 강하고, 항상 새로운 씹을 거리를 제공해줘야 한다. 다른 코카투류와 함께 있지 못하고 매우 소심하다. 최소한 사

메이저 미첼 코카투 쌍 ⓒQuesthaven/Mary&Matthew Holden

방 6x1.5x2m 크기의 케이지를 마련해줘야 하고, 창살이 굵어야 한다. 둥지상자는 두꺼운 나무로 사방 30x30x100cm로 짜거나 또는 내경이 25cm가 넘는 구멍이 깊게 뚫린 통나무를 매달아준다. 자연상태에서는 각종 씨앗, 야채, 과일, 견과류, 구근류, 곤충과 애벌레를 주로 먹고 사육상태에서는 다양한 혼합곡물, 견과류, 야채, 과일을 제공한다. 특히 완두콩과 사과를 좋아한다.

번식

원산지인 호주북부에서는 5월, 중남부에서는 8월에서 12월 사이에 산란한다. 오래된 큰 죽은 나무에 산란하고, 물가를 따라 늘어선 유칼립투스를 선호한다. 일반적으로 둥지는 지면으로부터 3~9m 사이에 있다. 2~4개를 산란하고 26일간 포란하는데, 암수 모두 포란하며 8주면 새끼가 독립한다. 알의 크기는 39.1x29.5mm다.
사육상태에서의 번식은 매우 용이하다. 보통 생후 3~4년경부터 번식을 시작하며, 한배에 3~5개를 산란한다. 8주간 육추하는데, 육추기간 중 동물성 단백질의 공급을 늘려야 한다. 연간 수회 이상 번식가능한데, 국내에서는 번식을 시도할 만큼 충분한 개체 수가 없으며 번식에 성공했다는 공식 기록도 아직은 없다.

아마존앵무(Amazon Parrot, *Amazona* spp.)

아마조나(*Amazona*) 1속으로 약 28종이 알려져 있고, 20여 종이 CITES 부속서 1에 등재돼 있다. 브라질을 비롯한 남미대륙의 북부에 서식하고 언어능력이 뛰어난 것으로 널리 알려져 있으며, 대부분 녹색 바탕에 머리나 날개 등에 단순한 무늬가 있다.

국내에서는 비교적 고가로 거래되고 있지만, 미국 등지에서는 아프리칸 그레이나 이클레투스 패럿 등과 가격차이가 없거나 오히려 종에 따라서는 더 저렴한 편이다. 여기서는 비교적 흔한 종인 블루 프론티드 아마존(Blue Fronted Amazon)과 옐로우 크라운드 아마존(Yellow Crowned Amazon)에 대해 알아보도록 하겠다.

• 블루 프론티드 아마존(Blue Fronted Amazon Parrot, *Amazona aestiva*)

외형

몸 전체는 짙은 녹색이고, 부리 바로 위 앞이마에 연한 푸른색 패치가 있다. 푸른색 패치의 주변은 좁게 흰색 띠가 있으며 다시 노란색으로 머리, 뺨, 턱을 물들이고 있다. 어깨는 붉은 깃털이 나 있고, 날개의 끝은 붉은색과 푸른색이다. 배에는 연한 노란빛이 돌고 부리는 회색, 밝은 연회색이다. 암수 모두 동형이며, 어린 새끼는 얼굴의 노란 부분이 좁다. 눈자위는 주황색이고 체장은 약 37cm이며, 모두 2종의 아종이 존재한다.

서식현황

브라질 동부의 삐아우이부터 리오그란지두술의 남부, 마또그로쑤의 남동부 등지가 원산지이며 해발 1600m 이내의 산림, 야자나무 숲, 개활지, 경작지에서 주로 발견된다. 서식지에서 비교적 흔하게

서식지의 블루 프론티드 아마존

관찰되나 몇몇 지역에서는 과도한 남획으로 개체 수가 급격히 줄고 있다. 쌍이나 소규모 그룹을 이뤄 생활하고 매우 조용하며, 흔적을 찾기 어렵다. 소심하지 않고 쉽게 다가갈 수 있으며, 호기심이 많고 비행 시에는 매우 시끄럽다. 때때로 저녁때가 되면 매우 큰 무리를 이루기도 하고, 계절적으로 이동한다.

사육

꽤 시끄러운 편이며, 아침과 저녁에는 그 정도가 더하다. 소심하지 않고 쉽게 길이 들며, 부리 힘이 매우 강하고 목욕을 즐긴다. 수입 초기에는 곰팡이성 질병에 취약하므로 유의해야 한다. 케이지는 최소한 4x1.5x2m여야 하며, 최소온도는 5℃ 이상이다. 자연상

길이 잘 들여진 블루 프론티드 아마존 패럿
ⓒCityparrots/Jonker&Innemee

태에서는 과일류, 베리류, 씨앗, 견과류, 새순과 꽃을 즐겨 먹고 사육상태에서는 다양한 혼합곡물, 말린 과일, 팥, 잣, 다양한 과일과 야채, 덜 여문 옥수수를 먹인다. 미네랄보충제 등을 정기적으로 공급해야 한다.

번식

야생에서는 10월부터 3월까지 번식하며, 알의 크기는 38.1x29.6mm다. 사육상태에서도 비교적 어렵지 않게 번식한다. 쌍별로 격리수용해야 하며, 4월경 번식기에 접어든다. 보통 3~4개를 산란하고 26일간 포란하며, 60일간 육추한다. 최소 20℃ 이상을 유지해야 하고, 둥지상자는 30x30x80cm가 적당하다. 번식기에는 다양한 먹이를 충분히 공급하는 데 유의해야 한다. 일반적으로 번식률을 제고하기 위해 인공부화 또는 인공육추하는 경우가 많다.

- 옐로우 크라운드 아마존(Yellow Crowned Amazon, *Amazona ochrocephala*)

외형

블루 프론티드와 유사하나 머리가 이마부분만 노란색이다. 국내에서는 옐로우 헤드 또는 더블 옐로우 등의 명칭으로 알려져 있으며, 마니아들로부터 많은 사랑을 받고 있으나 이들은 모두 옐로우 크라운드 아마존의 11종에 달하는 아종의 일부다.

새끼새는 머리, 목, 턱의 노란 부분이 좁다. 머리의 노란 부분의 크기와 형태, 다른 색깔의 혼재 여부에 따라서 모두 11개의 아종이 알려져 있으나 구분이 매우 어렵다. 암수 모두 같은 색이며, 새끼는 머리의 노란색이 대체로 적은 편이다. 체장은 31cm, 체중은 405~460g이다.

서식현황

멕시코 남부부터 파나마 지협을 거쳐 브라질 중남부까지의 건조하거나 습윤한 열대 및 아열대지역에 서식한다. 최대 해발 750m 이내에 주로 분포하며, 사바나 교목지대에서 생활하고 경작지, 커피 농장 등에서도 자주 관찰된다. 일반적으로 비교적 흔하게 관찰되나 서식지파괴와 밀렵으로 그 개체 수가 감소하고 있는데, 벨리젠시스(*A. o. belizensis*), 오라트릭스(*oratrix*), 마그나(*magna*), 트레스마리아이(*tresmariae*), 등은 심각한 멸종위기에 처해 있다. 멕시코와 미국 국경지대에서 밀렵된 개체들이 많이 밀거래되고 있으며, 이러한 밀렵이 개체 수 감소의 주된 요인으로 보인다.

쌍이나 소규모 그룹으로 생활하고, 경우에 따라 250마리 정도가 모여 군집을 이루기도 한다. 물가에 있는 높은 나무를 좋아하고, 더운 여름날에는 주로 나무 위에서 휴식을 취하며, 아침에는 규칙적으로 물가에서 목욕을 즐긴다. 먹이를 먹을 때는 조용하고, 가까이 다가갈 수 있다. 날아서 움직이는 것보다 부리와 다리로 타고 기어 올라가는 것을 더 즐기며, 비행 시 날개를 부딪쳐 큰 소리를 낸다. 금속성의 매우 큰 소리를 낸다.

사육

시끄럽고 활기차고 부리 힘이 강하며, 목욕을 즐긴다. 브리딩 시즌 이외에는 조용하고 평화로우며, 매우 강건하다. 최소한 사방 4x1.5x2m의 케이지가 필요하고, 10℃ 이상의 온도를 유지해야 한다.

1. 한 쌍의 옐로우 크라운드 아마존 패럿 ⓒCityparrots/Jonker&Innemee   2. 사육 중인 옐로우 크라운드 아마존

자연상태에서는 다양한 과일, 씨앗, 꽃, 견과류, 새순, 진흙(광물성분이 풍부한 진흙으로 통상 barreiros-바레이로라고 칭한다)을 먹는다. 사육상태에서는 다양한 혼합곡물, 각종 베리류, 견과류, 과일 및 야채, 덜 영근 옥수수, 미네랄보충제를 제공한다.

번식

서식지인 중앙아메리카에서는 3월부터 6월, 콜롬비아와 베네수엘라에서는 4월부터 7월, 브라질에서는 6월부터 10월에 브리딩이 시작된다. 대부분 죽은 나무 위에 둥지를 틀며, 최대 1.6m 정도까지 깊은 곳에 알을 낳는다. 산란 수는 4~5개이고 알의 크기는 37.4x29.1mm다. 약 3주간 포란하며, 8주간 육추한다. 암컷만 포란하고 수컷이 먹이를 나르는데, 포란기간 동안 수컷은 다른 무리와 함께 먹이를 찾으러 다닌다.

사육상태에서도 비교적 어렵지 않게 번식하며, 특히 오라트릭스(*A. o. oratrix*) 및 파나멘시스(*A. o. panamensis*)는 번식이 용이하다. 쌍별로 격리해야 하고, 보통 4월경부터 브리딩 시즌이다. 2~4개를 산란하고 26일간 포란하며, 60일간 육추한다. 둥지상자는 30x30x50cm가 적당하다. 길들여진 개체라도 브리딩 시즌에는 매우 공격적으로 변하고, 메이트 킬링이 흔하므로 유의해야 한다. 처음 번식 시 알을 실수로 깨뜨리거나 새끼를 육추하지 않는 경우가 많다. 좀 더 세부적인 자료는 'A Guide to Amazons As Pets & Aviary Birds' 나 'A Guide to Black cockatoos As Pet & Aviary Birds'를 참조하기 바란다.

매커우(Macaw)

앵무새를 기르는 사람들이 가장 동경하는 종으로 아라(Ara)를 비롯해 모두 3속에 18종이 존재한다. 그중 스픽스 매커우(Spix's Macaw)는 현존하는 앵무류 중 가장 심각한 멸종위기에 처해 있다. 매커우는 언어능력은 그리 뛰어나지 않은 편이지만, 다양한 묘기를 부리는 데 특별한 재능을 지닌 것으로 알려져 있다. 현존하는 최대 앵무새인 히아신스 매커우는 종종 앵무새 사육가의 로망이라고 불린다.

색깔이 매우 다양하고 아름다워 인기가 많지만, 대부분의 대형종이 그렇듯이 소음이 커서 국내 실정에는 그리 적합하지 않다. 사육을 결정하기 전에 주거여건 및 가족구성원의 동의여부 등을 면밀히 검토하지 않으면 심각한 문제를 야기할 수 있다. 여기서는 국내에 가장 많이 알려진 블루앤옐로우 매커우(Blue and Yellow Macaw)와 한스 매커우라고도 불리는 레드숄더드 매커우(Red Shouldered Macaw)에 대해 알아보겠다.

• 블루앤옐로우 매커우(Blue and Yellow Macaw, *Ara ararauna*)

외형

등, 날개, 꼬리, 머리는 짙은 푸른색이고 가슴, 배, 꼬리 아래쪽은 짙은 노란색이다. 국내에서는 청금강앵무라고 불리기도 한다. 앞이마는 녹색이고 비공과 부리, 눈 주위에는 하얗게 피부가 노출돼 있으며 검은색 깃털이 가로로 나 있다. 부리와 다리는 검으며, 암수 모두 동일한 색이다. 체장은 86cm, 체중은 1040~1286g에 달한다.

브라질 북동부를 비롯해 중남부까지 넓게 분포하고 콜롬비아 북부, 프랑스령 가이아나, 수리남, 페루 에콰도르, 베네수엘라, 파라과이, 볼리비아, 아르헨티나 북부에도 서식한다. 주로 열대우림이나 야자나무가 있는 사바나 등지에서 생활하고, 해발고도 500m 이내에서 주로 발견되며, 드물게 해발 1500m에서 발견되기도 한다.

완전히 성장한 블루앤옐로우 매커우

서식현황

가장 흔한 대형 매커우 중 한 종이다. 브라질 등지의 경우 지역적으로 그 개체 수가 감소하고 있는데, 가장 큰 위협요소는 서식지파괴와 밀렵이다. 보통 쌍 또는 소규모 그룹으로 생활하고, 최대 수백 마리까지 군집을 이루기도 한다. 아침저녁으로 먹이를 찾아 나가거나 근거지로 돌아오는 모습이 어렵지 않게 목격된다. 비행 중에는 선명한 색상과 큰 목소리로 어렵지 않게 구분할 수 있으나 나무에 앉으면 확인이 어렵다. 스칼렛 매커우(Scarlet Macaw)나 그린윙드 매커우(Green Winged Macaw)와 함께 있는 모습이 자주 관찰된다. 사육상태에서 다양한 형태의 교잡종을 만들어 내기도 한다.

사육

활기차고 종종 매우 시끄러운데, 아침과 늦은 오후에 특히 큰 소리를 낸다. 새로운 보호자에 쉽게 적응하고 호기심이 많으며,

잘 길들여진 블루앤옐로우 매커우
ⓒCityparrots/Jonker&Innemee

부리 힘이 매우 강하다. 브리딩 시즌 이외에는 다른 종의 새들과 별 어려움 없이 지낸다. 여름에는 목욕을 즐긴다. 케이지는 최소 사방 8x3x2m가 돼야 하며 최소온도는 10℃ 이상 돼야 한다. 둥지상자는 사방 55x70x100cm로 하거나, 경우에 따라 양철로 된 쓰레기통을 이용하기도 한다.

자연상태에서는 다양한 열대과일(익은 과일 및 설익은 과일), 견과류, 씨앗, 베리, 꽃, 곤충 및 유충, 광물질이 함유된 진흙(설익은 과일의 독성을 중화하기 위한 습성으로 추정됨)을 먹는다. 사육상태에서는 다양한 과일과 야채, 소량의 견과류, 혼합곡물사료를 먹으며 미네랄을 충분히 공급해줘야 한다. 번식기에는 흰 빵과 에그 푸드를 주면 좋다. 비스킷 등을 매우 즐겨 먹는다.

매커우들의 일반적인 서식지 ⓒCityparrots/Jonker&Innemee

번식

원산지인 파나마와 남미대륙 북부지역에서는 2월에서 6월, 남부지역에서는 8월에서 12월이 브리딩 시즌이다. 살아 있거나 고사한 야자나무나 활엽수에 둥지를 튼다. 한번 이용한 장소를 반복해서 이용하는 편이며, 매년 번식을 하지는 않는다. 한배에 1~3개를 산란하지만 밀렵, 천적, 홍수, 질병 등으로 인해 번식에 성공하는 경우는 매우 드물다. 28일간 포란하고 100일간 육추하며, 알의 크기는 46.4x35.9mm다.

사육상태에서도 어렵지 않게 번식한다. 보통 4월경 브리딩 시즌이 도래하며 번식기가 되면 공격적으로 변하기 때문에 어렵지 않게 알 수 있는데, 사육자를 공격할 수도 있으므로 유의해야 한다. 별다른 짝짓기 행동은 보이지 않는 편이다. 한배에 1~3개를 산란하고 25~27일간 포란하며, 12주간 육추한다. 스스로 먹이를 먹더라도 어미와 한동안 함께 두는 것이 좋다. 경우에 따라 연간 2회의 번식도 가능하다.

• 레드숄더드 매커우(Red Shouldered Macaw, *Diopsittaca nobilis*)

외형
국내에는 독일어명의 영향을 받아 한스 매커우라고 흔히 알려져 있다. 전체적으로 녹색이며, 앞이마에 푸른빛이 돈다. 어깨에는 작은 붉은색 반점이 있는데, 어린 개체는 이 반점이 없이 모두 녹색이다. 부리는 검고 밝은 회색이며, 눈 주위에 회백색으로 피부가 드러나 있다. 모두 3종의 아종이 알려져 있다.

서식현황
기아나, 수리남, 프랑스령 기아나, 베네수엘라 동부, 브라질 북부의 호라이마와 빠라일대의 산림 및 사바나, 열대우림의 외곽지대에 서식한다. 대부분의 서식지에서 흔하게 볼 수 있다.

사육
꽤 시끄러운 편이고, 부리 힘이 매우 강하다. 초기에는 수줍음이 많고 신경질적이지만, 비교적 빠르고 쉽게 케이지와 사육자에 적응한다. 매우 강건하고 목욕을 즐겨하며, 브리딩 시즌에는 다른 종에게 매우 공격적이다. 케이지는 최소한 사방 3x1x2m가 돼야 하고, 최소온도는 5℃다. 야생에서는 씨앗, 과일, 베리류, 견과류 및 꽃을 주로 먹고 사육상태에서는 혼합곡물사료, 당근과 사과를 비롯한 다양한 과일과 야채, 영글지 않은 옥수수, 미네랄보충제, 번식기에는 빵과 비스킷을 추가로 공급한다.

번식
원산지에서는 2~6월 사이에 번식하고, 야자나무 고목의 갈라진 틈 사이에 산란한다. 한 그루의 나무에서 동시에 두 쌍이 둥지를 트는 경우도 발견된 바 있고, 종종 흰개미의 탑을 둥지로 이용하기도 한다. 알의 크기는 32.8x26.9mm다.

레드숄더드 매커우

사육상태에서도 어렵지 않게 번식한다. 일반적으로 3월경부터 브리딩 시즌에 들어가며, 한배에 4~6개의 알을 낳고 23일간 포란하며 2달간 육추한다. 50cm 깊이에 20cm 직경으로 속을 파낸 통나무나 사방 20x20x60cm의 둥지상자를 이용한다. 번식 등과 관련된 좀 더 세부적인 사항은 릭 조단의 'A Guide to Macaws As Pets & Aviary Birds'를 참조하기 바란다.

각주 1) spp.는 종(species)의 약자로 통상 학명에서 속명 뒤에 쓰여 해당 속에 속한 모든 종을 의미한다. 2) 중대형앵무 마니아들은 자신을 소형앵무 사육자보다 좀 더 우월한 집단으로 여기기도 한다. 아마도 이러한 풍조는 중대형앵무새의 일반적인 가격이 소형앵무보다 높기 때문인 것으로 보인다. 그러나 이러한 태도는 진정한 마니아라 자부하는 이들에게는 부적절하다 하겠다. 앵무새는 그 모두가 고귀한 생명으로서 존중받아야 하며, 다만 마니아 간에 선호의 다양성이 존재할 뿐이다. 3) 우리나라에서는 종종 카이큐라고 발음하나 카이크 또는 경우에 따라 '키엑' 이나 '카이엑' 이라고도 발음한다. 4) 사육상태의 앵무류는 대부분 육묘, 소시지, 고양이사료, 게맛살 등의 다양한 동물성 먹이를 즐겨 먹는다. 5) 화이트 페이스와 펄 인자가 함께 작용해 화이트 페이스 펄을 만들거나 펄과 파이드 인자가 함께 작용해 펄 파이드를 만들듯, 서로 독립된 역할을 하는 유전인자가 동시에 작용해 만들어진 변종을 의미한다. 이를 통해 매우 다양한 표현형의 개체를 얻을 수 있기 때문에 유충가들이 즐겨 사용하고 있다. 6) 2000년대 중반 비합법적인 루트를 통해 블랙칙드 러브버드(Black Cheeked Lovebird, *Agapornis nigrigenis*)가 유입된 바 있으나 대부분 다른 *Agapornis* 종과의 교잡으로 그 혈통이 소실된 바 있다. 7) 야생화된 개체군이란 말 그대로 어떠한 이유로 사육상태에서 풀려나 원래 서식지가 아닌 다른 지역에서 재정착한 개체군을 일컫는다. 8) 과실의 겉껍질은 특히 얇고 먹는 부분인 살은 즙이 많으며, 그 속에 작은 종자가 들어 있는 열매 감, 포도, 무화과 따위를 일컫는다. 9) 라벤더 그룹 : Grand Eclectus(*E.r. rotatus*), Vosmaer's Eclectus(*E.r. vosmaeri*), Westerman's Eclectus(*E.r. westermani*) / 코발트 그룹 : Red-sided Eclectus(*E.r. polychloros*), Solomon Island Eclectus(*E.r. solomonensis*), Australian Eclectus(*E.r. macgillivrayi*), Aru Island Eclectus(*E.r. aruensis*), Biak Island Eclectus(*E.r. biaki*) / 레드 그룹 : Tanimbar Island Eclectus(*E.r. riedeli*), Sumba Island Eclectus(*E.r. cornelia*) 10) 이런 혼동을 피하기 위해 라틴어 학명이 쓰이고 있다. 여러분도 자신이 기르는 종의 학명을 알아두면 해외문헌 등 좀 더 전문적인 자료를 확인하고 참고할 때 많은 도움이 될 것이다. 11) 성성숙까지 시일이 많이 소요되는 것이 가장 큰 문제다. 또한, 이 종의 경우 메이트 킬링이 많기로 악명이 높기도 하다. 과거에 반입된 개체들은 야생개체가 많으므로 유의해야 한다. 필자도 2000년대 중반까지 부산항 등지를 통해 밀수된 야생개체에 대한 소식을 접하곤 했다.

Chapter 4

앵무새 분양받기

앵무새를 기르기 전 알아둬야 할 것, 좋은 앵무새를 고르는 법, 분양받기 전 준비해야 할 사항들에 대해 알아본다.

Section 01

앵무새 사육이 주는 즐거움

요즘은 다양한 동물들이 반려동물로 길러지고 있다. 개, 고양이는 물론이거니와 악어, 비단뱀, 도마뱀 같은 파충류나 개구리, 두꺼비, 도롱뇽 같은 양서류와 거미 또는 전갈 같은 절지류를 기르는 사람도 주위에서 어렵지 않게 볼 수 있다. 최근에 급격히 유입된 이런 특이한 동물들에 비하면 앵무새는 오히려 무척이나 고전적인 반려동물이라고 볼 수 있다. 도시에 살고 있다면 어렵지 않게 어조원 또는 수족관이라는 이름을 단 작은 가게를 볼 수 있을 것이다. 그런 가게에서는 많은 종류는 아니지만 최소한 사랑앵무 서너 마리쯤은 기본이고(물론 십자매나 문조, 금화조 같은 핀치류가 더 많은 것이 보통이지만), 운이 좋다면 모란앵무나 왕관앵무류도 구경할 수 있다. 필자가 초등학교 시절에도 주위에 앵무새를 기르는 사람을 심심치 않게 볼 수 있었던 사실을 기억하면, 이른바 대중적이며 고전적이라는 표현이 그리 어색하지는 않을 것 같다. 물론 앵무새라는 말이 지나치게 광의의 용어인지라 아주 희귀하며 고가의 앵무새를 고려한다면 필자가 사용한 표현들이 그리 적합하지 않다고 반론을 제기할 분도 있을 것으로 안다.

장난감을 가지고 노는 아프리칸 그레이

많은 이들이 앵무새를 통해 큰 즐거움을 얻는다.
ⓒCityparrots/Jonker&Innemee

그렇다면 반려동물인 앵무새를 기름으로써 얻게 되는 즐거움이나 가치는 무엇일까. 주변에서 앵무새를 기르는 여러 지인들에게 왜 앵무새를 기르는지에 대해 물으면 대부분의 사람들은 그저 '좋아서'라고 대답하곤 한다. 그럼 왜 앵무새가 그렇게 좋은 것일까. 그건 아마도 다음과 같은 몇 가지 이유 때문이 아닌가 싶다.

아름다운 깃털과 독특한 용모

우선 앵무새는 개나 고양이 등 포유류가 갖지 못한 아름다운 깃털과 독특한 용모를 지니고 있다. 필자 역시 처음 사랑앵무와 모란앵무를 봤을 때, 그 아름다운 모습에 넋을 잃고 한참동안이나 자리를 뜰 수 없었다. 앵무새를 팔던 초등학교 앞의 작은 어조원에 하루가 멀다 하고 찾아가 창문 안 새장에 들어 있는 앵무새를 한 시간이고 두 시간이고, 비가 오나 눈이 오나 바라보곤 했다. 지금도 어조원의 그 먼지 낀 창문너머 아름다운 자태를 뽐내던 형형색색의 앵무새들의 모습을 선명하게 기억하고 있다. 이렇듯 아름다운 미술작품이나 풍경을 좋아하는 것이 인간의 기본적이고 일반적인 습성이기 때문에 아름다운 앵무새 또한 사람들의 이러한 미적 욕구를 충족시키는 데 일조하고 있다 하겠다.

우수한 지적능력과 인간과의 교감

다음으로는 앵무새만이 가진 우수한 지적능력과 인간과의 교감을 들 수 있다. 품종에 따라서 다르기는 하지만, 아프리칸 그레이의 경우 세 살짜리 유아와 비슷한 수준의 지능을 갖고 있는 것으로 알려져 있다. 이는 개를 비롯한 대부분의 육상동물에 필적하거나 또는 상회하는 지적 수준이다. 과거에는 앵무새가 인간의 말을 따라하는 것이 단순한 반사작용이라고 했지만, 알렉스라는 아프리칸 그레이의 사례를 고려할 때 앵무새의 지능에 대한 선입견을 버려야 할 것이다. 또한, 앵무새는 본래 야생에서 집단생활을 하기 때문에 가정에서 기를 경우 인간을 자신의 동료로 인식해 인간과 상당한 수준의 관계를 형성하게 된다. 일반적인 경우 개를 능가하는 수준의 친밀도를 보여주며, 친밀한 사람이 눈에 보이지 않을 경우 애타게 찾기도 한다.

희귀한 개체에 대한 자부심과 기쁨
마지막으로 무언가 특이한 것을 갈구하는 인간의 욕망을 만족시켜주기 때문이다. 앞서 언급한 사랑앵무나 모란앵무는 비교적 흔한 품종이기 때문에 이런 부분에 그다지 해당되지 않지만, 지구상에 서식하는 300여 종의 앵무 중 대다수는 이른바 보호종으로 동물원에서조차 찾아보기 어려운 것이 사실이다. 그러다 보니 특이하고 희귀한 앵무새를 소유한다는 것은 그 소유자에게 대단한 자부심과 기쁨을 주게 되는 것이다.

또한, 모란앵무나 왕관앵무 같은 흔한 품종이라 하더라도 무수히 많은 특이한 변종이 존재하기 때문에 이러한 희귀한 변종에 대한 열망이 여전히 존재할 수 있다.

잘 훈련된 카이크 앵무 한 쌍 ©Cityparrots/Jonker&Innemee

Section 02

앵무새 기르기 전 고려할 제약사항

이 장의 목적은 아무도 알려주지 않는, 앵무새를 사육함으로써 발생하게 되는 여러 부정적인 측면에 대해 미리 언급함으로써 불필요한 문제를 미연에 방지하고자 하는 것이다. 대부분의 사육자가 앵무새의 긍정적·부정적 측면을 객관적으로 평가하고 분석할 여유 없이 앵무새와 인연을 맺게 되고, 이것이 서로에게 좋지 않은 결과를 초래하는 것을 종종 보게 된다. 언제나 그렇듯 최선은 시작하기 전에 면밀한 분석을 거쳐 발생 가능한 문제에 미리 대비하고, 대비할 수 없다면 시작하지 않는 것이다. 게다가 그것이 생명과 관계된 것이라면 더욱 그러하다.

소음

우선 앵무새는 매우 시끄러운 동물이다. 카나리아의 아름다운 목소리를 앵무새로부터 기대했다면 그건 큰 오산이다. 대부분의 앵무새는 찢어지는 듯한 금속성의 고음을 낸다. 그것도 자주, 많이 낸다. 특히 아침과 저녁시간에는 그 정도가 더 심하다. 아주 몸집이 작은 유리앵무도 꽤나 큰 소리를 내며, 모란앵무 정도가 되면 단독주택에서도 옆집의 불

대부분의 중대형앵무새는 상상을 초월하는 소음을 낼 수 있다.

히아신스 매커우 ⓒCityparrots/Jonker&Innemee

평을 들을 각오를 해야 한다. 코뉴어와 같은 중형앵무 이상이 되면 그 정도는 상상을 초월한다. 코카투나 매커우는 새를 어지간히 오래 기르고 또 미치도록 좋아하는 필자로서도 감당이 안 되는 괴성을 낸다. 물론 아주 조용하거나 아름다운 소리를 내는 앵무새가 아예 없는 것은 아니다. 레드럼프드 패러킷은 아름다운 노랫소리로 유명하고, 터콰즈 패러킷은 거의 울음소리를 내지 않으며, 리네오는 비교적 작게 재잘거리는 소리만을 낸다.

청소 및 관리의 어려움

다음으로 앵무새는 많은 청소거리를 안겨준다. 사랑앵무처럼 아무리 작은 앵무새라고 할지라도 먹이부스러기, 배설물, 깃털 등은 결코 무시할 수 없다. 필자는 단독주택에 거주하는데, 몇 년 전 반 평 남짓한 현관의 신발장 위에서 사랑앵무 한 쌍을 기른 적이 있었다. 당시 필자의 집 현관과 현관에 있던 신발들은 먹이부스러기, 배설물, 깃털 등으로 범벅이 되곤 했으며 가족들로부터 상당한 압박을 받았던 기억이 있다.

필자의 경우 워낙 오래 새를 길러왔고 가족들도 그 모습을 오래 봐왔기 때문에 그런 가족들의 압박에도 불구하고 사랑앵무 가족은 그곳에서 예쁜 아기새도 낳고 오랜 시간을 편하게 살았으나, 다른 사람들의 경우는 꼭 그렇지만은 않은 것 같다. 매우 많은 초심자들이 가족들의 동의를 구하지 않고 무턱대고 앵무새를 분양받았다가 얼마 견디지 못하고 다시 다른 곳으로 떠나보내야 하는 것을 수도 없이 봐왔다.

제한된 관련 지식

앵무새에 대해 알려진 정보는 매우 제한적이다. 앞에서 잠시 언급했으나 앵무새를 기르는 것은 그리 쉬운 일이 아니다. 앵무새는 주변에서 이웃들이 많이 기르는 개와는 다른 면이 많다. 개는 이미 수 만년 이상 인간과 함께 살아오며 이른바 가축화됐지만, 앵무새는 그렇지 않으며, 본격적으로 사람과 함께 산 것은 기껏해야 200여 년에 불과하다. 영국의 한 탐험가가 호주에서 돌아오던 길에 다른 몇몇 동물들과 함께 사랑앵무를 영국으로 데려온 것은 불과 19세기 초엽의 일이다. 이 사랑앵무가 인간이 본격적으로 사육한 최초의 앵무새인 만큼 앵무새의 가금화의 역사는 불과 200년 안팎이라고 볼 수 있다. 이 기간 동안 인간에 의해 정말 많은 개량이 이뤄졌지만 아직 앵무새는 가금화됐다고 보기 어려우며, 여전히 야생의 동료들과 거의 유사한 삶의 방식을 유지하고 있다.

따라서 앵무새는 개와 비교할 때 길들이기가 훨씬 더 어려우며, 앵무새에 대해 알려진 내용도 그다지 없다. 아플 때는 물론이거니와 앵무새가 어떤 먹이를 먹어야 하는지, 어떤 환경이 앵무새에게 가장 적합한지 등도 개와 비교해 알려진 바가 적다. 따라서 앵무새를 기르는 과정에서 이런저런 어려움에 부딪치더라도 쉽게 조언을 구할 곳도 적으며, 문제

완전히 성장한 왕관앵무 수컷

를 완벽하게 해결하기도 어려운 것이 사실이다. 또한, 주변에 동물병원은 많으나 새를 진료하는 곳은 거의 없는 실정이다. 자신이 기르는 앵무새에 대해 정확한 정보를 구할 수도 없으며, 문제가 생겼을 경우 대처할 방법도 없다는 것은 앵무새 기르기를 어렵게 만드는 요인 중 하나다.

강한 부리 힘

앵무새는 매우 공격적일 수 있다. 앵무새의 선조는 공룡으로, 앵무새의 몸속에는 저 오래 전 옛날 백악기에 초원과 밀림을 주름잡던 거대한 공룡의 피가 흐르고 있다.

또 앵무새는 강한 부리와 날카로운 발톱을 가지고 있다. 비록 대부분의 앵무새가 초식이지만, 그들 또한 다른 포식자로부터 자신을 지키기 위한 최소한의 방어장비가 있는 것이다. 위협을 느끼면 자신의 몸을 지키기 위해 멀리 다른 곳으로 날아서 도망가기도 하지만, 한편으로는 발톱과 부리로 물어뜯거나 할퀴기도 한다. 실제로 중대형앵무의

건강한 모습의 블루앤옐로우 매커우

경우는 위협을 당하거나 놀란 경우 보호자의 손을 물어뜯거나 해서 심각한 부상을 입히기도 한다. 사랑앵무 같은 작은 앵무새들도 손을 물어뜯으면 금세 상처가 생기고 피가 난다. 오랜 시간 앵무새를 길러온 필자의 손은 앵무새에게 물어뜯긴 상처로 빈틈이 없다. 대부분의 앵무새 기르기 초심자들은 이렇게 한두 번 물리고 나면 앵무새 사육에 대한 흥미를 잃어버리고, 앵무새에 대한 관심이 현저하게 줄어들게 된다.

또한, 앵무새는 그 강한 턱과 부리를 이용해 이런저런 주변사물을 즐겨 물어뜯는다. 카펫이나 소파부터 고가의 피아노나 장식장 등도 중대형앵무에게는 부리의 힘을 시험할

장난거리에 불과하며, 가족 중 다른 구성원이 기르는 난이나 고급식물 등도 앵무새에게는 즐거운 장난감이 된다. 철제장식물과 같이 견고한 물건도 앵무새의 부리 앞에서는 꼬리를 내리고 만다.

고도의 지적능력

앵무새는 매우 섬세하고 예민하다. 최근에 알려진 바에 의하면 앵무새는 고도의 인지능력을 지니고 있다. 우리 사람이 보기에는 그저 새에 불과하지만, 앵무새는 동료들과 어울려 집단생활을 하는 과정에서 서로 교감하고 의사를 소통하며, 천적으로부터 스스로와 집단을 지키는 메커니즘을 개발했다. 이러한 앵무새는 홀로 남겨지거나, 무시당하거나, 학대받으면 심리적으로 심각한 문제에 처하게 될 수 있다. 이러한 정신적 문제는 깃털 뽑기나 소리 지르기, 공격적 성향은 물론 자신의 발이나 몸을 물어뜯는 심각한 자해

매커우류는 재주나 묘기를 잘 배우는 것으로 유명하다.

행위로 나타난다. 자해하는 앵무새를 곁에 두고 보는 것은 사육주 입장에서 결코 쉬운 일이 아니며, 이런 증상을 고치는 것도 그리 쉬운 일이 아니다.

질병, 죽음과 감정적 상처

보호자는 앵무새의 예기치 못한 질병과 죽음 등으로 감정적인 상처를 입을 수 있다. 앵무새도 생물이다 보니 다치기도 하고 병에 걸리기도 하며, 죽을 수도 있다. 오랜 시간 길러서 정이 든 앵무새를 그런 식으로 떠나보내거나, 질병으로 고통스러워하는 모습을 보는 것은 쉬운 일이 아니다.

경제적 부담

앵무새를 기르는 데는 비교적 많은 비용이 발생한다. 사랑앵무나 모란앵무 같은 소형앵무의 가격은 3~15만원 정도이며 새장은 15,000원에서 100,000원 정도다. 여기에 소독약, 응급처치도구, 먹이, 온도계, 습도계, 태양광등, 먹이, 영양제, 장난감, 사육안내책자 등을 구입하면 기본적으로 10여만원이

앵무새에게 물어뜯기는 가장 큰 즐거움을 준다.
ⓒCityparrots/Jonker&Innemee

훌쩍 넘어간다. 여기에 병에 걸렸을 경우 동물병원비를 감안하면 그 비용은 결코 만만치 않게 된다. 회색앵무나 아마존 같은 중대형앵무새들은 훨씬 더 많은 비용이 발생한다. 오디오나 자동차 튜닝과 같은 취미에 비하면 별것 아니라고 볼 수도 있지만, 새와 새장 값만 지불한다고 그 이후에는 공짜로 기를 수 있는 것이 결코 아니다. 앵무새가 그저 새장에 살아 있기만을 바란다면야 더 이상 추가적인 언급이 불필요하며 이 책을 빨리 환불

해야 하겠지만, 자신이 기르는 앵무새에게 가장 적절하고 쾌적한 환경을 제공함으로써 행복하고 건강한 삶의 질을 제공해주기를 바란다면 처음 생각한 것보다는 훨씬 많은 돈이 든다는 사실을 알아야 한다.

매우 긴 수명

마지막으로 앵무새는 오래(어쩌면 인간의 삶의 패턴을 고려할 때는 지나치다 싶을 정도로) 산다. 앵무새는 아무리 작은 사랑앵무나 모란앵무도 잘만 기르면 7년 정도를 살 수 있다. 좀 더 큰 왕관앵무는 약 15년을 살 수 있고, 그보다 더 큰 코카투나 회색앵무 그리고 매커우나 아마존 계열은 적게는 40년 길게는 80년 이상을 살기도 한다. 즉 아주 어린 시절에 매커우를 반려앵무로 맞이하면 보호자가 환갑을 맞이할 때까지도 매커우는 죽지 않고 살아 있을 수 있다. 개가 겨우 12~13년을 사는 것과 비교하면 엄청난 차이다.

이 글을 읽는 독자들은 '오래 사는 것이 무슨 문제가 되냐'고 반문할지도 모르겠다. 앵무새의 긴 수명은 앵무새 자체보다는 사람들에게 문제가 된다. 보통 1~2년 정도 새를 기르면 지겨워지기도 할 것이고 또는 진학이나 취직, 이주, 출산 등의 문제로 새를 더 이상 기를 수 없게 되는 경우도 생길 것이다. 그러다 보니 앵무새는 새로운 보호자를 만난 지 얼마 안 돼 다른 집으로 쫓겨 가거나 팔려가거나, 또는 사육주의 관심을 못받고 구석에 처박힌 채 애물단지 신세가 되기도 한다. 앵무새에게는 정말 끔찍한 일이 아닐 수 없다.

생후 4개월령의 하이브리드 매커우. 이들의 기대수명은 80년에 달한다.
ⓒCityparrots/Jonker&Innemee

사육자의 헌신

얼마 전에 종로의 유명한 음식점에 가서 식사를 한 적이 있다. 그 음식점 계산대 옆 바닥에는 햄스터를 넣어 기르는 가로 세로 높이 각 30x20x20cm가량 되는, 정말 작고 허름한 새장이 있고 그 안에는 작은 금화조 두 마리가 있었다. 먹이통은 지저분하고 배설물로 덮여 있었는데, 그 안에는 좁쌀이 조금 들어 있었다. 새들은 서로에게 의지한 채 한 구석에서 깃털을 부풀리고 있었다. 너무나도 작은 새장에 더러운 물과 먹이 그리고 오직 좁쌀만을 먹으며 살고 있는 금화조가 너무 불쌍해 그 음식점 주인에게 필자의 소개를 하고 몇 마디 건넸다. "새장이 작다, 저런 먹이를 먹이면 안 된다, 청소를 해줘야 한다."

그런데 이런 필자의 조언에 대해 음식점 주인은 아무런 관심도 기울이지 않았다. 무색해진 필자는 더 이상 별다른 말을 하지 못하고 돈을 내고 나와야 했다. 음식점을 나오면서도 무언가 무거운 것이 가슴을 누르고 있었다.

그리고 한 달쯤 후 다시 한 번 그 음식점에 갈 기회가 있었다. 그런데 그 새장은 쓰레기통 옆에 반쯤 찌그러진 채 놓여 있는 것이었다. '아차 올 것이 왔구나' 하는 생각이 들어 주인에게 금화조에 대해 묻자 얼마 전 죽어버렸다는 것이다. 그래서 새는 고양이 밥으로 줘버리고, 새장은 발로 밟아서 버렸다는 것이다. '휴~' 하고 필자의 입에서는 한숨이 저절로 새나왔다.

또 한번은 유명한 앵무새 동호회 사이트에 접속한 적이 있다. 그곳에는 앵무새를 좋아하는 사람들이 모여서 하루에도 수십 개의 글과 사진 그리고 댓글을 올리고 있었다. 한국에 앵무새를 좋아하는 사람들이 이렇게 많다는 사실이 필자를 놀라게 했다. 그런데 그곳에 올라온 앵무새 분양 글의 대부분은 '깃털날림과 소리 등으로 인해 더 이상 기를

야생의 선 코뉴어. 수컷은 둥지 위에서 침입자를 감시하고 있다. ⓒCityparrots/Jonker&Innemee

수가 없으니 내 새를 사가라'라는 내용이었다. 알레르기가 있기도 하고 가족들이 싫어하기도 하고, 더러는 단순히 지저분하고 시끄러워 기를 수 없다고도 했다. 일부는 싸구려 새들은 정리하고 더 비싼 새를 기르기 위해 새를 내놓는다고도 했다. 이곳이 과연 새를 좋아하는 사람들이 모인 곳인가를 생각하니 가슴이 답답해져 오는 것을 느꼈다.

해외 유명 브리더의 브리딩 팬에서 관리 중인 스칼렛 매커우

몇 달 전 필자가 운영하는 홈페이지에 회원의 글이 하나 올라왔다. 내용인즉, "지나가다 쓰레기통 옆에 버려진 앵무새를 한 마리 주웠는데, 이 앵무새가 아픈 것 같다. 어떻게 하면 좋겠냐"는 것이었다. 누군가 새를 기르다가 아프게 되니 쓰레기통에 버린 것으로 추측이 됐다. 그때는 한참 수은주가 영하를 가리킬 때였다. 아마 불과 1시간 정도만 늦게 발견됐어도 그 앵무새는 얼어 죽었을 것이다.

필자는 수년 전부터 앵무새 분양 사이트에 앵무새 관련 질문에 대한 답변을 올리는 일을 하고 있다. 이미 수년이 지났고 지금까지 수천 건에 달하는 앵무새 애호가들의 궁금증을 해소해주고 있다. 그런데 이곳 게시판에 어떤 회원이 겨울이 되면 보온은 어떻게 해야 하는지를 질의했다. 필자가 일이 있어 2일 정도 답변을 다는 것이 지연됐고, 3일째 되는 날 게시판에 들어가 보니 그 글에 다음과 같은 요지의 댓글이 달려 있었다. 요지인즉 본인은 "야외에서 왕관앵무와 사랑앵무, 모란앵무 등을 기르는데 작년 겨울에 아무런 보온 대책 없이 겨울을 났다. 영하 15℃에도 얼어 죽지 않았다. 물이 얼었는데도 부리로 잘 깨서 먹었다. 그러니 걱정할 필요 없다." 그 댓글을 읽은 필자는 분노가 치밀어 올랐다.

이상의 사례에서 아마 독자 여러분도 필자가 느낀 것과 유사한 기분을 느꼈을 것이다. 이러한 사례들이 뭔가 잘못됐다고 생각하며 이런 어처구니없는 일들의 주인공이 되지 않을 자신감이 있다면, 여러분은 지금 당장 새를 분양받아도 된다. 그러나 위의 사례에서 이상하거나 잘못된 점을 못 느낀다면 부디, 절대 앵무새를 기르지 말기 바란다.

Section 03

좋은 앵무새 고르기

필자의 협박과 회유에도 불구하고 여전히 앵무새를 기를 마음이 바뀌지 않았다면 정말로 앵무새를 기르고자 하는 의지가 강한 것이다. 그럼 이제 어느 정도 앵무새를 기르기 위한 마음의 준비가 됐다고 보고 앵무새 기르기의 첫걸음을 떼어보도록 하겠다.

우선 좋은 앵무새를 고르는 것이 그 첫걸음이라 할 수 있다. 한번 분양받게 되면 짧게는 5~6년, 길게는 수십 년 이상을 삶의 동반자로서 함께해야 하므로 건강하고 좋은 성격을 갖고 있는 앵무새를 고르는 것이 그 무엇보다도 중요하다. 그러면 좋은 앵무새를 고르는 법에 대해 알아보도록 하겠다.

건강하고 활기찬 앵무새 선택

우선 질병에 걸리지 않은 개체를 선택해야 한다. 칸디다증, 갑상선염, 종양, 폐렴, 소화기장애, 설사, 각종 피부병, 체내·외기생충, 아스페르길루스 등 앵무새가 걸릴 수 있는 병은 인간의 질병만큼이나 다양하다. 그 증상도 천차만별이라서 어떤 질병은 급성으로 발병해 짧게는 발병 후 수십 시간 이내에 폐사하며, 어떤 질병은 수개월 이상 천천히 진

브라운넥드 패롯(Brown-necked Parrot, *P. r. fuscicollis*) 수컷

눈, 깃털, 부리, 골격 등이 모두 완벽한 건강한 앵무새

행되기도 한다.

앵무새는 야생에서 수많은 포식자들로부터 항상 목숨의 위협을 받는다. 집단생활을 하는 앵무새의 경우 아픈 듯 보이는 앵무새가 가장 먼저 천적의 먹잇감이 되기 때문에 본능적으로 병을 숨기는 것이 일반적이다. 이런 이유로 육안으로 앵무새가 아픈 것을 눈치 챘을 때는 이미 병이 위중한 상황에 이른 경우가 대부분이며, 치료하기도 어려워진 상태다. 그러나 그렇다고 해서 시작도 하기 전에 주눅이 들 필요는 없다. 지금부터 필자가 이야기할 것을 잘 기억해둔다면 어렵지 않게 건강하고 활기찬 앵무새 친구를 찾을 수 있을 것이다.

건강한 앵무새를 구하는 데 있어서 가장 중요한 것은 바로 활기찬 앵무새를 찾는 것이다. 근처의 조류원이나 사육장 등에 가보면 여러 마리의 앵무새들이 한 새장에 모여 놀고 있는 것을 볼 수 있다. 그 안에 있는 여러 마리의 새들을 살펴보면 어떤 녀석들은 잠시도 쉬지 않고 계속해서 날아다니거나 지저귀고 먹이를 먹고 옆의 동료들과 장난을 치지만, 어떤 녀석들은 한쪽 구석에 깃털을 부풀리고 앉은 채 눈을 감고 가만히 있는 것을 볼 수 있다. 이런 경우 여러분이 골라야 할 것은 당연히 전자의 앵무새다. 앞서도 말했듯이 보통 자신의 질병이나 상처를 숨기는 것이 새들의 일반적인 습성이다. 그런데 자신의 질병을 숨기지 못할 정도로 겉으로 보기에 티가 난다면 그 개체는 이미 돌이킬 수 없을 정도로 나쁜 상황에 빠진 것이라고 짐작할 수 있다. 이런 새들을 분양받는다면 얼마 되지 않아 가슴 아픈 이별을 맞이하게 될 것이다.

몸의 이상 유무 확인하기

앞서 살펴본 대로 활발한 개체를 선택했다면 이제 손으로 앵무새를 잡고서 가만히 몸의 구석구석을 살펴봐야 한다. 혹시 앵무새에게 물릴까 두렵다면 미리 수건이나 가죽장갑 등을 준비할 수 있다. 앵무새를 볼 때는 다음의 부분을 중점적으로 확인해야 한다.

■**부리** : 부리는 먹이를 섭취하고 나무를 타며, 적을 공격하는 등 여러 가지 기능을 수행한다. 앵무새의 경우 일반적인 핀치류의 부리와는 달리 윗부리가 아래쪽으로 굽어 있으며, 그 끝이 매우 날카롭고 무는 힘이 강해서 단순히 먹이를 먹는 것 이외의 여러 가지 용도로 사용될 수 있다. 그런데 이러한 앵무새의 부리는 그 굽은 모양으로 인해 일종의 부정교합이 종종 발생하는 문제가 있다. 선천적으로 기형인 경우도 있지만 성장하는 과정에서 부리 주위에 핸드 피딩 포뮬러의 일부가 말라붙거나 한 경우, 그 부분의 부리가 제대로 성장하지 못해 윗부리와 아랫부리가 제대로 맞지 않는 문제가 발생할 수 있다. 이런 경우 나중에 완전히 성장하고 나서 물건을 붙잡거나 곡식의 껍질을 까서 먹이를 먹는 데 심각한 악영향을 미칠 수 있다. 따라서 새로운 앵무새를 구입할 때 이런 부분을 매우 주의해서 확인해야 한다.

부리와 관련돼 초심자들이 오해하는 가장 큰 문제는 바로 아랫부리와 윗부리가 만나는 면이 완전히 밀착되지 않는다는 점이다. 윗부리는 측면에서 볼 때 매끈하게 곡선을 그리지만, 아랫부리는 그 옆면이 다소 불규칙한 단면을 보이는 것이 일반적이다. 그런데 초심자의 경우 이 불규칙한 단면이 사고나 장애 등으로 문제가 생긴 것으로 보고 걱정을 하는 경우가 종종 있다.

건강한 부리를 지닌 모란앵무

건강한 아프리칸 그레이의 눈과 부리

또 다른 오해는 바로 아랫부리의 아래쪽, 그러니까 사람으로 따지면 턱의 아래쪽에 관한 것이다. 앵무새의 아랫부리와 목이 연결되는 부분은 얇은 막과 같은 조직으로 이어져 있다. 그런데 처음 이 부분을 보면 마치 구멍이 뚫린 것처럼 보인다. 그러나 자세히 살펴보면 얇은 막으로 빈틈없이 연결된 것을 볼 수 있을 것이다. 별 문제가 아닌 것 같은데도 문제가 되는 경우가 있는데, 그것은 바로 윗부리 또는 아랫부리의 지나친 성장이다. 이는 주로 영양불균형 등의 이유로 인해 간 등에 문제가 생긴 것으로, 이러한 장기기능이상의 부작용으로 부리 중 어느 한쪽이나 두 부리 모두가 과도하게 성장해 발생한다.

앵무새의 부리는 발톱과 마찬가지로 단백질성분으로 이뤄져 있으며, 지속적으로 성장한다. 그러나 영양공급이 불균형하게 이뤄질 경우 그 성장속도에 이상이 생겨 부리를 정상적으로 움직이지 못하는 경우가 발생하며, 심하면 먹이를 제대로 섭취하지 못해 굶어 죽거나 새끼새에게 먹이를 먹이지 못해 새끼를 모두 죽게 만드는 경우도 발생할 수 있다. 이런 현상은 필자의 경험으로는 주로 호주산 소형앵무들에게서 발견된다. 이런 문제가 발생하면 현재 제공하고 있는 먹이가 균형을 이뤄 제대로 공급되고 있는지 면밀하게 검토할 필요가 있으며, 더불어 조류전문 수의사의 진료를 받아야 한다. 부리 다듬기에 관한 부분은 다음 장에서 좀 더 상세하게 다루도록 하겠다.

■**납막 및 비공** : 부리와 바로 연결된 부분은 납막이라고 불리는 곳이다. 이는 조류에만 존재하는 부분으로 비공(콧구멍)이 위치해 있는 부리 위쪽은 약간 돌출된 피부조직이다.

사랑앵무나 왕관앵무의 경우는 이 부분이 상당히 넓으며, 특히 사랑앵무의 경우는 이 납막 부분의 색깔로 암수를 구분할 수 있다. 반면에 모란앵무를 비롯한 대부분의 앵무류는 납막이 매우 작으며, 면밀히 관찰하지 않으면 확인이 어렵기도 하다. 이 납막 부분은 피부가 노출된 부분으로 이곳에 발생한 피부병이나 단순한 홍반, 발적 등은 쉽게 확인이 가능하다. 따라서 이 부분의 노출된 피부가 건강하게 윤이 나는지 확인할 필요가 있다. 이 부분에 희끄무레하게 각질이 발생하고 또는 부풀어 올라 있거나 이상한 혹이나 사마귀 같은 것으로 덮여 있다면, 개선충과 같은 외부기생충의 존재나 기타 피부병의 감염을 의심해야 한다.

납막 부위와 관련해 또 한 가지 간과하지 말아야 할 것은 바로 콧구멍이다. 상당수의 종의 경우, 콧구멍은 자세히 보면 단순히 구멍이 뚫려 있는 것이 아니라 그 안에 마치 작은 좁쌀과 같은 것으로 막혀 있는 것을 볼 수 있다. 이 조직은 일종의 콧구멍 마개와 같은 역할을 하는 것이므로 좁쌀 등으로 오해해 임의로 떼어내는 일이 없도록 해야 한다. 콧구멍이 지저분하거나 점액이 묻어 있다면 이는 호흡기계통에 질병이 있음을 암시하는 것이므로 절대로 구입해서는 안 된다. 또한, 호흡소리를 주의깊게 살펴 거친 숨소리, 헐떡임, 불규칙한 호흡 등이 없는지 확인해야 한다.

■ 눈 : 앵무새는 포식자가 아니라 생태계 먹이피라미드의 최하위에 위치한 피포식동물[1]로서 언제 어디서든지 천적의 출현에 극도로 주의를 기울인다. 이런 이유로 앵무새의 눈은 거의 360°를 볼 수 있도록 머리의 양 옆에 위치하고 있으며, 시력이 상당히 좋아 먼 거리에서 접근하는 천적도 쉽게 알아챌 수 있다. 그러나 반면에 양 눈이 겹쳐서 볼 수 있는 양안시 범위는 전방의 일

호주계 그래스 패러킷 및 근연종은 대부분 깃털이 아름답고 부리가 작다.

부분에 불과하다. 따라서 어떤 물체를 세밀하게 관찰할 때는 양쪽 눈을 번갈아가며 그 물체 쪽으로 향해 관찰하는 버릇이 있다. 새로운 장난감을 주거나 새로운 친구가 나타나면 눈의 동공이 반복해서 수축되고 확장되며, 양쪽 눈을 번갈아 사용해 확인하는 것을 쉽게 볼 수 있다. 이런 앵무새의 눈을 면밀히 관찰해 눈가의 안검이 충혈되거나 발적이 없는지 확인해야 하며, 위아래의 눈꺼풀과 그 안에 위치한 횡방향의 반투명한 순막(앵무새는 눈꺼풀이 여러 겹으로 이뤄져 있다)이 이상 없이 움직이는지 확인할 필요가 있다.

■**날개** : 앵무새에게 있어 날개는 가장 중요한 생존수단이다. 앵무새가 비행하거나 횃대 위에서 쉬는 모습을 관찰해 비행 시 불편한 점이 보이거나 또는 날개를 접은 상태에서 양쪽 날개가 몸에 빈틈없이 접혀 붙어 있는지 확인해야 한다. 또한 몸을 견고하게 고정시킨 채 양쪽 날개를 펼쳐서 그 골격의 이상 유무와 깃털의 이상 유무를 확인해야 한다.

■**다리 및 발** : 앵무새는 다른 핀치류와는 달리 발가락이 앞뒤로 각각 2개씩 존재한다. 이런 이유로 좀 더 견고하게 물건을 잡을 수 있으며, 나무를 타고 이동하기에도 용이하다. 발은 횃대에 앉은 상태에서 봤을 때 횃대와 직교하며 자연스럽게 움직여 그 기능에 이상이 없어야 한다.

또한, 발가락은 횃대를 자연스럽게 감싸고 발가락에 동그랗게 부어오른 부분이나 출혈 등이 없어야 하며, 발톱이 모두 온전하게 있어야 한다. 특히 발톱과 발가락은 번식을 목적으로 앵무새를 구입하는 경우 더욱 면밀하게 확인해야 한다.[2] 어린 시절 어미가 너무 강하게 눌러 품은 경우 또는 둥지상자 밑바닥에 완충제가 부족해 새끼새가 발로 움켜쥘 것이 없었던 경우 발가락이나 발 기형

깔끔하게 정리된 날개를 펼치는 앵무새

이 종종 발견된다.

수컷의 경우 교미 시 암컷의 등을 발톱으로 견고하게 붙잡고 교미를 시행하며, 암컷 역시 수컷의 무게를 지탱한 채 횃대 등에 견고하게 몸을 지지해야 한다.[3] 그러기 위해서는 발톱과 발가락 등 족부의 기능에 이상이 없어야 한다. 그렇지 못할 경우 수정률이 떨어진다는 것이 일반적인 평가다. 그러나 반면에 단순히 관상목적의 경우라면 발톱이 없거나 발가락에 다소의 이상이 있는 개체를 매우 저렴한 가격에 구입할 수 있기 때문에 오히려 좋은 구매가 될 수도 있겠다.

■깃털 : 새에게 있어서 깃털은 비행 및 보온을 위해 없어서는 안 되는 매우 중요한 부분이다. 완전히 성장한 성조 또는 아성조의 경우 날개 밑, 다리, 납막, 눈 주위, 아랫부리 아래쪽 부분을 제외한 거의 모든 부분이 깃털로 덮여 있다. 주의해서 볼 것은 깃털이 손상되거나 빠진 부분이 없는지를 확인하는 것인데, 깃털이 손상되거나 빠졌다는 것은

건강한 깃털은 건강한 새의 상징이다.
ⓒCityparrots/Jonker&Innemee

자해나 동료의 공격 등으로 인해 망가졌거나 또는 질병 등으로 건강에 문제가 생겼음을 의미한다. 물론 영양불균형이나 영양결핍 등으로 인해 발생할 수도 있으므로 참고한다.

■항문 : 건강한 새의 경우 항문은 솜털로 빼곡하게 덮여 있는 것이 보통이다. 그러나 건강상태가 좋지 못한 경우라면 항문 주위의 털이 변으로 더럽혀져 있거나, 항문의 일부가 밖으로 밀려나오기도 한다. 다만 아직 어린 새의 경우 횃대보다는 바닥에서 생활하는 경우가 더 많으며, 변을 볼 때 주의를 잘 기울이지 못해 분변이 묻은 경우가 있으므로 설사에 의한 경우와 구분하기 바란다.

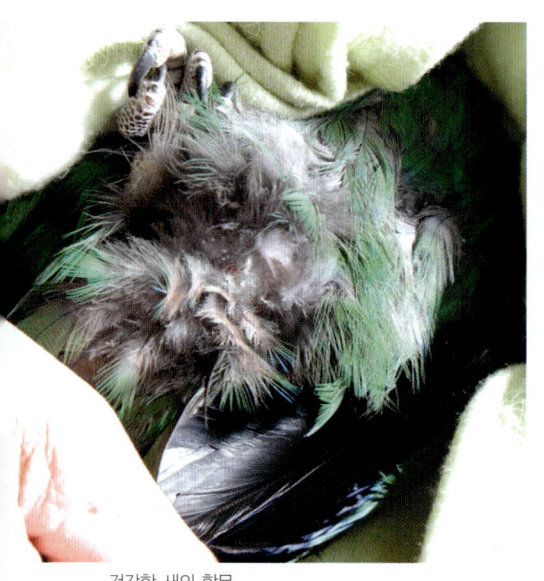
건강한 새의 항문

설사에 의한 경우라면 항문 주위에 분변이 광범위하게 눌러 붙어 있기 때문에 단순히 소량의 분변이 묻은 것과 확연히 구분된다.

■등 : 어릴 때 높은 곳에서 떨어지거나 또는 체구가 큰 다른 형제들에게 눌린 경우 허리나 등 부위가 굽어 버리기도 한다. 횃대에 앉은 상태에서 조심스레 허리와 등 부위를 보면 매끈하게 이어지지 못하고 다소 불룩 돌출된 경우가 있는데, 이런 새들은 건강상 치명적인 문제가 있을 수 있다.

이상에서 앵무새 구입 시 주의해서 확인해야 할 부분을 살펴봤다. 처음 앵무새를 구입할 때 이처럼 주의를 기울여 여러 가지 측면을 살펴봐야 하는 이유는 바로 앵무새가 생물인지라 텔레비전이나 신발 같은 공산품과는 달리 그 품질이 규격화돼 있지 않기 때문이다. 동일한 가격으로도 그 질에 있어서 상당한 차이가 있을 수 있으며, 한번 구입하면 아무리 짧아도 수년 이상을 함께해야 하기 때문에 처음부터 건강하고 활기찬 앵무새를 구입하는 것이 매우 중요하다. 더불어 병에 걸렸거나 장애를 가진 앵무새를 구입한 경우 기존의 국내 조류시장의 관행으로는 제대로 된 보상을 받기도 어려우며, 병을 치료할 마땅한 동물병원을 찾기도 어려운 실정이다.

재정경제부의 소비자피해보상규정에도 개와 고양이만을 위한 규정만 있을 뿐 조류를 포함한 모든 다른 반려동물에는 별도의 보상규정이 없다. 즉 문제가 있거나 있다고 추정되는 앵무새를 구입해도 모든 법적 책임은 구매자에게 귀결되는 것이다. 따라서 처음부터 건강한 앵무새를 분양받는 것은 앵무새와의 아름다운 관계를 다져가는 첫걸음이라고 하겠다.

좋은 분양자 찾기

앞서 좋은 앵무새를 구하는 법을 간략하게 알아봤으나 이보다 더 중요한 것은 좋은 분양자를 찾는 것이다. 아무리 건강하고 활기찬 앵무새를 분양받았다 하더라도 분양 후 2~3

일 만에 잠재돼 있던 병이 발병할 수 있으며, 암수로 알고 분양받은 두 마리가 암수가 아닌 동일한 성으로 밝혀질 수도 있다. 또한, 기르는 과정에서 여러 가지 문제가 발생할 경우 조언을 해줄 사람이 필요할 수도 있다. 이런 여러 가지 상황에 도움을 줄 수 있는 것은 분양자밖에 없다. 따라서 애초에 분양 후 사후관리부분까지 제대로 책임져 줄 수 있는지의 여부를 확인하는 것은 매우 중요하다 하겠다.

■**청결한 환경과 인도적 관리** : 좋은 분양자의 첫째 조건은 바로 청결한 환경을 갖추고 있는지의 여부다. 국내에서 가장 많은 조류분양점포가 밀집해 있는 청계천을 비롯해 대부분의 국내 조류원의 위생관리 상태는 매우 열악한 것이 사실이다. 점포 안은 새털과 분변, 먹이 등에서 나온 먼지와 악취로 가득 차 있는 경우가 많다. 새장 바닥에는 철망이 설치돼 있지 않아서 새장 안의 새들은 자신의 분변 위를 걸어 다니고, 그 분변과 범벅이 된 먹이를 다시 주워 먹는다. 물통은 물때가 끼어 있고, 언제 물을 갈아줬는지 알 수 없을 정도로 탁한 물을 새들이 먹고 있다. 새장 뒤쪽의 벽은 새의 분변으로 누렇게 얼룩져 있으며, 한쪽 구석에는 곰팡이도 피어 있다. 점포의 바닥은 각종 먹이부스러기 등으로 지저분하고, 환풍기에는 새까만 먼지와 거미줄이 처져 있다.

이렇게 지저분한 환경을 갖추고 있는 분양자로부터는 절대 앵무새를 구입해서는 안 된다. 아무리 저렴하게 분양하거나, 다양한 종류의 새를 구비하고 있거나, 세간에 널리 알려진 조류원이라고 해도 이런 곳으로부터 분양되는 새들은 모두 잠재적인 질병의 환자라고 볼 수

동물원에서 사육 중인 몰루칸 코카투

블루앤옐로우 매커우. 일반적으로 중대형앵무는 여러 가지 여건상 국내 실정에 적합하지 않다고 여겨진다.

있으므로 피하도록 한다. 먼지하나 없이 깔끔하고, 먹이통과 물통은 모두 신선한 먹이와 물이 채워져 있는 환경을 갖추고 있는 곳이라면 최고의 분양처라고 할 수 있다.

앞서 언급한 청결한 환경과 어느 정도 연관된 부분인데, 어떤 조류원이나 분양점에 가면 한쪽 구석에서 모란앵무나 사랑앵무가 깃털을 부풀린 채 눈을 감고 죽어가고 있는 것을 볼 수 있다. 어떤 곳은 사방 50cm도 되지 않는 작은 새장에 수십 마리 이상의 새들을 구겨 넣듯이 집어넣고 판매하는 곳도 있다. 먹이도 단지 좁쌀 한 종류만을 주고, 겨울에는 난방도 제대로 하지 않는다. 죽은 새들은 그냥 그대로 쓰레기통에 집어 던진다. 이런 곳에서 평생을 함께할 앵무새를 구입할 사람은 아무도 없을 것이다. 이런 곳은 장기적으로 새를 위해서라도 시장에서 퇴출돼야 한다.

■**전문지식 보유** : 분양자는 그 누구보다 전문적인 지식을 갖추고 있어야 한다. 구매자는 그러한 분양자의 전문적인 지식을 믿고 앵무새를 구입하며, 구입 이후 발생하는 문제에 대해 분양자에게 전적으로 의지하게 된다. 그런데 그런 분양자가 제대로 된 앵무새 관련 서적 한번 읽지 않고, 그저 주먹구구식의 얄팍한 지식으로 소비자를 우롱하고 호도한다면 그건 단지 사기일 뿐이다. 따라서 새를 분양받을 때는 반드시 분양자의 전문지식보유 여부를 확인해야 한다.

이를 확인할 수 있는 가장 간단한 방법은 점포 내에 앵무새 관련 전문서적이 얼마나 있는지를 살펴보는 것이다. 최소한 십 수 권 이상의 전문서적을 보유하고 있고, 이를 충분히 정독했다면 그는 분명 상당한 전문지식으로 무장된 좋은 분양자라고 할 것이다. 이런 분양자라면 분양 후 발생하는 어떠한 문제에 대해서도 믿고 의지할 수 있을 것이다.

■**분양 품종의 전문화** : 각각의 앵무새 품종은 한 권의 책으로는 모자랄 정도로 큰 차이가 있다. 아무리 연륜이 깊고 박식한 분양자라도 모든 앵무새 품종에 대해 정통하기는 어렵다. 그런데 수십 가지 종류의 앵무새를 한꺼번에 취급하는 점포라면 그 전문성에 대해 의심하지 않을 수 없다. 이런 분양자는 단지 남의 새를 가져다 파는 것에 불과할 뿐 그 다양한 새들의 서식환경, 암수구분법, 질병, 번식, 먹이 등에 대해 세세히 아는 것은 거의 불가능하다고 하겠다.

■**직접 사육** : 대부분의 소매상은 새는 오래 매매해 왔지만 실제 사육경험은 없는 경우가 많다. 이런 소매상들은 새의 사육과정에서 발생하는 여러 가지 문제에 대해 제대로 알지 못하며, 또한 다른 곳에서 단지 새를 가져다 파는 것에 불과하기 때문에 그 새가 지니고 있는 각각의 내력, 부모의 혈통, 유전적 특성 등에 대해 아는 것이 없다. 앵무새는 매우 예민한 생물이기 때문에 기존의 자라던 환경에서 갑자기 많은 변화가 생기면 심대한 스트레스를 받게 되며, 경우에 따라서는 질병에 대한 감수성이 일시적으로 높아져 질병에 걸리거나 폐사할 수도 있다. 따라서 가능하면 직접 사육한 앵무새를 분양하는 곳에서 분양받는 것이 최선이라 하겠다.

■**분양계약서 작성 및 철저한 사후관리** : 현재 국내에서 이와 같은 서비스를 제공하는 곳은 거의 없는 것으로 알고 있으나 이는 소비자의 권익보호 차원에서 매우 중요한 부분이다.

먹이를 먹고 있는 야생앵무새

기존의 대부분의 조류상들은 얼렁뚱땅 새를 팔고 나서 문제가 있는 것이 확인돼 환불 등을 요구하면 '나는 멀쩡한 새를 팔았는데 당신이 제대로 몰라서 새를 망쳐 놨다'는 식으로 주장해 소비자를 골탕 먹이는 것이 일반적이었다. 심지어는 병에 걸린 것이 명백하거나 또는 암수가 맞지 않는 새를 팔고도 그런 식으로 소비자를 우롱하곤 했다.

또한, 자신도 그 새에 대해 제대로 아는 것이 없기 때문에 판매하는 새에 대한 자료도 갖고 있는 것이 없었고, 간단한 설명조차 불가능했다. 그런 상태에서 초심자가 새를 분양받는다면 먹이와 물을 주는 것은 물론 질병의 발견과 대처 등 모든 면에서 크고 작은 문제에 봉착하게 될 것이고, 빠르고 적절한 대처의 지연으로 앵무새는 목숨을 잃을 수도 있다. 따라서 분양 시 분양계약서 및 사육안내서의 발급은 가장 기본적이고도 필수불가결한 부분이라 하겠다. 여러분의 권익을 간과하지 말아야 한다.

■ **최고의 분양자** : 위에서 앵무새 분양자의 요건에 대해 간략하게 살펴봤다. 그럼 도대체 어디서 새로운 앵무새 친구를 분양받아야 할지 머릿속이 복잡할 것이다. 동네에 위치한 어조원은 그저 사랑앵무 십여 마리를 가게 구석에 가져다놓고 팔고 있기 때문에 새에 대한 전문지식을 기대하기는 어려울 것 같다. 언젠가 찾아간 적이 있는 대규모 사육장은 엄청난 악취와 먼지 그리고 들끓는 파리 떼를 보니 결코 좋은 사육자 같아 보이지 않는다. 가장 좋은 분양자는 소규모로 청결한 환경에서 직접 몇 가지 품종의 앵무새만을 사육하며, 분양 시 명확한 계약서와 사육안내서를 발급하는 분양자다. 가격 몇 푼 때문에 많은 시간을 함께하게 될 소중한 친구를 절대 아무 곳에서나 분양받지는 말기 바란다. 차라리 좀 더 높은 가격을 주더라도 앞서 언급한 여러 가지 조건을 만족시키는 분양자를 꼼꼼하게 찾아보기 바란다.

그런 측면에서 기존에 존재하는 대부분의 조류원과 어조원들은 결코 바람직한 분양자라고 할 수 없을 것이다. 또한, 개인이 한두 쌍을 가지고 분양하는 경우도 그리 적합한 분양자는 아니다. 이런 경우 위에서 언급한 전문지식을 가지고 있다고 보기도 어려우며, 따라서 문제가 생겼을 경우 제대로 된 상담을 받기 어렵기 때문이다.

좋은 분양자를 찾는 것이 어려워 보일 수도 있으나 그렇지 않다. 주변을 잘 둘러보면 분명 앞서 언급한 조건에 부합되는 좋은 분양자를 찾을 수 있을 것이다. 절대로 아무 곳에서나 소중한 앵무새 친구를 분양받지 말기 바란다.

나에게 적합한 앵무새

지금까지 어떤 곳에서 건강한 앵무새를 분양받을 수 있는지 알아봤다. 여기서는 어떤 품종의 앵무새가 나에게 가장 적합한지 알아보도록 하겠다. 눈을 크게 뜨고 읽기 바란다.

■**사육경험과 지식을 고려한 선택** : 어떤 앵무새는 이미 오랜 시간 사람과 함께 생활해 가금화가 상당히 진행됐고 비교적 쉽게 개체들을 구할 수 있으며, 관련 서적도 많고 암수 구분도 용이하다. 반면에 어떤 앵무새는 사람이 사육하기 시작한 지 십 수 년에 불과하며, 국내에 소개된 지도 얼마 되지 않았다. 따라서 관련 서적도 구하기 어렵고, 번식방법이나 먹이, 야생에서의 습성 등에 대해 알려진 것이 거의 없을 수 있다.

독수리앵무라고 불리는 피스켓츠 패럿(Pesquet's parrot, *Psittrichas fulgidus*). 희귀한 종들은 전문브리더들에게도 어려운 도전이다.

초심자라면 당연히 후자와 같은 앵무새는 피해야 한다. 후자에 속하는 앵무새들은 작은 변화에도 민감하고 온도나 먹이 등에 있어 특별한 관리를 필요로 하며, 문제가 발생했을 경우 스스로 그 해답을 찾아야 한다. 초심자에게는 결코 적합한 앵무새가 아니다. 전자에 속하는 앵무새는 사랑앵무, 왕관앵무, 모란앵무[4] 등이며 후자에 속하는 것은 그 외의 다른 앵무새들이다. 특히 코카투, 아마존, 매커우 등은 상당히 높은 수준의 지식을 필요로 하기 때문에 초심자들이 감당하기에는 한계가 있다. 단지 크고 멋있어 보인다는 이유로 이런 부류의 앵무새를 선택함으로써 자신뿐만 아니라 앵무새에게도 크나큰 아픔을 안겨주는 일은 없도록 주의해야 한다.

■**예산을 고려한 선택** : 앞서 언급했듯이 앵무새를 기르는 데는 상당히 많은 돈이 든다. 우선 새의 경우 사랑앵무는 한 쌍에 2~3만원 정도면 구입이 가능하지만, 그보다 좀 더 큰 모란앵무나 왕관앵무는 그 변종에 따라서 적게는 5만원부터 많게는 20여만원에 달하기도 한다. 중대형앵무새들은 이보다 더해서 대형 매커우는 마리당 300만원에 달하며, 비교적 소형인 이른바 미니 매커우들도 마리당 100여만원을 넘는 것이 일반적이다.

앵무새 분양가만이 전부는 아니다. 소형앵무새들도 매달 5천원 정도의 먹이를 먹지만 매커우 같은 대형앵무새들은 주로 호두, 땅콩, 과일 등을 매일 먹어야 한다. 새장도 최소 사방 1.5m 이상 돼야 한다. 즉 본인의 예산을 고려하지 않은 채 멋있다는 생각만으로 무

분홍머리모란앵무는 강건하고 관리비가 적게 들어 초심자에게 매우 적합하다.

분별하게 분양을 결정하게 되면, 얼마 못 가서 사육에 소요되는 비용을 감당하지 못하고 자신과 앵무새 모두에게 크나큰 아픔을 남기게 된다.

■**주거환경에 따른 선택** : 소형에 속하는 대부분의 앵무새(패럿렛, 리네오, 모란앵무, 왕관앵무, 네오페마 계열, 포세팔러스 등)는 대부분 체구가 작기 때문에 사방 1m 정도의 비교적 작은 새장에서도 큰 무리 없이 생활이 가능하며 소음도 적다. 모란앵무가 다소 시끄럽다고는 하지만, 아파트 베란다에서도 수십 쌍 이상을 기를 수 있을 정도인 것을 고려할 때 주거형태에 따른 제약이 적다.
그러나 중형 이상의 체구를 지닌 앵무새들은 대부분 상상을 초월하는 소음과 체구에 비례해 커져야 하는 새장의 크기 등으로 인해 웬

왕관앵무. 리네오, 패럿렛, 모란앵무 등과 함께 국내 실정에 매우 적합한 앵무종 중의 하나다.

만한 아파트에서는 기르기 어려운 것이 사실이다. 실제로 보기에 멋있다고 주거형태에 대한 별다른 고려 없이 매커우나 코카투 또는 코뉴어 등을 분양 받았다가 이웃의 항의를 견디지 못하고 재분양하는 사례를 주변에서 어렵지 않게 찾아볼 수 있다.

■**사육목적에 따른 선택** : 사람에 따라서 앵무새를 기르는 목적은 매우 다양하다. 단순히 아름다운 색깔을 즐기기 위해서 기르는 사람, 번식하는 재미로 기르는 사람, 부업이나 전업을 목적으로 기르는 사람, 말이나 재주를 가르치기 위해 기르는 사람, 새로운 변종을 만들어 내기 위해 기르는 사람 등 여러 가지 목적을 가지고 앵무새를 기른다.
만일 재주나 말을 가르치는 것이 목적이라면 코카투, 회색앵무, 매커우, 아마존, 이클레터스, 목도리앵무 계통을 추천한다. 아름다운 자태를 즐기는 것이 목적이라면 위에서 언급한 앵무 이외에 호주산 중소형앵무들이 적합하다. 터콰즈, 레드럼프드, 로젤라, 부르케 등이 이러한 부류에 속한다.

Section 04

분양 전 준비

이제 여러분은 왜 앵무새를 기르는지, 어떤 앵무새가 건강한 앵무새인지, 어디서 좋은 앵무새를 분양받을 수 있는지, 나에게 어울리는 앵무새는 어떤 앵무새인지 등에 대해 알게 됐다. 그러면 마지막으로 앵무새를 데려오기 전 어떤 준비를 해야 할지 알아보도록 하겠다. 이번 장만 충실히 읽으면 이 책의 첫 단계를 무사히 마치게 되는 것이다.

적합한 분양시기
"적합한 분양시기라니 그런 것이 어디 있단 말인가. 내가 원하면 언제든지 조류원이나 브리더에게서 돈을 내고 사오면 되는 것 아닌가"라고 반문할 독자들이 있을 것이다. 그러나 앵무새의 지적능력이 인간에 비견될 정도로 뛰어나다는 사실을 떠올린다면, 앵무새를 데려오는 시기도 그리 간단한 문제가 아닌 것을 알게 될 것이다.
다음에 소개하는 세 가지 예들은 주변에서 흔하게 접할 수 있는 사례인데, 아마도 별다른 이상한 점은 찾기 어려울 것이다. 모두들 앵무새를 무척 좋아하거나 또는 사랑하는 사람을 위해서 선물로 앵무새를 구입한 것 같다. 얼핏 봐서는 새로운 앵무새 식구와 함

앵무새와의 긴밀한 유대는 하루아침에 이뤄지는 것이 아니다.

께 행복한 삶을 살 수 있을 것처럼 보인다. 그러나 조금만 더 깊이 들여다보면 무언가 단단히 잘못된 것이 있음을 알게 될 것이다. 사례별로 살펴보도록 하자.

사례 1 : 자녀를 무척이나 사랑하는 아버지가 있다. 자녀의 생일날, 생일선물로 근처 조류원에서 모란앵무 한 쌍을 사왔다. 금빛 새장 안에서 재잘거리는 모란앵무는 자녀가 무척이나 좋아할 것으로 보인다. 집 현관에 들어서니 자녀의 같은 반 친구들이 십여 명 모여서 케이크도 먹고 장난도 치면서 재미있는 시간을 보내고 있다. 아버지는 아이에게 모란앵무새 한 쌍을 선물했다. 아이는 무척이나 좋아하는 듯하다.

사례 2 : 등·하교 길에 눈여겨봤던 어조원이 집 근처에 있다. 항상 어조원 앞을 지나칠 때마다 진열대에 있는 귀여운 왕관앵무 한 마리가 눈을 사로잡곤 한다. 어느 날 저녁 아버지의 구두를 닦아드렸는데, 아버지는 기분이 좋으셨는지 용돈을 무척이나 많이 주셨다. 신이 난 나는 이것저것 생각하지 않고 바로 그 어조원으로 달려갔다. 그곳에는 항상 보던 그 왕관앵무는 이미 다른 곳으로 팔려가고 다른 앵무새가 놓여 있었다. 이제 어조원 문을 곧 닫을 것이고, 만일 오늘이 지나면 이 앵무새마저 다른 사람이 사갈지 모른다는 생각에 나는 이것저것 생각하지 않고 얼른 내게는 적지 않은 돈을 주고 앵무새를 사왔다.

사례 3 : 날이 조금씩 추워지고 있다. 이제는 수은주가 영하를 가리키기도 한다. 보일러를 계속 돌려도 집안이 그리 따뜻하지 않은 것 같다. 휴일에 근처 대형할인점에 갔다가 한쪽 펫 샵에서 팔고 있는 귀여운 사랑앵무 한 쌍을 사왔다. 너무 귀여워 보이고 아내도 좋아할 것 같다.

우선 사례 1의 경우 이 날은 아이의 즐거운 생일날이다. 아이는 많은 선물과 친구들의 축하로 매우 기쁜 시간을 보낼 것이고, 앵무새도 좋은 선물이다. 무척이나 귀엽다. 그러나 아이는 다른 좋은 선물과 즐거운 일들이 아주 많기 때문에 앵무새에게 그리 많은 신경을 쓸 수가 없다. 앵무새는 일단 먹이도 제대로 먹지 못하고 방 한쪽 구석에 치워질 것이다. 앵무새는 제대로 된 관심을 받지도 못한 채 슬픈 첫날을 맞이하게 될 것이다.

세심한 준비와 배려 그리고 학습만이 행복한 미래를 보장해준다. ⓒCityparrots/Jonker&Innemee

두 번째 사례의 경우 역시 평이한 듯하다. 이 사람은 새를 무척 좋아하는 것이 틀림없다. 그런데 이 경우도 다소의 문제가 있는 듯하다. 저녁 늦은 시간에 급하게 앵무새를 사오느라 꼼꼼히 살펴보지 못한 것이 문제였다. 아침에 학교를 다녀와서 새장을 보니 앵무새가 깃털을 부풀린 채 머리를 날개 속에 처박고 졸고 있다. 왠지 이상해서 어제 앵무새를 사온 어조원에 물어보니 별 문제 없다는 대답뿐이다. 그저 그러려니 하고 하루가 더 지나 아침에 학교에 가려고 준비하다 새장을 살펴봤다. 이런 맙소사. 앵무새는 이미 차디찬 주검으로 변해 있었다. 너무 급하게, 그것도 늦은 시간에 제대로 확인해 보지도 못하고 데려오는 바람에 그만 아픈 새를 사온 것이다. 어조원에 가서 상황을 설명했지만 돌아오는 대답은 싸늘한 코웃음뿐이다. 자신은 건강한 새를 팔았는데 관리를 잘못해서 그런 것이라는 대답뿐이다.

모두가 사진 속의 소녀와 왕관앵무새처럼 행복한 생활을 하는 것은 아닙니다. ⓒCityparrots/Jonker&Innemee

세 번째 사례 역시 주위에서 흔하게 볼 수 있다. 겨울이 시작되며 제대로 난방도 되지 않은 상태에서 앵무새를 사왔고, 이에 대한 난방대책은 전무하다. 따뜻한 매장에 있을 때는 매우 건강하게 먹이를 먹고 움직였지만, 매장보다 훨씬 추운 집에 오니 새는 눈에 띄게 활동이 줄어들었다. 그저 두 마리가 한쪽에 웅크리고 앉아 오들오들 떨고 있다.

이제 여러분은 언제 앵무새를 새로운 식구로 맞이해야 하는지 명확하게 알게 됐을 것이다. 우선 앵무새를 데려올 때는 조용하고 가족구성원들이 모두 집안에 있는 시간이 좋다. 이런 시간을 택해 새로 온 앵무새를 기존의 가족들 모두에게 하나하나 소개시켜 줘야 한다. 이렇게 함으로써 앵무새는 새로운 환경에 빨리 적응할 수 있게 되고, 스트레스도 덜 받음으로써 건강에도 별다른 위협을 받지 않은 채 행복하고 즐겁게 새로운

앵무새를 이동시킬 경우 사방이 완전히 막힌 것보다는 밖을 볼 수 있는 이동용 케이스가 더 좋다.

삶을 시작하게 된다.

다음은 가능하면 늦은 오후에 앵무새를 데려오는 것이 좋다. 이렇게 함으로써 충분한 시간을 두고 밝은 곳에서 앵무새를 관찰해 건강이나 행동 상에 이상이 없는지 확인할 수 있고, 시간에 쫓기는 일 없이 좋은 앵무새를 선택할 수 있다. 앵무새 역시 사위를 분간할 수 있는 시간에 새로운 환경으로 옮겨오기 때문에 새로운 환경을 확인할 수 있는 기회를 얻게 되며, 두려움이 어느 정도 줄어든 채로 잠을 잘 수 있게 된다.

마지막으로 날이 따뜻한 계절에 앵무새를 구입하는 것이 좋다. 그렇지 않다면 난방이 잘 된 공간에 새로 구입한 앵무새를 둬야 한다. 대부분의 앵무새는 아열대 또는 열대지역 원산으로 태생적으로 추위에 약하다. 게다가 환경이 바뀌면 엄청난 스트레스로 인해 질병에 대한 감수성이 높아진다. 이런 상황에서 주변의 온도마저 높지 않은 계절이라면 앵무새의 건강은 보장하기 어려워진다.

정리하자면 가능한 한 집안 식구 모두가 집에 있는 시간을 택해 새로운 앵무새를 데려와야 하며, 지나치게 늦은 시간은 피해야 하고, 따뜻한 계절에 데려오되 만일 추운 계절이라면 난방에 특히 신경을 써야 한다.

기초준비사항

이 항목은 앵무새를 처음 기르는 대부분의 사람들이 묻는 것이다. 필자가 운영하는 홈페이지에는 하루에 서너 개씩 거의 유사한 질문들이 올라오곤 한다. 이런 이유로 필자는 FAQ 코너를 통해 이런 반복되는 유사한 질문에 미리 답변을 준비해놓기도 한다. 이러한 질문에 대해 현재 새를 기르고 있는 대부분의 사육가나 애조가들은 이렇게 대답한다.

"물과 먹이 그리고 새장을 준비해야 한다." 물론 이 세 가지는 새의 생존에 가장 필수적인 것들이다. 그러나 이는 어떤 면에서는 너무나도 당연한 것이다. 새를 사오는 대부분의 사람들은 이 정도는 이미 알고 있을 것이다. 필자는 좀 더 상세하게 그리고 다른 분들이 간과하고 있는 것까지 말하고 싶다. 그래야만 이 책을 읽는 보람이 있을 것이다.

필자는 앵무새를 데려오기 전 가장 중요한 것은 바로 마음의 준비라고 말하고 싶다. 전술했듯이 아무리 작은 사랑앵무나 모란앵무라도 평균 기대수명은 7년 정도에 달한다. 사랑앵무의 몇 백 배의 몸무게를 지닌 개들도 고작해야 10여 년을 사는 것과 비교하면 엄청나게 긴 수명이다. 이 정도는 약과에 불과하다. 사랑앵무의 1/3 정도 크기에 불과한 패럿렛은 무려 15년을 살 수 있다.

하지만 이 정도로 놀라기에는 아직 이르다. 앵무새 중에서 가장 큰 편에 속하는 코카투나 매커우 또는 아마존 계열의 새들은 무려 80여 년을 살 수 있는 것으로 알려져 있다.

먹이를 먹고 있는 블루 스트레키드 로리(Blue-Streaked Lory, *Eos reticulata*)

거의 일평생을 주인과 함께한다고 볼 수 있다. 코카투를 20살 무렵에 구입했다면 이 코카투는 보호자가 죽고 나서도 십여 년 이상을 더 살 수 있는 것이다. 필자가 말하고자 하는 것은 앵무새는 주변에서 흔히 볼 수 있는 햄스터나 토끼 등의 반려동물과는 매우 다르다는 것이다. 훨씬 더 긴 수명을 가지고 있기 때문에 앵무새를 구입한다는 것은 이 놀라운 생명체가 앞으로 살아갈 수십 년의 세월을 함께하며 그를 위해 봉사하겠다는 의미인 것이다. 이런 마음가짐이 돼 있지 않다면 절대로 앵무새를 구입하지 말기 바란다.

앵무새는 부리를 인간의 손처럼 사용한다.
ⓒCityparrots/Jonker&Innemee

필자는 주변에서 무척이나 많은 분들이 한 번도 앵무새를 길러보지 않고서 코카투의 위풍당당함이나 매커우의 화려한 깃털 또는 아마존의 놀라운 언어능력에 매료돼 별다른 고려도 하지 않은 채 쉽게 이런 앵무새를 구매하는 것을 봤다. 이런 중대형앵무뿐만 아니라 작은 앵무새들의 경우도 마찬가지다. 하지만 불과 1~2년, 심한 경우에는 한두 달을 못 버티고 먼지, 소음, 호흡기질환, 학업, 이사, 자녀의 출생 등을 핑계로 그들의 가족인 앵무새를 되파는 것을 수도 없이 봐왔다. 이렇게 쫓겨난 앵무새들은 여러 곳의 가정을 전전하는 것이 일반적이며, 결국 그 스트레스를 이기지 못해 스스로 깃털을 뽑거나 발가락을 물어뜯고 괴성을 지르고 또는 심지어 죽음을 맞이하게 된다.

한낱 여러분의 호기심을 충족시키기 위해 이 위대한 생명체에게 감당할 수 없는 고통을 안겨주고 싶지는 않을 것이다. 그런 의미에서 앵무새를 구입하기 전에는 반드시 마음의 준비를 하기 바란다. 이런 마음의 준비를 위해서는 주변의 사육자들로부

스칼렛 매커우. 이런 대형종을 원한다면 최소한 수개월 이상 연구하고 주변에 이런 종을 기르는 마니아로부터 충분한 자문을 구하는 것이 좋다. 이런 종은 통상 50년 이상을 살며, 많은 비용과 노력이 들어가는 것이 일반적이다. 잘못된 선택은 본인과 새에게 심각한 후유증을 남길 수 있으므로 반드시 신중하게 검토하도록 한다.

터 조언을 얻고, 그 품종 및 사육전반에 관한 전문서적을 탐독해 앵무새 기르기 전반에 걸친 장단점을 면밀하게 살피도록 해야 한다. 특히 단점에 대해 충분히 이해하고 숙지한 후 구입을 결정해야 한다.

주요 준비물품

여기서는 간략하게 앵무새를 분양받기 전 준비해야 할 물품을 알아보겠다. 뒤쪽에서 좀 더 상세하게 각각의 용품에 대해 설명할 예정이니 여기서는 그저 간략하게만 확인하기 바란다. 가장 기본적이고도 필수적인 물품은 바로 새장이다. 새장은 가능한 한 크고 가로로 긴 것이 좋다. 새장을 선택할 때는 보기에도 좋아야 하지만 새의 안전을 먼저 생각해야 한다. 다음으로는 먹이다. 대부분의 사람들이 앵무새는 마른 곡식모이만으로 문제없이 살 수 있고, 심지어 그러한 혼합곡류만 먹여야 하는 것으로 알고 있으나 이는 완전히 잘못된 생각이다. 앵무새는 품종에 따라 다르지만, 다양한 과일과 야채가 전체 먹이의 절반 이상을 차지해야 한다. 조명도 빼놓을 수 없다. 직사광선이 들어온다면 큰 문제가 없지만, 그렇지 않다면 태양광등이 필요하다. 그 외에는 장난감, 구급약품 등이 필요하다. 기타 용품 및 장비와 관련되는 부분에 대해서는 뒤에 좀 더 상세하게 다루도록 하겠다.

앵무새에게 안전한 환경 만들기

임신을 하고 아이를 낳게 되면 아이에게 위험한 집안의 물건들을 정리하는 것이 보통이다. 가장 대표적인 것은 콘센트인데, 어린아이가 콘센트에 이물질을 넣어 감전되는 일이 자주 있기 때문이다. 이외에도 미끄러운 바닥재를 교체하고 탁자나 문갑 모서리는 고무 재질의 완충제를 설치하며, 알약이나 작은 동전 등 어린아이가 삼키기 쉬운 것은 잘 치워야 한다. 화장품이나 물약, 아세톤 등 아이가 마실 수 있거나 먹을 수 있는 것도 모두 아이 손이 닿지 않는 곳으로 치워야 한다.

오른쪽 페이지 개체의 어미새로 체격이 좀 더 크고, 균형이 잡혀 있음을 알 수 있다. ⓒCityparrots/Jonker&Innemee

앵무새의 경우도 마찬가지다. 앵무새는 어린아이와 마찬가지로 왕성한 호기심을 가지고 있다. 무엇이든지 직접 부리로 쪼아보고 씹어봐야 직성이 풀리는 것이 일반적이다. 가장 주의 깊게 치워야 할 것은 앵무새가 삼킬 수 있는 크기의 작은 물건들이다. 동전, 단추, 알약, 볼트, 너트, 액세서리 등은 절대로 앵무새가 닿을 수 없는 곳에 보관해야 한다. 씹어버릴 수 있는 것도 조심해야 하는데, 전선 등이 대표적인 물건이다. 거울이나 유리창도 주의해야 하며, 어항이나 화장실 변기 등 물이 담긴 용기도 주의해야 한다. 좀 더 상세한 설명은 뒤에서 다루도록 하겠다.

인공증식을 위해 사육 중인 레드 크라운드 아마존(Red-Crowned Amazon, *Amazona rhodocorytha*) 유조
ⓒCityparrots/Jonker&Innemee

주변사람 동의 구하기

지나가다 매장에 전시된 앵무새가 너무 마음에 들어 이런저런 생각을 하지 않고 덥석 구입을 결정하고 나서, 집안 식구들의 반대로 고민하거나 어쩔 수없이 앵무새를 다시 다른 곳에 분양하는 경우를 주변에서 많이 봐왔다. 집에 혼자 사는 것이 아니라면 앵무새를 새로운 식구로 맞이하는 것에 대해 다른 가족구성원들의 의견을 미리 확인하는 것이 순서다. 좋고 싫어하는 것도 문제지만, 가족구성원 중 일부가 앵무새의 깃털이나 먼지 또는 분변 등에 과민반응(알레르기)을 보일 수도 있는 만큼 사전에 면밀하게 확인하고 의사를 확인한 후 결정해야 한다.

이런 의견수렴과정에서는 앵무새를 기르는 것의 장점뿐만 아니라 단점도 명확하게 알려줘서 이후에 문제가 발생하지 않도록 주의해야 한다. 자기 혼자 좋다고 덥석 분양받은 후 다시 재분양하는 것은 앵무새에게 너무나 가혹한 일이 아닐 수 없다.

Section 05

새로운 환경에 적응시키기

험난한 과정을 거쳐 앵무새를 분양받았다면 이제부터가 진정한 모험의 시작임을 명심해야 한다. 태어난 지 얼마 안 돼서 처음으로 새로운 보호자를 만났건, 다른 보호자와 함께 생활하다 그곳을 떠나 제2의 삶을 시작하게 됐건, 모든 앵무새는 새로운 환경을 매우 낯설어 하며 두려움을 느낄 것이 틀림없다. 그들의 심리를 이해하려면 처음 혼자서 외국에 갔을 때나 혼잡한 곳에서 부모님의 손을 놓치고 길을 잃어버렸을 때 또는 새로운 학교로 전학을 가서 아는 사람이 아무도 없었을 때를 생각해보면 된다.

낯가림 받아들이기

실제로 앵무새가 느끼는 심리적 공황은 앞서 예를 든 경우의 수십 배를 능가할 것이다. 하지만 여러분은 아마도 앵무새 친구가 여러분의 집에 도착한 첫날부터 완벽한 앵무새가 되기를 기대하고 있을 것이다. 모든 문제는 여기에서 시작된다. 앵무새의 현실과 보호자의 기대의 불일치가 바로 문제의 발단인 것이다.

미국의 펫 샵에서 판매되고 있는 아프리칸 그레이

반드시 앵무새가 어릴 때부터 함께해야 친밀도가 높아지는 것은 아니다. 충분한 이해와 배려가 있다면 어떤 앵무새라도 좋은 반려앵무가 될 수 있다.

이는 이른바 핸드 피딩된 앵무새뿐만 아니라 부모새에 의해 길러진 브리더 개체의 경우도 마찬가지다. 경우에 따라 일부 앵무새들은 새로운 환경에 바로 적응함은 물론 새로운 보호자와 쉽게 친숙해지기도 하지만, 대부분의 앵무새들은 그렇지 못하다. 새로운 환경과 가족들에게 두려움을 느끼고 피하거나, 공격적인 행동을 보이는 경우가 일반적이다. 따라서 다른 모든 반려동물과 마찬가지로 새로운 환경에 적응할 시간이 필요하다.

아마도 브리더가 앵무새를 꺼내서 보여줄 때는 손위에도 곧잘 올라오고 큰 어려움이 없어 보였을 것이다. 그러나 그렇다고 해서 새로운 보호자와 환경에 바로 익숙해지는 것은 아니다. 실제로 대다수의 어린 앵무새들은 브리더와 함께 있을 때도 처음 보는 사람이 곁에 있으면 두려움을 느끼는 것이 일반적이다. 그것은 사람의 경우로 보자면 마치 낯을 가리는 것과 같은 것이다. 이러한 특성을 이해 못한 초심자들은 쉽게 실망하는 경향이 있는데, 이는 앵무새를 대할 때 가장 경계해야 할 태도다. 앵무새를 대할 때는 단 한 가지 사실만 명심하면 된다. 앵무새는 어린아이와 똑같다!

적응할 시간 주기

앵무새가 여러분의 집에 도착하자마자 제일 먼저 할 일은 앵무새를 앞으로 지내게 될 새로운 새장으로 옮긴 후, 다소 어둡고 시끄럽지 않으며 사람이나 다른 애완동물이 지나다니지 않는 곳에 두고 물과 먹이를 주는 것이다. 이때 새장의 높이는 사람의 허리높이 정도여야 하며, 횃대의 높이는 새장의 2/3 정도 지점에 위치해야 한다. 방 한가운데에 덩그러니 놓기보다는 한쪽 구석에 두는 것이 안정감을 줄 수 있어 좋다. 온도는 가급적 25℃ 정도로 맞춰주고 그대로 수일간 놔둬야 한다. 짧게는 3~4일, 길게는 일주일 정도의 시간이면 된다. 이 기간 동안 이동 후 1~2일 정도는 물과 먹이를 먹지 않는 경우가 있을 수 있지만, 이미 성공적으로 위닝을 마쳤다면 크게 염려할 필요는 없다. 다만 물과 먹이는 반드시 바닥이나 횃대 근처에 둬서 위치를 쉽게 찾을 수 있도록 해줘야 한다. 먹이는 반드시 기존에 먹던 먹이를 줘야 한다.

이름 지어주기

그 다음 할 일은 앵무새의 이름을 지어주는 것이다. 이 이름은 앞으로 짧게는 수년, 길게는 수십 년간 사용할 이름이다. 먹이를 주고, 청소를 해주고, 훈련을 시키고 함께 놀아줄 때, 언제든 같은 이름을 불러주면 앵무새는 오래지 않아 자신의 이름을 인지하게 된다. 이것이 바로 앵무새와 교감하기 위한 첫 단계다.

다양한 놀이와 교감을 제공하는 것은 앵무새의 정신건강을 위한 기본 중의 기본이다. ⓒCityparrots/Jonker&Innemee

부적절한 환경 등으로 자해를 하는 앵무새. 중대형앵무의 경우 부적절한 환경, 먹이 등으로 인해 다양한 문제가 발생할 가능성이 높기 때문에 전문적 지식과 충분한 자금, 공간 등의 여건이 필요하다. 문제가 있거나 더 이상 원하지 않는다고 이들을 다시 판매하는 것은 고도로 발달된 지능을 지닌 이들에게는 심각한 학대다.

앵무새의 이름으로 좋은 것은 짧고 부르기 쉬운 것이다. 가급적이면 발음이 강한 것이 좋다. 예를 들어 '우유'나 '머루'보다는 '꽁지', '짱이', '까꿍이', '찰스', '체리' 등 거센소리나 된소리가 들어가는 짧은 음절의 단어가 발음하기 쉽고 앵무새도 쉽게 따라하게 된다.

야생의 앵무새의 삶은 비교적 규칙적이며, 심지어 단조롭기까지 하다. 매일 비슷한 시간에 깨어나 비슷한 장소에서 먹이를 먹고, 비슷한 장소에서 물을 먹고, 비슷한 장소에서 놀다가 다시 비슷한 장소로 돌아와 잠을 청한다. 열대나 건조지대의 삶은 한대, 아한대, 온대지역의 삶보다는 계절변화가 적으며, 경우에 따라서는 우기와 건기 정도만 있는 경우도 드물지 않다. 사육상태의 앵무새 역시 어느 정도 심플하면서도 반복적인 삶을 좋아한다. 좀 더 명확하게 말하자면 예측 가능한 삶을 선호한다. 예측할 수 없는 삶은 앵무새에게 두려움을 심어주게 된다. 따라서 가급적이면 같은 시간에 먹이를 주고, 케이지에서 꺼내주고, 훈련시키고, 청소하는 것이 좋다. 자동타이머 등을 이용해서 같은 시간에 불을 켜주고 꺼주는 것도 좋다. 경우에 따라 잠시 자리를 비우고 다른 이에게 관리를 부탁할 때도 이러한 룰만 지키면 앵무새는 큰 어려움 없이 당신의 빈자리를 감내할 것이다.

식구들 소개하기

어느 정도의 시간이 흘러 새로운 환경에 적당히 적응했다고 판단되면 이제는 식구들을 소개할 차례다. 앞으로 앵무새는 여러분 가족의 새로운 구성원이 될 것이다. 따라서 새로운 가족구성원들과의 인사 및 소개와 친화는 매우 중요한 과정이다.

가족소개라고 해서 그리 대단한 것은 아니다. 다만 모두가 조심스레 한 명씩 앵무새의 눈높이에 눈을 맞추고 '안녕', '만나서 반가워', '넌 참 예쁘구나' 등의 간단한 말을 몇 마디 건네는 것으로 충분하다. 앵무새는 매우 뛰어난 지적능력을 지니고 있으며, 자신이 선호하는 바가 명확하다. 앞으로 앵무새는 여러분의 가족 중 한 명과 더 깊은 관계를 맺게 될 것이다. 물론 다른 가족들과도 좋은 관계를 맺게 된다.

가족소개에서 좀 더 많은 관심을 쏟아야 할 부분은 바로 어린아이와의 소개다. 대부분의 중대형앵무는 수십 년에서 심지어는 80년 이상 사는 경우도 드물지 않기 때문에 시간이 흘러 그 앵무새를 돌볼 사람은 여러분이 아닌 여러분의 자녀일 가능성이 크다. 하지만 대부분의 어린아이들은 앵무새와의 관계에서 서툰 편이다. 아이들은 매우 빨리 움직이며, 시끄럽게 소리 지르고, 앵무새에게 과도하게 많은 접촉을 시도하는 편이다. 새장 주위를 뱅글뱅글 뛰며 돌고, 젓가락으로 찌르거나, 새장을 흔들거나, 손가락으로 앵무새를 약 올리는 등의 행동이 바로 그것이다. 이런 행동은 앵무새가 어린아이에 대해 겁먹게 하기에 충분하다.

여러분은 반드시 어린아이들에게 앵무새는 장난감이 아닌 감정과 지능이 있는 동물이며(사실 7세 이하의 어린이라면 앵무새가 더 똑똑하고 뛰어난 감수성을 지녔다고 보는 것도 그리 틀린 말은 아니다), 존중받아야 하는 우리의 친구라는 사실을 잘 일러둬야 한다. 그리고 앵무새와 놀거나 할 때는 반드시 어른이 함께해야 한다는 사실도 다짐해둬야 한다. 그렇지 않으면 어느 한쪽에게 심각한 상처를 남길 수도 있다(앵무새가 아이를 물어 피를 보거나, 아이가 앵무새를 발로 차서 피를 보거나 둘 중의 하나가 일어나지 말란 보장은 없다).

완전히 성숙한 왕관앵무 루티노

다른 동물 소개하기

가족들과의 소개가 모두 끝나고 나면 기존에 기르고 있는 다른 반려동물들을 소개하는 과정이 남아 있다. 하지만 이 경우 많은 주의가 필요하다. 우리나라의 경우 가장 많이 기르는 반려동물은 개이며, 개 다음으로 많이 길러지는 것은 고양이다. 그 외에는 페럿, 뱀을 비롯한 파충류, 각종 설치류 등이 있다.

그런데 주지하다시피 앵무새는 피포식동물, 즉 다른 육식동물에게 잡아먹히는 먹이다. 크기를 막론하고 반려동물로 길러지는 상당수의 개는 사냥개의 성질을 갖고 있다. 아무리 귀엽고 예쁜 개라도 본성은 육식(또는 잡식)이며, 작고 빠르게 움직이는 동물을 쫓아서 무는 본능을 지니고 있다. 고양이 역시 마찬가지다. 더구나 고양이는 조류에게 치명적인 파스튜렐라라는 박테리아의 숙주다. 이 박테리아는 고양이에게는 별다른 문제를 초래하지 않지만 조류에게는 치명적이다. 이 박테리아에 감염된 고양이에게 물린 앵무새는 24시간 이내에 절명하며, 별다른 치료법도 없는 것이 현실이다. 고양이에게 물린 경우 수의사에게 진료를 받는 것이 유일한 방법이다.

매커우나 대형 코카투를 비롯해 몇몇 앵무새들은 고양이나 개와 친하게 지내는 경우도 있고, 'SBS 동물농장'에서 필자가 자문을 한 바 있는 레인보우 로리킷은 개를 공격하고 못 살게 구는 경우도 있었지만, 이는 매우 드물거나 또는 일시적인 경우다. 개와 고양이는 영원한 앵무새의 천적임을 절대 잊어서는 안 된다. 뱀이나 페럿 등도 마찬가지다.

기존의 반려동물과의 소개는 반드시 보호자가 옆에 있는 상태에서 천천히 앵무새의 반응을 살펴가며 조심스레 이뤄져야 한다. 조금이라도 한쪽이 공격적이거나 또는 스트레스성 반응을 보이면 대면을 중단하고 다음 기회를 기약해야 한다. 또는 경우에 따라서 영원히 그리고 철저히 격리해야 한다. 앵무새는 본능적으로 자신의 포식자를 인식하는 능력이 있으며,

고양이를 비롯한 대부분의 애완동물은 앵무새의 천적이다.

야자나무에서 쉬고 있는 그린칙드 아마존(Green Cheeked Amazon) ⓒCityparrots/Jonker&Innemee

두려움을 느낀 앵무새는 향후 다양한 심리적 문제를 야기할 수 있다.
다른 새들과의 만남도 조심스레 이뤄져야 한다. 만일 한쪽이 일방적으로 크거나 작다면 불의의 사고로 한쪽이 심각한 부상을 입거나, 심한 경우 절명할 수도 있다. 완전히 친숙해진 경우라도 이런저런 사고가 발생할 수 있지만, 그렇지 않은 경우라면 더더욱 유의해야 한다. 제일 좋은 방법은 새로운 새와 기존의 새를 각각 새장에 넣어 조금 띄워두고, 조금씩 반응을 살피며 점점 새장을 가까이 옮기는 것이다. 통상 이런 방법은 상대방에 대한 긴장을 해소시켜주고 친밀도를 높이는 데 이상적이다. 그럼에도 불구하고 크기가 지나치게 차이나거나 한쪽이 과도하게 공격적인 경우, 별다른 감독 없이 새들만을 따로 두는 것은 언제나 문제의 소지가 있음을 유의해야 한다.

철저하게 검역하기

이미 다른 새들이 있는 경우 가장 중요한 절차 중의 하나는 바로 검역이다. 검역이란 새로 들어온 새가 혹시라도 묻혀 들어왔을지 모르는 병원균이나 병원체의 존재여부를 확인하기 위해 별도의 격리시설에 격리하는 절차다. 소수의 새를 기르는 경우라면 그리 중요한 일이 아닐 수도 있겠지만, 전문적인 또는 대형사육시설의 경우 검역은 성공적 브리딩의 중요한 열쇠다. 일반적인 검역기간은 한 달 정도이며, 경우에 따라 6개월까지 지속하기도 한다. 검역이라고 해서 별다른 것은 없으며, 단지 기존의 새들과 접촉할 수 있는 기회를 완전히 차단하는 것이다. 가장 이상적인 것은 서로 떨어진 별도의 건물에 수용하는 것이며, 여의치 않을 경우 다른 방이나 사무실, 베란다 등을 이용하는 것도 좋다.

이때 가장 중요한 것은 기존의 개체들과 어떠한 접촉의 기회도 차단해야 효과적인 검역이 이뤄진다는 점이다. 가급적이면 먹이와 물도 따로 취급해야 하며, 새로 도입된 새를 만지거나 새가 있는 곳에 다녀온 다음에는 모든 옷을 벗어서 빨고 완전히 목욕해야 검역의 효과를 극대화할 수 있다. 단, 이때 전제조건은 기존의 새들은 아무런 문제가 없다는 가정 하에 모든 절차가 이뤄져야 한다는 것이다. 실제로 이 정도의 완전한 검역을 시행하는 곳은 국내에는 거의 없다고 봐도 무방하겠지만, 전문적인 브리딩을 염두에 두는 사육자라면 반드시 고려해야 할 사항이다.

손님 맞기

집에 새로운 손님이 오는 경우, 멋진 앵무새의 존재에 감격한 나머지 손님이 본의 아니게 앵무새에게 과도한 스트레스를 줄 수 있다. 앵무새가 이미 충분히 훈련돼 어떤 사람과도 쉽게 어울린다면 모르지만, 이제 막 새로운 환경에 적응하기 시작한 앵무새에게 또 다른 사람의 출현은 스트레스 이상 그 무엇도 아니다. 따라서 충분한 훈련이 이뤄지기 전까지는 가급적 손님들에게는 양해를 구해서 앵무새와의 멋진 만남을 다음 기회로 미루도록 당부하기 바란다.

각주 **1)** 물론 일부 종은 곤충이나 곤충의 유충을 먹거나 경우에 따라 소형 초식동물을 먹기도 한다. **2)** 성별이나 개체에 따라 다르긴 하지만, 발톱이나 발가락 심지어는 한쪽 발이 완전히 없는 경우에는 성공적으로 번식이 가능한 경우가 있다. 하지만 최선은 모든 부분이 완벽한 경우일 것이다. **3)** 일부 종은 교미 시 수컷이 암컷의 위로 올라가는 대신 한쪽 발은 횃대를 지지하고, 다른 한발은 암컷의 등을 움켜쥔 채 측면을 통해 교미하기도 한다. **4)** 피셔(Fisher's), 마스크트(Masked), 피치페이스 러브버드(Peach-Faced Lovebirds) 등 세 개 품종에 한한다. 블랙칙드(Black-Cheeked), 아비시니안(Abissinyan) 등 다른 모란앵무 계열은 기르기 어려운 것으로 알려져 있다.

Chapter 5

앵무새의 일반적인 관리

앵무새를 기르는 데 꼭 필요한 용품 및 장비를 알아보고, 먹이와 금기식품 및 쾌적한 사육환경 등에 대해 살펴본다.

Section 01

용품 및 장비

이번 섹션에서는 앵무새를 기르는 데 있어서 가장 기본적이고 필수적인 여러 가지 장비들에 대해 비교적 상세히 알아보도록 하겠다. 필수장비로는 모두들 주지하다시피 새장, 횃대, 먹이통과 물통 등이 있다. 하지만 이외에도 앵무새를 건강하고 행복하게 기르기 위해서는 수많은 부수장비와 용품이 필요한 것이 사실이다.

이런 여러 장비들에 대해 속속들이 알지 못하고서는 앵무새의 기본적인 생물학적 욕구를 만족시키지 못하게 되며, 이로 인해 여러분이 앵무새로부터 얻고자 하는 다양한 즐거움을 충분히 얻을 수 없게 된다. 그뿐만 아니라 적절하지 못한 사육장비나 용품의 사용은 수명을 단축시키는 등 새의 건강에도 심대한 영향을 미치게 되므로 여기서 설명하는 갖가지 장비에 대해 심도 깊은 이해와 실천이 필요할 것이다.

새장

종종 이런 질문을 받곤 한다. "앵무새를 기르는 데 가장 적당한 새장의 크기를 알려주세요." 이런 질문을 받을 때마다 필자는 이렇게 말한다. "가장 적당한 새장의 크기란 존재하지 않습니다. 어떤 앵무새이든지 가능한 한 가장 큰 새장을 준비하세요"라고 말이다.

야생개체는 그늘을 찾아 스스로 체온을 조절할 수 있으나 사육개체는 그렇지 못하다.
적절한 온도를 유지하고 직사광선을 가려주는 것은 앵무새 사육의 기본이다.

그렇다. 하늘을 날아다니도록 태어난 앵무새에게 가장 적당한 새장이란 어불성설일 뿐이다. 그러나 그럼에도 적절한 새장의 크기에 대해 논하는 것은 앵무새를 기르는 사람으로서 부끄럽고도 가슴 아픈 일이 아닐 수 없다. 마음껏 하늘을 날아다니던 앵무새를 나만의 즐거움을 위해 작은 새장에 가둬두고 기르는 것이 아닌가 하고 말이다. 하지만 야생에서의 앵무새의 생존율이 사육상태의 생존율에 비해 절대적으로 낮다는 사실을 다소의 위안으로 삼으며 적절한 새장의 크기에 대해 설명하도록 하겠다.

■**새장의 크기와 형태** : 적절한 새장의 크기는 새가 최소한의 비행을 함으로써 건강을 유지할 수 있을 만큼 커야 한다는 '최대화' 문제와, 일반적인 사육자가 감당할 수 있는 공간과 비용이라는 '최소화' 문제의 적정접점을 찾는 일종의 '최적화' 문제라고 볼 수 있다. 이러한 최적화문제는 경제학을 비롯해 다양한 학문에서 심도 깊게 다뤄지고 있는데, 새장을 준비하는 데도 역시 매우 유용하게 적용할 수 있다.

많은 분들이 기르고 있는 사랑앵무를 한번 살펴보겠다. 사랑앵무는 체장이 약 15cm이며, 편 날개 길이가 약 20cm다. 이러한 사랑앵무가 비행을 하기 위해 필요한 최소한의 공간은 얼마나 될까. 아마도 최소한 50cm 정도의 공간이 필요할 것이다. 100cm 정도 된다면 어느 정도 적당한 크기가 될 것이다. 사정이 허락한다면 높이와 깊이도 수치가 큰 것이 좋겠지만, 가로길이에 비해서는 그리 중요하지 않은 것이 일반적이다. 즉 한쪽으로의 최대 직선거리가 편 날개 길이의 5배 정도는 돼야 그 안에서 생활하는 앵무새가 최소한의 안정적인 비행을 할 수 있으며, 이러한 비행을 통해 건강을 유지할 수 있다.

반면 새장의 깊이(또는 세로)는 너비처럼 넓다면야 물론 좋겠지만, 통상 새장이 놓이는 공간이 베란다 등임을 고려할 때 그렇게 길 수 없

이처럼 작은 새장에 새를 기르는 것은 동물학대와도 같다. 이는 이른바 반려앵무의 경우라 해도 마찬가지다.

는 것이 일반적이다. 따라서 너비의 반 정도만 돼도 그럭저럭 아쉬움을 달랠 수 있겠다.

앵무류는 수직으로 비행하지 않는 것이 일반적이다. 통상 지면과 평행선을 그리며 비행하기 때문에 높이 또한 그리 높을 필요가 없다. 높이를 높게 만드는 것보다는 너비를 길게 하는 것이 앵무새의 생태에 더 맞다. 일부 사육자들 중에는 위로 높은 새장을 사용하기도 하는데, 이는 앵무새의 비행습성을 무시한 무지의 발로라고 할 수 있다. 물론 너

부식된 새장의 표면. 부식된 케이지는 앵무새에게 치명적인 중금속 중독과 위생상의 문제를 야기할 수 있으므로 즉시 교체해야 한다.

비도 넓고 높이는 더 높은 것이라면 몰라도, 새의 전반적인 크기에 비해 너비는 충분하지 않은데 높이만 높은 새장을 마련하고 새가 충분히 운동을 할 수 있을 것이라고 생각한다면 그것은 잘못된 생각이다. 위로 높은 새장의 경우 앵무새가 자꾸 가장 높은 곳에 있으려고 하기 때문에 아래쪽 공간은 이른바 죽은 공간이 되고 만다. 이런 경우라면 차라리 낮은 새장을 옆으로 연결하고 새장을 이층으로 쌓는 것이 더 좋은 방법이다.

또한, 대부분의 길들여진 대형앵무용 새장이 위로 높은 직사각형구조를 지니고 있는데 이 또한 앵무새의 습성을 생각하면 그리 적합한 구조는 아니지만, 이런 유의 대형앵무새가 대부분 긴 꼬리를 지니고 있기 때문에 꼬리를 보호할 목적으로 그런 종류의 새장을 사용한다면 어느 정도 소기의 목적을 달성한다고 볼 수 있을 것이다. 단, 그럴 경우라도 최대한 큰 새장을 준비해 새장 안에서 장난감을 가지고 놀거나 새장 철망을 타고 움직일 수 있도록 해서 운동할 수 있는 여건을 마련해줘야 한다.

외국에 있어서 중소형앵무의 경우에는 전면철망을 제외한 다른 벽면이, 철망이 아닌 철판이나 플라스틱판으로 된 제품도 개발돼 많은 사육가들의 사랑을 받고 있기도 하다. 이런 유의 새장은 최대 120x70x70cm 정도의 크기로 보통 더블 브리더(double breeder: 가운데 칸을 나눌 수 있도록 만들어진 번식 전용의 새장) 형태로 돼 있으며, 옆에 위치한 다른 종조의 방해를 받지 않아서 번식용으로 매우 적합한 제품이다.

■**새장의 재질** : 현재 시판 중인 대부분의 새장은 철제인데, 철로 된 철망에 아연도금 또는 분체도장이 돼 있다. 과거에는 일부 대나무나 나무판자로 된 새장도 제작, 시판됐으나 요즘은 이런 새장은 좀처럼 찾아보기 힘들다. 대나무나 나무판자로 된 새장은 특별한 목적을 갖지 않은 경우라면 앵무새를 기르기에는 부적합하다. 앵무새는 작은 사랑앵무나 유리앵무라도 매우 강한 부리를 지니고 있기 때문에 단단하지 않은 소재로 된 새장은 오래 버티기 힘들고, 세척하기도 어렵다.

철제새장의 경우 가격이 싸고 간편한 것이 보통인데, 철제라 해도 완벽한 것은 아니다. 옥외에서 오랜 시간 사용하게 되면 고급품이 아닌 일반 중국제 새장의 경우 쉽게 녹이 스는 것이 대부분이다. 또한, 도금 또는 도장된 물질을 앵무새가 장기간 갉아먹을 경우 아연을 비롯한 각종 독성물질에 중독돼 건강에 심각한 악영향을 미칠 수 있다. 가장 널리 알려진 것이 바로 뉴 케이지 신드롬(New Cage Syndrome)인데, 이 증후군은 앵무새들

인공증식을 위해 사육 중인 골든 코뉴어 ⓒCityparrots/Jonker&Innemee

이 새장 철망 표면의 아연도금을 갉아먹어 체내에 과도한 아연이 축적돼 발생하는 것으로 호흡곤란, 소화불량, 생식능력저하 등의 증상을 가져오며 심할 경우 죽음에 이르게 된다. 따라서 아연도금 소재의 철망으로 된 새장을 사용할 경우 이러한 점에 주의를 기울일 필요가 있다.

■**새장의 위치** : 새장은 새가 태어나서 죽을 때까지 평생을 보내는 공간이다. 따라서 형태나 재질도 중

번식 중인 퍼시픽 패럿렛 한 쌍

요하지만 동시에 새장을 놓는 위치도 중요하다. 가장 기본적으로 고려해야 할 사항은 바로 기온, 통풍, 소음 그리고 채광이다. 여러분이 느끼기에 춥거나 덥고, 바람이 잘 통하지 않아 답답하거나 먼지가 빠지지 않으며, 시끄러워 편히 쉴 수 없고, 빛이 잘 들어오지 않거나 또는 하루 종일 뙤약볕이 들어오는 곳은 적합한 곳이 아니다.

온도는 연평균 20℃ 전후가 좋다. 여름이라면 30℃ 이상 올라가지 않아야 하고, 겨울의 경우 15℃ 이하로 내려가지 않아야 한다. 번식을 원한다면 20℃ 이상을 유지하는 것이 필요하다. 어린 새나 번식 중인 새들은 특히 체력이 약하기 때문에 온도가 낮거나 높으면 심각한 악영향을 미칠 수 있다. 또한, 일교차가 큰 것 역시 좋지 않다. 통풍도 중요하다. 공기가 잘 통하지 않으면 먼지 등이 빠지지 않으며, 이는 호흡기가 약한 조류에게는 치명적이다. 자동차 소음, 텔레비전 소리 그리고 아이들 소리 등이 하루 종일 들리는 곳이라면 새는 언제나 불안해할 것이며, 제대로 쉴 수 없게 되고 쉽게 약해질 것이다.

채광의 경우, 기본적으로는 햇빛을 받는 곳에 새장을 두는 것이 중요하다. 대부분의 새들은 엉덩이 쪽에 위치한 선(腺)에서 특수한 물질을 분비하며, 이 물질을 이용해 깃털을 다듬는다. 이렇게 깃털에 묻은 물질은 햇빛을 받으면 비타민D로 변하는데, 앵무새는 깃털을 다듬는 과정에서 이렇게 생성된 비타민D를 섭취하게 된다. 비타민D는 앵무새의 칼슘흡수에 결정적인 역할을 하는 영양소다. 따라서 햇볕을 충분히 쬐지 못하면 칼슘흡수 및 대사에 문제가 생기게 되고, 성장 및 산란 등에 심대한 문제를 초래하게 된다.

하지만 이처럼 햇빛이 중요한 역할을 하더라도 하루 종일 햇빛이 비치는 곳은 새장을 두기에 부적절하다. 만약 어쩔 수없이 그런 장소에 새장을 둬야 한다면 새장의 반 정도를 두꺼운 천으로 가려 새가 스스로 필요에 따라 햇볕을 쬐거나 피할 수 있도록 해줘야 한다. 햇빛에 지나치게 오래 노출되면 고온으로 인한 탈수 등의 문제를 야기할 수 있다.

■**새장의 청소** : 새장은 새의 집이자 놀이터다. 새장과 관련된 여러 가지 요소들이 모두 중요하지만, 청결 또한 빠뜨릴 수 없는 중요한 문제다. 새장은 가능한 한 주 1회 정도 세제 등을 이용해 완전히 닦아줘야 하며, 대부분의 새장이 철제이므로 청소 후 물기를 잘 제거해줘야 녹이 슬지 않는다.

대부분의 새장바닥은 새장이 놓여 있고 그 아래에 철망과 서랍식으로 된 오물받이가 있다. 평소에 신문지를 오물받이에 맞도록 잘라 여러 겹 깔아뒀다가 오물이 많이 쌓이면 한 장씩 통째로 들어내서 버리면 청소가 간단하다. 그리고 때에 따라서 세제 등을 이용

먹이를 먹고 있는 재야생화된 로즈링넥 패러킷

해 오물받이를 통째로 청소해주면 된다.

새장을 청소할 때는 시판 중인, 인체나 동물에 무해한 살균제 등을 살포하는 것이 잡균의 증식을 미연에 방지할 수 있어 좋다. 또한, 철망은 반드시 깔려 있는 것이 좋은데, 이렇게 함으로써 앵무새의 발에 분변 등 오물이 묻지 않으며, 바닥에 떨어진 오염된 모이를 먹는 것을 막을 수 있다.

새장의 청소와 더불어 중요한 것이 새를 기르는 곳 주변에 대한 청소다. 특히 왕관앵무, 회색앵무, 코카투 계열은 파우더를 만들어 내기 때문에 먼지가 많으며, 다른 앵무새의 경우라도 털갈이 시기에는 상당히 많은 털이 떨어진다. 이러한 털과 파우더는 통풍이 잘 되지 않는 장소에서는 사람과 새 모두에게 좋지 않은 영향을 미칠 수 있다. 기관지가 좋지 않거나 알레르기가 있는 사람은 좀 더 조심해야 한다. 가장 좋은 것은 하루 한두 번 진공청소기를 이용해 청소를 한 후 걸레질을 하는 것

새의 생활여건보다는 인간의 미적 즐거움을 위한 새장

이다. 최근 많이 사용되는 HEPA필터(high efficiency particulate air filter, 헤파필터)가 달린 진공청소기 또는 스팀청소기도 유용하게 쓰일 수 있다. 공기청정기를 설치하거나 환풍기를 설치하는 것도 좋다. 단, 공기청정기의 경우 오존발생기능이 있는 것은 앵무새의 호흡기나 눈에 심각한 문제를 일으킬 수 있으므로 피하는 것이 좋다.

횃대

횃대는 앵무새가 거의 평생을 지내는 곳이다. 새는 다른 동물과는 달리 횃대 위에서 생활하기를 즐기므로 별것 아닌 것 같아 보이는 횃대일지라도 매우 주의해서 준비하고 세심하게 관리해줘야 한다.

다양한 형태의 횃대

■**횃대의 크기 및 형태** : 횃대는 앵무새가 발가락으로 감싸고 앉았을 때 약 3/4 정도 감기는 것이 좋다. 너무 가늘거나 굵으면 제대로 몸을 고정할 수 없고 새는 항상 불안해하게 된다. 교미를 할 때 암컷이 몸을 제대로 고정하지 못해서 수정률이 낮아질 수도 있으며, 자다가 떨어져서 날개 등을 다칠 수도 있다. 또한, 한 가지 굵기의 횃대만을 설치하기보다는 서로 조금씩 다른 굵기의 횃대를 여러 개 설치해주는 것이 좋다.

시판 중인 횃대는 대부분 직선형이 많다. 대규모로 새를 사육하는 것이라면 모르지만, 취미로 몇 쌍 정도를 사육하는 경우라면 가능한 한 다양한 형태를 지닌 횃대를 여러 개 설치해주는 것이 좋다. 새는 작은 새장 안에서는 비행하는 데 있어서 공간상의 제약을 받을 수밖에 없다. 따라서 통상 새장의 철망을 기어오르거나 횃대에서 깡충깡충 뛰며 운동을 하고 놀게 된다. 이럴 때 횃대가 직선형이라면 쉽게 지루함을 느끼게 된다. 또한, 횃대가 직선인 경우 앵무새의 발가락에서 횃대와 접촉하는 부분이 다양한 자극을 받을 수 없게 돼 발가락의 족저에 염증이나 혈액순환장애 같은 문제가 발생할 수 있다. 다만 직선형 횃대의 장점은 새장의 공간이 작은 경우 공간을 절약할 수 있다는 것이다. 새장이 작은데 횃대가 이리저리 휘어 있는 것이라면 그나마 작은 비행공간이 더 작아지게 된다.

최근에는 발톱갈이 횃대라고 해서 샌드페이퍼를 붙이거나 시멘트를 도포한 형태의 횃대도 사용되고 있으나, 발톱을 가는 데 별다른 효과가 있다는 것은 알려진 바가 없다. 오히려 천연소재가 아닌 경우 족저에 이런저런 크고 작은 문제를 일으킬 수 있으며, 새가 표면을 뜯어먹는 경우 소화기계통에 문제를 초래할 수 있으므로 주의해야 한다.

마지막으로 발열횃대라고 해서 전기선과 연결해 횃대 내부에 니크롬선 등의 발열체를 넣은 것도 시판되고 있다. 그러나 앞서 언급한 최소한의 온도만 맞출 수 있다면 이런 횃대는 별 의미가 없다고 할 수 있다.

■**횃대의 재질** : 가장 많이 사용되는 것은 역시 플라스틱이다. 대규모의 사육장을 비롯해 한두 쌍을 취미로 기르는 사육자들도 종종 플라스틱 횃대를 사용한다. 분명히 플라스틱 횃대는 가볍고 저렴하며 세척하기 용이하고, 이나 벼룩 또는 빈대 등 기생충이 살기도 어렵게 돼 있다. 그러나 대부분 직선형이고 앵무새가 물어뜯기 어렵게 돼 있기 때문에, 별다른 장난감이 추가로 제공되지 않는 경우 앵무새의 호기심을 자극해 즐거운 삶을 살도록 하는 데 별 도움이 되지 못하는 것이 사실이다.

횃대 위에서 훈련 중인 옐로우크라운드 아마존(Yellow Crowned Amazon, *A.o.auropalliata*) 종종 옐로우네입드(Yellow Naped)라고 불리나 엄연히 옐로우크라운드의 아종이다.

자연목도 좋은 횃대가 될 수 있다.

그 다음으로 많이 사용되는 것은 나무소재로 제작된 횃대다. 목제횃대의 경우 대부분의 것은 표면이 매끈하게 다듬어져 있으며, 어떤 것은 울퉁불퉁한 겉면을 그대로 유지하고 있다. 두 가지 종류 모두 장단점이 있는데, 매끈한 표면의 횃대는 앞서 언급한 대로 외부기생충이 서식하기 다소 어려운 반면, 앵무새의 족저에 자극을 주지 못하게 된다. 울퉁불퉁한 표면의 횃대는 모든 것이 매끈한 표면의 목제횃대와 반대라고 보면 된다.

■**횃대의 위치** : 앵무새는 본능적으로 높은 곳을 좋아한다. 높은 곳에 앉아야 멀리까지 잘 볼 수 있기 때문이다. 앵무새는 생태계에서 언제 포식자에게 잡혀 먹힐지 모르는 연약한 동물이기 때문에 항상 주변을 잘 경계할 수 있는 위치에 있기를 선호한다. 이러한 습성은 사육 중인 앵무새의 경우도 마찬가지다. 이러한 앵무새의 습성을 고려해 횃대는 가능한 한 새장에서 높은 부분에 설치해주는 것이 좋다. 물론 그 아래 공간에도 여유가 있다면 두세 개의 횃대를 더 설치해줄 수 있다.

이런 이유 때문에라도 위로 높은 직사각형 형태의 새장은 그다지 적합하지 않은 것이다. 새장이 위로 높은 형태이면 같은 높이의 횃대를 여러 개 설치하는 데 제약이 있게 되며, 그렇다고 해서 위아래로 겹쳐 횃대를 설치하면 힘이 센 녀석들만이 위쪽의 횃대를 차지하고 아래쪽의 횃대에는 약한 녀석들이 위에서 떨어지는 오물을 그대로 맞게 된다. 비슷한 맥락에서 횃대를 설치할 때는 횃대 아래쪽 오물이 떨어지는 곳에 먹이나 물통이 위치하지 않도록 주의해야 한다. 횃대도 중요하지만 횃대보다 더 중요한 것은 오염되지 않은 신선한 먹이와 물이기 때문이다.

■**횃대의 청소** : 횃대는 앵무새가 하루 종일 생활하는 곳이기 때문에 쉽게 더러워질 수 있는데, 동시에 대부분의 사육자가 간과하기 쉬운 곳이다. 횃대는 앵무새의 배설물 등으로 쉽게 더러워진다. 이런 오물이 묻은 횃대는 여러 가지 병원균, 곰팡이와 각종 기생충이

서식하는 데 최적의 장소가 되며, 이런 횃대를 이용하는 앵무새 역시 각종 질병에 쉽게 노출된다. 따라서 횃대의 청소는 매우 중요하다고 할 수 있다. 횃대를 청소할 때는 주 1회 정도 새장에서 떼어내 끓는 물이나 소독액으로 소독하고, 비눗물 등을 이용해 작은 오물까지 완전히 제거해야 한다. 특히 나무재질의 횃대는 오염물제거가 어려우며, 기생충 등이 서식하기 쉬운 만큼 주의해서 청소해줘야 한다.

먹이통과 물통

먹이통과 물통은 새가 생존하는 데 있어서 가장 기본적인 에너지원과 수분을 제공하는 물품이다. 따라서 앵무새가 하루에 필요로 하는 충분한 양의 먹이와 물을 담을 수 있는 크기로 준비해야 한다.

■ **먹이통과 물통의 크기 및 형태** : 통상 앵무새류는 하루에 자신의 몸무게의 1/4 정도 되는 물과 먹이를 각각 섭취한다고 판단하면 먹이통과 물통의 크기를 가늠할 수 있을 것이다. 먹이통과 물통은 아래로 깊은 형태보다는 옆으로 넓은 형태가 더 알맞은데, 옆으로 넓은 형태의 경우 모란앵무 등은 먹이의 상당부분을 파헤치기 때문에 먹이의 낭비가 있을 수 있다는 단점이 있다. 이런 경우라면 최근 미국 등에서 개발돼 이용되고 있는 먹이절약형 먹이통을 사용하는 것도 좋은 방법이 될 수 있을 것 같다. 다만 새로운 형태의 먹이통에

신선한 물을 상시 공급하는 것은 더운 여름철 특히 중요한 문제다. ⓒCityparrots/Jonker&Innemee

앵무새가 완전히 적응하는 데는 다소의 시간이 걸릴 수 있으므로 새로운 형태의 먹이통과 기존에 사용하던 먹이통을 일주일 정도 함께 비치해줘야 한다. 더불어 패럿렛을 비롯한 일부 앵무새는 뚜껑이 있는 형태의 먹이통에 잘 적응하지 못하는 경향이 있으므로 주의한다.

물통도 역시 먹이통과 비슷하다. 가능한 한 깊은 형태보다는 옆으로 넓은 형태가 좋다. 새는 주로 아침과 저녁에 다량의 물을 섭취하며, 여름철이나 곡물 위주의 식단급여 시 또는 육추시기에는 물의 소비량이 급격히 증가하는 만큼 자기 체중의 약 1/2 정도 이상의 물을 담을 수 있는 물통을 준비하는 것이 좋다. 대부분의 앵무류는 물통 속에 먹이를 떨어뜨리기도 하고 목욕을 하거나 변을 보기도 하는 등 쉽게 물이 더러워질 수 있으며, 이런 물속에는 각종 병원균이 쉽게 증식해 앵무새의 건강에 치명적인 문제를 야기할 수 있다.

이러한 문제를 막기 위해서는 물을 자주 갈아주는 것이 최선이며, 그렇지 못하다면 사이펀 또는 볼 포인팅 형태의 물통을 설치할 수 있다. 대형사육장의 경우라면 자동급수기를 설치하기도 한다. 하지만 이런 급수시설을 갖췄다 할지라도 급수기 노즐 등을 청소하는 것을 잊어서는 안 된다.

일반적인 물그릇이 아닌 사이펀이나 볼 포인팅 형식의 물그릇을 사용할 때는 앵무새가 물의 위치를 잘 찾지 못할 수 있는 만큼, 다른 형태의 물그릇을 사용하던 사육장에서 온 앵무새라면 일반적인 형태의 물그릇과 새로운 형태의 물그릇을 동시에 약 일주일 정도 비치하고 새로운 물그릇에 적응해 이상 없이 물을 먹는 것을 확인해야 한다.

야생의 레드로어드 아마존(Red-Lored Amazon, *A.a. autumnalis*) ⓒCityparrots/Jonker&Innemee

■**먹이통과 물통의 재질** : 현재 국내에서 사용되고 있는 먹이통과 물통은 대부분 플라스틱 재질이다. 플라스틱 재질의 먹이통과 물통은 가볍고 편리한데다가 저렴하며, 떨어뜨리거나 해도 잘 깨지지 않는다. 그러나 표면에 상처가 생기기 쉬우며 열탕소독이 어렵고, 연질의 플라스틱이라면 앵무새가 부리로 물어 망가뜨리기 쉽다.

플라스틱 이외에는 스테인리스나 도자기와 같은 세라믹 재질의 먹이통과 물통이 사용되기도 한다. 이런 재질의 먹이통과 물통은 플라스틱에 비해 다소 고가이며 무겁지만, 열탕소독이 가능하고 표면에 상처가 생기지 않기 때문에 세균증식의 위험도 플라스틱에 비해 덜하다. 특히 먹이통에는 단순히 혼합곡물모이만 담는 것이 아니라 싹틔운 씨앗, 에그

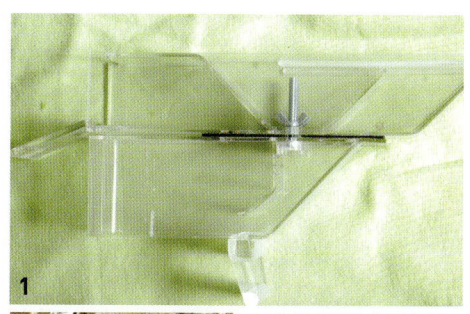

1. Birdzirk사의 먹이절약형 먹이통 2. Lixit사의 유리재질의 물통 3. Lixit사의 플라스틱 재질의 물통

푸드, 과일, 야채 등 다양한 습식먹이를 담아야 하기 때문에 표면에 상처가 생기지 않아 세균증식의 가능성이 최소화될 수 있는 먹이통이 좋다. 다만 세라믹 재질의 먹이통이나 물통은 바닥에 떨어뜨렸을 경우 쉽게 깨지는 단점이 있다. 참고로 미국이나 유럽의 경우에는 유리재질의 물통이 사용되기도 한다.

■**먹이통과 물통의 위치** : 대부분의 사육자들은 먹이통과 물통을 설치할 때 별다른 고민을 하지 않는다. 그저 새장 앞쪽 어딘가에 걸어주게 된다. 그러나 먹이통이나 물통 하나를 설치할 때도 여러 가지 측면에서 고민할 필요가 있다. 가장 중요한 것은 앵무새가 쉽고 편하게 먹이를 먹을 수 있는 곳에 설치하는 것이다. 가능하면 횃대 근처에 설치해야 앵무새가 어려움 없이 횃대에 앉아 맛있는 식사를 즐길 수 있다.

군락을 이뤄 휴식 중인 야생의 갈라 코카투

또한, 배설물과 같은 오염물질이 쉽게 들어갈 수 없는 위치여야 한다. 횃대나 장난감 밑에 먹이통이나 물통을 설치한다면, 하루에 서너 번씩 세척하고 새로운 물과 먹이를 준다고 하더라도 앵무새는 언제나 오염된 물과 모이를 먹게 될 것이다. 따라서 먹이통과 물통은 횃대나 장난감 바로 밑에 설치하지 말아야 하며, 더불어 먹이통과 물통을 가능한 한 멀리 떼어놔야 물통의 오염을 다소라도 경감시킬 수 있다.

마지막으로 먹이통과 물통은 새장바닥으로부터 10cm 이상 떨어진 곳에 두는 것이 좋다. 그렇게 하면 새장바닥에 쌓인 각종 오염물질이 앵무새의 비행 시 날아오르거나 튀어서 먹이통과 물통을 오염시키는 것을 최소화할 수 있다. 한 가지 주의해야 할 것은 앵무새가 번식 중인 경우라면 먹이통과 물통을 새장 문에서 가까운 곳에 설치해야 포란이나 육추의 방해를 최소화해 성공적인 번식결과를 얻을 수 있다는 점이다.

■**먹이통과 물통의 청소** : 먹이통과 물통에 담긴 먹이와 물은 앵무새가 하루도 거르지 않고 매일 섭취한다. 따라서 이러한 먹이와 물을 담는 먹이통과 물통은 매일 세제를 이용

해 깨끗이 세척해야 하며, 주 1회 정도는 열탕소독이나 일광소독을 해야 한다. 또한, 아침에 갈아준 모이와 물이 더러워졌거나, 먹이통이나 물통의 외부에 분변 등의 오염물질이 묻었다면 지체하지 말고 즉시 갈아줘야 한다.

둥지상자

둥지상자는 앵무새가 알을 낳고 포란하며, 새끼가 부화하면 독립할 때까지 기르는 매우 중요한 장소다. 이러한 둥지상자는 앵무새의 크기와 습성에 따라 조금씩 그 크기와 형태가 달라지므로 본인이 기르고 있는 개체에 맞게 준비해줘야 한다.

■**둥지상자의 크기 및 형태** : 대부분의 둥지상자는 깊이가 깊거나 또는 옆으로 긴 형태를 취한다. 물론 정사각형인 경우도 있다. 둥지상자의 구멍은 어미새가 드나드는 데 무리가 없을 정도로 충분히 커야 한다. 출입구가 너무 낮게 설치되면 어미새가 출입할 때 새끼가 발에 걸려 밖으로 떨어지거나 하는 경우가 있으므로 주의할 필요가 있다.

둥지상자의 내부는 너무 좁거나 너무 넓지 않아야 한다. 어떤 이들은 자연상태의 앵무새들이 매우 작은 나무구멍 등에 알을 낳는다는 사실을 들어 둥지상자는 넓으면 안 된다고 주장하며, 어떤 이들은 둥지상자가 충분히 넓어야 새끼들이 무리 없이 성장할 수 있다고 주장한다. 이러한 두 부류의 주장은 모두 어느 정도의 논리적 근거를 가지고 있다.

필자의 경험에 의하면 둥지상자가 너무 넓으면 어미새가 안정감을 가지지 못해서 포란이나 육추를 포기하는 경우가 빈발하게 된다. 실제로 5번 이상, 한번에 4마리 이상, 문제 없이 번식에 성공했던 모란앵무와 리네오가 좀 더 넓은 왕관앵무용 둥

매커우는 부리 힘이 강해 두꺼운 나무나 철제로 된 둥지상자를 사용해야 한다.

번식기에 접어든 옐로우크라운드 아마존(Yellow Crowned Amazon, *Amazona ochrocephala*), 유럽지역에서 재야생화된 개체다. ⓒCityparrots/Jonker&Innemee

지상자로 바꾼 이후 연속해서 번식에 실패하는 것을 봤다. 물론 이 새들은 다시 모란앵무용 둥지상자로 교체한 후 원래의 번식성적을 되찾았다. 하지만 둥지상자가 작다고 무조건 좋다는 주장 역시 그리 올바른 주장은 아닌 것 같다. 자연상태에서는 충분한 넓이를 가진 적당한 둥지를 찾는 것이 쉽지 않은 만큼 어쩔 수없이 작은 나무구멍에서라도 번식을 시도하는 것으로 보는 것이 옳다. 필자의 경험으로는 너무 둥지상자가 작으면 공간이 좁아서 어미새가 둥지상자를 드나들다 알이나 새끼새를 밟아 문제가 되기도 하며, 먼저 깨어난 형제가 나중에 깨어난 새끼새나 알을 밟아서 죽이는 경우도 발생한다.

또한, 새끼들이 배설한 분변이 옆으로 치워질 수 없기 때문에 여름 같은 경우에는 둥지상자 안에 벌레가 생기고 각종 병원균이 창궐하며, 이로 인해 새끼새들이 폐사하는 경우도 발생한다. 특히 로리류의 경우는 변이 묽어서 이런 문제가 많이 생기는 만큼 너무 작은 둥지상자를 달아주지 않도록 주의할 필요가 있다. 이클레터스 패럿과 같은 경우는 미국 등에서는 길이가 긴 특이한 형태의 둥지상자를 사용하기도 한다. 물론 일반적인 직사각형이나 정사각형 둥지상자에서도 번식이 가능한 것으로 알려져 있기는 하다.

■둥지상자의 재질 : 일반적으로 둥지상자는 나무판자로 만들어진다. 파티클보드 등 집성판재는 흡습성이 좋아서 곰팡이 등이 생길 여지가 많으므로 가능하면 단단한 나무로 된 판재를 이용하는 것이 좋다. 부리 힘이 강한 모란앵무 등의 경우에는 나무로 된 둥지상

자를 몇 달이면 다 갉아서 부셔버리기도 한다. 이런 경우에는 번식에 지장이 있을 수 있기 때문에 모서리 등을 함석판으로 보강하기도 한다. 단, 충분한 장난감을 제공해 스트레스를 해소할 수단을 마련해줘야 한다.

미국에서는 소형앵무의 경우 플라스틱이나 아크릴로 된 둥지상자를 사용하기도 하며, 매커우와 같은 대형앵무의 경우는 철제로 된 쓰레기통을 둥지상자로 사용하기도 한다.

■ **둥지상자의 위치** : 통상 대부분의 전문사육자나 취미사육자들은 최소한의 크기보다도 작은 새장에서 새를 기르고 있다. 이처럼 협소한 새장에 둥지상자를 설치하면 그나마 작은 새장 공간이 더 작아지게 된다. 따라서 특별한 경우가 아니라면 둥지상자는 새장의 전면부나 측면부 외부에 설치할 것을 권장한다. 최근 생산되는 새장들은 외부에 둥지상자를 설치하기 쉽도록 제작된 경우가 대부분이다. 둥지

1. 자작 둥지상자. 일부 종의 경우 다소 특수한 형태의 둥지상자를 필요로 하기도 하지만, 현재 국내에서 사육되는 거의 모든 종은 정사각형 또는 아래로 다소 깊은 형태의 둥지상자로도 무리 없이 번식이 가능하다.
2. 자작 아크릴 둥지상자

상자 또한 외부에 설치가 용이하도록 디자인돼 나오기도 한다. 기존의 새장 내부부착용 둥지상자라고 할지라도 간단하게 못이나 철사 또는 케이블 타이 등을 이용해서 외부에 부착하는 것이 가능하다.

이처럼 외부에 둥지상자를 설치할 때는 둥지상자는 가능한 한 새장의 위쪽에 부착해야 한다. 그래야만 새가 안정감을 느끼고 성공적으로 번식을 마칠 수 있다. 또한, 둥지상자의 아래에는 먹이통이나 물통을 놓아서는 안 된다. 그렇지 않으면 먹이나 물이 둥지상자를 드나드는 어미새에 의해 쉽게 오염될 수 있다.

먹이를 먹고 있는 미트레드 코뉴어(Mitred Conure, *Aratinga mitrata*)와 난데이 코뉴어(Nanday Conure, *Nandayus nenday*) ⓒCityparrots/Jonker&Innemee

■**둥지상자의 청소** : 둥지상자는 대부분 나무로 돼 있기 때문에 쉽게 더러워지며, 더러움을 제거하기도 용이하지 않다. 따라서 한번 사용한 둥지상자는 그냥 버리는 것이 최선의 방법이다. 어떠한 방법을 쓰더라도 나무소재의 둥지상자를 구석구석 완전히 깨끗하게 청소하는 것은 거의 불가능한 일이다. 그러나 어쩔 수없이 다시 사용해야 한다면 반드시 끓는 물과 비누를 이용해 구석구석 세척해야 하며, 세척이 끝난 후에는 소독액을 살포하고 잘 말려야 한다.

새끼새를 키우는 동안이라도 둥지상자를 검사해서 지나치게 더럽거나 배변 등으로 내부가 습하다면 조심스레 새끼들을 꺼내고 둥지상자의 내부바닥재를 갈아주거나 소독약을 뿌려준 후, 다시 새끼들을 넣어주는 것이 좋다. 단, 이러한 둥지상자 검사와 청소는 어미새가 놀라서 육추를 포기하지 않을 수준에서 이뤄져야 한다. 둥지상자를 새장 내부에 설치하면 새들이 둥지상자 위에 올라가 변을 봐서 쉽게 더러워지는 만큼 둥지상자는 가능하면 새장 외부에 설치하는 것이 좋다.

기타장비 및 용품

지금까지 새장, 둥지상자, 횃대 등 새를 기르는 데 가장 기본적인 용품에 대해 비교적 상세하게 알아봤다. 여기서는 이외에 꼭 필요하지만 대부분의 사육자들이 간과하고 있거나 또는 사용빈도가 다소 낮은 다른 장비와 용품들에 대해 알아보도록 하겠다.

■**응급의약품** : 새를 기르다 보면 예기치 않은 크고 작은 사고들이 생기기 마련이다. 철망 등에 날개가 걸려 피가 나기도 하고, 서로 싸우다가 발을 물려 발가락이 부러지거나 잘리기도 한다. 장난감에 부리나 발톱이 걸려서 빠지는 경우도 종종 있다. 이런 경우 지혈제, 붕대, 소독제, 가위 등 간단한 응급의약품이 있다면 소중한 생명을 구할 수 있다. 심한 상처라면 별다른 도움이 되지 않을 수도 있으나 병원에 가기 전까지 과다 출혈로 인한 쇼크를 막아서 생존가능성을 높일 수도 있으며, 상처부위의 2차 감염을 막을 수도 있다. 따라서 간단한 응급의약품은 반드시 준비해둬야 한다. 소독용제나 살충용제도 여기에 포함된다. 더불어 발톱을 자를 수 있는 간단한 도구를 갖추는 것도 좋다. 사정이 여의치 않을 경우에는 손톱깎이 등으로 대체할 수도 있다.

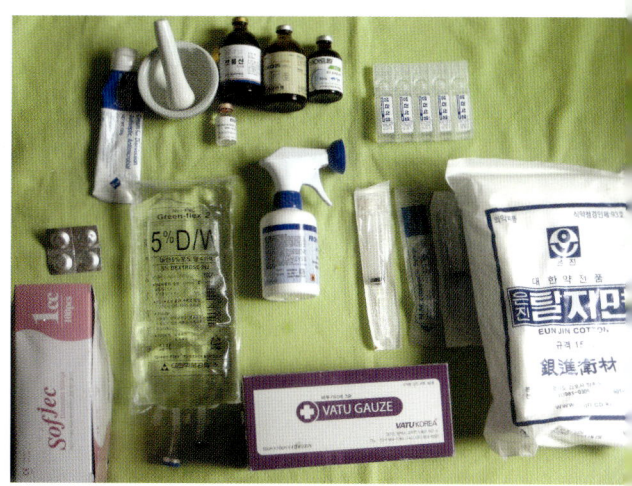

필자의 앵무새용 응급의약품

■**조명장치** : 지구상의 대부분의 생명체는 생존을 위해 태양광이 반드시 필요하다. 지하실이나 창고 등 햇빛이 잘 들지 않는 곳에서 앵무새를 기르는 경우는 특히 조명이 절대적으로 필요하다. 그러나 조명이라고 다 같은 조명은 아니다. 일반적인 형광등이나 백열등은 앵무새에게 별다른 의미가 없으며 3파장 형광등, UVB등, 할로겐램프 등 특수등도 앵무새에게는 별 도움이 되지 못한다.

아무리 얇은 유리창도 자외선의 대부분을 흡수하는 것으로 알려져 있다. 앵무새에게는 유리창을 투과하지 않은 태양광이 필요하며, 그렇지 못하면 풀스펙트럼 램프라고 불리

휴식을 취하고 있는 난데이 코뉴어 ⓒCityparrots/Jonker&Innemee

는, 태양광과 유사한 스펙트럼을 발광하는 특수등이 필요하다. 이런 태양광과 같은 광원이 있어야만 앵무새는 비타민D를 합성할 수 있다. 비타민D는 칼슘대사에 중요한 역할을 하며, 칼슘이 없으면 앵무새는 알의 껍질을 만들 수 없다. 또한, 일부 앵무새들은 태양광이 아니면 명확하게 색깔을 구분할 수 없으며, 심지어는 암수구분을 서로 못해서 번식이 불가능해지기도 한다. 시중에 여러 제품이 출시돼 있지만 미국과 유럽등지의 전문번식가들로부터 인정받은 제품은 비타라이트(Vita Lite)가 유일하다. 다른 제품들은 수명이 짧거나 시간이 지나면서 풀스펙트럼이 발산되지 않는 경우가 많다. 특히 파충류 등에서 사용되는 UVB등은 잘못하면 안과계통에 심각한 질병을 일으킬 수 있으므로 절대 사용하지 말아야 한다.

더불어 호주의 전문번식가 및 조류 수의학자들의 연구에 따르면 풀스펙트럼이 아닌 인공광 하에서는 태어나는 암수의 비율에 심각한 불균형이 있을 수 있다고 한다. 통상의 경우는 적색광의 양에 따라 이런 문제가 생기는데, 이는 태양광 또는 이와 유사한 태양광등으로 적절한 암수 비를 이룰 수 있다고 한다. 조명에 대해서는 번식과 관련된 장에서 좀 더 상세하게 다루도록 하겠다.

■**난방장치** : 우리나라와 같이 추운 겨울이 있는 곳에서 앵무새를 사육하려면 난방장치가 필수적이다. 대부분의 앵무새들은 아프리카, 동남아시아, 호주 등 열대 및 아열대지역이 원산지다. 따라서 온도가 20℃ 이하로 내려가면 건강에 이상이 생길 수 있다. 특히 번식을 원한다면 온도에 각별히 주의해야 한다. 너무 추운 날씨에 번식을 시도하면 알막힘 등으로 어미새가 폐사할 수 있으며, 알이 제대로 가온되지 않아서 부화가 늦어지거나 알 속에서 발생 중에 아기새가 죽어버릴 수도 있다. 또는 부화한 아기새가 얼어 죽는 경우도 발생할 수 있다.

난방장치는 표면에 테플론 성분이 함유되지 않은 것을 골라야 한다. 테플론은 가열되면 새에게 치명적인 성분이 가스형태로 발산되는데, 호흡기가 예민한 앵무새는 이 가스에 노출되면 심각한 문제가 야기될 수 있다. 또 열효율이 높은 것을 골라야 난방비를 절약할 수 있고, 석유나 석탄을 이용한 난로의 경우는 대기 중의 이산화탄소(또는 일산화탄소) 비율을 높게 할 수 있으므로 사용에 유의해야 한다. 새장 한두 개를 가지고 있다면 새장의 주위를 두꺼운 판자, 비닐, 스티로폼 등으로 감싼 후 내부에 소형애완동물용 전열기를 설치할 수도 있다. 단, 전열기는 반드시 새가 발이나 날개를 댈 수 없도록 조치해야 하며, 자동온도조절기를 설치해 과열을 막아야 한다.

세라믹 발열기 및 온도조절세트

■**가습기** : 대부분의 앵무새는 50~60% 정도의 습도를 필요로 한다. 특히 번식기에는 적절한 습도가 호르몬의 분비를 촉진하고, 포란 중인 알의 성장에도 필수적인 요소로 작용한다. 충분한 습도유지를 위해서는 가습기를 이용하는 것이 좋다. 단, 일반 초음파가습기의 경우 가습기 내부에 세균이 증식해 오히려 새의 호흡기에 좋지 않은 영향을 미칠 수 있는 만큼, 가능하다면 가열식가습기를 이용하거나 가습기 내부를 매일 깨끗하게 세

자연광은 그 어떤 인공광보다도 앵무새의 성장에 적합하다. ⓒCityparrots/Jonker&Innemee

척해주는 것이 좋다. 더불어 여름철의 경우 지나친 습도는 곰팡이 및 세균번식 등으로 인한 질병발생의 원인이 될 수 있는 만큼, 오히려 제습기를 가동하거나 또는 환기에 더욱 신경 쓸 필요가 있다.

■**환기장치 및 공기청정기** : 앵무새는 호흡기가 무척 예민하다. 일반적인 포유류 등과는 달리 횡경막이 없으며, 폐의 호흡을 보조하기 위해 기낭이라고 하는 기관이 존재한다. 분변, 먹이, 깃털 등에서 발생하는 먼지는 이 기낭이나 폐에 점착돼 심각한 호흡기계 질병이나 장애를 유발할 수 있다. 또한, 앵무새를 거실 등에서 기르는 경우 앵무새에게서 발생한 먼지는 사람에게도 좋지 않을 수 있다. 따라서 환기장치에 신경을 많이 써야 한다. 공기청정기를 사용할 수도 있는데, 이때 오존은 앵무새의 호흡기에 악영향을 줄 수 있기 때문에 오존이 발생되지 않는 제품을 골라야 한다.

■**청소용품 및 소독용품** : 앵무새라고 해서 특별한 청소용품이 필요하지는 않다. 다만 깃털 등의 먼지가 많이 발생할 가능성이 있는 만큼 진공청소기를 구비하는 것이 좋다. 진공청소기에도 여러 가지 기능이 있으나 가장 중요한 것은 HEPA필터라고 하는 고성능

필터가 달린 제품을 구비해야 한다는 것이다. 이 필터는 아주 작은 미세분진까지도 정화하는 능력이 있는 제품으로 사육장 등에 없어서는 안 될 용품이다.

소독용품 또한 매우 중요한데, 소규모 취미사육가라면 작은 스프레이와 소량의 소독제로도 충분하지만 부업 또는 전업사육가라면 반드시 중대형 이상의 소독액 분무기가 필요하며, 가능하다면 압축기를 구비하는 것도 노동력을 절약할 수 있는 좋은 방안이 될 수 있다. 압축기의 경우 소독액 분비뿐만 아니라 더운 여름철 샤워기 및 먼지 청소용으로도 사용가능한 만큼 다양한 효과를 볼 수 있다.

■알곡분리기 : 알곡분리기는 앵무새가 먹고 남은 곡물모이의 빈 껍질과 모이를 구분할 목적으로 사용하는 용품이다. 서너 쌍 내외의 앵무새를 취미의 목적으로 사육하는 경우 그다지 필요하지 않겠지만, 부업 및 전업사육가라면 노동력과 비용을 절감하기 위해 반드시 갖춰야 할 장비라고 할 수 있다. 다만 국내에서 시판되는 것이 없는 만큼 자작하거나 또는 직접 수입해야 하는 어려움이 있다. 간단하게 키로 대체할 수도 있으며, 또는 펠렛 모이를 줌으로써 이러한 문제를 해결할 수도 있다.

■장난감 : '사람도 아니고 앵무새를 기르는 데 무슨 장난감이냐' 고 반문하는 분이 있다면 애조가로서의 자격이 없는 사람이다. 앵무새는 핀치류와는 달리 고도의 지적능력을 가진 생물이다. 또한, 앵무새는 대부분 집단생활을 하므로 한 마리씩만 기르면 지겨움과 외로움, 심심함 등으로 인해 정신적인 문제가 생길 수 있다. 깃털 뽑기나 자해 등이 대부분 이러한 심리적인 문제에서 발생한다. 따라서 여러 가지 장난감을 구비하는 것은 먹이를 주는 것만큼이나 중요하다.

국내에서 자작된 알곡분리기. 독일 Quiko사 등에서도 양질의 알곡분리기를 양산하고 있으나 국내에는 수입된 바 없다.

앵무새를 위한 다양한 장난감 ⓒCityparrots/Jonker&Innemee

앵무새용 장난감에는 매우 다양한 종류가 있다. 소리 나는 장난감, 물어뜯는 장난감, 타고 노는 장난감, 깃털을 다듬을 수 있는 장난감, 몸을 비춰보는 장난감, 퍼즐 장난감 등 그 종류는 사람용 장난감만큼이나 많다. 이렇게 다양한 장난감을 종류별로 서너 개씩 구비하는 것이 가장 좋지만, 현실적인 제약이 있다면 최소한 종류별로 한두 가지 정도씩 구비하는 것이 좋다.

장난감과 관련된 잘못된 상식 중 하나는 이른바 길들여진 앵무새의 경우만 필요하지, 길들여지지 않은 번식목적의 앵무새들은 이러한 장난감이 필요 없다는 생각이다. 이렇게 믿는 이들은 장난감이 앵무새의 주의를 빼앗아 번식을 서두르지 않고 장난감을 갖고 노는 데 주의를 기울이며, 따라서 번식성적이 나빠진다고 주장한다. 하지만 이는 사실과는 정반대의 주장이다. 앵무새는 장난감 등을 통한 정서적 자극이 있을 때 건강상태를 유지할 수 있으며, 건강상태가 담보될 때에야 비로소 활발한 번식욕을 느끼고 성공적으로 번식할 수 있게 된다. 따라서 번식을 원하는 사육가는 반드시 다양한 장난감을 설치해줘야 한다.

장난감을 준비할 때 가장 중요한 것은 바로 안전성이다. 가능하면 인체에 무해한 자연목이나 부리로 갉을 수 없는 아크릴 등의 재질로 된 장난감을 마련하도록 해야 한다. 물론 물어뜯는 목적의 장난감은 반드시 나무나 가죽, 마닐라삼 등의 천연재료여야 한다. 더불어 이런 천연재료에 가능하면 아무 염색이 돼 있지 않고, 페인트 등이 도포돼 있지 않아야 한다. 무독성 염료라면 몰라도 그렇지 않다면 염료가 함유한 각종 중금속과 독성물질을 철저하게 확인해야 한다. 또한, 면이나 실과 같은 재료, 금속제 종, 이음새 부분은 면밀하

다양한 장난감을 가지고 노는 반려앵무들 ⓒCityparrots/Jonker&Innemee

앵무새 장난감을 선택할 때 가장 중요한 부분은 안전성이다. 사진 속의 장난감처럼 작은 것은 매우 위험할 수 있다.

게 확인해 부리나 발가락, 발톱, 날개 등이 다칠 가능성이 없는지 주의해야 한다. 금속제 종에 부리가 끼어 빠지거나 이음새 부분에 발톱이 걸려 부상을 입는 일이 종종 있다.

마지막으로 앵무새가 새로 사준 장난감을 무서워하며 결코 가까이 가려 하지 않는다고 걱정하는 사육가들이 있다. 여러 번 언급했듯이 앵무새는 먹이사슬의 최하단에 있는 동물로서 작은 변화나 새로운 존재에도 두려움을 많이 느낀다. 따라서 새로운 장난감을 제공할 때는 새장 근처에 일주일 정도 매달아 놓아서 장난감이 무서운 존재가 아니라는 사실을 알려줄 필요가 있다. 그리고 앵무새가 새로운 장난감에 별다른 특이징후를 보이지 않으면 천천히 익숙해질 수 있도록 배려해야 한다.

더불어 장난감을 준비할 때는 너무 요란한 원색이나 시끄러운 소리 또는 큰 크기의 것은 피하는 것이 좋다. 이런 것들은 모두 앵무새에게 천적의 모습을 연상시켜 장난감과 친해지는 데 장애요소가 될 수 있다. 물론 장난감 역시 일주일에 1회 이상 세척 및 소독을 해야 하며, 망가진 것은 바로 교체해줘야 질병감염이나 부상을 방지할 수 있다.

■**둥지상자 내부재** : 둥지상자 내부재란 영어로는 베딩이라고 부르며, 알을 낳을 때 알을 보호하고 온도를 유지하도록 도와주는 각종 부드러운 재료를 의미한다. 가장 많이 쓰이

는 것은 토끼나 기니피그 등의 사육 시 깔짚으로 사용하는 대팻밥이다. 건초나 일반 볏짚을 사용하기도 하지만, 건조과정에서 다양한 곰팡이 등으로부터 오염될 수 있기 때문에 사용하기 전에 철저히 소독하는 것이 좋다.

■**유정란 검사기** : 성공적으로 수정된 유정란은 포란 후 4~5일이 지나면 알 내부에 혈관이 생기며 발생을 시작한다. 그러나 무정란은 별다른 변화가 없다. 만일 현재 산란해 포란 중인 알이 무정란이라면 바로 알을 제거해주고 다음 번식을 유도할 필요가 있다.
유정란 여부를 확인하는 방법은 매우 간단하다. 밝은 불에 알을 비춰보면 무정란은 내부의 흰자와 노른자가 그대로 보이지만, 유정란은 내부에 생겨난 혈관을 관찰할 수 있으며 좀 더 시간이 지나면 알 전체가 불투명하게 변해 한눈에 무정란과 구분이 된다. 이때 사용되는 밝은 전등이 이른바 유정란 검사기다. 유정란 검사기는 시중에 간단한 제품이 나와 있기도 하며, 그냥 일반적인 밝은 전등에 비춰봐도 된다. 그러나 좀 더 전문적인 사육가라면 알을 올려놓는 거치대가 있는 제품을 사용할 수 있다.

■**체중계** : 핸드 피딩 중이거나 또는 병이 있는 것으로 의심되는 경우 체중의 변화는 매우 중요한 체크포인트가 될 수 있다. 핸드 피딩 중인 아기새의 건강에 문제가 있다면 체중이 줄거나 또는 늘지 않게 되며, 병에 걸린 경우에도 체중이 급속히 감소한다. 이럴 때 정밀한 전자식체중계가 있다면 많은 도움이 될 수 있다. 새를 올려놓는 곳에 횃대를 부

둥지상자 내부재로 쓰인 건초

전자식체중계 ⓒCityparrots/Jonker&Innemee

각 종별 원산지의 자연환경에 가장 가깝게 사육환경을 조성하는 것이 최선의 사육비결이다. ⓒCityparrots/Jonker&Innemee

착한다면 다 큰 성조의 체중을 쉽게 측정할 수 있다. 길들여지지 않은 새라면 주머니 등에 넣어서 측정할 수 있으며, 아직 위닝 전의 아기새라면 새를 기르는 브루더를 통째로 측정선반 위에 올려 측정할 수 있다.

■온도계 및 습도계 : 앞서도 언급했듯이 여러분이 기르는 앵무새들은 대부분 열대나 아열대지역이 원산지다. 따라서 우리나라의 건조하고 추운 겨울은 앵무새의 생육에 적절하지 않다. 이럴 때는 정밀한 온도계나 습도계를 준비해서 앵무새의 품종별로 정확한 온도와 습도를 조절해주는 것이 좋다. 일반적으로 판매되는 양서류나 파충류용의 간단한 플라스틱제 온도계와 습도계는 오차가 큰 만큼 가능하면 전문적인 용품을 사용하는 것이 좋다. 핸드 피딩을 하는 경우라면 특히나 더욱 정밀한 제품을 구비해야 하며, 접촉하지 않고도 온도를 잴 수 있는 전자식온도계 등이 매우 유용하게 사용될 수 있다.

■인공부화기 및 육추기 : 번식이나 핸드 피딩을 주목적으로 하는 사육자라면 인공부화기나 육추기가 매우 유용하게 사용될 수 있다. 대부분의 중소형앵무새들은 산란부터 육추까지 큰 무리 없이 스스로 처리하지만, 때때로 알 수 없는 이유로 포란이나 육추를 포기하기도 한다. 또는 상업적인 목적으로 다량의 산란을 유도해 인공포란 및 육추를 시도하기도 한다. 이런 경우 인공부화기와 육추기는 매우 유용하게 쓰인다.

■병원새장 : 병원새장이란 아프거나 건강상태가 좋지 않은 앵무새를 수용하기 위한 새장이다. 통상 사방을 아크릴이나 목재 또는 유리 등으로 막아서 일정한 온도를 유지하고 안정할 수 있도록 해준다. 가능하면 산부인과 등에서 중고로 신생아용 인큐베이터를 구해

사용하면 좋으며, 그렇지 못한 경우라면 아크릴 등으로 자작할 수도 있다. 이 경우 항온 및 항습기능이 매우 중요하고 환기도 잘 이뤄져야 하며, 상태를 잘 살필 수 있도록 전면은 투명하게 처리하고 다른 면은 불투명하게 해 아픈 새가 안정을 취할 수 있게 해줘야 한다.

■**손 그물** : 새를 기르다 보면 청소나 새장 교체, 아픈 새의 치료 등을 위해 새를 다시 잡아야 하는 경우가 필연적으로 생기게 된다. 또는 앵무새가 도망간 경우 이를 다시 잡아야 할 경우도 있다. 길이 든 앵무새라면 별다른 문제가 없으나 그렇지 않다면 작은 새장 안에 있는 경우라도 앵무새를 잡는 것은 결코 쉽지가 않다. 더불어 잘못하면 날개나 다리 등을 다치게 할 수도 있다. 따라서 잠자리채 모양의 작은 그물은 매우 요긴하게 쓰이곤 한다. 그러나 망이 일반 망사나 그물이라면 발가락이나 날개 등이 걸려서 문제가 될 수 있는 만큼 가능하면 광목과 같은 천으로 망을 만드는 것이 좋다.

■**핸드 피딩용 숟가락** : 핸드 피딩을 하려면 핸드 피딩용 숟가락이나 주사기가 반드시 필요하다. 핸드 피딩용 숟가락은 다른 일반적인 숟가락과는 달리 끝부분이 조금 구부러져서 핸드 피딩용 포뮬러가 옆으로 흐르지 않고 아기새의 입속으로 잘 들어갈 수 있도록 만들어져 있다. 숟가락 이외에 주사기 등을 이용하기도 한다. 이 부분에 대해서는 뒷부분에서 좀 더 상세하게 다루도록 하겠다.

1. 인공부화기, 세계적으로 유명한 AB Newlife 75MK4 인큐베이터 **2.** 가격대비 높은 효율을 자랑하는 강제공기순환 방식의 Brinsea Octagon 20 MK Ⅲ 인큐베이터 **3.** 다양한 손 그물. 다양하고 전문적인 조류사육용품으로 유명한 독일 Quiko사의 제품이다.

Section 02

앵무새에게 필요한 **영양**

충분한 영양소의 섭취는 앵무새의 건강을 유지하는 데 가장 기본적이면서도 중요한 요소다. 수의사들에 따르면 앵무새와 관련한 대부분의 건강문제는 적절한 영양섭취만으로도 충분히 예방이 가능하다고 한다. 그러나 충분하고 더 적절한 영양섭취는 단순히 곡물모이나 펠렛모이를 주는 것만으로 해결되는 것은 아니다. 건강을 위해서 여러분의 앵무새는 다양하고도 균형 잡힌 먹이를 섭취해야 한다. 곡물모이나 펠렛모이는 앵무새가 필요로 하는 영양소의 상당부분을 해결해줄 수 있지만 모든 것을 해결하지는 못한다.

현재까지 조류영양학은 비교적 미개척분야로 남아 있다. 지금까지 이뤄진 대부분의 연구는 가금을 대상으로 한 부분일 뿐, 앵무류와 같은 애완조류를 위한 연구는 일천한 실정이다. 한 연구에 따르면 곡물먹이만을 급이한 사랑앵무는 3~5년을 생존한데 반해 곡물모이, 야채, 과일 등이 조화를 이룬 먹이를 먹은 사랑앵무는 그 3배에 달하는 10~15년을 산 것으로 조사됐다.

각각의 앵무새는 서로 다른 영양학적 요구량을 지니고 있으며, 가장 좋은 영양식은 야생의 개체들을 면밀히 연구할 때 얻어진다.

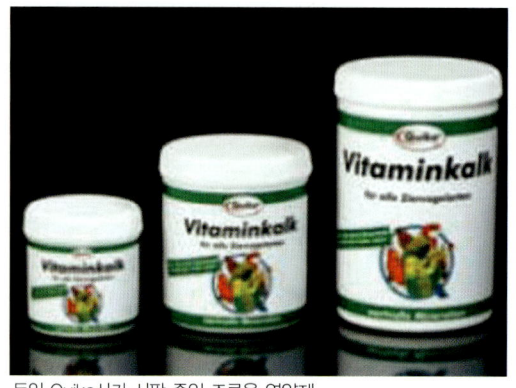

독일 Quiko사가 시판 중인 조류용 영양제

물론 자연상태에서 앵무류는 곡물, 채소, 과일, 곤충을 비롯한 다양한 먹이를 섭취하며 경우에 따라서는 때때로 고기도 먹는다. 야생에 약 350종 이상의 앵무류가 서식하므로 350개 이상의 서로 다른 영양학적 요구가 필요할 것이며, 이러한 다양한 영양학적 요구는 개체별 차이를 고려할 때 그 차이가 더 커질 것이다. 예를 들어서 어떠한 개체에게는 100% 완벽한 식단이 다른 개체에게는 충분하지 못할 수 있는 것이다. 이러한 종별·개체별 영양요구의 차이는 다양성을 통해서 극복될 수 있다. 가능하면 다양한 구성의 먹이를 제공함으로써 이러한 종 간, 개체 간 상이한 필요영양분을 우산처럼 넓게 커버할 수 있는 것이다. 필자의 경우 일반적으로 25%의 펠렛, 25%의 곡물모이, 5%의 견과류, 기타 45%의 야채 및 과일을 비롯한 다양한 먹이를 급이하고 있다.

닭이나 오리, 칠면조와 같은 가금류와는 달리 앵무새는 사육의 역사가 매우 짧을 뿐더러 영양요구량에 대한 연구도 깊이 수행된 바가 별로 없는 것이 현실이다. 하지만 최근 미국 및 유럽의 몇몇 대형 사료제조회사들은 매커우, 코카투, 아마존, 왕관앵무 등 주요 사육종에 대한 다양하고도 심도 깊은 연구를 진행하고 있으며, 이를 바탕으로 각 앵무새 종의 영양학적 요구량에 한발 더 가까이 다가서고 있다. 다만 앵무새의 경우 300여 종이 넘는 독립된 종이 존재하며, 속으로만 따지더라도 수십 개 이상의 독립된 속이 존재하는 것을 고려할 때 모든 앵무새를 위해 완벽하게 영양학적으로 조제된 사료를 만드는 것은 불가능한 일이라 하겠다. 여러분도 다음의 자료를 바탕으로 각각의 앵무종 및 영양학적 요구단계에 알맞은 사료를 연구하고 적용해 나가는 자세가 필요하다. 참고로 본 섹션은 로번 더히의 'The Healthy Bird Cook Book'에서 많은 도움을 받았음을 밝혀둔다.

단백질

단백질은 앵무새의 먹이에 있어 없어서는 안 될 중요한 영양학적 요소다. 단백질은 아미노산이라고 하는 비교적 단순한 분자들이 연결돼 만들어진 일종의 고분자로 대체적으로 분자량이 매우 큰 편이다. 단백질의 근간이 되는 아미노산에는 약 20종류가 있는데, 이런 아미노산이 다시 중첩적으로 결합해 폴리펩티드를 형성한다. 단백질은 이런 폴리펩티드의 다중결합체다.

단백질은 중요하다는 의미의 그리스어 프로테이오스(proteios)에서 유래한 말이며, 우리가 쓰는 용어인 단백질은 알의 흰자위를 의미한다. 웨이트 트레이닝을 하는 선수들은 근육의 재생을 촉진하기 위해서 단백질보충제를 복용하기도 한다. 또한, 단백질은 효소라고 불리는 세포 내 각종 화학반응의 촉매역할도 수행한다. 또 다른 단백질의 중요한 기능은 바로 체내 면역기능의 보조다. 조류는 다른 동물들과 마찬가지로 단백질을 이용해 근육, 피부, 부리, 발톱, 깃털, 각 신체기관, 알 등을 만들어 낸다. 심지어 혈액의 주요 성분인 적혈구도 단백질에 의해 만들어진다.

단백질은 식물이나 동물성 먹이를 통해서 섭취되며, 아미노산의 주요 원천이기도 하다. 다양한 아미노산의 섭취는 건강유지와 적절한 발달을 위해 매우 중요하며, 조류의 알은 아미노산이 매우 풍부하다. 이런 이유로 통상 발정기나 육추기에는 이른바 에그 푸드를 공급하는 것이다. 이외에 단백질이 많은 먹이로는 두부, 콩, 두유, 육포나 게살 등이 있다.

탄수화물

탄수화물은 당류, 당질이라고도 부른다. 탄수화물은 그것을 구성하는 단위가 되는 당의 수에 따라 단당류, 소당류, 다당류로 구분한다. 예를 들어 포도당은 단당류의 일종으로 녹말을 형성하는 기본단위가 되기도 한다. 녹말은 그 단위가 되는 포도당이 무수히 많이 연결돼 만들어진 분자로 다당류에 속한다.

먹이낭비를 최소화할 수 있도록 설계된 절약형 먹이통

먹이를 토해 먹이고 있는 야생 코뉴어

생물체 내에서의 기능은 생물체의 구성성분인 것과 활동의 에너지원이 되는 것으로 크게 나눌 수 있다. 구조를 유지하는 데 사용되는 탄수화물은 모두 다당류로, 식물의 세포벽을 만드는 셀룰로오스, 곤충의 외피를 만드는 키틴, 동물의 연골이나 힘줄의 성분인 콘드로이틴황산 등이 그 예다. 에너지원으로 사용되는 탄수화물은 지질, 단백질과 함께 생물체에서 중요한 비중을 차지한다. 녹색식물은 광합성을 통해 단당류인 포도당을 합성해 이것을 다당류인 녹말로 합성해 저장하며, 동물은 자신이 탄수화물을 합성하지 못하므로 이것을 식물에서 섭취해 사용한다. 사용되지 못하고 남은 여분의 탄수화물은 지방으로 전환돼 저장된다.

앵무새를 비롯한 조류는 일반적으로 탄수화물 부족이 심각한 문제가 되지는 않는다. 더불어 앵무새에 있어 필요한 탄수화물의 영양학적 요구량에 대해서도 명확한 지침이 없는 것이 사실이다. 다만 일반적으로 단백질의 섭취량과 조화를 이뤄 급이한다. 밀, 귀리,

쌀, 카나리아씨드 등은 탄수화물의 좋은 공급원이다. 단, 왕관앵무를 비롯한 일부 그래스 패러킷의 경우 씨앗으로만 이뤄진 사료를 과도하게 급이하면 건강상의 이상을 초래할 수 있으므로 유의해야 한다.

지방

지방은 지질의 한 종류로 세 개의 지방산이 글리세롤 하나와 결합한 에스테르다. 같은 양일 경우 가장 많은 에너지를 내는 영양소로서 1g당 9kcal를 발생한다. 또 지방은 동물의 신체를 이루는 기본단위인 세포 각각을 얇은 층으로 싸주는 세포막의 성분이고, 비타민 A, D, E, K와 같은 지용성 비타민과 베타카로틴의 운반과 흡수를 돕는다. 그 밖에도 리놀레익, 리놀레닉, 아라키도닉 등 세 가지 필수지방산의 공급원이다. 필수지방산은 성장과 피부건강에 관여하는 중요한 영양소다. 지방은 농축된 에너지원으로서 고지방 식품을 많이 섭취하면 비만증을 일으키기 쉬우므로 소량의 지방만을 급이하는 것이 바람직하다. 다만 지방이 부족할 경우에는 수정률이 하락하며, 알의 크기가 작아진다.

지방은 일반적으로 해바라기씨를 비롯한 각종 견과류에서 많이 발견된다. 더불어 과도한 섭취는 혈중 콜레스테롤 수치를 증가시켜 다양한 심혈관계 질병과 지방간을 유발하기도 한다. 국내 일부 사육자들이 발정촉진 등의 목적으로 잣을 비롯한 다량의 견과류를 급이하는 것을 목격한 바 있는데, 이는 자칫 치명적인 결과를 불러올 수 있다. 또한, 일부 사육자의 경우 중대형앵무에게 오직 견과류만을 급이하기도 하는데, 이 역시 반드시 피해야 할 일이다.

먹이를 먹고 있는 야생의 코카투

아미노산

아미노산은 아미노기와 카르복시기를 한 분자 안에 함께 지니고 있으며, 생명현상의 가장 기본적이고 필수적인 단위로 알려져 있다. 보통 필수아미노산과 비필수아미노산의 두 그룹으로 구분된다. 앵무류의 아미노산 대사에 대해서는 그다지 알려진 바가 없어 대부분 인간을 포함한 다른 동물에게 적용되는 사항을 표에서 열거했으나 이는 앵무새에게 있어서도 적용하는 데 무리가 없다. 필수아미노산은 앵무새가 스스로 합성할 수 없기 때문에 반드시 외부에서 매일 공급돼야 한다.

★ 필수아미노산 ★

명칭	역할
아르기닌	아르기닌은 깃털의 형성과 근육의 발달을 돕고, 발육과 상처치유에도 중요한 역할을 수행한다. 또한, 항암작용과 간 보호작용도 알려진 바 있다. 최근의 연구결과에 따르면 아르기닌은 면역계통의 활성화를 보조한다. 다량으로 섭취하게 되면 골격계통과 피부에 악영향을 미치며, 대사계통에도 문제를 유발한다. 아르기닌은 보통 콜라, 땅콩, 캐슈너트, 완두콩에 다량 존재한다. 아르기닌과 관련해 중요한 최근의 연구에 따르면 아르기닌은 헤르페스 바이러스의 생장을 촉진하기도 한다.
히스티딘	히스티딘은 헤모글로빈에 존재한다. 히스티딘은 글루탐산과 히스타민의 형성을 보조하고 T세포의 활성화에 기여한다. 류마티스성 관절염에도 효력이 있는 것으로 알려져 있다. 과도하게 섭취하면 신경계의 불안정으로 인해 분노와 정신분열증을 초래할 수 있다. 쌀, 밀가루, 귀리, 조개 등에 많이 존재한다.
리신	리신은 통상 콜라겐의 전구체[1]로 알려져 있다. 리신은 유조의 성장을 돕는 것으로 알려져 있고 우유 등 유제품, 감자, 맥주효모에 많이 존재한다.
메티오닌	메티오닌은 콜린의 합성에도 중요한 성분이며, 근육의 형성과 발달을 보조한다. 메티오닌의 분자식에는 황이 포함돼 있으며, 메티오닌은 동맥 내에 침착된 지방분을 분해해 혈행을 개선한다. 주로 달걀, 우유, 동물의 간, 생선에 많이 존재한다.
페닐알라닌	페닐알라닌은 통상 D 페닐알라닌, L 페닐알라닌, DL 페닐알라닌 등의 세 가지 형태로 존재한다. 이들은 각각 만성통증과 정신적 고통을 경감시키며, 식욕을 조절하는 것으로 알려져 있다. 하지만 경우에 따라 혈압을 상승시킬 수도 있으므로 유의해야 한다. 콩과 식물의 종자나 어린 눈에 많이 존재한다.
트레오닌	트레오닌은 간에 지방이 축적되는 것을 막고 소화를 촉진한다. 우유, 고기, 달걀 등 동물성 단백질에는 많이 함유돼 있지만 식물성 단백질에는 함유량이 적다.
트립토판	트립토판은 세로토닌과 니아신의 전구체. 트립토판은 사람의 경우 숙면을 유도하고 식욕을 억제하며, 약물남용의 치료제로도 사용된다. 통증을 완화하고 쇼크를 방지한다. 하지만 과용하면 심각한 간기능 장애와 종양의 원인이 되기도 한다. 콩과 견과류, 치즈, 칠면조, 우유, 두부, 호박씨 등에 많이 존재한다.

명칭	역할
발린	발린은 BCAA(branch chain amino acid) 중 가장 중요한 3대 아미노산의 하나로 다른 아미노산과 함께 만성 간기능 부전 등에 효과가 있으며, 근육발달에도 관여한다. 사람의 경우 루게릭병에 사용돼 효과를 보인 바 있다. 발린은 판토테닉산의 일종이며, 류신의 전구체. 엽채류, 각종 곡류, 강낭콩 등에 많이 존재한다.

★ 비필수아미노산 ★

명칭	역할
세린	생체 내에서는 글리신과 함께 대사계의 매체 역할을 하며, 시스틴과 메사이오닌의 상호변환에 관여하고 있다. D-세린은 누에의 혈액 등에 존재한다. 세린은 시스테인, 레시틴, 세팔린, 스핑고미엘린 등의 합성을 보조한다.
타우린	타우린은 신경계의 조절을 보조한다. 타우린은 통상 근육계를 보조하며, 성장에 도움이 되는 것으로 알려져 있다. 오징어에 많이 존재하는 것으로 알려져 있다.
타이로신	타이로신은 도파민이나 에피네플린처럼 뇌의 신경작용에 중요한 역할을 수행한다. 인간의 경우 스트레스, 우울증, 약물남용을 치료하는 데 활용된다. 하지만 동시에 혈압을 높이는 것으로 알려져 있다. 물에는 잘 녹지 않고, 대부분의 단백질의 가수분해, 소화·부패에 따른 분해에 의해 생긴다. 오래된 치즈나 해초에도 함유돼 있다.
글루타민산	단백질을 구성하는 아미노산의 하나로 생체 내에서는 암모니아의 저장역할을 한다. 또 핵산의 퓨린 핵 생성에 관여하고, 페닐아세트산과 결합해 해독한다. 노화와 우울증에도 작용한다. 신장이나 기타 조직 내에서 글루탐산과 암모니아로부터 합성된다. 동식물성 단백질에 모두 존재한다.
시스틴	케라틴의 주요 구성성분인 시스틴은 매우 중요한 물질로서 수명연장에 도움이 되고, 관절염에 효험이 있다고 한다. 시스틴분자는 황을 포함하고 있고, 이는 세포를 보호하는 데 도움을 준다. 통상 달걀, 육류, 유제품과 시리얼 등에 많이 존재한다.
아스파라긴산	아스파라긴산은 숙취에 효험이 있는 것으로 알려져 있으며, 아스파라긴산을 이용한 숙취해소 음료도 출시된 바 있을 정도로 익숙한 물질이다. 아스파라긴산은 피로에 도움이 되며, 체력증진에 다소 도움이 된다. 죽순이나 콩나물에 많이 존재한다.
글리신	글리신은 세린, 퓨린, 포르피린 등의 합성을 돕는다. 생체 내에서 생긴 유독한 벤조산과 결합해 마뇨산(馬尿酸; 히푸르산)을 만들어 해독작용을 한다. 동물성 단백질에 다량 함유돼 있다.

미네랄

광물질이라고도 한다. 단백질, 지방, 탄수화물, 비타민과 함께 5대 영양소의 하나다. 인체 내에서 여러 가지 생리적 활동에 참여하고 있으며, 이들 무기염류의 섭취가 부족하면 각종 결핍증을 유발한다. 미네랄은 일반적으로 몸무게의 5% 정도를 차지한다.

앵무새는 대부분 야채와 과일이 주식이다.

체액 중 가장 많이 함유된 미네랄은 소금이다. 소금은 용해되면 양전자와 음전자를 띠고 이온화돼 체내의 전해질 균형을 담당하게 된다. 미네랄은 통상 생체의 정신적·육체적 건강을 유지하는 데 기본적인 역할을 수행한다.

칼슘

칼슘은 석회를 뜻하는 라틴어 'calx'를 따서 명명됐으며, 주기율표 2족에 속하는 알칼리토금속원소다. 칼슘은 골격, 근육의 형성과 신경신호의 전달에 중요한 역할을 수행한다. 알껍질의 85%는 칼슘으로 구성돼 있으며, 산란에 없어서는 안 될 중요한 성분으로서 일반적으로 마그네슘과 함께 근육의 수축에 중요한 역할을 수행한다.

칼슘, 비타민D_3, 아인산은 모두 밀접한 관계를 맺고 있는데 혈중 아인산농도가 높으면 칼슘흡수가 정상적으로 이뤄지지 못하며, 이는 비타민D_3의 수치를 낮추고 다시 칼슘흡수율을 저해시킨다. 칼슘부족은 관절, 뼈의 이상을 초래한다. 또한, 알껍질이 얇아져서 부화율이 감소하고 알막힘이 초래되기도 한다. 칼슘과다는 신장이상을 유발한다. 알막힘으로 이상이 생긴 경우 고단위칼슘제를 주사하기도 한다. 평소에 가장 신경을 써서 공급해야 할 영양소 중 하나이며, 칼슘이 많은 식품은 진녹색채소와 브로콜리, 오징어뼈, 케일, 요거트, 두부, 치즈 등이 있다.

비타민

비타민은 동물의 대사기능을 유지하는 데 필수적인 미량원소로 유기적으로만 합성된다. 간단히 말해서 비타민은 동물과 인간에게 중요하지만 소량만 필요하다. 꼭 그러한 것은 아니지만 대부분 음식을 통해서 섭취된다.

비타민보충제를 급이할 때는 가급적 수의사와의 상담이 필요하나 국내현실 상 어려움이 있는 것이 사실이다. 따라서 비타민은 이상이 있다고 의심되는 경우가 아니면 가급적 별도로 급이하지 않는 것이 좋다. 또는 급이하더라도 소량만 하는 것이 안전하다. 가장 좋은 방법은 별도의 비타민을 급이하지 않고 펠릿사료나 다양한 채소와 과일, 싹틔운 씨앗 등을 공급해 자연스럽게 비타민을 흡수할 수 있도록 하는 것이다. 다만 국내 대부분의 사육가가 곡물위주의 사료를 주고 있음을 고려할 때 소량의 비타민 급이는 이런 경우 상황을 다소 개선시킬 수 있을 것으로 추정된다. 그럼에도 항상 최대한의 주의를 기울여야 하며 과유불급임을 명심해야 한다. 여기서는 비타민 및 각 영양소의 기능과 그런 성분이 많은 식품에 대해서 살펴보겠다. 각 성분의 결핍이나 과다로 인한 병적 이상은 7장을 참고하기 바란다.

■**비타민A** : 비타민은 일반적으로 지용성 비타민과 수용성 비타민으로 분류된다. 지용성 비타민이란 지방성분에 포함돼 있으며, 체내에서 지방에 의해 운반되는 비타민 그룹이다. 이런 비타민들은 물에는 녹지 않으며, 일반적으로 지방에 포함돼 체내에서 이용, 저장된다. 비타민A(일명 베타카로틴)는 간에 축적되며, 시력과 깊은 연관을 갖고 있다. 이 비타민이 부족하면 야간시력이 저하돼 야맹증이 생기며, 질병감염에 대한 저항력과 깊이 연관돼 있다. 특히 부비강염 등의 면역기능에 큰 영향을 미치는 것으로 알려져 있으며 눈, 피부, 점막의 원활한 작용에 관여한다.

비타민A결핍은 앵무류에 있어 가장 흔한 결핍증이다. 이 비타민이 부족할 경우에 앵무새는 기운이 없고, 깃털의 색상과 형태 및 성장에 이상이 생긴다. 산란수가 줄어들고 번식간격이 벌어지며, 부화율도 감소한다. 수컷의 경우 정자수가 줄어드는 것으로 보고돼 있고, 극단적인 경우 중추신경계에 악영향을 미치기도 한다. 눈, 부리, 다리, 피부 등에 이상이 생기기도 하고 골격이 정상적으로 성장하지 않으며, 신장에도 문제가 생긴다. 비타민A결핍증으로는 야맹증이 가장 일반적이며, 각막에 변성이 생기기도 한다. 피부는 딱딱하고 건조해지며, 다리와 얼굴의 노출된 부분들에서 쉽게 확인할 수 있다.

아마존, 아프리칸 그레이, 코카투 등의 경우 침샘에 문제가 생기는 것으로 알려져 있으며 통풍을 초래하기도 한다. 이 비타민이 과다할 경우에는 식욕이 저하되고 체중이 감소되며, 근육에 염증이 발생하고 간이 비대해진다. 또 피부염증, 설사, 저성장, 오심이 발생한다. 비타민A가 많은 식품은 과일류와 녹황색채소로 소고기, 간, 당근, 호박, 고구마, 시금치, 고추, 배, 브로콜리, 난황, 완두콩 등에 특히 많이 존재한다.

■**비타민D** : 비타민D는 칼슘섭취를 보조하기 때문에 부족하면 칼슘섭취 속도가 저하되고, 이로 인해 골격발달에 지장이 생길 수 있다. 이는 이후 골다공증 등으로 귀결되기도 한다. 비타민D는 앵무새의 간에 소량 저장될 수 있다. 비타민D는 피부가 자외선을 받을 때 생성되기 때문에 태양비타민이라고도 불린다. 특히 앵무새를 비롯한 조류는 포유류와는 달리 오직 비타민D_3만을 이용한다. 비타민D를 함유한 식품으로는 난황, 소간, 치즈, 대구간유 등이 있다.

비타민D가 부족할 경우 활기저하, 성장률저하, 깃털 윤기 감소, 산란수의 감소, 알막힘, 마비, 골형성 부전 및 기형 등의 문제가 생긴다. 비타민A와 더불어 가장 흔히 볼 수 있는 비타민결핍증이다. 비타민D가 과다한 경우 심장, 신장, 관절을 비롯한 여러 조직에 과다한 칼슘이 축적된다.

■**비타민E** : 비타민E에는 모두 8가지 형태가 존재하며, 주로 화학물질로부터 신체의 세포를 보호하는 역할을 수행한다. 비타민E결핍은 근이영양증을 비롯한 다양한 문제를 야기한다. 또한, 성호르몬 등에 필수적이기 때문에 섹스비타민이라고도 불린다. 비타민E는 셀레늄을 비롯한 다른 미네랄과 함께 신체에 작용하는 것으로 알려져 있다. 주로 곡물, 시리얼, 시금치와 같은 녹색야채에 많이 존재하고 잇꽃유, 복숭아 통조림, 말린 푸룬, 아스파라거스, 브로콜리, 고구마, 해바라기씨, 호두, 아몬드, 통밀빵 등에도 많이 들어 있다.

독일 Quiko사가 시판 중인 앵무새용 대구간유

어릴 때부터 균형 잡히고 종의 특성에 맞는 먹이를 먹이는 것이 평생의 건강을 좌우한다.

조류의 경우 대구간유는 비타민E를 산화시키기 때문에 너무 많은 대구간유 급이는 비타민E결핍증을 초래한다. 비타민E가 부족하면 활력이 없어지고, 신경계통에 이상이 발생하며 혈관 및 혈액, 근육 등에 문제가 생긴다. 뇌기능저하나 수정률저하도 관찰된 바 있으며, 수컷의 경우 장기간 비타민E부족을 겪으면 정자의 활성도가 저하된다. 과도할 경우 비타민A의 작용을 억제한다.

■**비타민K** : 비타민K는 혈소판의 생성을 보조해 혈액응고작용이 원활하게 이뤄지도록 한다. 주로 장내에서 합성되며, 이는 포유류와 조류 모두 동일하다. 비타민K는 원활한 간의 기능을 위해 필수적인 요소로서 주로 브로콜리, 양배추, 아스파라거스, 완두콩, 시금치를 비롯한 녹색채소와 치즈 등에서 발견된다. 또한, 장내에 존재하는 박테리아에 의해서도 합성된다. 비타민K가 부족하면 혈액응고에 지장이 생겨 출혈이 발생한 경우 과다출혈로 폐사할 수 있다. 또한, 심혈관계 장애도 발생 가능하다. 장기간 항생제를 투여할 경우 비타민K결핍증이 발생할 수 있는 것으로 알려져 있다. 조류의 경우 비타민K과다에 따른 이상사례는 보고된 바 없으나, 인간의 경우 뇌세포손상이나 적혈구파괴 등을 초래한다.

■**티아민** : 비타민B_1의 화학명이며, 1910~1911년 스즈키 우메타로와 C. 풍크가 쌀겨로부터 추출했다. 녹색식물이나 미생물에 의해 합성되는 것으로 알려져 있다. 티아민은 신경

여러 마리가 함께 있으면 먹이에 대한 욕심도 커지고, 편식하는 성향도 쉽게 사라진다.

계통이 정상적으로 작동할 수 있도록 도우며, 번식에도 중요한 역할을 수행한다. 주로 땅콩, 완두콩, 오렌지, 렌틸콩, 강낭콩, 깨, 브라질넛, 아몬드, 피칸, 아스파라거스, 감자, 맥주효모 등에 많이 존재하며 정미하지 않은 곡물에도 존재한다.

티아민이 부족하면 신경계에 이상이 생겨 다리가 약해지고 휘청거리게 되며, 심하면 마비나 죽음에 이르기도 한다. 심장, 소화기 등도 영향을 받는 것으로 알려져 있으며, 티아민이 부족하면 수척해 보이고 활기가 없어진다. 식욕도 감소하게 된다. 황화물이나 질산염 등의 화학물질은 티아민을 분해하는 것으로 알려져 있으므로 유의해야 한다. 티아민이 과다한 경우 조류에게 초래되는 이상은 알려진 바가 없다.

■리보플래빈 : 비타민B_2로도 알려진 리보플래빈은 주황색 비늘 모양의 결정 또는 결정성 가루로 약간의 냄새가 있고 쓴맛을 낸다. 리보플래빈은 단백질, 탄수화물 등에서 에너지를 생산하는 과정에 깊이 관여하며, 번식에도 중요한 역할을 수행한다. 달걀, 우유, 요거트, 소간, 맥주효모, 아몬드, 치즈, 닭고기, 아스파라거스, 브로콜리, 시금치, 통밀빵 등에 많이 존재한다.

리보플래빈결핍은 성장기의 유조에게 성장률 둔화, 산란율 감소, 설사, 다리마비 등을 초래한다. 신경계, 소화기계, 근골격계 이상도 동반하며 지방간이 초래되는 것으로 보고된 바 있다. 과다하게 섭취할 경우 소변의 색이 밝은 노란색으로 변하는데, 종종 간질환으로 오해받을 수 있으므로 유의해야 한다. 일반적으로 리보플래빈은 소변으로 쉽게 배출되기 때문에 리보플래빈 과다섭취에 따른 중독증상은 매우 드문 편이다.

■**니아신** : 니코틴의 산화물로 비타민B복합체의 하나다. 니아신은 지방분해, 단백질 및 적혈구생성 등 신체의 여러 기능에 작용하며, 번식에도 중요한 역할을 수행한다. 니아신은 거의 모든 음식에 존재하지만 특히 닭고기, 참치, 소고기, 연어, 달걀 등의 동물성 음식에 풍부하다. 니아신이 결핍될 경우 인간은 펠라그라 병에 걸리고, 앵무새는 혀와 구개부에 염증이 생기고 깃털이 부스스해지며, 머리와 다리의 피부에 이상이 생긴다. 니아신이 과다할 경우 인간은 다양한 이상증상을 동반하지만, 조류의 경우에는 별다른 문제가 없는 것으로 알려져 있다.

■**비오틴** : 장내 미생물을 생성하는 데 반드시 필요한 수용성 비타민의 일종이며, 장내 미생물에 의해 자체적으로 생성되기도 한다. 비오틴은 비타민B_7이라고도 불리며, 지방분해를 비롯한 다양한 신체기능의 수행을 보조한다. 비오틴은 간에 저장되며, 밀만 섭취하는 앵무새에서 종종 비오틴결핍증이 보고된 바 있다. 보통 동물의 간, 참치, 오트밀, 콩, 달걀, 땅콩버터, 쌀, 닭고기, 바나나, 맥주효모 등에 많이 존재한다. 비오틴이 결핍되면 신장에 이상이 생기고 지방간이 되며, 다리에 염증이 생기고 눈과 부리에도 이상이 생긴다. 비오틴과다에 따른 이상은 보고된 바가 없다.

■**엽산** : 비타민B복합체의 하나로 1941년에 시금치 잎에서 처음 추출됐고, 1945년에 결정화와 화학합성이 이뤄졌다. 엽산은 요산을 만드는 데 필요하며, 신장을 통해 노폐물을 배출하는 핵심적인 기능을 수행한다. 따라서 앵무새를 비롯한 조류의 먹이에 빠져서는 안 될 중요한 요소다. 일반적으로 알팔파, 시금치, 브로콜리, 병아리콩, 오렌지, 땅콩, 팥, 바나나, 통밀빵 등에 많이 존재하며 장내 미생물에 의해서도 합성된다.
엽산이 부족하면 성장이 둔화되고 깃털의 윤기가 떨어지며, 정상적인 색깔을 띠지 못하게 된다. 면역계통의 이상이나 적혈구 기형의 원인이 되기도 한다. 장기간에 걸친 항생제 투여가 엽산결핍증을 초래하기도 한다. 엽산을 과다하게 섭취하면 빈혈, 심근비대, 신장과 간의 비대를 야기한다.

■**시아노코발라민** : 비타민B_{12}로도 알려진 시아노코발라민은 조혈작용에 깊이 관여하며, 어린 앵무새의 성장을 촉진하고 번식에도 중요한 역할을 수행한다. 일반적으로 장내 미생물이 이 물질을 합성하기도 하지만, 익힌 동물의 간도 시아노코발라민의 중요한 공급원이다. 더불어 달걀이나, 맥주효모, 콩, 땅콩, 완두콩도 함유하고 있다. 시아노코발라민결핍은 천천히 그 증상을 나타낸다. 보통 빈혈, 모래주머니 미란(짓무름), 관절이상, 심장, 간, 신장의 비대 등을 야기한다. 시아노코발라민과다에 따른 이상은 보고된 바가 없다.

■**판토텐산** : 수용성 비타민의 일종으로 비타민B복합체에 속하는데, 동식물계에서 극히 미량이지만 광범위하게 분포한다. 판토텐산은 비타민B_3라고도 불리며 지방, 콜레스테롤, 비타민D, 적혈구 및 일부 호르몬과 신경전달물질과 관련돼 있다. 일반적으로 곡물에 많으며 달걀, 닭고기, 콩, 땅콩버터, 바나나, 감자, 브로콜리, 소간, 자몽, 옥수수, 컬리플라워, 쌀 등에 많이 함유돼 있다. 그러나 판토텐산은 주로 장내세균에 의해 합성되고, 그 일부는 장으로부터 체내에 흡수돼 이용되므로 결핍되는 예는 적다.
판토텐산이 부족하면 성장이 둔화되고, 깃털이 지저분해진다. 눈 주위, 부리 주변 항문 등에 피부염이 생기기도 한다. 앵무새의 경우에는 판토텐산과다로 인한 이상이 보고된 바 없으나 사람의 경우에는 설사를 유발한다.

■**피리독신** : 피리독신은 비타민B_6라고도 불리며 탄수화물, 지방, 단백질의 합성과 분해에 주된 역할을 수행한다. 피리독신은 바나나, 옥수수, 해바라기씨, 감자, 자몽, 시금치, 쌀, 완두콩, 호두, 땅콩버터 등의 식물성 식품과 닭고기 등에 함유돼 있다. 피리독신결핍은 동맥경화, 식욕부진, 성장둔화, 골격약화, 산란율저하, 신경계이상 등의 문제를 초래한다. 일부 동물에서 피리독신과다는 신장결석 등의 원인으로 알려져 있으나 앵무새에서는 별다른 이상이 보고된 바 없다.

■**아스코르빈산** : 수용성 비타민의 하나로 비타민C라고도 불리는 아스코르빈산은 혈관벽, 근육조직 등의 형성과 유지에 필수적인 영양성분이다. 괴혈병에 특효가 있는 물질로

발견됐으며, 현재는 공업적으로 합성되고 있다. 또한, 상처와 골절을 치료하고 감염으로부터 보호하는 데도 중요한 역할을 수행한다. 일부 앵무종은 별도의 아스코르빈산을 급이해야 하며, 일부는 스스로 간에서 충분한 양의 아스코르빈산을 합성하기도 한다. 또한, 아스코르빈산은 수용성 비타민으로서 몸에 축적되지 않고 쉽게 배출되기 때문에 적당한 범위 내에서 다소 과다하게 섭취해도 심각한 문제를 야기하지는 않는다. 주로 감귤, 오렌지, 자몽, 레몬, 라임, 딸기, 배, 새순, 키위, 파파야, 망고 등에 많이 들어 있으며 브로콜리, 청고추, 양배추, 토마토, 아스파라거스, 감자, 당근 등에도 풍부하게 들어 있다.

아스코르빈산이 부족하면 질병에 대한 저항력이 떨어지고, 피부조직의 결합력이 저하된다. 인간과 원숭이의 경우는 아스코르빈산이 부족할 경우

땅에서 먹이를 찾는 슈퍼브 패럿(Superb Parrot, *Blytelis swaiusonii*)

괴혈병을 비롯한 심각한 문제가 발생하게 된다. 아스코르빈산은 대부분 별다른 어려움 없이 체외로 배출되지만, 일부 동물의 경우 신장결석을 초래하기도 한다.

■콜린 : 콜린은 비타민복합체의 일종으로 신경의 흥분전달에 관여하는 물질이다. 또한, 생물체내 지방과 콜레스테롤 조절역할을 수행해 간에 지방이 축적되는 것을 막는다. 콜린은 신장과 간의 기능을 조절하고, 신경전달작용에도 관여한다. 주로 양배추, 컬리플라워, 렌틸콩, 간, 난황에 많이 존재한다. 콜린이 부족할 경우 간지질증, 심장 및 신장이상이 초래된다. 콜린과다에 따른 이상은 보고된 바가 없다.

기타 영양소의 종류와 역할

명칭	역할
아인산	습한 공기 속에서 황린이 산화할 때 생기는 화합물로 화학분석 시 환원제로 쓰이며, 인의 산소산 가운데 하나다. 아인산은 성장, 신체기능의 유지, 상처의 치유, 뼈 강도의 유지 등에 중요한 역할을 담당한다. 아인산은 탄수화물, 단백질, 지방 등을 에너지로 전환시키며 세포막의 주요 구성성분이기도 하다. 주로 우유, 간, 요거트, 닭고기, 땅콩버터, 아몬드, 강낭콩, 감자, 달걀, 브로콜리 등을 통해 섭취할 수 있다. 아인산결핍은 관절 및 뼈, 근육의 약화와 회복둔화 등을 초래한다. 아인산과다는 칼슘부족으로 이어진다.
칼륨	주기율표 1족에 속하는 알칼리금속원소로 원소기호는 K다. 생물체 내에서 이온으로 존재하며, 생물의 물질대사에 반드시 필요한 무기물질이다. 칼륨은 식물체 내에서는 수분상태를 조절하는 데 중요한 역할을 한다. 칼륨이 부족하게 되면 잎에서 엽록소의 생성이 적어지므로 담황색의 무늬가 생기며 후에는 갈색으로 변하는데, 이와 같은 증상이 잎 둘레에 나타나므로 쉽게 알아볼 수 있다. 동물의 경우 칼륨은 체액을 조절하고, 신경계의 신호전달시스템에 관여한다. 칼륨은 근육의 긴장과 반응 및 탄수화물대사에 작용한다. 바나나, 감자, 땅콩, 소고기, 오렌지, 곡물, 각종 과일 및 야채 등이 칼륨이 풍부한 식품이다. 칼륨이 부족하면 성장속도가 둔화되며 신장질환, 뼈의 근골격계의 약화, 마비 등이 발생한다. 과다한 칼륨은 심장질환의 원인이 된다.
황	오래 전부터 그 존재가 알려진 황은, 고대에는 태워서 나오는 연기에 쐬어 소독하는 방법으로 사용됐다. 황은 단백질, 인슐린, 티아민, 비오틴의 중요한 구성요소다. 또한, 에너지대사와 직접적으로 연관돼 있으며, 세포 내 유전물질의 주요 구성성분이다. 닭고기, 달걀, 고기, 동물의 간, 우유 등에 풍부하다. 황결핍은 단백질결핍과 간지질증의 원인이 되며, 황과다는 몰리브덴과 구리의 흡수 및 배출에 악영향을 미친다.
나트륨	1807년 영국의 화학자 H. 데이비에 의해 처음으로 순수하게 분리된 금속으로 소듐이라고도 불린다. 체액의 주요 구성성분으로서 주로 소장에서 흡수되고, 일부는 위에서 흡수되기도 한다. 신장은 혈액 내 적정 나트륨 농도를 유지시킨다. 나트륨은 체내 산을 중화시키며, 포도당의 흡수와 세포막으로의 영양분 전달에 주된 작용을 한다. 나트륨은 또한 체액의 양을 조절하는 역할도 한다. 달걀, 케일, 당근, 샐러리, 시금치 등이 나트륨을 많이 함유하고 있다. 나트륨결핍은 성장둔화, 번식률저하, 뼈의 약화 등을 초래한다. 과도한 나트륨섭취는 세포 내 수분함유율을 높여서 몸을 붓게 하고, 과도한 갈증과 호흡곤란을 초래하기도 한다. 인간의 경우 밤에 과도하게 짠 음식을 먹으면 아침에 몸이 붓는 것이 바로 이 나트륨 때문이다.

명칭	역할
염소	염소는 생물체 내 체액의 pH농도 밸런스를 유지하는 데 도움을 준다. 동물의 몸에서는 신경을 통해 자극을 전달시킬 때 영향을 주며, 혈장의 구성성분이 된다. 생물체 내에서 주로 일가 음이온으로 존재하며, 칼륨이나 나트륨 등과 함께 삼투압을 조절하는 등 생물의 물질대사에 반드시 필요한 무기물질이다. 또한, 염소는 위산의 주요성분으로 소화를 촉진한다. 주로 닭고기 등의 고기와 곡물, 일부 과일과 야채, 견과류, 소금을 통해 섭취된다. 염소가 부족하면 체액의 pH균형에 이상이 생기고 소화가 둔화되며, 근육이 약해지고 쉽게 피로해진다. 또 기면증이 생기기도 하고, 성장에도 이상이 생긴다. 염소과다에 따른 이상은 앵무새의 경우 그다지 알려진 바가 없다. 소금에 주로 함유돼 있고 결핍 시에는 구토, 설사 및 부신피질에 질환이 생기며 과잉 섭취했을 때는 탈수, 고혈압, 위산과다, 위궤양 등의 질환이 생길 수 있다.
마그네슘	자연상태에서 단일금속으로 존재하지 않는 마그네슘은 탄수화물, 단백질, 지방의 에너지화, 단백질의 합성, 체내 독소의 제거에 연관돼 있다. 또한, 마그네슘은 근육의 긴장과 이완 및 신경신호전달에도 관련되는 등 근육운동의 조절에도 필수적인 미네랄이다. 앵무새가 섭취하는 대부분의 식품은 마그네슘이 풍부해서 일반적으로 마그네슘결핍에 따른 문제는 보기 어렵다. 땅콩 등 견과류, 바나나, 완두콩, 도정하지 않은 곡물, 땅콩버터, 진녹색잎채소 등에 풍부하다. 마그네슘결핍은 잘 발생하지는 않지만 성장률둔화, 기면 등을 유발하며 심각한 경우 근신경의 과도한 흥분으로 인해 사망에까지 이를 수 있다. 과다한 마그네슘섭취는 설사 및 얇은 알 껍질 등을 비롯한 산란이상을 초래한다.
구리	동이라고도 부르며 화폐, 전선 등을 제조하는 데 주로 쓰이는 구리는 생물체내의 혈액과 골격형성에도 매우 중요한 역할을 수행한다. 구리는 대부분의 식품에 풍부하지만 닭고기, 견과류, 시리얼, 완두콩, 암녹색잎채소 등이 특히 구리함량이 높다. 구리가 부족하면 혈관 벽이 약해지고, 심장비대를 초래한다. 빈혈이나 골기형도 보고된 바 있다. 구리가 부족하면 간, 신장, 모이주머니에 문제가 발생할 수 있다.
요오드	요오드는 갑상선호르몬 형성에 필수적이다. 인간의 경우 바다에서 떨어진 내륙지방에서는 요오드의 결핍으로 갑상선 기능이 마비돼 지방병성 갑상선종이 다발한다. 미국의 일부 주에서는 식염에 아이오딘염(鹽)을 혼입시켜 질병을 예방하기도 한다. 앵무새의 경우 요오드는 종종 일부 종에서 대머리를 유발하기도 한다. 요오드는 바닷소금, 해산물, 미역, 다시마 등에 풍부하다. 요오드결핍은 갑상선비대와 갑상선 호르몬의 감소, 성장둔화, 산란량감소, 알 크기감소 등을 초래한다. 요오드과다 역시 갑상선비대를 초래할 수 있다.
철	철은 혈액 내 적혈구의 주성분으로 산소를 운반한다. 철은 동물의 간, 견과류, 말린 과일, 도정하지 않은 곡물, 딸기, 브로콜리, 블랙베리, 시금치, 호박, 해바라기 씨, 아몬드, 감자, 닭고기, 바나나 등에 풍부하다. 철이 부족하면 적혈구가 감소하고 빈혈을 유발하며, 과다하게 섭취하면 복통, 설사, 변비가 생길 수 있다. 통상 철은 간에 축적되는데 과다한 철분의 섭취는 간기능에 이상을 가져오고, 심각한 경우 사망에 이를 수 있다.

명칭	역할
셀레늄	1817년 J. J. 베르셀리우스가 타고남은 재속에 있는 적색물질에서 발견해, 달을 뜻하는 그리스어 '셀레네(selene)²'를 따서 명명했다고 한다. 셀레늄은 일종의 항산화물질로 과다한 산화물질에 의한 문제를 경감시킨다. 일반적인 펠릿사료는 충분한 수준의 셀레늄을 함유하고 있으며 시리얼, 닭고기, 참치와 몇몇 채소에 많은 양이 함유돼 있다. 셀레늄결핍은 생식계통에 이상을 초래하며, 과다한 섭취는 깃털이상을 가져오고 부화율을 저하시키며 쇼크를 초래한다는 보고가 있다.
망간	망간은 효소를 활성화하는 촉매역할을 한다. 또한 결합조직, 지방, 콜레스테롤, 골격, 혈소판, 단백질의 형성에도 관여한다. 일반적인 앵무새용 펠릿사료는 대부분 충분한 망간을 포함하고 있다. 식품 중에는 시금치, 통밀빵, 시리얼, 블루베리, 견과류, 콩효모나 콩류, 밀, 살구, 녹황색채소 등이 높은 망간함유량으로 유명하다. 인간의 경우 망간의 양이 부족해지면 고환이 수축하고 젖 분비가 잘 안 되며, 체중감소 및 피부염 등 각종 증상이 나타난다. 반면에 너무 많이 섭취하면 간에 저장되지만 특별히 큰 해는 없으며, 미네랄 불균형의 가능성이 있다. 망간결핍은 다른 어떤 미량원소의 결핍에 따른 문제보다 조류에서 더 흔하게 발견되는데, 뼈의 성장을 저해해 뼈가 짧고 가늘어지며, 이로 인해 관절 등에 이상이 발생하게 된다. 망간결핍에 시달리는 앵무새는 마치 하늘의 별을 보는 것처럼 목을 빼서 뒤로 머리를 젖히고 멍하니 있는 듯한 동작을 취한다. 망간과다섭취에 따른 이상은 거의 보고된 바가 없다.
아연	아연은 인체 내에서 세포를 구성하고 생리적인 기능을 조절하는 대표적인 무기물질 중 하나이다. 아연은 또한 뼈의 형성, 단백질소화 및 단백질의 에너지화에 기여한다. 더불어 혈당조절, DNA의 유지, 상처치료, 면역계통의 유지에도 작용하는 것으로 알려져 있다. 인간의 경우 만약 섭취가 부족하게 되면 출산 시 기형아나 저체중아를 낳을 수 있으며, 성장발육에 문제를 일으키게 된다. 그러나 과잉섭취 시에도 미네랄불균형 등의 문제가 발생한다. 앵무새를 비롯한 조류의 경우에 아연결핍은 성장속도의 둔화, 깃털형성부전, 관절이상 등을 초래한다. 아연과다섭취는 셀레늄의 섭취를 방해하고 모이주머니와 이자의 기능을 저해하며 거식증을 유발한다. 일반적으로 앵무새는 아연도금된 케이지에서 길러지는 경우가 많고, 이로 인해 아연중독을 쉽게 찾아볼 수 있다.
코발트	코발트라는 명칭은, 코발트 광석에 코발트라는 악귀가 붙어 있어 제련을 방해한다는 광부들의 미신에서 기원했다고 한다. 일부에서는 항상 니켈에 수반해서 산출되므로 '붙어산다'라는 의미의 그리스어 '코발스(kobals)'에서 유래했다고 주장하기도 한다. 1735년 스웨덴의 브란트에 의해서 발견된 코발트는 옛날에는 도자기나 유리 등에 푸른색을 내는 화합물로 알려져 있었으며, 고대 이집트에서 이미 사용됐다. 비타민B_{12}의 구성성분으로 적혈구의 형성, 신경조직의 기능유지, 세포의 형성 등에 기여한다. 코발트는 통상 대부분의 식품에 풍부하나 특히 동물의 간, 근육에 많이 함유돼 있다. 코발트결핍은 비타민B_{12}결핍과 관련돼 있는 경우가 대부분이며, 체력약화와 식욕부진, 빈혈을 유발한다. 코발트과다섭취는 앵무새의 경우 보고된 바가 없다.

명칭	역할
몰리브덴	몰리브덴은 체내의 생리작용을 진행시키는 등 우리 몸에 꼭 필요한 물질로서 피부, 근육, 골 조직, 간 등에 많이 존재한다. 몰리브덴은 퓨린계 물질을 분해하고 요산형성에 관여하는 효소 중 하나인 크산틴산화효소의 구성성분으로 철분대사에 중요한 역할을 하며, 성장과 발달에도 중요한 역할을 한다. 동물의 간, 밀의 새싹, 도정하지 않은 곡물, 콩류 및 암녹색 엽채류에 풍부하다. 인간의 경우 당이나 지질의 대사작용을 돕기도 하며, 여성의 임신에도 필요한 물질이다. 테스토스테론의 작용을 방해해 빈혈이나 천식, 탈모 등의 증상에 긍정적으로 작용하기도 한다. 앵무새에 있어 몰리브덴결핍에 따른 특별한 이상은 보고된 바 없으며, 과다한 경우 일부 동물에서 통풍을 유발하기도 한다.
크로뮴	크로뮴은 1797년 프랑스의 보클랭이 시베리아산 홍연석에서 발견했다. 크로뮴은 마이크로미네랄이라고 해서 아직 생물체 내에서의 역할이 잘 알려지지 않은 원소 중 하나이다. 크로뮴은 이른바 당부하요소(GTF)의 하나로 인슐린을 분비해 당대사를 조절하는 역할을 하며, RNA 전자에서 핵심적인 역할을 수행한다. 도정하지 않은 곡물, 육류, 치즈, 달걀, 이스트, 쌀, 밀의 싹, 오렌지 등에 풍부하다. 크로뮴결핍은 인슐린의 작용을 저해해 혈당치를 높인다. 크로뮴과다는 아직 앵무류에서 보고된 바가 없다.
불소	불소는 체액과 골 조직에 널리 존재하며, 상처치료와 철분흡수를 보조한다. 인간의 경우 충치에 효과가 있어 충치예방목적으로 수돗물에 첨가되기도 하며, 치약의 주성분이다. 앵무류에 있어 불소부족은 그리 널리 알려져 있지 않으나 만일 결핍된다면 골다공증 등의 문제가 발생한다. 불소의 과다섭취는 성장둔화, 체중감소, 식욕부진, 골조직의 기형 등을 초래한다.
니켈	1751년 스웨덴의 광물학자 A. F. 크론스테트가 처음 발견했다. 니켈은 앵무새의 조직 전체에서 발견되지만, 특히 이자에 다량 축적돼 있다. 앵무류에 있어서 니켈의 생리작용은 밝혀진 바가 없으나 최근의 연구에 의하면 다른 동물에서와 마찬가지로 성장기에 필수적이라고 한다. 일반적으로 피부, 세포벽, DNA유지에 중요한 역할을 하는 것으로 믿어진다. 또한, 그 이유는 밝혀진 바 없지만 화상, 심장발작 등 이후에는 체내 니켈농도가 급격히 증가한다. 보통 녹색채소, 도정하지 않은 곡물, 과일, 견과류 등에 풍부하다. 그런 경우는 거의 없지만 만일 체내에 니켈이 부족하면 피부의 색깔이 변하고 발진이 나타나며, 다리가 붓고 관절에 부종이 생긴다. 니켈과다에 의한 이상은 보고된 바가 없다.
실리콘	실리콘은 통상 반도체의 주성분으로 우리말로는 규소라고 부른다. 여성의 유방성형용 보형물로 널리 알려져 있으나 앵무새의 적절한 성장과 발달에 작용하는 요소 중 하나이다. 참고로 실리콘은 이 지구상에 산소 다음으로 풍부하게 존재하는 원소이다. 도정하지 않은 곡물, 빵, 시리얼, 콩류 및 각종 야채에 풍부하게 존재한다. 실리콘의 체내농도는 나이가 들어가면서 감소하나 결핍 및 과다에 따른 별다른 문제는 보고된 바가 없다.

Section 03

먹이의 종류와 금기식품

최근 국내에도 펠릿사료(pellet diet)가 수입되며, 인터넷 등을 통해 어렵지 않게 다양한 펠릿사료를 접할 수 있게 됐다. 몇 년 전만 해도 상상하기 어렵던 일이다. 편이성과 균형 잡힌 영양분 등 펠릿사료는 기존의 혼합곡물사료에 비해 상당히 우월한 것이 사실이다. 이에 따라 우리나라뿐만 아니라 미국 등지의 전문브리더 사이에서도 펠릿사료와 혼합곡물사료에 대한 다양한 논의가 진행 중이기도 하다.

하지만 무엇보다 중요한 것은 우리는 아직 매커우, 아마존, 아프리칸 그레이 등 비교적 흔하게 사육되는 앵무새에 대한 영양학적 요구량에 대해 명확하게 아는 바가 없다는 것이다. 따라서 단순히 펠릿사료와 혼합곡물사료만을 놓고 본다면 전체적으로 펠릿사료가 좀 더 우위에 있다고 볼 수 있겠으나, 펠릿사료 외에도 다양한 과일과 야채를 포함한 먹이를 제공해야 하며 언제나 연구하는 자세로 임해야 한다는 것이다.

서로 깃털을 다듬어주고 있는 더스키 로리 한 쌍

노출된 절벽에서 나트륨 및 미량원소를 섭취하고 있는 야생앵무새

펠릿사료

일반적으로 앵무새는 매우 다양한 종류의 먹이를 먹는다. 하지만 기존의 대부분의 앵무새 사육가가 이용하는 곡물사료만으로는 야생의 앵무새가 다양한 종류의 먹이에서 섭취하는 다양한 영양분을 제공하는 것이 거의 불가능하다고 볼 수 있다. 이에 따라 최근에는 펠릿사료가 기존의 곡물사료를 조금씩 대체하고 있는 추세다. 일부 사료회사는 자신들의 펠릿사료가 완벽하게 조제돼 완전히 기존의 곡물사료를 대체한다고 광고하기도 한다.

펠릿사료는 일반적으로 두 가지 방식으로 만들어진다. 첫 번째 방식은 저온압축방식이다. 압축식제조법은 간단히 말하자면 모든 재료를 갈아서 비타민과 미네랄을 첨가해 80도 정도의 증기를 쐬어 살균한 후 노즐을 통과해 펠릿사료의 모양을 만들어 내는 것이다. 원재료에 함유된 전분은 고압증기로 끈적끈적해지며 다른 성분들을 뭉치게 만들고, 이렇게 해서 냉각하면 펠릿사료가 만들어진다. 이때 살균 등에 사용되는 증기는 그 온도가 그리 높지 않기 때문에 영양분의 손실이 적은 편이지만, 살균이 완전히 이뤄지지 못하는 단점이 있다. 이런 방법으로 만들어진 펠릿사료는 매우 조밀하고 무겁다.

또 다른 방법은 이른바 고온압축방식이다. 이 경우에도 모든 원재료는 곱게 갈아지며, 물과 반죽돼 약 150도의 증기로 멸균된다. 이 과정에서 끈끈하게 서로 뭉치게 되고 반죽이나 죽처럼 변형된다. 이런 죽 형태의 사료는 공기 중에 노출되며 부풀어 오르고, 냉각된 후 적절한 크기로 잘라진다. 이렇게 만들어진 사료는 저온식으로 만들어진 사료보다 가볍고 그 조직이 덜 치밀한 편이다. 온도가 높기 때문에 거의 완전하게 멸균이 되지만, 가온과정에서 일부 영양소가 파괴되는 단점이 있다.

펠릿사료는 매우 다양한 색깔과 향, 모양으로 생산되고 있다. 최근 미국을 비롯한 유럽 등 앵무새 사육의 선진국들은 대부분 관리의 용이성과 우수한 번식효과 등으로 인해 기존의 곡물사료 위주에서 펠릿사료로 전환하고 있거나 이미 전환을 마친 것으로 알려져 있다. 우리나라도 최근 몇몇 업체에서 펠릿사료가 수입돼 시판되고 있으며 많은 이들의 관심을 받고 있는데, 각각은 장단점을 지니고 있다. 가장 대표적인 펠릿의 장점은 바로 균형 잡힌 영양성분, 충분한 단백질, 먹이 절약, 간편한 준비와 청소 등이다. 하지만 펠릿사료라고 완전한 것은 아니어서 과도한 미량원소 첨가 등에 의한 중독, 먹이전환의 어려움, 먹이 먹기라는 즐거움을 빼앗는 등의 단점이 있는 것이 현실이다.

선택은 사육가 각자에게 달려 있으나 필자는 이른바 '강화된 펠릿 다이어트'를 추천한

1. 앵무새용 펠릿사료 **2.** 앵무새용 혼합곡물사료. 일반적인 혼합곡물사료로 물에 불려 싹을 틔워 먹이면 영양분이 배가된다. 해바라기씨를 비롯한 견과류는 특정 종을 제외하고는 최소화하는 것이 바람직하다. 사진의 예는 대형 매커우용 사료다.

균형 잡힌 영양공급은 아름답고 건강한 깃털의 필수요건이다. 사진은 레드테일드 블랙 코카투(Red tailed black cockatoo, *Calyptorhynchus bauksii*)

다. 이는 과일, 야채 등을 펠릿사료와 함께 급이하는 것으로 균형 잡힌 영양과 더불어 다양한 먹이를 통해 펠릿사료가 제공하지 못하는 먹이 먹기의 진정한 즐거움을 제공할 수가 있다. 단, 이미 펠릿사료는 균형 잡히고 필수적인 영양을 제공하고 있는데(또는 그러하다고 믿어지는데), 여기에 특정 성분을 집중적으로 강화하게 되면 오히려 영양불균형을 초래할 가능성이 있음을 유의해야 한다.

곡물사료

시중에는 현재 매우 다양한 종류의 곡물모이가 판매되고 있는데, 그 가격과 원재료의 다양성은 숙련된 앵무새 사육가라도 혼동을 일으킬 정도다. 곡물도 영양성분을 함유하고 있지만 영양학적 측면에서 그다지 충분하지는 못하다. 대부분 이른바 속빈 칼로리다. 사실 앵무새의 입장에서는 인간의 패스트푸드와 같은 정크 푸드일 뿐이다. 따라서 앵무새가 필요로 하는 충분한 영양학적 요구를 맞추기 위해서는 다양한 야채, 과일 등을 추가로 급이해야 한다.

곡물모이가 전체적으로 영양학적 측면에서 부족한 점이 많은 것은 사실이지만, 그중에서도 조금이라도 좋은 것을 선택하는 노력이 필요하다. 가능하면 해바라기씨가 없거나 최소로 함유된 것을 골라야 하며, 벌레나 이물질이 없고 청결해야 한다. 또 가능한 다양한 종류의 곡물로 구성돼 있어야 한다. 일부 고급사료는 펠릿, 말린 과일과 말린 야채 등을 포함하고 있다. 이러한 사료는 단순히 곡물로만 이뤄진 사료보다 영양학적 측면에서 좀 더 의미가 있다고 볼 수 있다. 더불어 포장 상에 영양성분 및 구성물에 대한 명확한 표기가 있는 것이 좋다.

곡물모이를 구입할 때는 관리하고 있는 앵무새의 종류를 고려해야 한다. 코카투, 아마존, 매커우 계열은 비교적 큰 씨앗이나 견과류도 용이하게 껍질을 깔 수 있으나, 사랑앵무나 유리앵무와 같은 소형앵무는 큰 씨앗이나 견과류가 많이 함유된 먹이를 먹일 경우 제대로 먹이를 먹지 못해 체중감소나 심지어 폐사를 유발할 수도 있다. 또한, 너무 작은 곡물이나 견과류를 중대형앵무새에게 급이할 경우 부리로 제대로 먹이를 잡지 못해 상당량의 먹이를 버리게 될 수 있으며, 이로 인해 제대로 먹지 못해 소형앵무의 경우와 유사한 문제가 발생할 수 있다.

■**곡물사료의 오염 및 예방** : 곡물모이가 담긴 포장이나 봉지는 각종 벌레, 곰팡이, 병균 등으로부터 오염되지 않도록 꼼꼼하게 밀봉돼야 한다. 물론 곡물모이에서 나방류를 발견하는 것은 그리 어려운 일이 아니다. 새로 구입한 먹이에서도 어렵지 않게 발견할 수 있으며, 개봉한 지 얼마 지나지 않아 외부로부터 나방류가 알을 낳기도 한다.

나방류는 그 자체로 앵무새에게 해를 끼치지는 않는다. 오히려 중요한 단백질 공급원이 되기도 하며, 나방류가 있다는 것으로 곡물이 유독성 농약 등에 오염되지 않았다는 사실을 확인할 수도 있다. 다만 보기에 좋지 않고, 별다른 조치를 취하지 않고 내버려두면 상당한 수의 나방이 발생하게 되며, 여름이나 가을의 경우 상당히 성가시게 된다. 이러한 문제를 해결하기 위해서는 새로 구입한 곡물모이를 전자레인지에 넣고 1~5분 정도 가열하는 것으로 충분하고, 경우에 따라서는 냉동실에 48시간 정도 넣어두는 방법을 쓸 수도 있다.

오래된 곡물이나 견과류는 부패할 수 있으며, 이 경우 앵무새의 생명을 위협할 수도 있으므로 주의해야 한다. 반드시 신선한 곡물만 급이해야 하는데, 신선하지 않은 곡물은 영양성분이 고갈돼 앵무새에게 영양적인 측면에서 아무런 이득이 될 수 없다.

■**곡물모이의 소독** : 박테리아나 곤충 등에 의한 오염을 막는 가장 확실하고도 용이한 방법은 곡물을 전자레인지로 가열하는 것이다. 곡물모이를 직경 20cm 정도의 전자레인지용 접시에 3cm 이하의 두께로 담고, 최대출력으로 2분 정도 가열한다. 잠시 씨앗을 식히고 뒤적거린 후 다시 2분 정도 가열한다. 이렇게 3회 정도 하고 식힌 후 급이한다. 이 때 주의할 점은 곡물모이를 뒤적거릴 때마다 반드시 새로운 주걱을 이용해야 한다는 것이다. 총 가열시간은 6분 내외다. 이렇게 열소독이 완료된 곡물모이는 비닐이나 플라스틱 소재 용기에 밀봉해 냉장고에 보관한다. 단, 가열 시 경우에 따라 악취가 발생할 수 있으나 이는 적절한 환기로 충분히 해결이 가능하다.

■**모이주기** : 곡물모이의 또 다른 단점은 모이통에 껍질이 남아서 초보사육자들은 종종 아직 모이가 남아 있는 것으로 생각하고 모이를 갈아주지 않는 경우가 생긴다는 것이다. 이와 같은 사육주의 부주의로 인해 지금 이 순간에도 많은 앵무새들이 기아에 허덕이며 때로는 목숨을 잃기도 한다. 이를 예방하기 위한 최선의 방법은 매일 먹이를 갈아주는 것이다. 대부분의 소형 곡물류는 창문을 열고 '후~~~' 하고 한번 불어주는 것으로 먹고 남은 껍질을 날려 보낼 수 있다.

과일 및 야채

과일 및 야채는 다양한 비타민의 주된 공급원이며, 거의 모든 앵무새들이 가장 선호하는 먹이다. 과일에는 수분이 많기 때문에 많이 섭취할 경우 별도로 물을 잘 먹지 않으며, 변이 묽어지기도 하나 문제가 되지는 않는다. 과일을 먹으면 설사를 한다고 해서 곡물사료만 주는 사육가를 본 적이 있는데, 이는 마치 사람에게 반찬이나 다른 어떠한 것도 없이 누룽지만 먹이는 것이나 다를 바가 없으므로 여러 가지 과일과 야채를 급이하도록 한다.

앵무새가 좋아하는 과일과 야채는 이루 헤아릴 수 없을 정도로 다양하다. 사람이 먹을 수 있는 모든 과일과 야채를 먹는다고 보면 된다. 여기서는 따로 그 종류를 열거하지 않겠으나 슈퍼마켓이나 시장에 간다면 언제나 여러분의 앵무새를 위한 과일과 야채를 사오기 바란다. 과일과 야채 외에도 고구마, 옥수수, 감자 등은 매우 좋은 먹이다. 단, 이런 신선식품을 제공할 때 유의할 사항은 바로 위생과 살충제다. 반드시 흐르는 물에 충분히 헹궈서 제공해야 하며, 아침에 제공했다면 수 시간이 지난 후까지 남아 있는 먹이는 모두 버려야 한다. 여름에는 특히 이 점에 유의해야 한다.

포도를 먹고 있는 매커우. 발을 손처럼 정교하게 사용한다.

단백질 보충사료

번식기의 앵무새는 평소보다 많은 단백질을 필요로 한다. 알을 구성하는 주요성분이 단백질이라는 사실을 상기하면 그 이유를 어렵지 않게 추측할 수 있다. 알에서 부화해 성장기에 있는 어린 새들도 단백질을 필요로 하기는 마찬가지다.

과거에는 일본 조류사육가들을 모방해 난조라는 좁쌀과 달걀을 버무려서 말린 먹이를 만들어 썼으나 요즘은 수입되는 에그 푸드를 이용하는 것이 일반적이다. 에그 푸드는 말 그대로 달걀을 이용해 만든 단백질 강화사료로서 번식을 촉진하고 한배의 새끼수를 늘리며, 새끼가 정상적으로 그리고 빨리 성장할 수 있도록 보조한다. 하지만 에그 푸드는 습기에 약해 보관에 주의를 기울여야 하며, 먹이통 속에서도 쉽게 부패하는 경향이 있으므로 유의해야 한다. 더불어 번식과 관계없는 성조가 과도하게 장기간 섭취하면 비만 등을 초래할 수 있으므로 급이에 주의를 기울이도록 한다.

과일 및 야채 먹이　　　　　　　　　　　　　에그 푸드

미네랄 및 비타민보충제

앞에서 알아봤듯이 앵무새는 수많은 미네랄과 비타민을 필요로 한다. 하지만 일반적인 곡물위주의 사료에는 이러한 다양한 영양분들이 결핍돼 있는 경우가 많으며, 이는 장기적으로 앵무새의 건강에 치명적인 영향을 미칠 수 있음은 널리 알려진 사실이다. 이에 따라 최근에는 다양한 형태로 된 제품이 시중에 나와 있고, 이를 이용해 이러한 결핍을 일정부분 해소할 수 있다.

하지만 이런 추가적인 영양제의 사용은 상당한 주의가 필요하다. 기존에 펠릿사료 등을 먹이고 있다면 이미 대부분의 펠릿사료는 앵무새가 필요로 하는 충분한 영양분을 포함하고 있을 것이며, 여기에 추가로 특정성분을 급이하는 것은 자칫 특정영양소의 과다증을 초래할 수 있다. 이는 심각한 경우 마비나 폐사로까지 이어질 수 있다는 점을 유의해야 한다. 또한, 다양한 과일과 야채를 기본으로 한, 자연에 가까운 먹이를 주고 있는 경우에도 별도의 미네랄이나 비타민보충제는 불필요하다고 보는 것이 일반적인 견해다. 단, 번식기에 있는 경우에는 오징어뼈와 미네랄블록을 비롯한 칼슘보충제를 추가로 급이하기를 권한다.

다음에 소개하는 것들은 일반적으로 미국 등지에서 사용하는 보충제다. 최근 국내에는 다양한 앵무새용 보충사료 등이 나와 있으나 그 효능은 검증되지 않은 것으로 알고 있다. 넉

넉한 예산을 가지고 있다면 별도로 급이해도 관계없지만, 사람의 경우처럼 건강식품이 건강을 보장하는 것은 아니므로 유의하기 바란다. 그보다는 다양하고 신선한 먹이를 주는 것이 앵무새의 건강을 유지하는 데 있어서 더욱 중요하다.

■**알로에 베라** : 시중에 다양한 종류의 알로에 베라 제품이 나와 있는데, 통상 알로에는 소화작용을 돕는 것으로 알려져 있다. 마시는 물에 소량 타서 줄 수 있다.

■**계피가루 또는 시나몬** : 소화와 혈당조절에 도움이 되며, 먹이 위에 뿌려주면 좋다. 또는 커피전문점 등에서 구할 수 있는 시나몬 스틱을 줘도 좋아한다. 하루 종일 빨거나 부러뜨려서 조그만 조각으로 만들어 먹는다.

■**자몽추출물** : 일명 GSE(grapefruit seed extract)라고 하는 자몽추출물은 놀라운 항생, 항진균작용을 하는 것으로 알려져 있다. 건강식품전문점 등에서 어렵지 않게 구할 수 있으며, 먹이에 조금씩 섞어서 줄 수 있다.

■**천연유기유황** : 천연유기유황(methilsulfonymethane, MSM)은 깃털을 뽑는 새나 깃털에 이상이 있는 새들에게 좋은 결과를 가져오는 것으로 알려져 있다. 건강식품전문점 등에서 구할 수 있으며, 과용해도 독성이 없는 것으로 알려져 있다.

1. 오징어뼈. 다수의 새를 기르는 경우 경동한약시장 등을 통해 대형 오징어뼈를 저렴하게 구할 수 있다.
2. 미네랄블록. 다양한 형태와 향을 가진 미네랄블록이 시판 중이다.

앵무새용 특별식

앞서 언급한 여러 가지 유형의 먹이 외에도 앵무새는 다양한 먹이를 먹을 수 있고, 실제로도 즐겨 먹는다. 동물성 먹이로서 각종 생선구이, 튀김, 쥐포, 오징어, 게살, 육포 등을 들 수 있고 식물성 먹이로서 각종 말린 과일, 떡, 스파게티(날것, 삶은 것), 국수(날것, 삶은 것), 구운 고구마, 감자 칩, 찐 단호박, 강정, 주스 등을 들 수 있다. 개체에 따라서는 사람이 먹는 다양한 음식도 즐겨 먹는 편이다.

이러한 먹이를 급이할 때 항상 명심해야 할 것은 기본은 자연 그대로의 재료를 다양하게, 품종의 특성에 맞춰서 주는 것이라는 점이다. 더불어 일부 사람이 먹는 음식은 앵무새에게 유해할 수 있으므로 사람이 먹는 조리된 음식은 가급적 주지 말 것을 당부한다. 특히 유의해야 할 것은 가공식품이다. 가공식품은 화학물질이나 정제된 식품이 다량으로 사용되는데, 앵무새의 소화기는 사람의 소화기보다 예민하므로 유의해야 한다.

일부 애호가들은 앵무새에게 직접 요리를 해주기도 한다. 다양한 매체를 통해 앵무새용 요리의 레시피가 많이 알려져 있는데, 다음 페이지에서 몇 가지 간단한 레시피를 소개하고 있으므로 참고하도록 한다. 모든 앵무새용 요리의 기본은 다양한 신선한 재료, 간단한 조리가 기본이다. 앵무새용 요리라고 대단하게 생각할 필요는 전혀 없다. 사람이 먹는 대부분의 샐러드, 올리브유로 만든 다양한 스파게티, 기름기가 적은 피자, 고추장이 들어가지 않은 비빔밥, 백김치, 달걀찜, 설탕이 들어가지 않은 쿠키나 머핀 및 다양한 빵 등은 모두 앵무새에게 먹여도 좋은 음식이다.

금기식품

대부분의 식품은 앵무새에게 무해하지만, 몇 가지 항목들은 유의해야 한다. 일단 가장 기본적인 것은 사람에게 좋지 않은 것은 앵무새에게도 좋지 않다는 것이다.

■**초콜릿** : 초콜릿은 대부분의 조류에게 치명적일 수 있다. 초콜릿은 이뇨작용과 혈관확장작용을 하는 테오브로민이라는 물질이 들어 있고, 이 물질은 소량이라도 새를 죽일 수 있다. 여러분 중 일부는 실제로 앵무새에게 초콜릿을 먹였으나 죽지 않았다고 이야기할 분도 있겠지만, 이는 잘 모르고 하는 소리다. 테오브로민은 통상 다른 독성물질과 마찬가지로 극소량일 때는 별무리가 없으며, 간에 축적된다. 하지만 축적된 총량이 일정 임계량을 넘으면 심각한 뇌신경장애를 일으키며, 결국 죽음에 이르게 한다.

일반적인 중독증상은 구토, 우울, 마비, 급사 등이며 개나 고양이 등도 초콜릿에 심각한 독성반응을 보인다.

■**아보카도** : 일명 숲속의 버터라고도 불리는 아보카도는 사실 우리나라에서 사람도 먹기 어려운 고급음식이다. 일반적인 슈퍼마켓에서는 잘 취급하지 않으며, 취급하더라도 개당 가격은 수천원을 넘는다. 불과 오리알만한 작은 크기임에도 가격은 작은 멜론 급이다. 먹는 방법도 독특해서

부적절한 먹이는 면역력약화나 질병으로 발전하며, 경우에 따라 폐사로 이어지기도 한다. ⓒCityparrots/Jonker&Innemee

완전히 익어 겉껍질이 보라색으로 변하면 반을 잘라 가운데 동그란 씨앗을 버리고 속을 파서 먹는다. 샐러드에 많이 사용되며, 멕시코음식에는 빠지지 않고 등장한다. 요즘은 캘리포니아 롤을 먹으면 비교적 자주 볼 수 있지만 여전히 귀한 과일이다.

하지만 이처럼 고급스럽고 우리나라에서는 비교적 귀한 음식인 아보카도는 사랑앵무나 왕관앵무 및 세네갈, 자딘 등 아프리카계 앵무새에게 치명적인 심혈관계장애를 초래한다. 특히 덜 익어 겉이 초록색인 아보카도는 더욱 위험하다. 대부분의 사랑앵무와 왕관앵무는 평생 아보카도를 볼 일이 없겠지만 그럼에도 유의하기 바란다. 반면에 매커우, 아마존, 코뉴어 등 중남미 출신의 앵무새들은 별 어려움 없이 아보카도를 먹을 수 있다는 주장도 있으나 역시 조심하기를 당부한다.

■**설탕** : 과도한 정제당은 분해가 어려워 당뇨를 초래하며, 사람의 경우와 마찬가지로 심장이상, 고지혈증, 칼슘부족 등을 초래한다. 또한, 당분의 과다섭취는 자해, 기면, 신경계이상과도 연관된 것으로 알려져 있다.

■**오래된 씨앗** : 오래 저장된 씨앗은 영양이 아니라 독이다. 씨앗이 오래되면 각종 곰팡이, 미코톡신, 아플라톡신 등을 포함하게 된다. 이런 씨앗을 섭취하면 체중감소, 우울증 등을 초래하며 심지어 사망에까지 이를 수 있다.

★ 앵무새용 특별식 레시피(중대형앵무 4마리 기준 한 끼 분량) ★

블루베리 머핀
재료: 통밀가루 2컵, 설탕 1/2컵, 달걀 1개(껍질도 함께 잘게 부순다), 블루베리 1컵(냉동 또는 신선한 것), 소금 1/2작은술, 넛맥 1/2작은술(없으면 넣지 않아도 된다), 버터 3작은술, 우유 1컵, 좁쌀 1/4컵, 베이킹파우더 1작은술, 비타민 1작은술(선택 가능)

블루베리 머핀

만드는 법: ① 오븐을 150도로 예열한다. ② 머핀용 틀에 유산지를 깐다. ③ 위의 재료를 넣고 잘 반죽한다. 이때 우유의 양으로 반죽의 묽기를 조절한다. 손으로 만져 부드럽게 눌러지면 잘 된 반죽이다. ④ 반죽을 조금씩 떼어내 유산지 내에 잘 넣고 오븐에 넣은 후 30분간 그대로 둔다. ⑤ 젓가락으로 찔러봐서 반죽이 묻어나오지 않으면 다 된 것이다. 다 된 머핀은 냉동실에 얼려 두고 먹일 때마다 전자레인지로 살짝 데워서 먹이면 된다.

치즈 프레시 머핀
재료: 통밀가루 2컵, 베이킹파우더 2작은술, 베이킹소다 1작은술, 소금 1작은술, 설탕 1/3컵, 버터 1/2컵, 치즈가루 1/2컵, 달걀 2개, 다진 사과 및 각종 야채 1컵, 사과주스(또는 다른 과일주스) 1컵

치즈 프레시 머핀

만드는 법: ① 오븐을 150도로 예열한다. ② 모든 재료를 믹싱 볼에 넣고 잘 섞어서 반죽한다. ③ 머핀 틀에 유산지를 깔고 위의 반죽을 넣은 후 30분 정도 굽는다. ④ 젓가락으로 찔러서 아무것도 묻어 나오지 않으면 꺼내서 식힌다.

바나나 망고 와플
재료: 밀가루 2컵, 설탕 1작은술, 소금 1/2작은술, 베이킹파우더 3작은술, 달걀 3개(왕란), 우유 1과 1/2컵, 올리브유(또는 다른 기름) 1/2컵, 바나나와 망고 으깬 것 1컵

만드는 법: ① 와플 팬을 미리 달궈둔다. ② 믹싱 볼에 밀가루, 설탕, 소금, 베이킹파우더를 넣고 잘 섞는다. ③ 또 다른 믹싱 볼에 달걀을 넣고 거품이 생길 때까지 젓는다. ④ 위의 달걀에 우유, 기름, 바나나와 망고를 넣어 잘 섞는다. ⑤ 밀가루 등에 달걀과 우유 섞은 것을 넣고 부드러워질 때까지 젓는다. ⑥ 위의 혼합물을 와플 팬에 넣고 굽는다. ⑦ 너무 뜨겁지 않게 식혀서 급이한다.

고구마를 넣은 프렌치 토스트
재료: 찐 고구마 1개, 달걀 3개, 통밀식빵, 각종 피자토핑 재료

만드는 법 : ① 찐 고구마를 껍질째 믹서로 으깬다. ② 달걀을 깨서 잘 저어둔다. ③ 통밀식빵에 으깬 고구마를 잘 바른 후 다른 식빵으로 덮어 샌드위치를 만든다. ④ 위의 샌드위치에 달걀 물을 듬뿍 묻힌다. ⑤ 잘 달궈진 팬에 기름을 두르고 위의 달걀 묻힌 샌드위치를 넣은 후, 피자토핑 재료를 얹고 뚜껑을 덮어 달걀이 익을 때까지 기다린다. ⑥ 사방 5cm 정도로 잘라서 급이한다.

프렌치 토스트

인살라타 미스타
재료 : 훈제연어 4조각, 적당한 크기로 썬 오이, 당근, 양상추 소량, 삶은 달걀 1개, 올리브오일, 작게 썬 피망 반개, 소금 1/2작은술

만드는 법 : ① 믹싱 볼에 위의 모든 재료를 넣고 잘 섞은 후 올리브오일을 뿌린다.

샐러드 피자
재료 : 또르띠야 1장, 모차렐라 치즈가루 1/2컵, 파마산 치즈 1/4컵, 루꼴라 서너 포기, 토마토 페이스트 1/2컵

만드는 법 : ① 오븐을 180도로 예열한다. ② 또르띠야에 토마토 페이스트를 잘 펴서 바른 후 모차렐라치즈를 뿌리고 오븐에 8분 정도 구워 치즈가 노릇해지게 한다. ③ 위에 루꼴라를 적당히 얹고 파마산 치즈가루를 뿌린 후 작게 잘라 급이한다.

앵무새 오곡밥
재료 : 식은 오곡밥 또는 잡곡밥 1공기, 잘게 다진 애호박, 잘게 다진 파인애플, 타임 및 파슬리 각 1작은술(다른 어떤 허브도 관계없음), 올리브오일 1큰술

만드는 법 : ① 모든 재료를 믹싱 볼에 넣고 잘 섞어서 위에 허브를 뿌린 후 급이한다.

치킨 크랩 바게트
재료 : 바게트빵, 삶은 닭가슴살 4쪽(결대로 잘게 찢을 것), 게맛살 4개(잘게 다질 것), 얇게 썬 홍고추 2개, 각종 엽채류 소량, 모차렐라치즈 1컵, 살짝 데친 브로콜리 1/4개, 과일맛 요거트

만드는 법 : ① 바게트 속을 긁어낸 후 위의 모든 재료를 적당량 다져서 집어넣고, 열린 곳이 없는 샌드위치처럼 만든다. ② 적당한 크기로 잘라 요거트를 뿌려 급이한다.

바게트

씨앗 급이 시 가장 좋은 방법은 소량씩만 구입하거나, 장기간 보관할 경우 냉동 또는 냉장하는 것이다. 급이하기 전에 물로 여러 번 헹궈 잘 말린 후 주거나, 또는 싹을 틔워 주는 것도 좋은 방법이다. 이는 견과류의 경우도 마찬가지다.

■ **버섯** : 버섯은 인간에게는 매우 유익한 음식이지만, 앵무새의 경우 소화를 시키지 못하며, 소화기장애를 유발하는 것으로 알려져 있다. 또한, 일부 버섯은 간기능장애를 유발하기도 한다. 따라서 가급적 버섯은 급이하지 말 것을 권장한다.

■ **토마토 잎사귀** : 토마토는 앵무새에게 매우 유익한 식품이지만, 줄기와 잎 등은 심한 독성 중독을 유발할 수 있다. 최근에는 줄기에 달린 채로 토마토를 판매하기도 하는데, 반드시 잎사귀를 모두 제거한 후 급이할 수 있도록 주의하기 바란다.

■ **마른 콩** : 익힌 콩은 앵무새에게 좋은 먹이지만, 마른 날콩은 절대로 급이해서는 안 된다. 마른 콩은 헤마글루티닌이라는, 앵무새에게 치명적인 독성물질이 함유돼 있으므로 익히지 않은 콩은 급이하지 않도록 한다.

다양한 과일과 야채는 앵무새의 건강을 위해 필수불가결한 요소다.

■**사과 씨** : 사과는 매우 좋은 식품이고, 대부분의 앵무새가 다른 어떤 과일보다도 사과를 즐겨 먹는다. 그러나 사과씨는 사이아나이드라는 물질이 있으며, 이것은 앵무새에게 치명적인 독성물질이기 때문에 사과를 급이할 때는 주의를 기울여야 한다.

■**마요네즈** : 일반적으로 마요네즈는 쉽게 상하며, 장기간 방치되면 안 주는 것만 못한 경우가 생기게 된다. 만일 부득이하게 마요네즈가 들어간 먹이를 먹여야 한다면 반드시 신선한 새 제품에 한해 급이할 것을 권장한다.

■**유제품** : 조류는 유제품을 제대로 소화할 수 없다. 유제품을 반드시 줘야 하는 경우라면 가끔 그리고 소량만 급이해야 한다. 하지만 앞서 살펴봤듯이 조리된 경우에는 별다른 문제를 야기하지 않는 것으로 보인다.

■**커피·차·청량음료** : 커피와 차에 들어 있는 카페인은 신경불안 등을 초래할 수 있으므로 이와 같은 식품들은 가능한 한 급이하지 않는 것이 좋다.

■**생양파** : 통상 향미를 돋우기 위해서 소량의 양파와 마늘분 등을 사용하기도 하지만, 생양파는 단순히 자극적일 뿐만 아니라 앵무새에게 구토와 설사 등 소화기계통의 문제를 야기한다. 또한, 장기간 생양파에 노출되면 용혈성빈혈을 동반하는 호흡기장애가 발생하는 것으로 알려져 있으므로 주의하도록 한다.

■**소금** : 과도한 염분은 고혈압을 초래할 수 있으므로 유의해야 한다. 일반적인 경우 별도의 소금을 급이할 필요는 없으며, 미네랄블록이나 일반적인 식단을 통해 쉽게 보충할 수 있다.

■**알코올** : 앵무새를 포함한 조류의 간은 알코올분해효소가 없어 소량만 섭취해도 치명적일 수 있다. 장난으로라도 앵무새에게 술을 먹이는 행위는 절대 하지 말아야 한다.

■**알레르기 유발물질(알레르겐)** : 일부 코카투가 스피룰리나에 대한 알레르기 반응을 보인 적이 있으며 땅콩도 과도한 공격성, 깃털 뽑기, 흥분과 같은 알레르기증상을 초래할 수 있는 것으로 알려져 있으므로 역시 주의를 요한다.

★ 종별 유의사항 및 금기식품 ★

아마존
아마존은 통상 비타민A결핍증에 취약한 것으로 알려져 있다. 가급적이면 시금치, 호박, 붉은 고추를 비롯해 비타민A가 풍부한 식품 위주로 식단을 짜는 것이 좋다. 또한, 아마존은 케이지가 과도하게 작거나 한 경우 쉽게 비만이 될 수 있어 견과류 등 지방이 많은 먹이와 과도한 단백질은 제한적으로 줘야 한다.

이클레터스 패럿
이클레터스 패럿 역시 아마존처럼 비타민A결핍증에 취약하다. 또한, 이클레터스는 다른 어떤 중대형 앵무보다도 야채 및 과일을 많이 먹는다. 절대로 혼합곡물 위주의 사료를 줘서는 안 된다. 국내의 대부분의 사육자들은 혼합곡물 위주의 사료를 급이하고 있는데, 이 경우 신부전이나 간부전 등으로 조기 폐사할 위험이 매우 높아지므로 유의하기 바란다. 새로운 이클레터스 패럿을 구입할 경우에도 반드시 기존 사육자가 충분한 양의 다양한 과일을 급이하고 있는지 확인하기 바란다.

아프리칸 그레이, 코카투, 왕관앵무
이러한 종들은 모두 파우더를 만들어 내기 때문에 칼슘이 풍부한 먹이를 줘야 한다. 일반적으로 칼슘은 암녹색의 엽채류에 풍부한 것으로 알려져 있다. 또한, 말린 새우나 멸치도 칼슘이 풍부한 편이다. 유제품에 민감하므로 가급적 유제품은 주지 말아야 한다.

매커우
매커우류는 통상 지방이 많이 함유된 견과류를 주식으로 한다. 다양한 견과류를 충분히 제공해야 하며, 동시에 비만이 되지 않도록 신선한 야채를 항시 제공해야 한다. 또 충분한 운동공간을 제공해야 한다. 일부 사육자들은 매커우가 좋아한다고 해서 잣, 호두, 해바라기 씨 등 지방함량이 높은 먹이만을 100% 급이하는 경우를 종종 볼 수 있는데, 이는 심각한 문제를 초래하므로 유의하기 바란다.
야생의 매커우류는 대부분 덜 익은 견과류를 즐겨 먹으며, 이러한 덜 익은 견과류에는 완전히 익은 견과류보다 지방함량이 적은 것이 보통이다. 즉 완전히 익은 견과류를 주게 되면 과도한 지방을 섭취하게 되고, 이는 다양한 건강문제를 야기하게 된다. 이는 매커우류가 다른 부류의 앵무새보다 지방에 대한 영양학적 요구량이 다소 높은 것을 감안하더라도 여전히 유효하다.

코뉴어
코뉴어 역시 매커우와 마찬가지로 지방분이 많이 필요하며, 오히려 단백질에 대한 요구량은 낮은 편이다. 비타민K결핍증이 빈발하게 발생하므로 유의해야 한다. 언제나 그렇듯 곡물위주의 식단은 코뉴어에게도 부정적인 결과만을 안겨준다.

로리와 로리킷
로리와 로리킷은 탄수화물 요구치가 높으며, 반면에 단백질에 대한 요구량은 낮은 편이다. 먹이의 단백질함유량은 절대로 15%를 초과하지 말아야 한다. 로리와 로리킷의 주식은 과일과 넥타이며, 넥타의 경우 시판하는 로리 전용 사료를 물에 풀어서 사용한다. 여름에는 쉽게 상할 수 있으므로 유의해야 한다. 모래주머니가 약해서 곡물 위주의 먹이를 주면 소화를 시킬 수 없으므로 다양한 과일과 완두콩, 싹틔운 곡물 등을 충분히 공급해야 한다.

호주계 그래스 패러킷
곡물 위주의 먹이를 좋아하나 곡물로만 이뤄진 먹이를 주면 간과 신장에 심각한 이상이 생길 수 있다. 충분한 양의 과일과 야채를 공급해야 하며, 가급적 곡물은 오래된 마른 것이 아닌 물에 불려 싹틔운 것을 주도록 한다.

먹이 바꾸기

몇몇 개체들은 매우 까다로운 식성을 지니고 있어 새로운 먹이에 쉽게 적응하려 하지 않을 수 있다. 특히 나이가 든 개체라면 이러한 경향은 더욱 두드러지는 것이 일반적이다. 아래 소개하는 방법을 통해 이런 문제를 해결할 수 있는데, 분명한 것은 다양한 먹이를 섭취할 때만 건강하고 오래 우리 곁에 친구로 남을 수 있다는 것이다. 사랑하는 앵무새의 건강을 위해 아래의 팁들을 잘 숙지하기 바란다.

■**달콤한 먹이로 유혹하기** : 과일이나 야채의 경우 잘게 썰거나 작은 덩어리로 토막을 내서 표면에 약간의 꿀을 뿌려주는 것으로 쉽게 문제를 해결할 수 있다. 새로운 먹이를 주면 대부분의 앵무새는 최소한 어느 정도의 관심을 기울이는데, 이때 부리로 새로운 먹이를 건드려보는 과정에서 부리에 묻은 달콤한 꿀물을 맛보게 된다. 이러한 방식을 통해 새로운 먹이에 대한 거부감을 없애주고, 새로운 먹이를 먹도록 자연스럽게 유도할 수 있다. 꿀이 묻은 새 먹이에 익숙해지는 대로 차츰 꿀의 양을 줄여나가면 되며, 종래에는 꿀이 없는 먹이를 줘도 어렵지 않게 먹게 된다.

타작하지 않은 조나 기장 이삭을 그대로 건조시킨 스프레이 밀레는 소형앵무들이 좋아하는 간식이다. 그러나 이 역시 과유불급이므로 좋아한다고 너무 한 가지만 급이하지 않도록 유의하기 바란다.

■**교대로 먹이주기** : 기존에 하루 종일 언제라도 먹이를 먹을 수 있도록 먹이그릇을 케이지 안에 상시 비치해뒀다면, 하루 3~4회 정도로 나눠 한번은 기존의 먹이그릇을 주고 다음번에는 새롭게 먹이고자 하는 먹이그릇을 비치한다. 이때 주의할 것은 제대로 먹지 못해서 몸무게가 줄지는 않는지 지속적으로 모니터링을 해야 한다는 점이다. 이 방법이 성공하는 데 가장 중요한 팁은 바로 앵무새가 가장 배고픈 시간에 새롭게 먹이고자 하는 먹이를 줘야 한다는 것이다. 보통은 잠에서 깨어난 아침시간이 가장 배고픈 시간인 만큼 이 시간에 새로운 먹이를 제공하는 것이 성공률을 높여준다.

한 마리보다는 함께 기르는 경우 먹이바꾸기가 수월하다.

■ **동료와의 경쟁의식** : 앵무새는 집단생활을 한다는 점을 명심해야 한다. 이는 다시 말해서 앵무새들은 여럿이 함께 있을 때 더 잘 먹는다는 의미다. 만일 여러분이 조금 까다로운 식성을 지닌 앵무새를 기르고 있고 그 앵무새에게 새로운 먹이를 먹게 하고 싶다면, 녀석이 보는 앞에서 여러분이 직접 새로운 음식을 먹는 모습을 보이는 것이 좋은 결과를 가져올 수 있다. 또는 다른 동료 앵무새들이 먹는 것을 보게 하는 것이 그 앵무새에게 새로운 음식을 먹도록 하는 촉매가 될 수도 있다. 종종 보호자나 동료 앵무새가 먹는 모습을 보고 나서 바로 새로운 음식을 시도하곤 한다.

■ **익숙한 환경** : 앵무새는 방해요소가 없는 친밀하고 익숙한 환경 하에 있을 때 먹이를 더 잘 먹는다. 따라서 가능하면 조용한 환경을 조성해 주도록 하고, 앵무새가 먹이를 먹는 시간을 즐길 수 있도록 방해하지 말아야 한다.

■ **인내심 갖기** : 절대로 포기하지 말아야 한다. 두세 번 새로운 먹이를 줬는데 앵무새가 이것을 거부했다고 해서 새로운 먹이 먹이기를 포기해야 한다는 것은 결코 아니다. 새로운 음식을 먹기까지 짧게는 몇 주에서 길게는 몇 달 이상이 소요될 수도 있다. 많은 사람들이 기껏해야 서너 번 시도해 보고서는 포기하곤 하는데, 새들은 어린아이와 같으며 새로운 것을 시도하기까지 상당한 시간이 소요된다는 점을 명심하도록 한다.

■ **새로운 방식으로 먹이주기** : 경우에 따라서는 기존의 방식과는 다른 방식으로 먹이를 주는 것이 새로운 먹이를 먹도록 하는 데 도움을 줄 수 있다. 매일 새로운 먹이를 준다거나 또는 새롭게 줄 먹이를 잘게 썰어 기존의 먹이 위에 뿌려줄 수도 있다.

■**질투심 이용하기** : 새로운 먹이를 먹게 하는 데 효과가 있는 또 다른 방법은 바로 앵무새의 질투심을 적절히 이용하는 것이다. 인간의 경우와 마찬가지로 앵무새 역시 질투심에 매우 취약한 존재다. 이 경우 아무 먹이나 잘 먹는 동료 앵무새를 옆에 두고 다양한 먹이를 주며, 각각의 먹이를 먹을 때마다 동료 앵무새를 칭찬해주면 이를 질투한 편식하는 앵무새도 보호자의 사랑을 받기 위해 먹이에 부리를 대게 된다. 이런 방식으로 꾸준히 시도하면 새로운 먹이에 대한 편견을 효율적으로 없앨 수 있다. 이는 다른 훈련 시에도 매우 유용하게 활용되는 방식이다.

핸드 피딩 포뮬러

우리나라에서는 상당수 조류사육가나 애조가들이 핸드 피딩 시 사용하는 대체먹이를 이유식이라고 부르고 있는데, 이는 사실 그리 적확한 용어는 아닌 것 같다. 아래에서 상세히 설명하겠지만 이유식이란 포유동물이 젖을 떼고 마른 먹이를 먹을 때, 마른 먹이에 적응하는 것을 돕기 위해 먹이는 유동식이다. 하지만 완전히 어미에 의지하지 않고 스스로 먹이를 먹는 상황이 되기 전에 어미에게서 떼어진 어린 앵무새에게 급이하는 먹이는 아직 마른 먹이에 적응시키기 위한 것이 아니라 그 전 단계, 즉 포유동물의 젖에 해당되는 먹이다. 따라서 기존의 이른바 이유식은 이 단계의 먹이를 지칭하기에는 다소 부적합한 것이 사실이다.

영어권의 조류사육가나 애조가들은 이 단계의 먹이를 핸드 피딩 포뮬러라고 칭한다. 포뮬러는 공식, 형식이라는 의미도 있지만 동시에 대체사료, 대체음식이라는 의미도 있다. 어머니의 모유를 대체하는 분유를 영어권에서는 포뮬러라고 칭한다. 그렇다고 포유동물이 아닌 조류에게 분유라는 용어를 쓰는 것도 적합하지는 않은 것 같아 필자는 그들의 용어를 그대로 차용해 핸드 피딩 포뮬러라고 하도록 하겠다. 핸드 피딩 포뮬러는 먹이의 소화능력이 떨어지는 어린 앵무새를 위한 것이기 때문에(경우에 따라서는 갓 알에서 부화한) 소화가 용이하도록 모든 재료가 완전히 분쇄돼 있으며, 앵무새의 성장에 필수적인 영양소가 적절하게 들어 있다. 현재 케이티, 쥬프림 등의 외국업체에서 관련제품을 생산, 포장 판매하고 있으므로 이런 제품을 적절한 농도로 물에 개어 사용하면 된다.

먹이를 준비하고 먹이는 방법은 번식 장에서 좀 더 상세히 설명하겠지만, 분명히 유의해야 할 점은 철저한 연구 없이 임의로 만든 포뮬러는 자칫 심각한 영양불균형이나 외부오염으로 인한 문제를 야기할 수 있다는 점이다. 일부 개인사육가는 스스로 조제한 먹이를 사용하기도 하며 또는 이러한 먹이를 판매하기도 하는데, 심도 깊은 연구 없이 만들어진 포뮬러는 앵무새의 성장에 심각한 장애를 초래하거나 심지어 죽음으로까지 이어질 수 있으므로 가급적 기존의 제품을 이용할 것을 권장한다.

더불어 일부 조류사육자나 애호가들은 기존의 이런 포뮬러에 자신만의 재료를 추가해 영양분을 보강하는 경우가 있는데, 이는 엄격히 금지돼야 할 일이다. 기존의 포뮬러들은 대부분 현재 조류의학이 획득할 수 있는 최고의 지식을 기반으로 제조돼 균형 잡힌 영양분을 함유하고 있다. 그러나 여기에 특정 재료를 추가하게 되면 이러한 영양균형을 깨뜨리게 되고, 이는 경우에 따라 오히려 부정적인 결과를 가져올 수 있음을 유의해야 한다.

이유식

일반적인 소형앵무라면 부화 후 30일, 중대형앵무라면 종에 따라 다르지만 대부분 한 달 반에서 두 달이면 스스로 먹이를 먹거나 먹으려는 시늉을 하게 된다. 시간이 갈수록 핸드 피딩 포뮬러를 먹는 양과 빈도가 줄어들며, 몇 숟가락 먹지 않고는 다른 친구들을 놀리거나 다른 곳을 이리저리 둘러보게 된다. 이제 슬슬 스스로 먹이를 먹고 독립할 시기가 다가오는 것이다. 이 시기를 이유기라고 칭한다. 포유동물을 위주로 만들어진 이 말은 말 그대로 젖을 떼는 시기로서, 어미의 젖을 더는 먹지 않고 딱딱한 먹이를 스스로 먹기 시작한다 해서 붙여진 용어다.

★ 일반적인 이유식 재료 ★

사과 / 배 / 포도 / 건포도 / 깐 호두 / 삶은 마카로니 / 깐 해바라기 씨 / 깐 잣 / 주키니 호박 / 배추 / 상추 / 브로콜리 / 게맛살 / 시판되는 위닝사료 / 삶은 달걀 / 싹틔운 곡물 / 거버(시판되는 어린이용 이유식) / 후르츠 칵테일 / 요거트 / 체다 치즈 / 번데기 / 시리얼 / 삶은 닭가슴살 / 게맛살 / 베이글 / 식빵 / 치즈볼 / 삶은 옥수수 / 삶은 완두콩 / 강낭콩 / 삶은 감자 / 고구마 / 바나나 / 딸기 / 멜론 / 오렌지 / 고급 고양이밥 / 펠릿사료 / 냉동과일 및 야채(외국계 대형할인점 등에서 대용량으로 판매하는 제품들, 반드시 소량씩 상온에서 녹인 후 사용, 필요시 재조리) / 두부 / 훈제연어

이상의 것들은 필자가 평상시 이용하는 재료다. 이것들을 사방 1cm 정도로 잘게 잘라서 적당히 섞어 얇은 접시나 쟁반에 넓게 펴서 준다. 처음 이 먹이를 접한 어린 새들은 무엇인지 모른 채 밟고 다니거나 부리로 건드려보기도 하고 집어던지기도 하며, 심지어 변을 배설해놓기도 한다. 하지만 하루 이틀, 일주일 이주일이 지나면서 한두 마리씩 먹기 시작하고 점차 모든 새들이 이 먹이를 먹게 된다.

핸드 피딩 포뮬러   다양한 이유식

앵무새의 경우에도 새끼가 부화한 후 한동안은 어미가 소화된 먹이를 게워내 부리로 먹여주지만, 시간이 경과할수록 그다지 소화되지 않은 먹이를 바로 게워내 먹여주며 그 양과 빈도가 줄어든다. 새끼가 둥지를 나오게 되면 어미와 한동안 함께 머무르며, 먹이를 찾고 먹는 방법을 배우게 된다. 그리고 또 일정시간이 지나면 스스로 먹이를 먹게 되고 집단의 당당한 일원이 되는 것이다.

하지만 인공육추된 개체들은 이런 과정을 리드해줄 어미가 없기 때문에 브리더가 이 역할을 대신해야 한다. 깃털이 나서 온몸이 덮이기 시작하면 이제 이유식을 준비할 시기다. 이유식이라고 해서 대단히 특별한 것을 준비하는 것은 아니며, 사람이나 강아지의 경우와 같다고 보면 큰 무리가 없다. 시중에 이유식용 제품이 나와 있기도 하지만, 이보다는 스스로 간단하게 준비할 것을 권장한다. 물론 스스로 준비한 이유식에 기존의 제품을 섞는 것도 한 방법이 되겠다.

이유식의 원칙은 다양하고 신선한 먹이를 주는 것이다. 이 시기에는 호기심이 많아서 어떠한 것이든지 잘 먹기 때문에 가급적 다양한 먹이를 맛보도록 하는 것이 앵무새가 평생을 건강하게 살아가는 데 중요한 열쇠가 된다. 또한, 이유는 절대로 서두르지 말아야 한다. 천천히, 더 이상 핸드 피딩 포뮬러를 먹지 않고 완전히 스스로 일반 먹이를 먹을 수 있을 때까지 인내심을 갖고 진행해야 한다. 강요된 위닝은 심각한 정신적 외상을 초래한다.

Section 04

사육환경

온도
앵무새를 기르는 초심자들이 가장 많이 하는 질문 중의 하나는 "겨울이 오는데 어떻게 해야 하나요, 앵무새는 몇 ℃까지 버틸 수 있나요, 날이 추워지는데 어떻게 해야 하지요?"와 같은, 온도와 관련된 것이다. 필자는 이런 질문을 받을 때마다 이렇게 되묻는다. "당신은 몇 ℃일 때 가장 아늑하고 편안한가요, 당신은 겨울에 또는 여름에 춥거나 더운 게 좋은가요 적당한 게 좋은가요, 당신은 지나치게 춥거나 더우면 어떻게 하나요?"
정답이 있다면 그것은 "앵무새의 원래 서식지의 평균온도와 온도변화의 폭 그리고 현재 그 앵무새의 상태를 고려해라"일 것이다. 이렇게 대답하면 이런 답변이 되돌아오기도 한다. "그럼 아프리칸 그레이는 40℃가 넘는 아프리카 출신이니 40℃에 맞춰야 하나요?" 그러면 필자는 다시 이렇게 대답한다. "저는 겨울에 태어났어도 겨울이 싫고, 적도에 사는 사람들도 에어컨을 틀더군요." 상식적으로 생각하면 쉽게 정답을 구할 수 있다.
무슨 의미인지 여러분은 이해하리라 믿는다. 일부 열대어나 냉대어류를 제외하고는 필자가 아는 거의 모든 생물은 영상 15~25℃ 정도에서 가장 쾌적함을 느끼고, 생리활동이

가능한 한 크고 청결한 케이지를 마련하는 것은 사육의 기본이라 할 수 있다.

극대화된다. 펭귄은 영하 50℃ 이하까지 내려가는 남극이 좋아서 얼음밖에 없는 그곳에 사는 것이 아니며, 사막여우류는 영상 45℃를 넘나드는 사막이 좋아서 사막에 사는 것이 아니다. 그들도 다른 조건만 무리가 없다면 적절한 온도를 즐긴다. 다만 생존을 위해 그런 환경에 서식하도록 진화한 것뿐이다. 즉 생존과 선호는 별개의 문제다.

몇 종을 제외한 거의 모든 앵무새는 열대 및 아열대기후대가 원산이다. 번식을 고려하거나 여름이라면 20~25℃, 겨울이거나 비번식기라면 15~20℃ 정도가 적정한 온도. 경우에 따라 대형앵무류는 눈이 내리는 영하 3~5℃에서도 생존할 수 있지만, 이는 말 그대로 생존이다. 행복을 느끼며 편히 지내는 것이 아니라 살기 위해 버티고 있는 것일 뿐이다.

앵무새는 나쁜 공기에 매우 민감하므로 반드시 온돌이나 라디에이터 등을 이용해 난방을 할 것을 권장한다. 직접적으로 복사열을 내뿜는 전열기는 화상을 유발할 수 있으며, 가스나 연탄난방기는 심각한 중독을 유발할 수 있다. 더불어 전열기 등을 이용할 때는 반드시 습도가 과도하게 떨어지지 않도록 유의해야 하며, 난방기의 표면이 테플론으로 코팅되지 않았는지 확인하기 바란다. 여름에도 마찬가지다. 앵무새는 땀샘이 없기 때문에 30℃ 이상의 온도를 달가워하지 않는다. 만일 30℃ 이상의 온도에 환기까지 제대로 되지 않는다면 이는 심각한 결과를 초래할 수 있다. 상식적으로 생각하면 좋은 답을 어렵지 않게 구할 수 있다.

조명

적절한 조명은 건강의 보증수표다. 가장 완벽한 조명은 태양빛으로, 지구상에 존재하는 대부분의 생명체는 태양광 아래에서의 생존에 적합하도록 진화해왔다. 물론 과도한 태양광은 피부암이나 화상을 유발하지만, 그럼에도 태양광의 중요성은 재론의 여지가 없다. 하지만 우리나라 특성상 대부분의 새들은 방이나 거실에서 길러지며, 간혹 창고에서 길러지는 경우도 있다. 그리고 이런 곳에는 대부분 형광등이나 심한 경우 백열등 몇 개만이 설치돼 있는 경우가 다반사다. 이런 곳에서 생존하는 앵무새들은 정상적인 번식이나 생활이 어려울 뿐만 아니라, 수명이 극단적으로 단축되는 경우도 비일비재하다.

태양광이 앵무새에게 미치는 영향은 단편적으로 봤을 때 비타민D의 합성에 의한 칼슘대사의 보조, 광주기에 따른 번식행동의 촉진, 살균효과 등이다. 이러한 모든 작용은 사실 태양광 중에서도 자외선에 의해 이뤄진다. 즉 자외선이 충분히 보장되지 못하면 앞서 말한 부분에서 장애가 생기는 것이다.

앵무새의 시각은 우리 인간과 매우 비슷하지만 우리와는 달리 자외선을 볼 수 있다. 우리가 보기에는 암수가 똑같아 보이는 중대형앵무새들도 자외선을 볼 수 있는 앵무새들에게는 다르게 보인다는 연구결과가 있다.

이처럼 태양광 또는 자외선은 앵무새에게 중요한 요소다. 하지만 앞서 열거한 형광등이나 백열등 등은 태양광과 같은 색온도와 스펙트럼을 발산하지 못하며, 따라서 태양광을 대체하지 못한다. 태양광이 잘 들어오는 것처럼 보이는 유리온실이나 베란다도 그리 적절한 수준의 태양광을 보장하지는 못한다. 유리를 비롯한 투명한 소재의 건축자재들은 겉으로 보기에는 빛이 잘 투과하는 것 같지만 이는 가시광선에 한정된 이야기일 뿐, 자외선은 상당부분이 투과하지 못하고 흡수되거나 반사된다.

광선의 질뿐만 아니라 광선을 쬐는 시간도 매우 중요하다. 가장 좋은 방법은 서식지의 일조시간을 고려해 자동타이머 등으로 정확한 주기를 갖고 조절하는 것이다. 또한, 갑자기 불이 꺼지는 것을 막기 위해 디머라고 불리는 자동조도조절기를 활용할 수도 있다. 다만 디머는 형광등 형식의 등기구에는 적용이 불가능하기 때문에 보조등을 연결해 형광등 형태의 등이 꺼짐과 동시에 디머와 연결된 백열등이 점등돼 약 30분에 걸쳐 서서히 발광량을 줄여 밤을 만들어주는 것이 필요하다.

최고의 광원은 바로 자연광이다. 어떤 우수한 인공광원도 자연광을 능가할 수는 없다.

먹이를 먹고 있는 야생앵무새

더불어 밤이라고 해도 완전히 조명을 끄지 말고 일종의 취침등과 같은 형태의 저광량 소형램프를 밝혀주는 것이 안전을 위해 좋다. 특히 왕관앵무 등은 나이트 플라이트(night flight)라고 해서 한밤중에 갑자기 놀라 케이지 안에서 소란을 부리는 경우가 종종 보고되고 있다. 이런 경우 통상 한 마리가 놀라면 한 브리딩 팬 내의 모든 새들이 놀라 케이지 안에서 퍼덕거리며, 이 과정에서 상당수의 개체들이 심각한 부상을 입기도 한다. 나이트 플라이트는 주로 고도로 개량된 품종에서 자주 보고되고 있으며, 인브리딩의 부산물이라는 시각이 강하다. 작은 취침등은 이러한 나이트 플라이트의 위험성을 감소시켜준다.

일부 전문번식업자들은 일조시간을 극단적으로 늘려 앵무새의 번식행동을 유도하는 경우가 있다. 이는 주로 닭, 오리와 같은 가금사육장에서 사용하는 방법으로 실제로 가금의 경우 이런 방법을 통해 단기간에 생산성을 극대화하기도 한다. 하지만 앵무새는 가금이 아니며, 더군다나 이러한 방법은 오히려 앵무새의 스트레스지수를 높여 바람직하지 못한 결과를 가져오는 것이 대부분이다. 일시적으로 산란수 등을 높일 수 있을지는 모르겠지만, 장기적으로는 생리패턴을 망가뜨려 결국 심각한 문제를 야기할 것은 자명한 일이다.

환기

대부분의 앵무새는 매일 일정량의 깃털이 조금씩 빠지고 새로 나며, 이 과정에서 이런저런 먼지와 깃털부스러기가 생산된다. 또한, 깃털이 빠지지 않더라도 깃털과 깃털이 서로 마찰하면서 깃털의 말단이 조금씩 마모돼 먼지를 생산한다. 왕관앵무, 코카투, 아프리칸 그레이 등은 깃털을 보호하기 위해 파우더라 불리는 흰색 가루를 만들어 낸다. 앵무새는 일반적인 포유동물에 비해 매우 예민한 호흡기를 가지고 있으며, 이와 같은 이물질들에 지속적으로 노출될 경우 심각한 호흡기질환이 유발될 수 있다.

일부 애호가들은 '자신의 몸에서 나온 먼지인데 마시면 좀 어떠냐'는 반응을 보이기도 하지만, 이것은 사람의 경우 '우리 몸에서 나온 때와 털인데 먹으면 좀 어떠냐'라고 말하는 것과 같다고 보면 된다. 또한, 우리가 기르는 앵무새는 우리의 필요에 의해 광활한 자신의 서식지를 떠나 작은 케이지에서 생활하도록 강요받고 있다. 원래의 서식지는 우리가 앵무새를 기르는 케이지보다 수백만 배 이상 광활하며, 자신의 몸에서 나온 먼지 등을 다시 마실 가능성도, 이유도 없음을 인식해야 한다.

소음

앵무새는 무척이나 시끄러운 동물로 알려져 있지만, 동시에 외부소음에 매우 민감하다. 앵무새를 비롯한 조류의 청력은 일반적인 포유동물에 비해 뒤처지는 것이 사실이지만, 대부분의 피포식동물이 그렇듯이 포식자의 접근 등을 조기에 인지하기 위해 작은 소리에도 민감하게 반응하고 상당한 스트레스를 받을 수도 있어 사육공간의 정숙성은 매우 중요한 문제다. 대형자동차의 경적소리, 진공청소기 소리, 문이 갑자기 닫히는 소리 등은 특별히 주의해야 한다. 다만 일상적으로 또는 규칙적으로 들리는 소음에는 일정한 시간이 흐르면 익숙해질 수도 있다.

예를 들어 진공청소기 등의 경우 처음 사용하게 되면 그 엄청난 소음 때문에 앵무새를 매우 놀라게 하고 경우에 따라서 놀란 앵무새가 퍼덕이다 날개 등을 다치는 경우도 있지만, 시간이 경과하면 어느 정도 청소기의 소음에 익숙해지는 것을 확인할 수 있었다.

같은 공간에 존재하는 앵무새끼리의 소음은 비교적 큰 무리가 없는 것으로 보인다. 다만 호주계 그래스 패러킷과 매커우를 동일한 공간에서 기르는 경우와 같이 그 차이가 크면 보다 적은 성량을 지닌 종이 상대적으로 큰 스트레스를 받을 우려가 있으므로 유의해야 하겠다.

습도

각 앵무새의 서식지의 특성을 확인하면 습도부분은 자연히 해결된다. 아시아나 아프리카, 호주 등 서식지를 막론하고 열대우림에 서식하는 종이 있는 반면 사바나, 건조지대에 서식하는 종들도 있다. 전자에 속하는 대표적인 종들은 행잉 패럿, 로리, 로리킷들이며 후자에 속하는 대표적인 종들은 아프리칸 그레이, 호주계 그래스 패러킷, 왕관앵무 등이다.

전자라면 항시 습도가 50% 전후가 돼야 할 것이며, 후자라면 습한 것이 오히려 진균성질병 등을 야기할 위험이 높다. 다만 번식기에는 습도를 50% 전후로 유지해야 부화율이 제고됨을 유의하기 바란다. 열대우림출신의 앵무새라도 적절한 환기를 통해 진균이나 병원성세균 등의 증식을 철저히 통제해야 하며, 정기적인 소독도 게을리 하지 말아야 한다. 필자의 경우는 종들을 서식지별로 구분해 관리하고 있으며, 습도센서와 연결된 습도계를 이용해 자동으로 습도가 유지되도록 하고 있다. 단, 가습기를 이용할 때는 가습기 내의 유해미생물 발생에 유의해야 하며, 가정 등에서는 가습기보다 젖은 수건이나 식물의 증산작용 등을 이용해 보다 자연스런 방법으로 습도를 유지할 것을 권장한다.

여름에는 오히려 과도한 습도로 인해 호흡기나 피부 등에 진균성질환이 발생할 수 있으므로 습도관리에 유의해야 한다. 필자의 경험상 낮은 습도보다는 높은 습도가 오히려 더 많은 부작용을 가져오는 것으로 보인다. 단, 앞서 설명한 태양광등을 적절히 사용하면 다습한 환경에서 발생할 수 있는 문제들을 일부 통제할 수 있다.

천적 및 해충

일반적인 가정에서 사육하는 경우라면 큰 어려움이 없겠으나 대규모의 사육시설을 보유했거나 또는 야외에서 사육하는 경우 쥐, 고양이, 뱀 등은 심각한 문제가 될 수 있으므로 사육시설의 설계 및 시공단계부터 최대한 주의를 기울여 작업해야 한다. 쥐나 고양이 등은 하룻밤 사이에 수십 마리 이상의 새들을 전멸시킬 수 있을 정도로 파괴력이 크기 때문에 특히 주의해야 한다. 일반적으로 새를 사육할 때 가장 성가신 것은 바퀴벌레, 나방, 파리, 모기 등의 벌레다. 이중 바퀴벌레와 파리, 모기 등은 심각한 질병을 매개할 수 있으므로 이들이 침입하거나 서식할 수 없도록 주기적인 방역을 실시해야 한다. 필자의 경우는 비오킬 등 온혈동물에 무해한 살충제를 이용해 좋은 결과를 보고 있다.

야외에 케이지가 있는 경우 상공을 비행하는 매나 수리류로 인해 앵무새가 스트레스를 받을 수도 있으며, 주변을 지나는 철새나 텃새 등에서 떨어진 분변으로 인해 전염병에 노출될 수도 있으므로 가급적 천장을 투명한 판재 등으로 막는 것이 좋다. 과거에는 벼룩이나 이 등이 문제가 되기도 했으나 최근에는 사육 중인 앵무새가 이들에 감염됐다는 사례는 들어보지 못했다. 그렇더라도 철저한 검역과 방역을 통해 미연에 문제를 방지할 것을 권장한다. 외부기생충에 대해서는 질병 장에서 좀 더 상세히 다루고 있다.

야생의 로즈링넥 패러킷 ©Cityparrots/Jonker&Innemee

Section 05

일반관리

발톱손질

깃털손질에 비해 발톱손질은 매우 쉬운 편이다. 일반적으로 앵무새의 발톱은 매우 날카로운 편이며, 핸들링을 하다 보면 손등이나 팔뚝이 긁힌 자국으로 엉망이 되기 일쑤다. 또한, 과도하게 자란 발톱은 케이지 등에 걸려서 발가락이나 다리에 부상을 초래하기도 하므로 적절한 관리가 필요하다.

예기치 못한 부상이나 사고 등을 방지하기 위해 적절하게 타월링을 하고, 일반적인 사람용 손톱깎이나 동물용 발톱깎이를 이용해 발톱의 끝부분을 조심스레 잘라내면 그만이다. 다만 이때 발톱의 뿌리부분에는 혈관이 있으므로 혈관을 다치지 않도록 주의해야 한다. 연한색의 발톱이면 속의 혈관이 쉽게 비쳐 보이며, 코카투나 매커우처럼 검은 색깔의 발톱도 밝은 햇빛 등에 비춰보면 속의 혈관을 어렵지 않게 볼 수 있다. 발톱깎이 등으로 발톱을 깎은 후에는 경우에 따라 끝의 절단면을 네일아트용 저소음 전동마모기구 등을 이용해 부드럽게 정리해줄 수도 있다.

인공증식센터의 코뉴어들

부리손질

일반적인 경우에 부리는 사육자가 거의 손을 댈 필요가 없다. 일각에서 과도하게 자라난 부리는 잘라줘야 한다는 속설을 퍼뜨리기도 하지만, 앵무새의 부리는 다른 새와 마찬가지로 적절한 환경과 건강상태라면 과도하게 자라나는 경우는 거의 없다. 그럼에도 불구하고 일부 초보사육자들이 잘못된 정보에 경도돼 멀쩡한 부리를 잘라내고, 이로 인해 다양한 문제가 발생하는 경우가 많다. 앵무새의 부리는 케라틴으로 이뤄져 있고 그 내부에는 혈관이 지나가는, 우리가 생각하는 것 이상의 복잡한 조직이다. 함부로 손을 대거나 하는 것은 오히려 부정적인 결과를 가져오므로 주의하도록 한다.

만일 앵무새의 부리가 과도하게 자라난 것 같다면 우선 그 종의 일반적인 부리의 모양과 비교하는 것이 급선무다. 웨스턴 롱 빌드 코렐라(Western ong billed Corella, *Cacatua pastinator*) 등 일부 앵무새는 다른 앵무새보다 더 긴 부리를 가지고 있으며, 이는 종종 과도하게 부리가 자란 것처럼 오해를 사기도 한다. 비교한 결과도 분명히 이상이 있다면 이는 종종 단순한 문제가 아니라 간 등의 이상인 경우가 많으므로 반드시 전문수의사의 진료를 받도록 해야 한다. 집에서 부리를 자르는 것은 더 큰 위험을 초래하거나, 현존하는 문제를 그냥 지나쳐버리게 되는 경우가 많으므로 유의하기 바란다.

경우에 따라서 사람의 턱관절 부정교합처럼 앵무새의 부리도 위아래가 정확하게 정렬되지 않는 문제가 있을 수 있다. 이런 경우 아직 어린 새라면 치과용 보철과 같은 형태의 보조기구를 통해 어느 정도 교정이 가능하므로 2차 진료기관의 조류전문수의사와 상의하기 바란다. 간혹 사육자 본인이 이를 교정하려고 하는 경우가 있으나 심각한 결과를 초래할 수 있으므로 절대 시도하지 말기 바란다.

날개손질

앵무새를 처음 기르는 분들 사이에서 가장 많이 회자되는 내용 중의 하나가 바로 날개손질이다. 왜 날개손질을 해야 하는지, 날개손질을 한다면 어떻게 해야 하는지가 주된 의문점이다. 우선 날개손질을 꼭 해야 하는지를 물어온다면 필자의 대답은 언제나 예스다. 날개손질, 즉 윙 트리밍은 앵무새가 오래 그리고 안전하게 살 수 있도록 하기 위한 기본절차다. 만일 야외 또는 실내에 사는 소형앵무새라면 작은 방 하나 정도, 중대형앵무새라면 사방 7m 정도에 다른 방해물 없이 온전히 새만을 위한 공간을 마련할 수 있고 창문을 견고한 철망으로 막을 수 있으며, 이중문구조이고 외출 시 반드시 이중의 결속장치를 할 수 있다면, 이른바 프리 플라이트를 해도 무방하다. 다시 말하자면 국내의 현실로는 윙 트리밍을 하는 것이 앵무새를 위한 최선의 방책이다. 만일 위와 같은 조건을 만족시키기 어려운데 윙 트리밍은 싫다면, 아예 기르지 않는 것이 앵무새를 위해서는 최선이다.

물론 윙 트리밍은 현저하게 앵무새의 비행능력을 감소시킨다. 비행이 앵무새의 주된 이동수단이며 전체 근육 중 상당량이 비행을 위해 사용되는 것을 고려할 때, 윙 트리밍된 앵무새는 운동량의 현격한 감소를 경험하고 이것은 장기적으로 심각한 건강상의 이상을 초래할 수 있는 것은 자명한 일이다. 따라서 가급적 다양한 활동기회를 제공해 비행기회 상실로 인한 부분을 상쇄할 수 있도록 신경 써야 한다.

■**윙 트리밍 방법** : 윙 트리밍을 하는 방법은 여러 가지가 있다. 주된 방법은 이른바 제1비행깃을 잘라내는 것이다. 사진에서 보듯이 대부분의 앵무새는 비행 시 양력을 얻기 위한 크고 긴 깃털이 날개 끝에 7~10개 정도 존재한다. 이 깃털을 그 위의 제1덮개깃 전까지 적절히 잘라주는 것이다. 만일 패럿렛이나 모란앵무, 왕관앵무 같은 소형앵무라면 가급적 해당 비행깃을 완전히 잘라줄 것을 권장하며, 중대형앵무새라면 비행능력을 고려해 완전히 자르기보다는 다소의 비행우를 남겨줄 것을 권장한다. 이는 혹시라도 높은 횃대 등에서 떨어질 경우 비행능력이 완전히 없으면 가슴뼈가 골절되거나 다리뼈가 골절되는 등의 문제를 방지하기 위함이다.

아름다운 깃털을 가진 몰루칸 코카투

윙 트리밍을 하는 모습

★ 윙 트리밍을 해야 하는 이유 ★

정확한 통계가 존재하지는 않으나 반려앵무 중 약 90%는 질병이 아닌 사고로 폐사하며, 이런 사고사의 주요 원인은 아래와 같다. 이 모든 경우는 윙 트리밍만 적절하게 됐더라도 예방할 수 있었던 사고들이다. 만일 온전하게 앵무새만을 위한 환경을 조성할 수 있고, 앵무새와 동반외출을 하지 않거나, 2중 결속기구를 갖추고 외출한다면 윙 트리밍을 하지 않아도 좋다. 하지만 그럴 수 없다면 앵무새를 위해서 반드시 윙 트리밍을 해줄 것을 권한다.

다른 곳으로 날아가 버림(또는 탈출) / 유리창, 벽, 거울에 부딪혀 경추, 두개골절 또는 뇌진탕으로 폐사 / 날다가 화장실 변기, 물이 들어 있는 세탁기, 어항으로 날아 들어가거나 떨어져서 익사 / 끓는 물, 가스레인지의 불 등으로 들어가 화상 / 날다가 집안의 늘어진 장식물, 줄로 된 늘어진 전등스위치, 블라인더 줄에 꼬임 / 산책 중 날아가 버림

소형앵무는 체중이 가볍고 비행우가 거의 남지 않아도 2~3m 정도의 비행이 가능하지만, 중대형앵무는 약간의 비행우만 잘라내도 비행능력이 현저히 떨어지는 경향이 있다. 즉 윙 트리밍의 핵심은 예기치 않은 사고 등으로 인한 부상을 방지하고자 최소한의 비행능력을 종과 개체를 고려해 남겨둔 채 자유비행을 할 수 없게 제한하는 것이다. 여기에는 어떤 정답이 존재하는 것이 아니라 다양한 접근을 통해 최적의 결과를 얻어내면 된다. 경우에 따라 미관상의 목적을 위해 맨 끝의 깃털을 한두 개 남기기도 하는데, 이 경우 심각하지는 않지만 앵무새가 날갯짓을 하거나 비행을 시도할 때 해당 깃털에 과도한 압력이 가해져 모근이 손상될 수 있으므로 유의해야 한다.

윙 트리밍 시에는 소형앵무라면 숙련된 사육자 혼자서도 조치가 가능하지만, 가급적 두 명이 호흡을 맞춰서 진행할 것을 권장한다. 이때 아무리 길이 든 앵무새라도 반드시 타월링 등을 통해 새와 보정자의 부상을 방지할 수 있도록 유의해야 한다. 또한, 너무 어린 새의 경우 아직 깃털이 완전히 성장하지 않아 깃털 내부에 혈관이 있는 경우가 있으므로 이를 다치지 않도록 유의해야 한다. 이렇게 잘라진 깃털은 통상 3~6개월이면 새로운 깃털로 대체되므로 주기적으로 확인해 깃털이 자라나지 않았는지 유의해야 한다. 종종 새로 깃털이 자라난 것을 모르고 외출하거나 창문을 열었다가 앵무새가 날아가 버리는 황당한 상황이 생기기도 하므로 그런 사고의 피해자가 되지 않도록 조심해야 한다.

미국 등에서는 최근 어린 앵무새가 비행능력을 확보하기도 전에 윙 트리밍을 하는 것에 대해 반대하는 움직임이 있다. 일부 급진적인 애호가들은 이른바 프리 플라이트를 주장하기도 하며, 일부는 스스로 자신의 비행능력이 있음을 확인시키고 조금씩 윙 트리밍을 해서 그 비행능력을 조절해줄 필요가 있다고 주장하기도 한다. 이들에 따르면 비행경험

을 전혀 주지 않은 채 윙 트리밍을 하게 되면 적절한 정서발달에 심각한 장애가 된다고 한다. 또는 이미 잘 날고 있는 새들을 갑자기 윙 트리밍해 비행능력을 빼앗을 경우 해당 앵무새는 심각한 정신적 충격에 빠진다고 한다. 우리 애조가들도 참고할 만한 내용이다.

목욕

대부분의 앵무새는 목욕을 무척 즐긴다. 로리나 로리킷 등의 경우에는 스스로 목욕을 하는 편이며, 다른 종들은 스프레이로 촉촉하게 적셔주는 정도를 좋아한다. 왕관앵무나 리네오레이티드 패러킷은 스프레이를 해주면 케이지에 거꾸로 매달려 깃털을 한껏 부풀리고 날개를 활짝 편 채 물을 즐긴다. 목욕이 끝나고 나면 서로가 깃털을 다듬어주며 무척이나 즐거워하는 모습을 쉽게 볼 수 있다. 단, 샤워나 목욕 이후 반드시 깃털을 충분히 건조시켜줄 수 있도록 유의해야 한다. 필요한 경우 드라이어나 열풍기 등을 적절히 이용할 것을 권한다. 건조와 보온만 적절하게 이뤄진다면 겨울철이라고 해서 목욕이나 샤워를 금할 필요는 없다.

목욕은 단순히 더러움을 씻어내는 것뿐만 아니라 정신적 스트레스를 덜어주며, 기생충 등을 털어내는 작용도 한다. 또한 상당수의 건조 또는 반건조지대 출신 앵무새에게 정기적인 목욕은 우기를 상징하며, 따라서 번식행동을 촉진하는 결과를 가져오기도 한다. 필자의 경우는 2.5마력 소형압축기에 스프레이어를 연결해 매주 정기적으로 모든 새들에게 샤워를 시키고 있으며, 이런 조치 이후 폐사율이 급감한 것을 경험했다.

일부 애조가들이 개나 고양이를 목욕시키듯이 강제로 물에 새를 넣고 동물용 샴

비가 온 후 나뭇가지에 묻은 빗방울을 이용해 목욕을 하고 있는 매커우 ⓒCityparrots/Jonker&Innemee

대부분의 앵무새는 목욕을 매우 즐긴다.
ⓒCityparrots/Jonker&Innemee

푸 등을 이용해 목욕시키는 경우를 봤는데, 이는 반드시 금해야 할 매우 위험한 행동이다. 앵무새의 깃털은 비행과 깃털관리를 위해 특수한 분비물로 코팅돼 있으며, 세제 등으로 이를 모두 닦아내면 비행이나 건강상의 이상을 초래할 수 있다. 더불어 새는 귓바퀴가 없어 자칫 귀에 물이 들어가면 염증 등을 유발할 수 있으므로 강제목욕은 반드시 삼가야 한다.

계절별 관리의 요점

앞에서 언급한 환경조건을 적절히 충족시킨다면 계절별로 별도로 유의할 점은 없다. 대부분의 앵무류는 이른바 상하(常夏)의 열대 또는 아열대 출신으로 절기에 따른 차이가 우리나라보다 크지 않은 곳 출신이다. 따라서 우리가 유의할 점은 앵무새에게 과도한 계절적 특징을 느낄 기회를 주지 않는 것이 좋다는 것이다. 물론 시간이 지남에 따라 우리나라의 사계절에 어느 정도 적응하는 것을 기대할 수 있겠으나 이는 한계가 있는 법이다. 수십 년을 우리나라에서 지낸다 해도 영하 10℃가 넘는 온도에 적응할 수 있는 앵무새는 거의 없는 것이 사실이다.

게다가 대부분의 국내 사육자가 어떠한 형태에서든지 실내에서 사육하는 것을 고려할 때, 계절이 바뀐다고 해서 특별히 별도의 관리가 필요한 부분은 없다. 다만 여름에는 충분히 환기가 될 수 있도록 유의하되 방충시설을 잘 확인해 파리, 모기 등의 해충이 침입하지 못하도록 해야 한다. 또한, 겨울에는 습도유지 및 보온에 신경 쓸 필요가 있다.

각주　1) 어떤 물질에 선행하는 물질로 예를 들어 카로틴은 비타민A의 전구체다.　2) 셀레늄은 연소할 때 푸른빛을 내며, 이것이 달빛과 유사하다 해서 붙여진 이름이다.

Chapter 6

앵무새 길들이기

앵무새의 행동에 대한 이해, 문제행동 교정요령, 기초훈련법, 트릭훈련법, 말을 가르치는 방법에 대해 알아본다.

Section 01

앵무새의 본능

앵무새는 야생에서 적게는 서넛, 많게는 수백 마리가 군집을 이뤄 생활하는 사회적 동물이다. 이런 앵무새 집단은 그 내부에 나름의 위계질서가 있으며, 집단에 어울려 생활하기 위해서는 성장하면서 그러한 규율을 체득해야 한다. 닭 등에서 보이는 이른바 '쪼는 순서(pecking order)'가 명확하게 존재하지는 않지만, 그와 유사한 형태의 서열이 존재한다. 큰 교목에 한 무리의 앵무새 집단이 앉아 있다고 할 때, 그 무리에서 가장 서열이 높은 개체가 가장 높거나 좋은 가지에 앉을 수 있는 권한을 갖는다.

왜 앵무새를 길들여야 하는가

인간과 함께 생활하는 반려앵무의 경우는 보호자가 자신의 동료가 되고, 그러한 보호자와 함께 어울려 살아가게 된다. 만약 보호자와 적절한 관계를 형성하지 못한다면 그 반려앵무는 보호자와 항구적인 관계를 맺지 못하고 다른 곳으로 팔려가거나, 버려지거나, 또는 구박받는 불행한 삶을 맞이하게 될 것이다. 이 책에서 수차례 반복했듯이 여러분은 앵무새의 주인이 아니다. 여러분은 앵무새의 친구이자 하인이다. 여러분은 의무는 있고 권

적절한 길들이기는 앵무새와 사람이 평화롭게 공존하기 위한 필수조건이다.

앵무새는 집단생활을 하는 사회적 동물로서 성장하면서 집단 내부의 위계질서에 따른 규율을 체득한다.

리는 없는, 어렵고 험한 길을 택한 것이다. 길들이기는 이러한 항구적인 관계를 구축하는 데 있어서 가장 기본이 되는 요소다. 길들이기란 단순한 복종의 개념이 아니라 인간이 생활하는 환경에서 위험에 처하지 않고 다른 인간 동료들과 어울려 살아갈 수 있는 처세술을 뜻한다. 조용히 하는 것, 남을 해치지 않는 것, 다른 동료를 존중하는 것이 모두 길들이기의 과정이다. 이런 길들이기를 통해서 반려앵무는 보호자의 오랜 동료이자 친구로서의 지위를 확보할 수 있으며, 행복한 삶을 살아갈 수 있는 것이다.

아마 이 책을 읽는 여러분 중의 일부는 근처 조류원에서 하루 종일 시끄러운 소리로 울부짖고, 주변의 동료나 사람을 공격하고, 자신의 깃털을 스스로 뽑는 등의 이상행동을 하는 앵무새를 본 적이 있을 것이다. 이런 새들은 그 누구에게서도 사랑받지 못하며, 슬프고 우울한 여생을 보내게 되는 것이 일반적이다. 여러분은 여러분의 반려앵무가 그런 비참한 여생을 보내기를 원하지 않을 것이라고 믿으며, 따라서 이 장의 내용을 숙지하기를 바란다.

앵무새의 본능

우리는 종종 일반적인 앵무새의 행동에 대한 이해부족으로 여러 가지 어려움에 직면하곤 한다. 앞으로 앵무새를 기를 분들이라면 이 장을 절대로 놓쳐서는 안 된다. 난관은 겪어본 사람만이 알겠지만, 만일 그러한 난관을 겪지 않을 수만 있다면 그보다 더 좋은 방법은 없을 것이다. 이미 이런저런 어려움을 겪고 있는 분들도 여기서 다룰 내용이 유익할 것이다. 여기서 얻은 지식들은 앞으로 여러분이 길들이기에 관한 내용을 읽을 때도 많은 도움이 될 것이다.

작은 곤충이건, 돌고래건, 사람이건 모든 동물은 본능에서 자유롭지 못하다. 본능이란 부모나 다른 어떤 존재가 교육하지 않았음에도 알고 있는 것이다. 배가 고프면 먹어야 하고, 졸리면 잠을 자야 하는 것도 본능의 일부다. 아름답거나 멋진 이성을 보면 사귀고 싶고, 겨울이 다가오면 남쪽으로 이동하는 것도 본능에 의한 행동이다. 대부분의 동물은 일정한 수준의 본능과 그 이상의 지적·감성적 능력을 겸비하고 있다.

동물이 이성을 지니고 감정을 느낀다는 것은 사실 최근에야 밝혀지고 인정받기 시작한 사실이다. 상당기간 동안 서구의 과학자들은 동물을 단순히 본능이 장착된 움직이는 기계로 봤다. 그들은 아무런 마취 없이 생체해부를 자행했으며, 어린 침팬지를 사방 1m의 금속제 상자에 수년간 격리한 채 다양한 실험을 실시했다. 심지어 흑인을 비롯한 비유럽 인종에 대해서도 본능 이외의 이성이나 감정 등의 존재를 인정하지 않았다. 하지만 진보적인 의식을 지닌 과학자들에 의해 이러한 생각은 조금씩 변하고 있다. 그럼에도 여전히 우리는 심각한 종차별주의를 지니고 있는 것이 사실이다.

돌고래나 개, 침팬지 같은 포유류의 지적능력은 학계에서뿐만 아니라 일반대중에게도 어느 정도 알려져 있지만, 문어나 앵무새와 같은 비포유류 동물에 대한 연구나 인식은 일천한 것이 사실이다. 데이비드 버스와 같은 저명한 진화심리학자들의 연구에 따르면, 우리 인간이 지닌 사고능력은 우리만의 독보적인 것이 아니다. 일부 종교에서 주장하는 것과는 달리 우리 인간은 침팬지나 얼룩말 심지어는 해파리와도 그리 큰 차이가 나지 않는 진화의 한 갈래에 있는 생물체일 뿐 그 이상도 그 이하도 아니다. 우리가 지닌 모든 능력은 다른 어떤 동물 종보다 우월한 것이 아니라 다만 다르게 진화했을 뿐이다. 이러한 종평등주의적 인식이 없다면 앵무새를 반려동물로 삼고 그들과 교감하는 것도 어려움에 봉착한다. 앵무새는 '앵무새처럼' 말만 따라하는 살아 있는 기계가 아니라 우리 인간처럼 두려워하고, 슬퍼하고, 기뻐하는 지적 존재다.

우리는 인간이 다른 동물과 구별되는 가장 중요한 단서를 언어능력과 도구사용이라고 정의해 왔으나, 이러한 정의는 이미 많은 연구결과에 의해 그 빛이 바랜 지 오래다. 돌고래와 침팬지, 고릴라를 비롯해 앵무새도 그들만의 언어로 소통하며 도구를 이용한다. 앵무새의 이러한 인간적인 측면을 기저에 두고 앵무새의 본능을 이해하면 앵무새에게 접근하는 것이 훨씬 수월해질 것이다.

■**피포식동물** : 먹이사슬에서 앵무새가 차지하는 위치는 대부분 식물의 바로 위, 동물 중 최하위다. 카카포 등 극히 일부 종을 제외하고 앵무새는 이른바 초식성이며 야생고양이과 동물, 잡식성 원숭이, 맹금류를 비롯한 수많은 동물의 먹이가 된다.

이에 따라 앵무새는 포식자를 판별하고 두려움을 느끼며, 포식자에게서 도망치는 데 특수한 능력을 진화시켜왔다. 피포식동물로서 포식동물의 사냥능력에 맞서기 위해 포식동물의 접근을 빨리 알아차리고, 이를 집단에게 전달하며 도망치기 위해 앵무새라는 종이 생긴 그 순간부터 지금까지 부단히 진화해왔다. 앵무새는 하늘을 나는 목이 짧은 수리모양의 새에게 큰 두려움을 느끼고, 뱀처럼 길며 얼룩덜룩한 물체를 보면 도망친다. 이 모든 것이 피포식동물로서의 본능이다.

■**높은 곳에 대한 선호** : 앵무새는 가급적 높은 곳에 앉으려는 경향이 있다. 이는 앞서 설명한 피포식동물로서의 특징과 어느 정도 결부되는 성향으로, 높은 곳에 위치하면 지상에서 접근하는 포식동물에 대해 좀 더 잘 관찰할 수 있기 때문이다.

개는 앵무새의 오랜 천적이다. 경우에 따라 둘간에 우정이 싹틀 수도 있으나 결코 안심해서는 안 된다. 본능은 우리의 생각보다 강하다.

물론 일각에서는 높은 곳에 위치하면 오히려 상공을 선회하는 매나 수리 등의 맹금으로부터 취약한 것이 아니냐고 반문할지 모르지만, 먼저 보고 먼저 피한다는 측면에서 볼 때 높은 곳에 위치하는 것은 그리 나쁜 선택이 아닌 것으로 보인다. 아마도 앵무새와 맹금류는 상당기간 시각과 관련해 군비경쟁을 해왔을 것이다. 더불어 앵무새는 비교적 화려해 보임에도 비행 중이 아니라면 위장효과가 상당히 탁월한 것으로 알려져 있다. 높은 곳에 대한 선호는 집단생활과도 어느 정도 연관이 있는 것으로 보인다. 이 부분은 추후 다시 설명하도록 하겠다.

높은 곳에 앉은 앵무새. 사진의 앵무새는 놀라거나 화가 나면 부채꼴 모양으로 펴지는 멋진 머리깃을 지닌 호크 해디드 패럿(Hawk Headed Parrot)이다.

■ **집단생활** : 앵무새는 대부분의 피포식동물이 그렇듯이 집단생활을 한다. 적게는 서너 마리에서 많게는 수백 마리 이상이 집단을 이루기도 한다. 앵무새가 집단을 이루는 이유는 포식자로부터 안전하도록 하기 위한 것으로 보인다. 여러 마리가 함께 생활하면 포식동물을 조기에 발견할 가능성을 극대화시킬 수 있을 것이다. 이러한 앵무새의 집단생활은 반려동물로 인간과 생활하는 앵무새들이 인간 동료에게 다른 어떤 반려동물 이상으로 유대감을 느끼며, 심지어는 집착하도록 하는 원동력이 되는 것 같다. 집단생활에 대한 본능을 이해받지 못한 앵무새는 심리적으로 상당한 박탈감을 느낄 것은 자명한 일이다.

■ **큰 울음소리** : 앵무새는 유난히 큰 울음소리로 악명이 높다. 작은 모란앵무나 패럿렛도 때에 따라 상당히 큰 소리를 낸다. 코카투나 매커우류의 울음소리는 실로 어마어마하다. 이런 울음소리는 주로 이른 아침과 초저녁, 즉 해 뜰 무렵과 해질 무렵에 낸다. 최근의 다양한 연구에 의하면 앵무새는 자신만의 언어가 있다. 각각의 종은 그들만의 고유한 언

어가 있으며, 이러한 언어는 세대를 거쳐 다음 세대로 이어진다. 같은 종이라도 서식지가 격리돼 있다면 일종의 방언처럼 변화된 형태의 언어를 구사한다. 아침과 저녁에 유독 울음소리가 집중되는 것은 서로에 대한 안부확인인 것으로 보인다. 하루도 안전을 보장할 수 없는 야생에서 아침에는 '지난 밤새 아무 일 없었는지'를 확인하고, 밤에는 '모두들 무사히 잘 자고 내일 아침에 보자'고 인사를 하는 것이다.

큰 소리를 내는 것은 밀림의 특성을 고려할 때 그리 이상한 일은 아닌 것 같다. 일부 종의 경우 2km 정도까지 그 울음소리가 들리는 것으로 알려져 있는데, 울음소리 이외에 다른 통신수단이 없는 앵무새에게 이것은 당연한 능력이 아닌가 한다. 앵무새의 울음에는 이른바 콘택트콜링(contact calling), 스크리밍(screaming), 히싱(hissing), 그로울링(growling), 베깅(begging) 등의 다양한 종류가 있다.

■ **지저분함** : 앵무새를 기르는 이들의 불만 중 하나는 바로 앵무새가 먹이를 다 먹지도 않고 사방에 버린다는 것이다. 그런데 재미있는 것은 원숭이를 기르는 사람들의 경우도 이와 비슷한 불만을 제기한다는 점이다. 이는 두 동물의 공통점을 살펴보면 어렵지 않게 그 원인을 확인할 수 있는데, 그것은 바로 앵무새와 원숭이가 모두 수상생활을 영위한다는 것이다. 나무 위에서 생활하는 그들은 땅에 내려올 일이 별로 없으며, 바닥에 쓰레기가 떨어져도 신경 쓸 필요가 별로 없기 때문에 자연스레 먹이를 아무 곳에나 버리는 습관이 생긴 것으로 보인다.

■ **서열 과시** : 앵무새는 들개, 늑대, 침팬지 등의 동물과 마찬가지로 집단을 이뤄 생활하며 그 집단 내에서 가장 높은 서열을 차지하려고 한다. 이러한 행위를 통해 좀 더 많은 먹이를 취하고 가장 좋은 둥지를 구하며, 좋은 짝을 선택해 자신의 유전자를 좀 더 많이 후대에 전할 수 있다. 이를 위해 앵무새들은 좀 더 높은 곳에 오르려고 하며(앵무새의 세계에서는 가장 높은 곳에 위치한 새가 우두머리다), 가장 높은 곳에서 자신의 권력과 지위를 뽐내고 싶어 한다. 번식기가 되면 이러한 행동은 좀 더 심해져서 자신의 영역 내로 들어오는 다른 새들을 공격해 내쫓기도 한다(앵무새는 일반적으로 군집을 이뤄 생활하지만 번식기에는 대부분 쌍별로 생활한다).

하지만 사람과 함께 생활하는 환경에서 그러한 행동은 다양한 문제를 야기하게 된다. 이러한 문제를 예방하는 가장 좋은 방법은 바로 앵무새가 사람의 가슴높이보다 높은 곳에 있지 않도록 하는 것이다. 일반적으로 대부분의 공격적인 행동은 앵무새가 높은 곳에 있지 못하게 하는 것만으로 방지하거나 교정할 수 있다.

■ **쌍 이루기** : 모든 앵무새는 이른바 일부일처제생활을 한다. 또한, 호주계 그래스 패러킷이나 로젤라, 링넥 등을 제외한 대부분의 앵무새들은 한번 쌍을 이루면 상당기간 그 관계를 유지한다. 이처럼 앵무새가 암수 간 장기적 관계를 유지하는 이유는 그들의 번식패턴을 고려할 때 자연스러우면서도 최적의 전략인 것으로 보인다.

소형 핀치류와는 달리 대부분의 앵무새는 일 년에 한 번 또는 기껏해야 두 번 정도 번식하며, 한배의 새끼도 서너 마리를 넘지 않는 것이 일반적이다. 이는 앵무새의 새끼들이 완전히 독립하는 데 핀치류보다 훨씬 긴 시간이 필요하기 때문이다. 핀치류가 많은 새끼를 낳아 그 중에 소수라도 살아남으면 성공하는 방향으로 진화한데 반해, 앵무새들은 소수의 새끼를 낳아 대부분이 살 수 있도록 부모가 지원하는 방향으로 진화해왔기 때문이다.

이런 경향은 대형종으로 갈수록 심해져서 상당수의 대형 매커우들은 격년으로 번식을 하며, 한배의 산란수도 2개를 넘지 않는 경우가 많다. 따라서 대부분의 중대형앵무새는 매번 짝을 바꾸기보다는 하나의 상대방과 장기적인 관계를 맺는 쪽으로 진화함으로써 종의 보존가능성을 극대화시킨 것으로 보인다. 하지만 그렇다고 모든 앵무새가 한번 맺은 짝과 평생을 함께 하는 것은 아니다. 사람이 그렇듯이 그들도 서로 간에 싸우고, 시기하고, 헤어지며, 새로운 상대를 만나기도 한다.

서로의 깃털을 골라주며 사랑을 주고받는 앵무새

Section 02

앵무새의 일반적인 행동

앵무새는 사람이 집중적으로 사육하기 시작한 지 불과 수백 년이 되지 않은, 우리에게 무척이나 생소한 종이다. 그렇다 보니 이미 가축화가 이뤄진 소, 말, 돼지, 개, 닭 등의 동물에 비해 야생의 본능을 많이 간직하고 있다. 더불어 개나 다른 가축처럼 훈련이 되기도 어려운 것이 사실이다. 또한, 앵무새에 대한 일반대중의 지식수준이 일천하기 때문에, 앵무새에게는 지극히 일반적인 행동을 마치 앵무새의 잘못인 듯 받아들이고 부적절하게 대처하는 경우도 빈발한다. 경우에 따라서는 아무런 이상이 없는 앵무새를 동물병원에 데려가거나 하는 일도 발생한다. 여기서는 앵무새의 일반적인 행동에 대해 알아보도록 하겠다.

깃털다듬기

프리닝(preening)이라고도 불리는 깃털다듬기는 최적의 비행컨디션을 유지하기 위한 필수적인 행동이다. 앵무새의 하루일과는 취침, 깃털다듬기, 먹이 먹기, 놀기로 이뤄져 있으며 깃털다듬기는 전체시간 중 10~20%를 차지한다. 깃털을 다듬는 동안 앵무새들

서식지의 야생앵무새

깃털을 다듬고 있는 앵무새

은 깃털을 보호하도록 피부의 각 샘에서 생산되는 파우더나 기름을 깃털에 꼼꼼히 펴서 바르기도 한다. 이러한 파우더나 기름은 깃털 간의 마모로 인한 손상을 줄여주며, 방수가 되도록 해준다. 깃털을 다듬는 동안 앵무새들은 헝클어지거나 갈라진 깃털을 정돈해 비행 시 최대한의 양력을 얻을 수 있도록 준비한다. 깃털을 다듬는 중에는 경우에 따라 작거나 큰 깃털들이 일부 빠질 수도 있으나 걱정할 필요는 없다. 단, 깃털다듬기는 이른바 오버 프리닝(over preening, 과도하게 깃털을 다듬어서 깃털이 쉽게 마모되는 현상)과는 구별할 필요가 있다.

앵무새는 또한 정기적으로 기존의 낡은 깃털을 버리고 새로운 깃털 옷으로 갈아입기도 하는데, 이를 환우(털갈이) 또는 몰팅(molting)이라고 칭한다. 야생에 서식하거나 또는 햇빛을 직접적으로 접하는 사육조들은 통상 계절이 변할 때 몰팅을 하게 되며, 새끼를 모두 키워 새끼들이 독립하게 되면 몰팅에 들어가기도 한다. 몰팅이라 하더라도 기존의 모든 깃털이 한번에 빠지고 새로 나는 것이 아니라, 비교적 짧은 기간 동안 깃털이 교체되는 것이다. 따라서 새장바닥에 떨어진 깃털의 양이 다소 증가하는 것으로 몰팅 여부를 확인할 수 있을 뿐, 새의 모습에 갑작스런 변화가 생기지는 않는 것이 일반적이다.

몰팅 시에는 일반적인 깃털뿐만 아니라 꼬리나 날개 등의 큰 깃털도 빠지게 되며, 빠진 자리에서는 새로운 깃털이 곧 자라나오게 된다. 이때 새롭게 자라난 깃털은 통상 바늘처럼 뾰족하다고 해서 핀 피더(pin feather, 바늘깃)라고 부르며, 그 안에는 혈관이 있어 블러드 피더(blood feather, 무른깃)라고도 칭한다. 핀 피더는 성장하면서 깃털을 둘러싸고 있던 케라틴질의 껍질이 떨어져 나가며, 마치 꽃이 피듯이 깃털이 넓게 피어나게 된다.

물건 씹기

모든 앵무새는 타고난 물건 씹기의 대가다. 앵무새의 부리는 작지만 큰 힘을 낼 수 있도록 효율적으로 진화했고, 그 능력을 언제나 십분 발휘하고 있다. 매커우나 코카투 같은 대형 앵무새라면 심지어 식탁, 피아노, 방문 등도 씹어버릴 정도다. 작은 패럿렛이나 모란앵무도 씹는 데 있어서는 둘째가라면 서러울 정도로 전문가들이다. 일각에서는 물건을 지속적으로 씹는 것이 부리를 날카롭게 갈고 과도하게 자라나지 않도록 하기 위한 것이라고 하지만, 이는 그리 정확한 설명은 아닌 것 같다. 대부분의 앵무새는 별도로 물건을 씹지 않아도 부리의 길이나 날카로운 상태가 유지되는 것으로 알려져 있다. 또한, 과도하게 자라난 부리는 부리를 갈지 못해서 생긴 것이 아니라 간질환에 따른 것이 대부분이다.

씹기는 앵무새에게 가장 큰 놀이이며 생활의 일부이기 때문에 충분하고도 다양한 씹을 거리를 제공해줘야 한다. 물론 이러한 씹을 거리를 제공해준다고 해서 방문이나 탁자를 씹지 않는 것은 아니므로 케이지 밖에 앵무새를 꺼내놓을 경우에는 반드시 주의를 기울여 문제가 되지 않도록 유의해야 한다.

씹을 거리로는 시판 중인 장난감을 비롯해 두꺼운 가죽조각, 라탄 등으로 짜인 가방, 고무공, 개 껌, 독성이 없는 나뭇가지, 버리는 책이나 공책 등이 좋다.

깨물기와 잘근잘근 씹기

사람처럼 손이 없는 앵무새는 부리가 손의 용도로 사용된다. 깨물기(biting, 바이팅)는 공격의 의도를 가지고 부리를 이용해 상대방을 무는 행위다. 이는 단순한 경고나 또는 아무런 부정적 의도를 지니지 않은 잘근잘근 씹기(nibbling, 니블링) 또는 살짝 깨물기와 구별된다.

햇대를 씹고 있는 앵무새

일반적으로 깨물기는 상대방을 자신으로부터 멀리 도망치도록 하거나 자신의 요구하는 바를 관철시킬 목적으로 활용되며, 잘근잘근 씹기는 상대방이나 물체를 탐색하거나 관심을 표명할 목적으로 사용된다.

비행

비행은 앵무새가 지닌 가장 뛰어난 능력이자 지울 수 없는 본능이다. 하지만 반려동물로 살고 있는 대부분의 앵무새들은 케이지나 윙 트리밍을 통해 이러한 앵무새의 본능을 통제당한 채 살고 있다. 물론 윙 트리밍 등은 앵무새를 일반적인 가정환경 속에서 안전하게 기르기 위한 어쩔 수 없는 선택이지만, 그것이 최선은 아니다. 앵무새는 비행을 위해 진화해왔고, 비행을 통해 건강은 물론 자존감을 확보할 수도 있음을 기억할 필요가 있다.

자유롭게 비행 중인 재야생화된 스칼렛 매커우
ⓒCityparrots/Jonker&Innemee

기어오르기

앵무새는 두 발을 자유롭게 쓸 수 있으며, 앞뒤로 난 강력한 발가락 덕분에 다른 어떤 조류보다도 쉽게 나무를 기어오를 수 있다. 구부러진 부리 역시 앵무새의 이러한 능력에 중요한 역할을 한다. 케이지에서 기르는 앵무새들은 곡예에 가까운 몸놀림을 보이기도 한다. 한 발로 천장에 매달린 채 360도 회전을 하는 것은 물론, 말로 설명하기 어려운 수준의 재주를 보이기도 한다. 이러한 기어오르기는 윙 트리밍이 된 앵무새들에게 충분하지는 않지만 최소한의 운동을 제공해주기 때문에 매우 중요하다.

꼼짝하지 않고 버티기

앵무새의 깃털은 매우 화려해 보이지만, 밀림이나 사바나에서는 꽤나 효과적인 위장을 제공한다. 앵무새는 공중이건, 나무 위건, 땅위로부터건 포식자가 접근하면 그 자리에서 꼼짝하지 않고 있는 행동을 보인다. 이렇게 함으로써 포식자는 앵무새의 존재를 모르고 지나칠 수 있다. 물론 가정에서 길러지는 앵무새는 그렇게 하더라도 쉽게 그 위치가 탄로 나지만, 앵무새들은 아직 선조로부터 물려받은 본능을 지니고 있다.

하품

사람이나 개와 마찬가지로 앵무새도 하품을 한다. 사람의 경우 정확히 하품의 원인이 밝혀지지는 않았지만, 일반적으로 산소공급량을 늘리기 위한 목적으로 하는 것으로 알려져 있다. 경우에 따라서는 눈이나 목에 이물감이 있어 불편할 경우에도 하품을 한다. 아마도 여러분의 앵무새도 그와 유사한 이유로 하품을 할 것이다. 만일 과도하게 하품을 자주 한다면 다른 부위의 이상여부 확인을 위한 수의사의 진료가 필요하다. 참고로 앵무새의 귀 주변을 손가락으로 돌려가며 쓰다듬어주면 반사적으로 하품을 하게 만들 수 있다.

부리 갈기

기분이 좋고 행복한 앵무새는 '뽀드득 뽀드득' 하는 소리를 내며, 윗부리와 아랫부리를 갈아서 소리를 낸다. 이는 마치 고양이가 '갸르릉' 거리는 것과 비슷한 행동이다. 일부에서는 부리를 갈아서 날카롭게 하기 위한 것이라고 주장하기도 하지만, 이에 대한 근거는 없는 것으로 보인다. 경우에 따라서는 잠을 자면서도 잠꼬대하듯이 부리를 갈아대기도 한다.

부리 닦기

먹이를 먹고 난 앵무새는 케이지나 먹이그릇, 횃대 등에 부리의 이물질을 닦는 행동을 보인다. 손이 따로 없는 앵무새는 부리의 상태를 항상 최상으로 유지하기 위해 이런 방법을 이용해 부리를 손질한다.

토하기

앵무새는 여러 가지 이유로 먹은 것을 토해낸다. 질병에 의한 경우도 있고, 애정을 표시하기 위한 경우도 있다. 이에 대한 상세한 내용은 질병부분을 참조하기 바란다.

먹이를 토해 먹여주고 있는 매커우 쌍

꼬리깃 흔들기

방금 비행이나 운동을 끝내고 숨이 찬 앵무새는 꼬리를 위아래로 조금씩 흔든다. 이는 숨을 헐떡이는 과정에서 나타나는 행동이다. 흥분한 경우에는 꼬리를 넓게 펴기도 한다. 일부 아마존앵무는 특히 짝짓기 기간 동안에 이런 모습을 많이 보이는데, 아마도 체구를 크게 보이게 하기 위한 것으로 추정된다. 만일 꼬리를 좌우로 흔들며 무언가 불편한 기색이 보인다면 변비로 보는 것이 크게 틀리지 않는다.

번식행동

소형앵무새라면 생후 6~12개월, 중대형앵무새라면 생후 2~4년이면 성성숙에 도달한다. 건강한 앵무새라면 이 시기 이후부터는 계절적 요인 등에 따라 성호르몬분비가 왕성해지며, 번식행동 등을 보이게 된다. 대표적인 번식행동은 구애, 먹이 먹이기, 깃털 다듬어주기, 둥지 꾸미기, 교미, 영역 지키기 등이다.

짝이 없이 혼자 사는 앵무새들은 자신의 사람친구인 보호자에게 성적 행동을 하는 것이 일반적이며, 암컷의 경우는 혼자 알을 낳아 품기도 한다. 이 기간이 되면 다른 사람이나 동물이 자신의 영역(케이지 근처나 케이지가 놓인 방 등)에 접근하는 것을 싫어하며, 침입자를 공격하거나 경계심을 표출하는 것이 일반적이다. 과도한 알 낳기나 공격적 행동이 수반될 경우 일조시간을 8시간 이하로 줄여주는 것이 효과가 있기도 하다.

목욕

대부분의 건강한 앵무새는 목욕을 즐겨한다. 특히 습윤한 열대나 아열대지역 출신인 로리, 로리킷, 행잉 패럿 등은 스스로 목욕을 하며 매커우, 아마존, 리네오 등도 스프레이로 물을 뿌려주는 샤워를 무척이나 좋아한다. 심지어는 비를 보기 어려운 건조 및 반건조지대 출신인 일부 코카투, 호주계 그래스 패러킷, 회색앵무 등도 대부분 샤워를 즐겨한다.

수면

건강한 앵무새는 하루에 1/3 정도 잠을 자며, 사람이나 다른 동물처럼 낮잠을 즐긴다. 밤에는 해가 지는 대로 잠에 빠지며, 해가 뜨면 눈을 뜨고 지저귀기 시작한다. 잠잘 때는 반드시 횃대에서만 자는 것이 아니라 거꾸로 매달리거나 케이지 벽에 붙어 자기도 한다. 심지어 자다가 놀라서 떨어지고 다시 허둥지둥 횃대로 올라가기도 한다. 그러나 횃대 등에 앉아 몸을 내리면 자동적으로 발가락이 죄어지도록 돼 있어 굴러 떨어지는 경우는 드물다.

긁기

중대형앵무는 양발을 자유롭게 쓸 수 있으며, 소형앵무 중에도 리네오레이티드 패러킷이나 패럿렛 등은 중대형앵무 이상으로 발을 자유롭게 쓸 수 있다. 그 외의 다른 앵무새들도 오리, 닭 등의 다른 조류에 비해 발을 유연하게 잘 쓰며, 발가락으로 물건을 움켜잡거나 하는 데 뛰어난 능력을 지니고 있다. 이러한 자유로운 발놀림 덕분에 몸에 가려운 부분이 있거나 하면 발을 이용해 긁으며, 경우에 따라서는 막대기 등의 도구를 이용해 몸을 긁는다는 보고도 있다. 굳이 막대기를 이용하지는 않더라도 앵무류는 몸이 매우 유연해 마치 중국기예단원과 같이 발로 몸의 거의 모든 부분을 긁을 수 있다.

깃털이 새로 날 때는 가려운 정도가 더해서 동료들끼리 서로 긁어주기도 하며, 보호자에게 긁어달라고 머리를 내밀기도 한다. 단, 너무 과하게 긁어서 피부에 이상이 생길 정도가 되면 기생충이나 기타 피부질환이 의심되므로 전문수의사의 진료를 받을 것을 권한다.

코풀기

기온이 갑자기 떨어지거나 공기 중에 먼지가 많을 경우 앵무새도 콧물을 흘린다. 물론 상부호흡기에 이상이 있을 경우에도 이런 증상을 보인다. 이런 경우 앵무새는 코의 점액을 떨어내기 위해 코를 풀기도 한다.

Section 03

기초훈련

훈련 시 유의사항

앵무새의 훈련은 어린아이를 가르치는 것과 동일해서 천천히 인내심을 가지고 반복적으로 실시해야 한다. 적절한 야단치기는 도움이 되지만, 과도하게 야단을 치거나 체벌을 하면 부정적인 결과를 가져온다. 훈련자는 훈련내용을 숙지하고 있어야 하며, 앵무새 앞에서 당황하거나 두려워하는 모습을 보여서는 안 된다. 참고로 이 섹션은 보니 도안의 'Parrot Trainning' 등으로부터 많은 도움을 받았음을 밝혀둔다.

■**T스탠드를 준비한다** : 앵무새의 발가락 사이즈에 적합한 T스탠드를 반드시 구입해야 한다. 시중에 적절한 훈련용 스탠드가 없는 경우 나무 등을 이용해 어렵지 않게 자작할 수도 있다. 높낮이를 조절할 수 있는 것이 좋으며, 횃대부분이 미끄럽지 않도록 신경 써야 한다.

■**적절한 윙 트리밍이 필요하다** : 털갈이 후에도 트리밍한 상태가 적절하게 유지되도록 지속적으로 신경을 써야 한다. 보통 윙 트리밍을 한 후 3개월 정도 지나면 새로운 깃털이 나서 비행능력을 회복할 수 있으므로 유의하기 바란다.

손에 앉히는 것은 길들이기의 첫 단계이자 가장 중요한 단계다. 손에 앉히는 것이 어려울 경우 횃대를 이용할 수도 있다.
©Cityparrots/Jonker&Innemee

■ **직접 새를 꺼내고 넣어야 한다** : 절대로 앵무새가 자기 마음대로 새장에 들어가거나 나오지 못하도록 하고, 언제나 여러분이 직접 새를 꺼내거나 새장 안에 집어넣어야 한다. 이렇게 해서 앵무새에게 여러분이 권한을 가진 사람이라는 것을 반드시 인식시켜야 한다.

■ **절대로 물지 못하게 해야 한다** : 놀이도중에라도 절대 여러분을 물지 못하게 해야 한다. 현재 핸드 피딩이 끝나지 않은 어린 앵무새라면 '안 돼' 라는 말만으로도 충분하다.

■ **어깨 위에 올려놓지 않는다** : 절대로 앵무새를 어깨 위에 올려놔서는 안 된다. 어깨 위라는 장소는 새들에게 권력의 상징이다. 이 위치에 올라가서 권력을 얻게 되면 새가 여러분을 통제하려 들게 된다. 보호자와 앵무새의 관계형성 초기에 너무 일찍 새가 어깨에 올라가도록 방치한다면 이후 심각한 문제로 발전될 수 있다. 품종 및 개체에 따라서 차이가 있긴 하지만, 그래도 어깨 위에 새를 올리는 것은 좋지 않다. 특히 아마존계통의 경우는 더욱 위험할 수 있으며, 심각한 부상을 초래하는 것이 일반적이다.

■ **많은 먹이를 경험하게 해야 한다** : 평생에 걸쳐 좋은 식습관을 갖는 것이 무엇보다 중요하다. 새로 앵무새를 데려오고 나서 한 달 안에 가능한 한 많은 먹이를 경험시키도록 해야 한다. 그러나 알코올이나 인스턴트 음식, 초콜릿이나 설탕 등의 음식은 심각한 건강상의 위해를 가할 수 있으므로 섭취시키지 않도록 유의해야 한다.

■ **확고한 행동지침을 심어줘야 한다** : 사육초기 2~3일 간이 추후의 관계형성에 있어서 매우 중요한 역할을 한다. 이때 잘못 확립된 버릇은 이후로도 개선하기 어려운 경우가 많다. 훈련자는 바람직한 행동과 그렇지 못한 행동에 대해 명확한 카테고리를 가지고 있어야 하며, 각각의 행동에 대해 과도하지 않은 수준에서 긍정적 또는 부정적 피드백을 줘야 한다.

새장에서 꺼내기

사람이 다가가거나 또는 새장에 손을 넣는 것에 대해 상당한 거부감을 가지는 경우가 있다. 이때 앵무새들은 여러 가지 방식으로 사람의 접근에 대한 거부감을 표현하게 된다. 새장에 거꾸로 매달리기도 하며 또는 새장바닥의 구석으로 몸을 피하기도 한다. 새장바닥에서 뒹구는 경우도 있다. 또는 사람을 공격하거나 손을 물기도 한다. 이런 모든 행동

한 마리보다는 여러 마리를 함께 훈련시킬 경우 훈련효과가 배가될 수 있다. 단, 이 경우 훈련받지 않는 다른 새들을 잘 통제해 훈련의 흐름을 유지시켜줄 필요가 있다.

들은 매우 위협적인 것처럼 보이지만 사실 쉽게 해결할 수 있다. 그저 여러분은 여러분의 말이 앵무새에겐 거역할 수 없는 법이란 것을 인식시키면 된다. 만일 앵무새가 여러분의 명령을 거부하도록 내버려둔다면 앵무새는 그 방법을 이용해 언제라도 여러분으로부터 도망쳐서 자신이 원하는 대로 즐기려고 할 것이다. 그리고 다음번에 다시 여러분이 새장에서 꺼내려고 할 때도 그 방법을 이용해 여러분을 난처하게 만들 것이다.

앵무새를 새장에서 꺼내려고 손을 넣을 때 앵무새가 방어적인 자세 또는 공격적인 자세를 취하면서 손을 물려고 한다면 단호하고 큰 목소리로 '안 돼'라고 해야 한다. 통상의 경우 앵무새는 하려던 행동을 멈추게 된다. 손을 이용해 앵무새를 새장에서 꺼내는 것이 어렵다면 수건을 이용해 꺼낼 수도 있다. 수건으로 새를 조심스럽게 감싼 후 새장에서 꺼내는 것이다. 정확하게 할 수 있도록 여러 번 연습해야 한다. 타월을 이용한 앵무새 다루기는 새를 다치게 하지 않고, 보호자를 새의 부리 등으로부터 보호할 수 있는 매우 탁월한 방법이다. 타월을 이용해 새를 꺼내는 동안 부드럽고 조용한 목소리로 새에게 말을 걸어준다. '아이 착하다', '아이 예쁘다', '착한 우리 아기' 등이 좋은 예다.

이렇게 새를 타월로 감싸 옮기는 동안 절대로 손을 느슨하게 잡는다거나 보호자가 긴장된 모습을 보이지 않아야 한다. 앵무새는 보호자가 겁을 먹었거나 또는 다소의 약점이 보이면 즉시 강한 반응을 보일 수 있다.

훈련 장소까지 옮겼다면 T스탠드에 새를 올려놓으며 '위로!' 라고 명령한다(일반적으로 앵무새는 타월을 원망하고 미워할 뿐이지 사람의 손을 원망하지는 않는다. 오히려 나쁜 타월로부터 자신을 구해준 사람의 손에게 고마워하게 된다). 만일 앵무새가 여전히 '위로' 라는 명령어에 대해 거부한다면 아랫배 쪽에 손을 댄 후 살며시 배 쪽으로 손을 올려준다. 통상의 경우 앵무새는 자연스럽게 손위로 올라오게 된다. 이제 앵무새 친화훈련 1단계로 이어지면 된다.

기초훈련

향후 앵무새와의 긍정적 관계를 위한 가장 중요한 단계가 바로 기초훈련이다. 그렇다고 너무 염려할 필요는 없다. 아래의 내용을 충분히 숙지하고 반복적으로 이행하는 것만으로도 대부분의 앵무새는 기초훈련을 무사히 마치게 될 것이다. 대부분의 훈련실패와 이상행동은 앵무새보다는 훈련자에게 귀책이 있는 것으로 알려져 있다. '남의 눈의 티끌보다 내 눈의 들보를 보라' 는 옛말을 명심하면 좋은 결과를 얻을 수 있을 것이다.

■**내용 및 목표** : 앵무새가 T스탠드로부터 손이나 팔로 옮겨오도록 교육한다. 어떤 경우에도 '위로' 라는 지시어에 따라서 손으로 옮겨온다. 지시어만 들으면 망설임 없이 자동적으로 행동을 취한다.

■**교육시간 및 장소** : 중단 없이 1회 당 10~15분, 1일 2회, 방해물이 없는 조용한 방에서 시행한다. 보통 어린 앵무새라면 1달 내외로 기초훈련을 마칠 수 있다. 그러나 이미 행동 문제를 보이고 있는 성장한 앵무새라면 이 기간이 매우 유동적일 수 있다.

■**교재** : 단단한 T스탠드(보호자의 허리높이 정도)를 준비한다. 애완동물 전문점이나 인터넷 등을 통해 구입할 수 있으며, 훈련이 시작되기 전에 모든 준비를 갖춰야 한다. T스탠드는 무게중심이 아래에 있어서 대형앵무가 앉더라도 흔들림이 없어야 한다. 경우에 따라 횃대부분에 마찰력을 증진시키기 위해 마닐라삼이나 사이잘삼 로프로 감아줄 수 있다.

■ **교육요령** : 우선 앵무새를 T스탠드에 올려놓는다. 그런 다음 손이나 팔을 새의 앞에 위치하고 '위로' 라는 명령을 한다. 만일 앵무새가 명령을 수행하면 '아이 착하다' 등의 칭찬을 해주고 다시 T스탠드로 돌려보낸다. 새를 스탠드로 돌려보낼 때도 역시 스탠드가 약간 위쪽에 있어서 '위로' 라는 명령어를 통해 스탠드에 올라가도록 해야 한다. 이렇게 10~15분 동안 반복해서 시행한다. 새가 주어진 과제를 잘 수행하면 언제라도 아낌없이 칭찬해줘야 한다.

앵무새가 여러분의 명령어를 거부하지 못하도록 해야 하며, 제대로 행동을 할 때까지 인내심을 가지고 반복해야 한다. 정해진 시간이 끝나면 앵무새를 칭찬해주고 쓰다듬어주며, 새장으로 돌려보내서 마음대로 쉬고, 먹고, 놀고 잘 수 있도록 해준다. 만일 훈련도중에 화가 나거나 답답한 마음이 들면 해당 교육시간을 종료해야 한다. 이럴 경우에는 앵무새가 여러분의 심리상태를 읽고 동일한 반응을 하도록 하는 것보다 차라리 그 시간을 종료하는 것이 더 좋다.

교육을 할 때는 어떤 일정한 리듬을 타는 것이 중요하다. '위로 → 다시 횃대로 → 위로 → 다시 횃대로' 와 같이 끊이지 않게 훈련을 해야 한다. 만일 앵무새가 물려고 한다면 단호하게 '안 돼' 라고 말해야 한다. 만약 손에 올라온 상태에서 물려고 한다면 손을 살짝 아래쪽으로 내려서 새가 균형을 잃도록 만든다. 그러면 물려던 동작을 곧 멈추게 된다. 상기 동작을 적절하게 습득하게 되면 다음으로는 새장 위에 있을 경우와 새장 안에 있을 경우에 대해서도 동일한 방식으로 훈련한다.

이 훈련의 핵심은 앵무새가 '위로' 라는 명령어에 반사적으로 행동하도록 만드는 것이다. 이 훈련이 성공적으로 달성되면 중단 없이 지속적으로 하루에 1~2회 이상 반복 시행해 훈련의 성취도가 후퇴하지 않도록 하는 것이 관건이다.

엄브렐러 코카투의 훈련 중인 모습

Section 04

문제행동의 촉발과 심화원인

앵무새의 이상행동에는 여러 가지 원인이 있겠지만, 대부분의 이상행동은 몇 가지 공통된 이유에 의해 촉발되고 심화되는 것으로 알려져 있다. 또한, 상당수의 보호자들은 앵무새에게 문제가 있는 것으로 치부하고 앵무새의 이상을 수정하려 하지만, 대부분의 경우 이상행동의 원인은 보호자가 앵무새를 이해하지 못하고 부적절한 방법으로 대하기 때문인 것이 현실이다. 우리가 문제가 있다고 생각하는 바이팅, 스크리밍 등은 모두 야생의 앵무새에게는 무척이나 자연스러운 일상이다. 다만 우리가 야생의 앵무새를 우리가 살고 있는 환경으로 데려온 만큼 일정 수준의 야생앵무새의 본능을 존중하는 것은 앵무새와 공존하기 위한 기본적인 사항이다.

물론 적절하게 사회화된 앵무새는 일정한 범위 내에서 스스로 인간친구에게 과도한 불쾌감을 주지 않도록 행동할 것이다. 우리가 해야 할 일은 앵무새의 본성을 좀 더 깊이 이해하고 그들을 존중하며, 인간과 앵무새의 공존에 방해가 되는 부분을 최소화하도록 노력하는 것일 것이다.

대부분의 행동문제는 훈련자의 몰이해와 노력부족에 있다 해도 과언이 아니다. ⓒCityparrots/Jonker&Innemee

일반적으로 가장 많이 거론되는 문제의 원인은 다음에서 상세히 살펴볼 앵무새에 대한 존중, 이해 및 인내의 부족, 과도한 응석 받아주기, 임계점 이상의 스트레스, 앵무새의 성성숙, 영양불균형 및 기타 건강이상, 일상의 과도한 비일상화, 가족구조 등이다.

존중, 이해, 인내심의 부족

우리는 통상 우리와 함께 생활하는 반려동물을 우리의 재산이나 부속물로 치부하는 경향이 있다. 우리에게 동물은 인간보다 열등한 존재로서, 그들의 지적능력이나 감성의 존재를 인식하지 못하거나 외면하는 경우가 많다. 그러나 그들은 분명한 지적능력을 지니고 있고, 아프고 외롭고 슬픈 것을 느낀다. 앵무새의 경우 현존하는 어떤 동물보다도 뛰어난 지적능력을 지니고 있으며, 그들은 스스로의 아름다움을 알고 있고 자존감을 지니고 있다. 하지만 그들과 함께하며 그들을 보살펴야 할 인간들은 그렇지 못한 경우가 많은 것 같다. 앵무새들이 지적능력을 지닌 생명체란 사실을 이해하고 존중하며, 인내심을 가지고 접근하면 거의 모든 행동문제는 미연에 방지될 수 있다. 더불어 이러한 방식으로 접근하면 대부분의 이른바 행동문제라고 하는 것이 문제가 아닌, 우리의 오해에서 비롯된 잘못된 판단이라는 사실도 알게 된다.

아침과 저녁에 집중되는 스크리밍은, 단순한 소리지르기가 아닌 그들의 필수적인 의사소통방식이다. 이러한 아침저녁의 스크리밍이 없는 앵무새는 존재하지 않는다. 그런 앵무새를 바란다면 인형이나 사진을 찾는 것이 좋다. 만일 어떤

항간에는 어릴 때부터 직접 핸드 피딩을 하고 훈련을 해야만 좋은 훈련성과를 거둘 수 있다는 속설이 있는데, 이는 근거가 없는 그야말로 속설에 불과하다. 성공적 훈련의 핵심은 바로 훈련자와 앵무새의 서로에 대한 이해다.

이가 아침과 저녁에 소리치는 앵무새를 교육시켜 그러한 행동을 교정하려 한다면, 그는 자신과 앵무새 모두를 학대하고 있는 것이다.

과도한 응석 받아주기

대부분의 앵무새는 집안에서 어린아이와 같은 대접을 받는다. 이런 이유로 앵무새의 보호자들은 앵무새가 원하는 것은 무엇이든지 다 해주려는 경향이 있다. 앵무새는 자신이 원하는 바가 무엇인지를 명확하게 알고 있으며, 자신이 원하는 것은 무엇이든지 다 이룰 수 있다는 사실을 인식하게 되면 수단과 방법을 가리지 않고 그러한 목적을 달성하기 위해 노력한다. 앵무새가 보호자는 자신이 원하는 바를 무엇이든지 이뤄주는 하인과 같다는 것을 아는 순간 보호자와 앵무새 간의 관계는 걷잡을 수 없이 악화된다. 따라서 어린아이의 경우와 마찬가지로 앵무새가 자신의 책임과 의무를 명확하게 이해할 수 있도록 교육시켜야 한다. 되는 것과 안 되는 것을 분명하게 구분 지어야 하며, 안 되는 것은 어떠한 경우에도 안 된다는 것을 인지할 수 있도록 반복해서 가르쳐야 한다. 이른바 원칙 또는 규율의 철저한 적용이 필요하다.

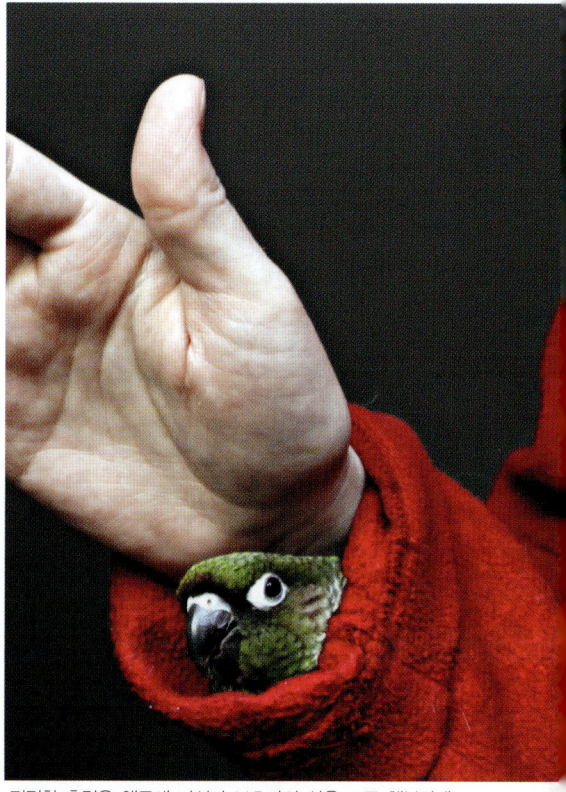

적절한 훈련은 앵무새 자신과 보호자의 삶을 모두 행복하게 영위시키는 원동력이다.

임계점 이상의 스트레스

좁은 새장, 부적절한 조명, 과도한 습도나 지나치게 건조한 공기, 외롭고 지겨운 일상의 지속, 폭언과 폭력 등은 앵무새에게 스트레스를 유발한다. 과도한 스트레스는 스트레스를 조절해주는 호르몬대사에 이상을 초래하며, 이로 인해 정신적 장애뿐만 아니라 건강에도 이상이 생기게 된다.

과도하고도 만성적인 스트레스에 노출된 앵무새는 깃털 뽑기나 자해로 이어질 가능성이 높아진다. 일례로 최근에 미국에서부터 수입된 고핀 코카투 한 마리는 운송과정의 스트레스를 견디지 못해 불과 24시간 만에 스스로 깃털을 모두 뽑아버린 경우도 있었다. 다행히 스트레스로 인한 이상은 그 스트레스의 원인만 명확하게 파악하고 제거해주면 비교적 그 예후가 좋은 편이다.

성성숙 및 성호르몬의 주기적 분비

앵무새는 성적으로 성숙하고 성호르몬이 분비되면 갑자기 행동이 급변하며 공격적으로 변하게 된다. 항간에는 앵무새 사춘기라고 알려져 있지만, 이러한 행동변화는 성호르몬이 분비되는 성성숙기에만 발생하는 것이 아니라 평생에 걸쳐 지속적으로 나타난다. 아무런 문제없이 귀엽고 사랑스럽기만 하던 앵무새가 갑자기 물거나 소리를 지르며 과시하는 행동을 보이고, 자신의 영역을 지키려는 듯한 행동을 보인다. 가족구성원 중 한 사람과 더 깊은 유대감을 보이며 교미를 시도하거나 또는 한쪽 구석에 둥지를 만들기도 한다. 그 외에도 다양한 이른바 문제행동을 보인다.

호르몬분비에 따른 이러한 행동은 지속적이고도 규칙적인 복종훈련으로 상당부분 완화시킬 수 있다. 또한, 일조시간을 축소시킴으로써 호르몬분비량을 감소시키고 이상행동을 통제할 수도 있다.

앞가슴의 털을 모두 뽑아버린 몰루칸 코카투
ⓒCityparrots/Jonker&Innemee

영양불균형 및 기타 건강이상

영양불균형 및 건강이상에 따른 이상행동은 앞서 설명한 과도한 스트레스에 따른 문제와도 결부돼 있다. 아무런 배경

야생의 앵무새는 자신들의 무리와 더불어 정해진 스케줄을 고수하며 생활한다.

지식 없이 앵무새를 기르는 이들 중에는 앵무새에게 부적절한 먹이를 주거나 또는 충분한 양의 먹이를 주지 않는 등의 경우가 종종 있다. 심지어는 변을 많이 보지 말라고 2~3일에 한 번씩만 먹이를 주는 경우, 보리나 쌀알만 먹이는 경우도 봤다. 유명한 동물보호론자인 미라 트위티에 따르면 심지어 자신이 기르는 앵무새에게 감자튀김과 콜라만 먹여온 보호자를 본 적도 있다고 한다. 이처럼 극단적인 경우는 아니더라도 부적절하거나 변화 없는 먹이를 장기간 섭취하게 되면 다양한 질병이 생길 수 있으며, 치명적인 병으로 발전할 수도 있게 된다.

이와 같이 부적절하거나 불충분한 먹이를 먹은 새는 항상 먹이를 찾아 울부짖게 되며, 보호자에게 스트레스성 과민반응을 보이게 된다. 건강이상 역시 유사한 결과를 초래한다. 이런 맥락에서 깃털 뽑기나 자해의 경우 심리적인 이상여부를 확인하기 전에 영양과 건강 등 의학적인 측면을 먼저 확인하는 것이 순서인 것은 널리 알려진 바다.

일상의 과도한 비일상화
앵무새는 아침에 눈을 뜨고, 먹이를 찾아 돌아다니고, 나뭇가지에 앉아 쉬고, 동료들과 서로 깃털을 다듬어주고, 저녁이 되면 잠자리로 돌아와 잠을 자는 등 매우 반복적인 일상을 좋아한다. 새로운 변화도 즐거움을 주지만, 하루하루 삶의 기본은 어제와 같은 일상의 반복이다. 따라서 이러한 일상의 주기적 반복이 보장되지 않으면 상당한 스트레스를 받게 되며, 이러한 스트레스는 이상행동으로 이어지게 된다. 청소는 매일, 물과 먹이는 아침과 저녁에 각각 한 번씩 주어져야 한다. 놀이시간은 매일 오전 한 시간, 매일 오후 한 시간이어야 하며 잠은 저녁 8시에 자야 한다.

물론 앵무새는 새로운 일을 좋아하고 기대한다. 새로운 사람을 만나고, 새로운 장소를 방문하고, 새로운 먹이를 먹고, 새로운 음악을 듣는 것은 그들이 무척이나 사랑하는 일이다. 그러나 그 기본은 일상의 반복이다. 규칙적으로 반복되는 일상 속에 적절한 양의

둥지를 틀고 있는 재야생화된 스칼렛 매커우 한 쌍 ⓒCityparrots/Jonker&Innemee

새로움이 들어가야 한다. 무슨 일이 일어날지 예상할 수 없는 상태는 앵무새들에게 두려움을 갖게 한다.

가족구조

앵무새는 집단생활을 하며, 인간과 함께 생활하는 앵무새는 인간과 다른 반려동물을 자신의 집단구성원으로 인식하게 된다. 그러나 시간이 흐르면서 앵무새는 어떤 특정 구성원과 좀 더 깊은 관계를 이루며, 그러는 과정에서 부부나 연인 간의 관계를 질투하기도 하고, 부부나 연인 또는 부모가 자신들의 관계를 강화하기 위해 앵무새를 이용하기도 한다. 가족의 불화를 앵무새의 이상행동 때문인 것으로 치부해 앵무새를 학대하며, 그에 대한 반대급부로 가족구성원의 일치단결과 가족애를 강화하기도 한다.

아이가 없는 젊은 부부들이 아이를 대신할 목적으로 앵무새를 구입했다가, 아이가 생기면서 앵무새를 귀찮게 생각하고 앵무새에게 쏟아 부었던 관심과 애정을

사슬에 발이 묶인 채 앉아 있는 레인보우 로리킷

철회해 앵무새를 감정적으로 유기하는 경우도 흔하다. 학생 때 앵무새를 좋아해 구입했으나 멀리 떨어진 상급학교에 진학하거나 직장을 얻고 결혼을 하면서 좋아해 마지않았던 앵무새를 되팔아버리거나, 베란다 한쪽 구석에 방치한 채 부모님에게 맡겨버리는 경우도 빈발한다. 다른 어떤 반려동물보다도 많은 애정과 관심, 지식을 필요로 하고 과도하리만큼 오래 사는 앵무새에게 이러한 인간의 삶과 가족구조는 앵무새를 삶의 끝으로 모는 가혹한 현실이 된다.

Section 05

문제행동 및 해결방법

바이팅

미국의 저명한 앵무새행동 전문가인 토머스 퀼킨 부시는 그의 저서 'My parrot, my friend'에서 일반적으로 앵무새가 보여주는 무는 행동, 즉 바이팅(biting)을 그 행위의 목적에 따라 다음과 같이 4가지의 형태로 구분하고 있다.

■**공포 및 방어를 목적으로 한 바이팅** : 천적과 조우하거나 천적으로부터 피신할 수 없어 공포에 사로잡힌 경우, 자신의 몸을 방어할 목적으로 무는 경우다. 이러한 목적의 바이팅은 천적뿐만 아니라 새로 본 사물, 동물, 사람에 대해서도 이뤄진다.

일반적으로 새로운 환경에 적응하지 못한 경우 별것 아닌 사물이나 상황에도 큰 공포심을 갖게 되며, 이는 곧 바이팅으로 이어지게 된다. 야생에서 포획된 개체의 경우 사람이나 사람의 손 등에 이런 두려움을 보이는 경우가 많으며, 인공증식된 개체라도 어린 개체 또는 새로운 사람을 보게 되면 이러한 행동을 보이는 경우가 많다. 이미 보호자와 친숙해진 경우라도 보호자가 과도하게 원색적이며, 가로 또는 점무늬가 있는 옷을

야자나무에서 쉬고 있는 미트레드 코뉴어 ⓒCityparrots/Jonker&Innemee

입거나 또는 술에 취한 상태로 앵무새를 다루게 되면 앵무새의 공격을 초래하는 경우가 있다. 이는 가로 또는 점무늬가 있는 화려한 옷이 앵무새에게는 자칫 뱀과 같은 포식동물로 오인될 수 있기 때문이다.

긴 막대기나 호스, 노끈 등을 앵무새에게 흔들었을 경우에도 비슷한 행동을 보인다. 술에 취한 경우 보호자는 평소와는 다른 모습이나 행동 등을 보이는 것이 일반적이며, 이는 앵무새에게 생소한 모습으로 비치게 되고 두려움을 자아내게 하기도 한다. 이러한 경우에 가장 기본은 공포심을 유발하는 상황이나 대상을 통제하고 줄여주는 것이다. 공포심을 유발하는 대상을 명확히 분석해 그 대상을 제거하는 것만으로도 이러한 유의 문제는 어렵지 않게 해결할 수 있다.

보호자를 물려고 하는 앵무새

■**위치이탈을 유도하기 위한 바이팅** : 동료나 짝과 함께 있을 때 위험한 포식자 등이 접근하면 앵무새는 자신의 곁에 있는 동료나 짝을 부리로 쪼아 현장을 이탈하도록 하는 경우가 있다. 이러한 행동은 통상 번식기에 있는 앵무새들에게서 쉽게 찾아볼 수 있으며, 해당 앵무새가 한 사람과 과도하게 밀접하게 지내거나 그 사람을 성적 대상으로 생각하지 않도록 통제하는 것이 필요하다.

가장 좋은 방법은 가족구성원 모두가 기초훈련을 번갈아가며 수행해서 모든 가족구성원이 자신보다 상위에 있음을 인식시켜야 한다. 더불어 한 사람에게만 집착을 보일 때 이러한 응석을 과도하게 받아주는 행위를 피해야 한다. 또한, 둥지역할을 하는 상자나 신문지 등을 제공하지 말아야 하고, 보호자의 손 등에 교미를 시도할 경우 이를 적극적으로 중단시켜야 한다. 앵무새에게 있어서 한 사람에게만 집착하고 다른 가족구성원을 적대시하는 일은 꽤나 흔한 일이다.

상당수의 보호자들은 이런 현상을 재미있어 하며 오히려 부추기기도 하는데, 이는 좋지 않은 결과를 가져오게 된다는 것을 명심하도록 한다. 그러면 그럴수록 앵무새는 자신의 짝과 둥지를 지키기 위해 더 공격적으로 변하게 될 수 있다.

■**지배권 확보를 위한 바이팅** : 앵무새는 무리생활을 하는 사회적 동물이며, 각각의 집단 내에서 앵무새 개체 간의 일정한 서열이 있는 것이 일반적이다. 높은 서열에 올라갈수록 좋은 짝을 만나게 되고, 좋은 먹이와 좋은 둥지자리를 얻게 된다. 이런 개체들은 자신의 유전자를 후대에 남길 가능성이 극대화된다. 사람과 함께 생활하는 앵무새들은 성적으로 성숙하게 되면서 무리(함께 사는 사람가족들) 내에서의 지배권을 확보하기 위해 노력하게 된다. 가장 대표적인 행동은 높은 곳에 올라가는 것이며, 자신의 영역을 주장하게 되고 다른 가족구성원들을 복종시키기 위해 바이팅을 하게 된다. 그들에게 복종은 자신의 유전자를 후대에 남길 가능성이 축소되는 것을 의미한다. 이러한 지배권 확보행위를 막기 위한 가장 손쉬운 방법은 바로 횃대 등 앵무새가 올라앉을 수 있는 높이를 보호자의 가슴높이 이하로 조정하는 것이다.

앵무새의 무리에서는 가장 높은 곳에 앉는 개체가 가장 높은 지위와 서열을 가진 것이다. 어떤 이유에서든지 보호자나 다른 가족구성원보다 높은 곳에서 생활할 기회를 얻는 앵무새는 자신이 해당 그룹 내에서 가장 높은 서열을 가지고 있다고 생각하게 되고, 이러한 자신의 권위에 도전하는 대상을 공격하는 것이다. 따라서 앵무새가 앉을 수 있는 횃대의 높이를 낮게 조정해 주는 것만으로도 앵무새의 서열에 대한 착각을 누그러뜨릴 수 있으며, 바이팅 등 부적절한 행동을 극소화시킬 수 있다.

긴장한 모습의 앵무새

바이팅에 대한 대처. 손등은 앵무새의 부리로는 물 수 없기 때문에 물려는 행동을 보이는 앵무새의 부리에 손등을 들이미는 것은 앵무새에게 무는 것으로는 소기의 목적한 바를 성취할 수 없음을 알려주는 데 유용한 방법이다.

어깨에 앵무새를 올리는 행동도 유의해야 한다. 대부분의 중대형앵무새는 어깨에 올라갈 경우 보호자보다 높은 위치가 되며, 이는 앵무새의 서열에 대한 인식에 변화를 줄 수 있고 바이팅으로 이어질 수 있다. 최근 미국에서는 어깨에 오른 앵무새가 갑자기 보호자를 공격해 코나 입 등에 심각한 부상을 입히는 사례가 증가하고 있다. 이는 모두 앵무새의 생리를 이해하지 못한 데서 발생한 인재라고 볼 수 있다. 또한, 어린아이들은 절대로 보호자 없이 앵무새와 홀로 남겨져서는 안 된다. 대부분의 횟대는 어린아이의 키보다 높으며, 앵무새는 어린아이보다 서열이 높다고 생각하게 돼 심각한 바이팅으로 이어질 수 있음을 유의해야 한다. 윙 트리밍 역시 앵무새의 공격적 행동을 통제하는 데 필수적인 것으로 알려져 있다. 윙 트리밍으로 비행능력이 줄어든 앵무새는 이전과 같은 수준의 지배력을 확보하기 어려워지며, 공격성 등도 감소하게 되는 것으로 알려져 있다. 다만 윙 트리밍에 대해서는 학자나 브리더에 따라 논란의 여지가 있는 것도 사실이다.

■**위닝단계에 있는 어린 새의 부리장난** : 이른바 니블링(nibbling)이라고 부르는 행위로 공격적인 의도를 가지고 세게 무는 것이 아니라, 그저 장난삼아 부리로 조금씩 건드리거나 무는 시늉을 하는 것이다. 하지만 이러한 행동을 부추기거나 그대로 두면 장기적으로는 바이팅으로 이어질 수 있으므로 부리에 손을 넣는 등의 행동은 반드시 삼가야 한다.

바이팅의 전조증상

갑작스레 바이팅이 이뤄지는 경우도 있지만, 대부분의 앵무새는 바이팅과 같은 공격적인 행동을 하기 전에 다음과 같은 전조증상을 보이는 것이 일반적이다. 다만 몸동작으로 앵무새의 감정을 판단하기 전에 행위의 맥락을 먼저 파악하는 것이 무엇보다 중요하다.

앵무새의 모든 음성 및 표정, 행동언어를 이해하지 못하는 사람에게 있어서 전후사정을 잘 파악하는 것이 앵무새가 말하고자 하는 바를 적절하게 이해하는 데 중요한 역할을 한다는 것을 명심해야 한다.

■ **아이 피닝(eye pinning)** : 앵무새는 흥미로운 일이 생기거나 화가 나면 동공의 크기를 늘였다 줄였다 하며, 해당 사물이나 사람을 노려본다. 통상 흥미로운 일이 생겼을 때는 한쪽 눈 또는 양쪽 눈으로 번갈아가며 좀 더 명확하게 보려는 동작을 취하고, 화가 난 경우에는 정면으로 쳐다보며 아이 피닝을 빠르게 반복한다.

■ **얼굴 쪽의 깃털 곤두세우기와 날개 벌리고 퍼덕이기** : 앵무새는 몸에 나 있는 거의 모든 깃털을 어느 정도 움직일 수 있다. 화가 나거나 두려움을 느끼면 얼굴 쪽의 깃털을 부채처럼 펼쳐서 몸이 커보이게 만들게 된다. 또 날개를 크게 벌리고 몸을 커보이게 과시한다. 이와 비슷하지만 날개를 몸에서 조금만 떼고 살짝 떠는 행동은 일반적으로 반가움을 표시하는 것이다.

■ **발 구르기와 히싱(hissing)** : 횃대 위에서 발을 좌우로 구르며, 몸을 좌우 또는 상하로 빠르게 움직인다. 또한, 화가 난 앵무새는 '쉿쉿' 하는 금속성의 소리를 내는데, 이는 공격이 임박했다는 경고의 소리다.

■ **뒤로 발라당 누워 다리 휘젓기** : 뒤로 발라당 눕는 것은 앵무새를 포함한 대부분의 동물에서 막다른 골목에 도달해 더 이상 자기 힘으로 어찌할 수 없는 상황이라는 것을 의미한다. 이런 상황에서는 최악의 결과가 빚어지는 것이 결코 이상한 일이 아니다. 언젠가 필자가 SBS의 '동물농장'에서 자문했던, 개 3마리와 동거하는 레인보우 로리킷 아종의 사례가 이런 경우다. 당시 로리킷은 자기 몸집의 수십 배에 달하는 개 3마리와 함께 살고 있었으며, 종종 싸움(또는 장난이 발전된 형태의 가짜 싸움) 끝에 앵무새가 바닥에 등을 대고 누워 부리와 다리를 이용해 개들의 공격을 막는 것을 볼 수 있었다. 당시에는 방송목적 상 적절한 수준에서 마무리를 짓고 말았으나, 사실 그런 상황은 언제라도 부상이나 심지어 죽음을 유발할 수도 있는 매우 심각한 상황이었다. 물론 트릭훈련의 일환으로 이뤄지는 '등대고 눕기'는 이와는 다른 경우다.

깃털 뽑기 및 자해

모든 문제가 그렇듯이 원인을 알면 절반은 해결된 것이나 다름없다. 깃털 뽑기는 일반적으로 자해의 일종으로 알려져 있으며, 자해는 자신의 가슴뼈를 스스로 부러뜨리거나, 발가락을 물어 뜯어내고, 가슴근육에 상처를 내고, 날개뼈를 씹어버리고 심지어 스스로 복벽에 부리로 구멍을 내 내장을 꺼내는 경우까지 다양하게 알려져 있다. 만일 의학적으로 건강상의 별다른 이상이 없다면 대부분의 경우 심리적인 문제가 있는 것으로 판단한다.

■관심 끌기, 외로움, 놀 거리의 부재 : 가장 대표적인 자해의 원인은 관심 끌기, 외로움, 스스로 놀 수 있는 방법의 부재 또는 미인지다. 우선 피더 플럭킹(feather plucking) 또는 피더 피킹(feather picking)이라고도 불리는 깃털 뽑기는 일반적인 오버 프리닝과는 어느 정도 구별될 필요가 있다. 오버 프리닝이란 말 그대로 과도하게 깃털을 다듬어서 깃털이 쉽게 마모되는 현상이다. 여기에서 좀 더 발전하면 깃털 뽑기로 진행될 수도 있지만, 직접적인 연관은 그리 크지 않다고 보는 시각도 존재하므로 염두에 두기 바란다.

재주 가르치기도 앵무새에게 좋은 여흥이 될 수 있다.

깃털 뽑기의 원인이 외로움이나 스스로 노는 방법을 알지 못해서 또는 놀 것이 없어서라면 그러한 기회를 제공해주는 것이 문제행동을 교정하는 데 있어서의 핵심이다. 다양한 장난감을 준비해서 주기적으로 교체해 주도록 하고, 뒤에 설명하게 될 다양한 게임을 알려주는 것도 좋은 방법이다. 경우에 따라서는 비슷하거나 같은 종의 앵무새들과 함께 생활할 수 있는 기회를 주는 것도 좋은 결과를 가져온다.

만일 원인이 단순히 보호자로부터 좀 더 많은 관심을 끌기 위한 것이라면 두 가지 관점에서 문제에 접근해야 한다. 우선 앞서 설명한 복종훈련을 좀 더 철저하게 시행할 필요가 있다. 이러한 문제를 보이는 앵무새들은 대부분 자신이 보호자의 모든 것을 지배할 수 있다고 여긴다. 이는 복종훈련의 부재에 따른 일반적인 문제 중 하나다. 기본적으로 복종훈련을 철저히 실시하되 또 하나의 중요한 스킬은 바로 적당하게 무시하는

자해로 깃털을 뽑은 모습

것이다. 앵무새는 깃털을 뽑았을 때 보호자가 보이는 걱정이나 염려의 마음 또는 증대된 관심을 좀 더 많이 그리고 자주 향유하기 위해 지속적으로 깃털을 뽑는 경향이 있다.

■ **요구를 관철시키는 도구로 사용** : 깃털을 뽑으면 보호자가 자신에게 좀 더 많은 관심을 쏟는다는 사실을 우연한 기회에 알게 되면(아마도 처음에는 그저 심심해서 깃털을 뽑았을 가능성이 높지만), 그 다음부터 앵무새는 깃털 뽑기를 자신이 요구하는 바를 관철시키는 도구로 유용하게 사용하게 된다.

부적절한 행동에 대한 경고. 손가락으로 강하게 앵무새를 가리키며 '안 돼'라고 단호하게 말하는 것은 앵무새에게 무언가 부적절한 상황이 벌어지고 있음을 인지시킬 수 있다. 앵무새의 동일하거나 유사한 범주의 부적절한 행동에 동일한 방식으로 수회 이상 대응하면 앵무새에게 보다 명확한 교육효과를 가져올 수 있다.

앵무새의 이러한 내면심리를 알지 못하는 대부분의 보호자는 앵무새가 깃털을 뽑을수록 더 많은 관심을 보이게 되며, 그럴수록 앵무새는 점점 더 벌거숭이가 돼간다. 이 경우 행동교정의 핵심은 이러한 악순환의 고리를 끊는 것이다. 깃털을 뽑지 않으면 사랑한다, 예쁘다, 귀엽다고 말해주지만 보호자가 잠시 자리를 비우거나 한 후 돌아왔을 때 깃털을 뽑고 있으면 아무런 관심을 보이지 말고 그 자리를 떠나야 한다. 얼마간의 시간이 흐른 후 다시 돌아왔을 때도 여전히 깃털을 뽑고 있으면 역시 어떠한 수준의 관심도 보이지 않은 채 앵무새를 떠난다. 만일 깃털을 뽑지 않고 있으면 다시 앵무새가 바라는 관심과 애정을 보여주도록 한다. 이러한 방법은 당장에 효과를 나타내지는 않지만, 수개월에 걸쳐 복종훈련 및 다양한 다른 관심거리제공과 병행되면 매우 좋은 결과를 가져온다.

스크리밍

스크리밍은 아침저녁에 단시간 동안 강도 높게 이어지는 울음과 구분돼야 한다. 이러한 아침저녁의 울음은 자연적인 것으로 통제의 대상이 아니다. 여기서 논의되는 스크리밍이란 자신이 요구하는 바를 관철시키기 위해서나 보호자의 관심을 얻기 위해 또는 별다른 이유가 없는 과도한 울음을 의미한다.

몸집이 작은 코뉴어나 소형 코카투의 경우에도 울음소리는 상당한 수준이며, 대형매커우나 대형코카투의 울음소리는 상상을 초월하는 경우가 많다. 미국의 유명한 코카투구조단체인 마이투(Mytoo)의 홈페이지에는 대형코카투의 울음소리와 비행기 이륙 시의 소음을 비교해놨는데, 비행기가 이륙할 때 발생하는 날카로운 금속성 소음 너머로 들리는 코카투의 울음소리가 더 가공할 만하며, 소음의 크기도 결코 비행기이륙소음에 뒤지지 않는 것으로 분석되고 있다.

이러한 소음은 종종 대형앵무새들이 이 집에서 저 집으로 쫓겨 다니는 원인이 되곤 한다. 어느 연구자에 따르면 대형코카투와 매커우는 태어나서 첫 10년 동안 평균 7번 재분양되거나 새로운 집으로 쫓겨나는 것으로 알려져 있다. 미국에만 수만 마리 이상의 대형매커우와 대형코카투가 원래의 보호자로부터 쫓겨나 구조시설에서 생활하고 있고, 이러한 숫자는 매년 증가하고 있다. 매커우나 코카투뿐만 아니라 아프리칸 그레이, 이클레터스, 코뉴어, 몽크, 세네갈, 자딘 등 거의 모든 앵무새가 엄청난 소음을 낸다.

■**스크리밍의 원인** : 스크리밍의 원인도 물론 여러 가지가 있고 또한 복합적으로 작용하겠지만, 대부분은 보호자의 부적절한 초기대응과 적절한 규율부재가 문제가 된다. 성장하면서 앵무새는 다양한 울음소리를 내게 되며, 일부는 상당한 수준 이상의 소음으로 이어질 수 있다. 이때 일부 보호자의 경우 그러한 소리를 통제할 목적으로 더 큰소리로 되받아치기도 한다. 이렇게 되면 앵무새는 자신의 소리에 보호자가 더 큰소리로 대답하는 것을 일종의 놀이로 인식하고, 그러한 놀이에 보호자를 끌어들일 목적으로 지속적이고 반복적으로 소음을 내게 되며, 나중에는 이러한 스크리밍이 고착화되게 된다.
스크리밍이 심화될수록 보호자는 앵무새를 달래기도 하고 혼내기도 하며, 결국은 앵무새에게 욕을 해대거나 새장을 발로 차고 물건을 새에게 던지며, 심지어는 골방에 가둬버리게 된다. 이러한 상황에 처한 앵무새는 보호자의 관심을 끌기 위해 좀 더 큰 소리를 내

보호자에게 머리를 긁어달라고 요구하는 세네갈 패럿(Senagal Parrot, *Poicephalus senegalus*)

제6장 앵무새 길들이기 **293**

게 되고, 결국 그 앵무새는 보호자에게 버림을 받게 되는 것이다.

또 다른 중요한 원인은 지배권의 행사다. 큰 새장의 위에서 생활하거나 보호자의 어깨 위에 오른 앵무새는 종종 자신이 인간 동료보다 우위에 있다고 인식하고, 이러한 자신의 지위를 인간 동료들에게 과시하기 위한 목적으로 소리를 질러대게 된다. 이런 유의 문제는 사실 조치하기가 매우 간단하다. 대부분 새장이나 횃대의 위치를 낮게 조절하고, 어깨에 올라가지 못하게 하는 것만으로도 좋은 결과를 가져오게 된다.

대부분의 중대형 종은 적절한 교육을 실시하면 뛰어난 재주를 쉽게 습득할 수 있다.

■**스크리밍의 교정** : 스크리밍의 원인이 무엇이건 복종훈련은 좋은 결과를 가져오는 필수적인 전제조건이다. 더불어 깃털 뽑기의 경우와 마찬가지로 다양한 장난감, 새로운 먹이, 친구 새 등의 여가거리를 제공해주는 것을 잊지 말아야 한다. 이런저런 방법을 동원해도 좋은 결과가 없을 경우 사용할 수 있는 마지막 방법은 바로 타임아웃(time out)이다. 명확하게 원인을 파악했고, 앞서 언급한 방법대로 장기간(수주에서 수개월 이상) 시행했음에도 불구하고 별다른 차도가 없다면 부적절한 스크리밍이 있을 때 앵무새에게 강하게 '안 돼'라고 수회 말한 후, 앵무새를 타월로 감싸서 작고 어두운 상자에 넣어 빛과 소리가 완전히 차단된 장소에 15분 정도 놓아둔다. 시간이 경과한 후 다시 원래의 위치로 돌려놓으면 된다.

앵무새는 집단생활을 하는 동물로 동료로부터의 격리를 천적의 접근만큼이나 두려워한다. 단, 너무 긴 시간 동안 타임아웃을 시행하게 되면 앵무새는 자신이 왜 벌을 받고 있는지 잊어버리고, 교육의 효과가 감소되므로 유의해야 한다. 더불어 타임아웃을 위해 타월링을 할 때 부상을 입지 않도록 유의해야 한다. 적절하게 복종훈련이 이뤄진 개체라면 큰 무리가 없을 것으로 본다. 이때 손이 아닌 타월을 이용하는 것은 앵무새와 보호자의 부상을 방지하고 또한 징벌의 주체를 보호자가 아닌 타월에 이관함으로써 앵무새의 신뢰가 저하되는 문제를 방지할 수 있기 때문이다(전가의 보도). 가급적 타월은 충분히 크고 두꺼운 것을 사용하고, 가둬두는 상자와 수건을 항상 동일한 것으로 사용하는 것이 좋다. 동일한 처벌이 반복되면 향후에는 수건을 보는 것만으로도 효과를 볼 수 있다. 또한, 처벌용 타월을 일반 타월링용 타월과 다른 색상으로 분리해 사용함으로써 일반 타월링 시에 앵무새가 부정적인 반응을 보이는 것을 방지할 수 있다.

타임아웃 1단계

과도한 집착 및 공격적인 행동

한 사람에 대한 과도한 집착 또는 다른 구성원에 대한 공격적인 행동은 성성숙에 도달하거나 또는 계절적 요인으로 인해 성호르몬분비량이 증가하는 경우에 강화되는 것이 일반적이다. 기본적으로 앵무새는 집단생활을 하며 다른 구성원과도 비교적 평화롭게 지낸다. 단, 번식기가 도래하면 상황이 많이 달라질 수 있다. 이러한 행동을 보일 때는 가급적 일조량을 8시간 이내로 줄이는 것이 필요하다.

타임아웃 2단계

타임아웃 3단계
타월로 감싼 후 외부와 완전히 차단된 상자에 넣어 격리시킨다. 타임아웃 시간은 최대 15분을 넘지 않도록 한다.

이렇게 함으로써 성호르몬의 분비를 조기에 종료시킬 수 있는 것으로 알려져 있다. 무엇보다 중요한 것은 공격을 받는 가족구성원 또는 모든 가족구성원이 해당 앵무새에 대해서 복종훈련을 시키는 것이 필요하다. 처음 온 손님 등의 경우에는 앵무새가 번식기를 지나고 있다면 앵무새와의 접촉을 가급적 차단하는 것이 사고를 미연에 방지할 수 있다.

Section 06

말 가르치기

앵무새의 발성기관
앵무새에게 말을 가르치기 전에 과연 앵무새의 발성은 어떻게 이뤄지는가에 대한 기본적인 지식을 갖추는 것이 좋을 것이다. 우선 발성에 있어 가장 중요한 기관 중 하나인 폐를 살펴보자. 앵무새를 포함한 조류의 폐는 인간을 비롯한 포유류와는 매우 상이한 구조를 지니고 있다. 앵무새의 폐 역시 우리의 것과 마찬가지로 산소와 이산화탄소를 교환하기 위한 기관이지만, 우리와는 달리 기낭이라 불리는 별도의 기관이 있으며 그 효율성 또한 훨씬 뛰어나다. 간단히 설명하자면 들이마신 공기는 폐뿐만 아니라 기낭으로도 일부가 들어가며, 내뱉을 때도 폐의 공기뿐만 아니라 기낭의 공기도 함께 뱉어진다. 이처럼 독특한 구조로 인해 들숨과 날숨 모두 산소를 혈액으로 공급할 수 있다. 이는 모두 비행이라고 하는 조류만의 독특한 능력의 부산물이라고 할 수 있다.

울대 역시 매우 중요한 기관임에 틀림없다. 조류의 경우도 포유류의 경우처럼 두 개의 폐를 지니고 있다. 이는 기관이 두 갈래로 분지돼 폐로 연결된다는 것을 의미한다. 울대는 이 기관의 머리 쪽 말단에 위치한 기관으로 직접적으로 소리를 낼 수 있도록 만들어져 있다.

앵무새는 다른 어떤 반려동물과도 비견되는 독특한 매력을 지니고 있다

이 기관은 통상 같은 크기의 포유류보다 조류가 더 큰 울음소리를 낼 수 있도록 해준다. 울대는 해부학적으로 볼 때 기관의 일부를 둘러싸고 있는 근육조직과 기관지로부터 연결된 얇은 막으로 이뤄져 있다. 폐에서 흘러나온 공기의 흐름은 이 얇은 막을 건드려 진동하도록 만들며 소리를 낸다. 이 얇은 막은 각각의 기관지와 연결돼 있기 때문에 서로 다른 소리를 낼 수 있으며, 이로 인해 조류는 통상 포유류보다 좀 더 복잡한 소리를 내는 것으로 알려져 있다.

이렇게 만들어진 소리는 기관에 위치한 근육에 의해 세밀하게 조절된다. 기관을 둘러싸고 있는 이 근육들이 수축되는 형태에 따라 기관의 모양이 변하며, 이로 인해 소리가 조절된다. 이런 울대를 통해 만들어진 소리는 기관 말단에 위치한 혀와 구개, 부리를 통해서 좀 더 세밀하게 가다듬어진다. 물론 혀나 구개 등이 스스로 소리를 만들어 내는 것도 가능하다. 앵무새 중에서도 이러한 울대가 아닌 다른 신체기관을 이용해 소리를 내는 종도 있다. 대표적인 종은 뉴질랜드 고원지대에 서식하는 카카포 앵무다. 이들은 기낭에 공기를 가득 채운 후 날개를 떨어 이때 얻어진 진동으로 마치 북을 두드리는 것과 같은 소리를 낼 수 있다.

노래를 부르거나 말을 흉내 내기 위해서는 청각도 뛰어나야 하는데, 소리를 제대로 들어야만 그 소리를 분석해 다시 흉내 낼 수 있기 때문이다. 앵무새를 비롯한 조류는 사람에 비해 가청주파수대가 더 넓은 것으로 알려져 있다. 즉 우리가 듣기에는 매우 단순한 소리지만, 새들에게는 화음으로 어우러진 멋진 음악소리로 들릴 수 있는 것이다. 이는 앵무새가 인간에 비해 더 많은 청각세포를 지니고 있기 때문에 가능한 일이다. 두뇌 또한 청각을 통해 입수된 정보를 해석하고 저장하는 데 적합하도록 만들어져 있다.

최근의 연구결과에 따르면 롤러카나리의 수컷은 번식기가 되면 소리를 듣고 흉내 내는 것을 관장하는 뇌의 특정 부위의 크기가 더 커진다고 한다. 이렇게 확장된 부위는 번식기가 끝나

천재 앵무새 알렉스의 교육장면

면 다시 축소되는 것으로 알려져 있다. 물론 일반적으로 노래를 부르거나 말소리를 흉내 낼 수 있는 조류는 기본적으로 다른 생물이나 같은 조류에 비해 소리를 듣고, 분석하고, 저장하는 뇌의 부위가 성호르몬의 분비 등과 관계없이 이미 더 잘 발달돼 있다.

아마존은 아프리칸 그레이, 이클레터스 등과 더불어 가장 언어능력이 뛰어난 종으로 알려져 있다.

발성의 의미

한동안 과학계를 비롯한 대중들은 앵무새(또는 다른 조류)가 인간의 말을 하는 것은 단순한 흉내에 불과하다고 믿어왔다. 하지만 페퍼버그 박사를 비롯한 여러 연구자들의 연구가 진행되고 일반대중 사이에서 앵무새 기르기가 보편화되면서 이러한 인식은 편협한 사고로 치부되고 있다. 앵무새는 단순히 흉내를 낼 수도 있지만 경우에 따라서는(적절한 동기와 훈련기법이 보장된다면) 얼마든지 인간의 언어를 이해하고, 각각의 소리가 지닌 의미를 인지해 초보적인 수준의 대화도 가능하다는 사실이 입증된 바 있다.

말 가르치기

앵무새에게 말을 가르치기 위해 대단한 준비가 필요하지는 않다. 그저 의욕에 찬 보호자와 건강하고 어린 앵무새만 있으면 충분하다. 굳이 더 필요한 것이 있다면 그건 기본적인 '복종훈련' 정도일 것이다. 물론 상당수의 앵무새는 별도의 복종훈련이 돼 있지 않더라도 큰 무리 없이 말을 할 수 있다. 하지만 단순한 반복이 아니라 의미를 이해하고 발화하는 수준을 원한다면 반드시 기초훈련을 마쳐야 한다. 복종훈련과 언어훈련은 동시에 진행될 수도 있다. 대부분의 앵무새는 복종훈련 중에 '안 돼' 또는 '아이 착하다' 등의 말을 이해하고 따라하게 된다.

■ **반복학습** : 말을 가르치는 유일하고도 최선의 방법은 바로 반복학습이다. 우리는 어릴 때 어떻게 말을 배우는가. 우리가 성장하고 나서 학교나 학원을 다니며 외국어를 배울 때 어

언어훈련 장면

떻게 배우는가. 언어학습에 다른 왕도는 없다. 오직 반복뿐이다. 물론 여기에는 적절한 보상과 동기부여가 병행돼야 한다. 정해진 시간을 두고 정해진 사람이 정해진 단어를 반복하는 것이 유일하고도 최선의 방법이다. 개체에 따라 또는 훈련자에 따라 달라서 어떤 새들은 훈련을 시작한 지 불과 1~2주도 안 돼 말문이 트이기도 하고, 어떤 개체들은 훈련을 시작하고 거의 반년이 넘어서야 비로소 어설프게 한두 마디를 지껄이기도 한다. 경우에 따라서는 평생 한 마디도 하지 못할 수도 있다. 이 모든 것은 어떤 이유 때문일까. 다른 이유는 없다. 그저 각각의 훈련자와 앵무새의 능력과 관심의 차이 때문이다. 이는 마치 초등학교 교실에 있는 50명의 학생 중 어떤 학생은 기말시험에서 백점을 맞고, 어떤 학생은 빵점을 맞는 것과 같은 이치다.

언젠가 필자에게서 앵무새를 분양받은 한 사육자는 3~4개월이 지난 후 전화를 걸어왔다. 요지는 새가 한마디도 하지 못한다는 것이었다. 그 앵무새는 분양 당시 불과 생후 3개월의 어린 새였고, 필자는 이 책에서 언급한 것과 정확하게 똑같은 설명을 했다. 그리고 이번에 새로 전화가 왔을 때도 전할 수 있는 말은 그 이상도 그 이하도 아니었다. 결국 그 사육자는 필자에게 화를 냈다. 그 사육자의 말인즉슨, 그런 것은 본인도 알고 있는데 그것 말고 뭐 다른 것이 없냐는 것이었다. 공부를 잘하는 데 왕도가 없듯이 앵무새가 말을 배우는 데도 왕도는 없다. 물론 아마도 그 사육자는 정해진 시간에 훈련을 하지 않았거나, 앵무새의 주의를 끄는 데 실패했거나, 앵무새가 다소 부족한 자질을 지녔거나, 기타의 이유가 있을 수도 있다. 하지만 기본은 역시 애정과 관심을 바탕으로 한 반복학습이라는 사실을 명심해야 한다.

■**적절한 보상** : 말을 가르칠 때 또 한 가지 중요한 항목은 바로 적절한 보상이 이뤄져야 한다는 것이다. 정확하게 그 단어를 말하지는 못하더라도 그 단어에 관심을 보이거나 흉내를 내려고 하면 칭찬이나 좋아하는 먹이 등으로 적절하게 보상을 해줄 필요가 있다. 앵무새를 비롯한 모든 동물의 훈련과 학습은 기본적으로 인간과 동일하며, 인간에게 적용되는 모든 교육이론은 대부분의 고등동물에게 그대로 적용할 수 있다.

■**단계적인 접근** : 마지막으로 한 가지 더 중요한 원칙을 언급하자면 그것은 바로 한 단계, 한 단계 천천히 접근해야 한다는 것이다. 아직 한마디도 못하는, 이제 막 훈련을 시작한 어린 새에게 '산토끼 산토끼' 같은 어려운 노래를 가르친다면 말 가르치기는 아마도 평생 성공하지 못할 것이다. 보통 앵무새는 'ㅋ, ㅌ'처럼 분명한 발음을 쉽게 배우는 것으로 알려져 있다. 쉬운 단어를 위주로 훈련하고 이러한 단어를 말할 수 있게 되면 점점 길고 어려운 단어로 넘어가는 것이 좋다.

서로 다른 종류의 앵무새는 학습속도와 발음의 정확도 등에 있어서 서로 다른 수준을 보이는 것이 일반적이다. 아마존은 통상 아프리칸 그레이보다 빨리 말을 배우는 것으로 알려져 있다. 아마존은 생후 3개월 전후부터 말을 시작하는 경우도 종종 있지만, 아프리칸 그레이는 보통 생후 1년을 전후해서 말문이 트인다. 대신 아프리칸 그레이는 말을 하지

★ **언어능력이 뛰어난 종** ★

일반적으로 아래의 종들이 가장 말을 잘 하는 것으로 알려져 있다.
- 아프리칸 그레이 패럿(African Grey Parrot) – Congo, Timneh 모두 • 아마존앵무(Amazon Parrot) – 특히 블루 프론티드(Blue-fronted), 더블 옐로우헤디드(Double Yellow-headed), 옐로우네입드(Yellow-naped), 파나마(Panama)가 유명하나 다른 종들도 뛰어난 능력을 지님 • 이클레터스 패럿(Eclectus Parrot) – 모든 아종 • 로리류(Lories)

아래의 앵무류는 특히 정확한 목소리로 말을 하는 것으로 유명하다.
- 배어아이드 코카투(Bare-eyed Cockatoo) • 사랑앵무(Budgerigar) 수컷 • 코뉴어(Conure) • 한스 매커우(Hahn's Macaw) • 인디안 링넥 패러킷(Indian Ring-necked Parakeet) • 머스타쉬 패러킷(Moustache Parakeet) • 시비어 매커우(Severe Macaw) • 트리톤 코카투(Triton Cockatoo) • 옐로우 칼라드 매커우(Yellow collared Macaw)

이외에도 많은 앵무새들이 말을 할 수 있으나 너무 많은 관계로 모든 이름을 열거하지는 않도록 하겠다. 다만 아래의 새들은 말을 잘 하지 못하는 것으로 알려져 있다(물론 언제나 예외는 있다).
- 사랑앵무(Budgeriger) 암컷 • 그래스 패러킷(Grass Parakeet), 로젤라(Rosella)를 포함한 대부분의 호주산 패러킷

훈련 중인 선 코뉴어

는 못하더라도 들은 단어들을 대부분 기억하고 있다.
말을 하지 못한다면 노래나 휘파람을 가르쳐보는 것도 좋은 방법이다. 왕관앵무는 특히나 뛰어난 휘파람선수다. 한 번에 두세 가지 이상의 휘파람을 연이어 부르는 것이 보통이다. 또는 단어를 노래처럼 불러주는 것도 좋은 방법이다. 원하는 단어를 조금이라도 흉내 내거나 하면 좋아하는 먹이를 줄 수도 있고, 또는 '아이 착하다' '아이 예쁘다' 등의 말로 칭찬해주는 것도 좋다. 이 역시 모든 교육과 훈련의 기본사항이다.

■강세나 억양, 감정 : 단어를 말할 때 중요한 것은 바로 강세나 억양 또는 감정이다. 아무런 감정 없이 그저 반복하기만 하면 앵무새는 별다른 관심을 갖지 못한다. 앵무새들이 보통 욕을 쉽게 배우는 것이 이 때문이다. 욕은 아주 강한 감정이 담겨 있기 때문에 앵무새에게 강한 인상을 심어주고, 그 길이가 매우 짧아 쉽게 배우게 된다. 아마 주변에서 욕하는 앵무새에 대한 이야기를 한두 번쯤은 들어봤을 것이다. 그러나 말을 가르치는 것도 어렵지만 한번 배운 말을 잊어버리게 하는 것도 어렵다는 것을 명심하도록 한다.
최근에는 콤팩트디스크 등으로 된 '앵무새 말 가르치는 프로그램'을 어렵지 않게 구할 수 있다. 아마존 등에 가면 수십 종의 프로그램이 있으며, 국내에서도 몇몇 업체가 수입해 판매하고 있다. 녹음된 MP3를 이용해도 좋다. 단, 이런 기계를 이용하게 되면 아무래도 사람이 직접 가르칠 때보다는 그 효과가 떨어지는 것이 사실이다. 이는 앵무새가 단순한 반복이 아닌 사람과의 교감 및 보상을 통해서 말을 더 쉽게 배우기 때문이다.

이러한 언어습득이 지속되면 간단한 대화를 할 수 있게 되는 것도 그리 어려운 일만은 아니다. 필자의 지인이 기르던 이클레터스 패럿 비비는 우리들끼리만 웃으며 대화하면 중간에 갑자기 끼어들어 '깔깔' 거리며 웃곤 했다. 전화너머로 대화하면 그냥 말을 받듯이 '응', '응' 이라고 말한다. 물론 다른 사람이 들으면 완전히 사람과 같은 목소리와 어조로 말한다. 보호자가 '쿠쿠' 라는 이름의 스코티시폴드 종 고양이와 놀고 있으면 보호자의 관심을 끌기 위해 '쿠쿠야 이리와' 라고 말하곤 했다. 고양이는 정말 자신을 부르는 줄 알고 비비에게 다가가곤 할 정도였다. 사실 이 정도는 보통 수준이다. 우리에게도 유명한 알렉스라는 아프리칸 그레이의 경우에는 진정한 대화를 한 것으로 유명하다. 알렉스 이외에도 많은 앵무새들이 자신이 원하는 바를 정확한 문법과 발음, 어휘로 표현할 수 있는 것으로 알려져 있다. 더 놀라운 것은 이러한 것들을 가르친 적이 없는데도 스스로 조어를 하는 경우가 많다는 점이다.

성적으로 성숙해 번식기에 접어든 앵무새가 '결혼하고 싶어' 라고 말하거나, 자신을 혼자 놔두고 밖으로 나가는 보호자에게 '나가지 마, 놀아줘' 라고 말하거나, 또는 손을 다쳐 붕대로 감고 나타난 보호자에게 '무슨 일이야' 라고 반복해서 묻고 이를 알아챈 보호자가 이런저런 몸짓과 말을 하자 더 이상 그 질문을 하지 않았다는 일화가 먼 동네의 이야기만은 아니다. 여러분도 머지않아 그런 경험을 할 수 있게 될 것이다.

야생의 레드럼프드 패럿

제6장 앵무새 길들이기 **303**

모델라이벌학습법

모델라이벌학습법은 보호자에 대해 느끼는 앵무새의 질투심과 경쟁심을 이용한 학습법으로 그 효과가 매우 높은 것으로 알려져 있다. 이 학습법의 기본은 기존에 이미 다양한 능력을 갖춘 다른 앵무새나 또는 훈련보조자를 이용해 학습자에게 훈련에서 요구하는 능력을 정확하게 알려주며, 이를 앵무새가 따라하도록 하는 것이다. 이 과정에서 시범을 보이는 모델 또는 라이벌은 우수한 퍼포먼스의 대가로 다양한 감정적·물질적 보상을 받게 되며, 이는 학습자의 교육훈련에 대한 촉매역할을 해서 훈련의 성과를 높여주게 된다.

말을 못하는 앵무새

사실 모든 앵무새가 뛰어난 언어능력을 지닌 것은 아니다. 모란앵무, 호주계 그래스 패러킷, 행잉 패럿 등의 언어능력은 다른 종들에 비해 상당히 떨어지는 것으로 알려져 있다. 물론 이런 종들도 우수한 학습결과를 보여줄 수 있지만, 다른 종에 비해서 결과가 신통치 못한 것이 일반적이다. 한 학급 내에서도 수학의 우등생과 열등생, 체육의 우등생과

패럿렛과 리네오는 소형앵무 중 말을 잘 따라하는 종으로 유명하다.

열등생이 있다. 수영선수 중에도 어떤 이는 단거리에 능하고, 어떤 이는 장거리, 또 다른 이는 접영에 능한 것처럼 각각의 개체는 서로 다른 다양한 능력을 지니고 있다.

언어능력이 뛰어난 것으로 알려진 아프리칸 그레이의 경우에도 어떤 개체는 위닝 단계에서 이미 상당한 능력을 보여주는 반면, 어떤 개체는 평생 아무런 말도 못하기도 한다. 즉 사람도 그렇듯이 모든 앵무새가 뛰어난 언어능력을 지닌 것은 아니라는 것이다. 어떤 개체는 일찍부터 능력을 발휘하나 그 성취도는 장기적으로 떨어질 수 있고, 어떤 개체는 늦게 말문이 트이나 수십, 수백의 단어를 기억하고 조어를 할 수도 있다. 우리가 초등학교 1학년 학생들 중

모델라이벌학습 장면

에서 범죄자가 나올지, 유명 법조인이나 사업가가 나올지 모르는 것처럼 앵무새도 마찬가지다. 여기에 또 한 가지 중요한 변수는 바로 훈련자, 즉 보호자의 능력과 헌신이다. 아무리 뛰어난 재원도 좋은 스승을 만나지 못하면 그 능력을 발휘하기 어려운 법이다.

결론적으로 볼 때 말을 못한다고 해도 실망하지 말고 꾸준히 지속적으로 시도하며, 결국 말을 하지 못하는 것으로 판명 났다 하더라도 앵무새에게 그 모든 책임을 지우는 것은 부적절하다. 말하는 앵무새를 원한다면 이미 말을 하고 있는 성숙한 앵무새를 찾는 것도 한 대안이 될 수 있다. 오직 말을 가르칠 목적으로만 앵무새를 구한 경우 만일 한 마디도 하지 못한다면 앵무새에게 너무 가혹한 운명을 지우게 되지는 않을까 염려스럽다. 어린 아이는 설사 좋은 학교에 가지 못했다고 해서 집에서 쫓겨나지는 않지만, 앵무새는 시끄럽다거나 말을 못한다는 이유로 여러 집을 전전하며 슬픈 삶을 보내는 경우를 많이 봐왔기 때문에 더욱 염려스럽다.

Section 07

트릭훈련

싱가포르나 미국 캘리포니아 등지를 여행해본 분은 주롱버드파크나 디즈니월드에서 펼쳐지는 동물공연을 관람한 경험이 있을 것이다. 이런 공연에서 빠지지 않고 등장하는 것이 바로 앵무새들의 재주(트릭) 부리기다. 앵무새 서커스라고도 볼 수 있는 이런 공연에서는 매커우, 코카투, 아마존 등의 중대형앵무새들이 자전거를 타거나 농구를 하고, 퍼즐을 맞추는 모습을 선보이며 많은 이들의 사랑을 받는다.

이렇다 할 앵무새 공연장이 없는 국내에서는 이런 모습을 쉽게 보기 어려운 것이 현실이다. 또한, 대부분의 앵무새 마니아들도 앵무새의 번식이나 말 가르치기에는 열정적이지만 트릭을 가르치는 데는 인색한 편이다. 오히려 굳이 트릭을 가르칠 필요가 있는지에 대해서도 그리 명확한 인식이 없는 것이 일반적이다. 하지만 앵무새에게 트릭을 가르치는 것은 앵무새와 보호자 모두에게 매우 유익한 일이다. 우선 트릭을 가르치고 배우고 다듬는 과정에서 앵무새와 보호자는 더욱 강한 협력관계 및 유대감을 쌓게 된다. 또한, 대부분의 앵무새들은 매우 뛰어난 지능을 지니고 있으며, 단조로운 삶에 쉽게 지루함을 느끼게 되는데, 다양한 트릭을 가르치고 이를 배우는 과정을 통해 앵무새의 삶에 새로

기계체조를 연습 중인 아마존앵무

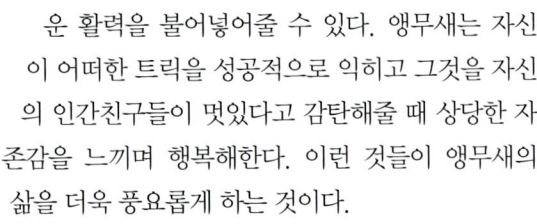

운 활력을 불어넣어줄 수 있다. 앵무새는 자신이 어떠한 트릭을 성공적으로 익히고 그것을 자신의 인간친구들이 멋있다고 감탄해줄 때 상당한 자존감을 느끼며 행복해한다. 이런 것들이 앵무새의 삶을 더욱 풍요롭게 하는 것이다.

앞서 언급한 기초훈련이 종료됐다면 그 다음단계로 지금부터 언급할 고급훈련에 들어가는 것도 앵무새와 보호자 모두를 위해 고려해볼 만하다. 단, 이러한 훈련은 반드시 앵무새와 보호자의 능력 및 여건 등을 고려해 면밀하게 계획되고 시행돼야 한다. 가장 기본적인 부분은 바로 앵무새의 주의집중시간을 초과하지 말아야 한다는 것이다. 초등학교의 수업시간과 대학교의 수업시간에 차이가 있듯이, 각 생물은 그 종과 발달단계 등에 따라 특정주제에 주의를 집중할 수 있는 시간에 차이가 있다. 일반적인 앵무새는 약 10분 정도 자신이 좋아하는 일에 집중할 수 있다. 이 주의집중시간은 경우에 따라 30분 정도에 달하기도 하지만 일반적으로는 10~15분 내외다. 이 시간을 넘겨 과도하게 훈련을 지속하면 시간과 에너지의 낭비는 물론이거니와 오히려 부정적인 결과를 얻게 될 뿐이다.

더불어 고급훈련에 들어가는 모든 앵무새는 기초훈련을 완벽하게 이행할 수 있어야 한다. 이 전제조건이 충족되지 않은 상태에서의 고급훈련은 무의미하다고 볼 수 있다. 참고로 타니 로버 등은 앵무새의 트릭훈련에 관한 좋은 책을 출간한 바 있으며, 필자 역시 그들의 저서로부터 큰 도움을 얻었다.

다양한 트릭훈련의 기본은 앞서 설명한 기초훈련이다.

오퍼런트 컨디셔닝

앵무새를 비롯한 모든 동물훈련의 기본은 바로 조건반사와 긍정적 되먹임이며 이를 시행착오학습법, 즉 오퍼런트 컨디셔닝(operant conditioning)이라고 부른다. 먹이나 칭찬과 같이 앵무새가 좋아하는 것을 통해서 앵무새가 해당 행위를 성공적으로 해냈을 때 그에 대한 보상을 안겨주고, 향후에는 앵무새가 스스로 그 보상을 목표로 해당 행위를 할 수 있도록 유도하는 것이다.

■**특별한 먹이보상** : 앞서 설명한 기초훈련의 경우 먹이를 보상으로 제공하는 것에 대해 부정적이지만, 트릭훈련의 경우 먹이를 보상으로 제공하는 것이 일반적인 접근법이다. 날개를 퍼덕이도록 하는 것과 같이 앵무새의 자연스러운 행동을 제외하고 거꾸로 선다든지, 한 발로 악수를 한다든지 하는 것은 모두 야생의 앵무새가 일반적으로 할 수 있는 행동이 아니다. 이런 다소 부자연스럽거나 익숙하지 않은 행동을 이끌어내기 위해서는 특별한 보상을 하는 것이 필수적이다. 보상으로 가장 적당한 것은 껍질을 깐 해바라기씨나 작은 호두조각 등이다. 잘게 썰어 말린 과일이나 경질 치즈도 좋은 보상먹이가 될 수 있다. 여러분이 기르고 있는 앵무새가 좋아하는 것이라면 무엇이든지 가능하다. 단, 먹이가 너무 크거나 또는 먹이를 먹는 데 시간이 너무 오래 걸리면 훈련 시 집중을 방해하게 되므로 주의해야 한다.

과거 그리고 현재에도 일부 조련사나 보호자들은 앵무새를 훈련시킬 때 상당기간 굶긴 후 배가 매우 고픈 상태에서 먹이보상을 하며 훈련을 시키기도 하지만, 이는 결코 바람직하지 못하다. 이는 훈련이 아니라 동물학대와도 같다. 물론 먹이보상의 효과를 극대화하기 위해 배가 완전히 부른 것보다는 다소 출출한 상태에서 하는 것이 효과적일 것이다. 그러나 앵무새에게 고통을 주면서까지 훈련을 시키는 것은 반드시 피해야 한다. 앵무새를 오래 면밀히 관찰하다 보면 각각의 앵무새별로 배가 부른 정도와 먹이보상에 대한 상관관계가 파악될 것이며, 배고픔을 최소화하면서 먹이보상의 효과가 극대화되는 지점을 찾아 훈련에 임하는 것이 바로 훌륭한 조련사의 능력이다. 앵무새가 무척이나 좋아하지만 평소에 잘 주지 않거나 먹기 힘든 먹이를 훈련을 위해서 별도로 준비해 훈련 시에만 제공하는 것은 앵무새의 배고픔문제를 최소화하면서 좋은 결과를 얻을 수 있는 방법이기도 하다.

트릭훈련 모습

■ **짧고 단순한 명령어** : 먹이보상과 더불어 트릭훈련을 시행하는 데 있어서 중요한 요소가 되는 것은 바로 명령어다. 예를 들어 '악수하자', '빙글빙글', '인사하자' 등과 같이 특정행동을 이끌어내기 위한 명령어를 의미한다. 이런 명령어들은 훈련 시마다 매번 음성, 소리의 고저, 어조 등을 동일하게 해야 한다. 훈련이 진행됨에 따라 각각의 앵무새는 음성, 소리의 고저, 어조 등이 다르더라도 해당 명령어를 명확하게 이해하게 되지만, 처음 훈련을 할 때는 이러한 것들이 혼란을 야기해 훈련의 성과를 감소시킬 수 있음을 유의해야 한다. 더불어 이런 명령어는 반드시 짧고 발음이 복잡하지 않아야 해당 앵무새가 쉽게 그 명령어를

★ **트릭훈련 시 유의사항** ★

- 절대로 트릭훈련을 강요하거나 벌을 줘서는 안 된다. 적절하게 이뤄진 바람직한 행동은 보상해주고, 부적절한 행동에는 아무런 반응을 보이지 말아야 한다.
- 훈련시간은 반드시 매일 정해진 시간에 정해진 시간만큼 진행돼야 한다.
- 먹이보상은 앵무새의 일일 먹이량에 포함돼서는 안 된다. 즉 훈련시간에 주어지는 먹이보상은 매일의 식단과는 별도로 취급돼야 한다.
- 훈련효과를 극대화시키기 위해 새를 과도하게 굶겨서는 안 된다. 다만 다소 출출한 정도일 때 먹이보상을 이용한 훈련효과가 증대되는 것은 사실이다. 이런 정도의 상태는 새의 인도적 대우에 위배되거나 새의 건강을 해치지는 않는다.
- 훈련장소는 조용하고 다른 방해요인이 없어야 한다.
- 모든 훈련도구 및 준비물은 앵무새가 자리하기 전에 배치돼 있어야 한다.
- 보호자는 인내하고 또 인내해야 한다. 보호자가 화를 내는 순간 모든 훈련은 수포로 돌아가고, 앵무새는 보호자와 훈련시간을 두려워하게 된다. 이는 훈련의 종말을 의미한다.
- 실제훈련이 시작되기 전에 보호자는 모든 훈련계획을 철저히 점검해둬야 한다.
- 각각의 훈련은 최소한 10분이 넘어야 효과가 있다. 그러나 모든 것은 각각의 앵무새의 흥미 등을 고려해 결정해야 한다.
- 훈련은 단계별로 논리적으로 구성돼야 한다.
- 부적절한 행위에는 절대로 보상하지 말아야 한다. 반드시 정확한 행위에만 보상해야 한다.
- 이전 단계가 완전히 완성되기 전까지는 절대로 다음 단계로 넘어가서는 안 된다.
- 처음엔 쉬운 것부터 하고 점차 어려운 기술들로 넘어가야 한다.
- 앵무새의 건강 등에 이상이 있을 때는 훈련을 중단하고 반드시 수의사의 진료를 받아야 한다.
- 만일 보호자의 상태가 좋지 않다면 당일의 훈련을 생략하도록 한다. 앵무새는 당신의 상태가 좋지 않은 것을 어렵지 않게 파악할 수 있으며, 이는 훈련결과에 부정적인 영향만을 끼친다.
- 훈련은 언제나 부드럽게 물 흐르듯이 잘 흘러가지만은 않는다. 오늘은 천재앵무새였지만 내일은 바보앵무새가 될 수 있다는 것을 명심해야 한다.

습득하고 이해할 수 있게 된다. '악수하기', '날갯짓하기' '인사하기' 등의 트릭훈련은 기존의 T스탠드에서 진행해도 충분하다. 그러나 퍼즐 맞추기를 비롯한 다른 고급기술을 가르치기 위해서는 탁자가 준비돼야 한다. 이런 탁자는 보호자의 허리높이로 다양한 훈련도구를 늘어놔도 공간이 충분할 만큼 큰 것이 바람직하다.

물론 여건이 허락되지 않는다면 방바닥이나 마룻바닥에서도 실행할 수 있지만, 특정한 장소를 별도로 지정하는 것이 앵무새에게 훈련에 임한다는 분위기를 조성해주기 쉬운 것이 일반적이다. 즉 해당 앵무새는 T스탠드에 올라가거나 또는 해당 탁자 위에 올라가면 훈련을 받는다는 사실을 인지하고

보호자에게 깊은 신뢰감을 보이고 있는 세네갈 패럿

마음의 준비를 하게 되는 것이다. 더불어 탁자 등과 같이 어느 정도 높이가 있는 곳이 보호자로 하여금 앵무새의 상태를 쉽게 파악해 지치거나 지겨워하지는 않는지, 다른 곳에 신경을 쓰고 있는지 등의 여부를 알기 쉽게 해준다.

■훈련장비는 훈련장소에 미리 정돈 : 훈련에 필요한 장비는 미리 준비해 훈련을 시작하기 전에 테이블 등의 훈련장소에 잘 정돈해둬야 한다. '돼지저금통에 동전 넣기'나 '두레박으로 물 뜨기', '퍼즐 맞추기' 등의 경우 앵무새의 특성을 고려해 각각의 장비를 세심하게 준비해야 성공적인 결과를 얻을 수 있다.

돼지저금통의 동전 넣는 구멍은 충분히 넓어야 하며, 동전은 실제 동전보다는 카지노 칩 등 앵무새가 부리로 잡기 쉬운 것으로 대체한다. 두레박은 가볍고 작은 것이어야 앵무새가 어려움 없이 끌어올릴 수 있으며, 두레박의 줄은 나일론 등 얇은 합성섬유보다는 면 재질의 다소 거칠고 굵은 것이 미끄러지지 않고 잡기 좋다.

퍼즐 맞추기의 퍼즐은 색깔이 화려하고 너무 복잡하지 않은, 3~4조각으로 이뤄진 유아용 목재퍼즐이 적당하다. 각각의 퍼즐조각 위에는 앵무새가 부리로 쉽게 잡을 수 있도록 작은 금속이나 목재 돌출물을 마련해줘야 한다. 남들과 다른 좀 더 색다른 훈련을 위해서는 적합한 훈련도구를 찾는 것이 필수다. 유아용 장난감가게나 아마존, 이베이 등의

★ 일반적인 트릭훈련의 순서 ★

여기에서는 고리걸기를 예로 들었다. 이것을 참고해서 여러분 나름대로의 최적의 훈련프로그램을 개발해야 한다.

1단계
- 앵무새에게 훈련도구를 소개한다.
- 앵무새에게 기본적인 훈련의 개요를 보여준다. '고리를 던져' 라는 명령어를 주고 훈련자 스스로 고리를 막대기에 넣은 후 스스로를 '참 잘했어' 또는 '착한 OOO'와 같이 칭찬해주고, 작은 먹이 조각을 스스로 먹여준다. 이와 같은 행동을 수회 반복한다.

2단계
- 명령어를 주고 앵무새에게 고리를 건네준다.
- 앵무새가 고리를 물거나 건드리기만 해도 칭찬해주고 먹이를 상으로 준다. 이러한 행동을 수회 반복한다.

3단계
- 훈련자 스스로 명령어에 따라 고리를 걸고 칭찬과 먹이를 주는 것을 앵무새에게 수회 보여준다.
- 앵무새에게 명령어와 함께 고리를 건네준다. 이때 2단계에서와는 달리 고리를 건드리기만 했다고 칭찬을 하거나 먹이를 부상으로 줘서는 안 된다.
- 만일 앵무새가 행동을 따라하지 못하거나 고리를 떨어뜨린다면 이러한 행동은 무시하고 계속해서 시범을 반복해 보여주도록 한다.
- 시간이 흘러 앵무새가 고리에 관심을 보이고 어떤 시도라도 하려고 하면 칭찬하고 부상을 준다.
- 앵무새가 고리를 물고 막대기 쪽으로 움직이려는 시도를 하거나 막대기 근처로 갈 때마다 칭찬과 부상을 주고, 그러고 나서는 매번 훈련자가 직접 다시 시범을 보인다.
- 매번 새로운 훈련을 할 때, 앵무새가 전날보다 막대기로 좀 더 가까이 간 경우에만 칭찬과 부상을 줘서 앵무새가 고리를 막대기 쪽으로 좀 더 가까이 가져갈 수 있도록 유도한다.
- 점차 발전해 고리를 막대기에 끼울 수 있게 되면 그 다음에 바로 이어서 또 다른 고리를 막대기에 넣을 수 있도록 칭찬과 부상으로 유도한다.

4단계
- 명령어에 맞춰 해당 트릭을 무리 없이 수행한다.
- 이 정도면 거의 훈련이 완성된 것이다. 단, 최소한 몇 주 정도는 매일 동일한 동작을 반복해야 하고, 성공적으로 트릭을 이행하면 칭찬과 부상을 잊지 말고 준다. 수주 동안 완벽하게 동일한 동작을 해낼 수 있으면 다음 트릭훈련으로 넘어간다.

해외사이트, 애완앵무새와 관련된 해외전문지 등을 통해서 어렵지 않게 여러분만의 독특한 훈련도구를 찾을 수 있을 것이다. 이때 가장 중요한 문제는 바로 앵무새에게 안전한 훈련도구를 찾는 것이다. 앞서 장난감에 대해 설명했던 부분을 그대로 적용하면 무리가 없을 것이다. 다만 훈련도구는 장난감과 달리 주로 보호자가 있는 상황에서 사용하게 되므로 장난감만큼 심각한 문제를 야기하는 경우는 없는 것이 일반적이다. 그러나 집게나 작은 종, 금속체인, 긴 줄 등은 매우 주의해서 선택하고 다뤄야 하며, 훈련 중 쉬는 시간에 앵무새 혼자 훈련도구와 함께 있는 일이 없도록 유의해야 한다.

훈련프로그램 디자인

앞서 트릭훈련과 관련된 사항들을 간단히 살펴봤다. 여기서 가장 핵심적인 사항은 바로 한 가지 트릭을 새로 시도할 때 보호자는 각각의 모든 트릭에 대한 완벽하고도 논리적인 단계별 훈련시나리오를 갖고 있어야 한다는 점이다. 우선 쉽고 간단한 것부터 차근차근 훈련시킨 다음 점점 어렵고 복잡한 트릭으로 넘어가야 하며, 복잡한 트릭의 경우 여러 단계로 세분해 단계별로 배울 수 있도록 해줘야 한다. 성공적 훈련을 위해서는 훈련자가 다음의 세 가지 요소를 명확히 인지하고 시행해야 한다.

첫째, 앵무새가 할 수 있는 트릭을 시도한다. T스탠드에 앉은 채 한 발을 들어 악수를 하는 것은 대부분의 앵무새가 어렵지 않게 배울 수 있다. 그러나 공중을 날아서 불이 붙은 링을 통과하는 것은 아무리 숙련된 앵무새와 능력 있는 훈련자라도 해내기 어려운 일이다. 앵무새의 본능 등을 고려해 앵무새가 해낼 수 있는 것만 시도해야 한다. 둘째, 간단한 것부터 시도한다. 서너 가지 간단한 트릭을 마스터하고 나서야 비로소 다음 단계인 좀 더 복잡한 트릭으로 넘어가야 한다. 천리 길도 한 걸음부터임을 잊지 말아야 한다. 셋째, 투자가 능한 시간의 총량을 고려한다. 오퍼런트 컨디셔닝은 매일 반복적인 훈련을 전제로 한다. 대부분 간단한 트릭을 훈련시킬 정도의 시간은 어렵지 않게 낼 수 있다. 그러나 롤러스케이트를 타거나 자전거를 타는 것처럼 고도의 훈련을 요구하는 트릭을 마스터하기 위해서는 상당한 시간과 노력을 필요로 한다.

이상에서 우리는 간략하게 트릭훈련을 수행하는 과정을 지켜봤다. 아마 여러분도 이상의 사실을 숙지했다면 다양한 트릭을 어렵지 않게 여러분의 사랑하는 앵무새에게 가르칠 수 있을 것이다.

다양한 트릭훈련

기초훈련에 성실히 임했고 트릭훈련이 어떻게 이뤄지는지 이해했다면 이제는 다양한 트릭훈련에 도전해볼 차례다. 트릭훈련은 기초훈련의 응용과목 정도로 볼 수 있으나 그렇다고 특별히 어려운 것은 아니다. 끈기와 분명한 목적의식만 있다면 좋은 성과를 볼 수 있다. 다음에 제시된 훈련은 얼마든지 새로운 방식으로 응용될 수 있으며, 노력여하에 따라 놀이공원 등에서 이뤄지는 고난도의 훈련도 불가능한 것만은 아니다.

■뽀뽀하기 : 이 훈련의 목표는 어떠한 특정한 신호를 줬을 때 앵무새가 훈련자의 입술에 마치 뽀뽀를 하듯 자신의 부리를 대도록 하는 것이다. 복종훈련을 제외하고는 별도의 사전훈련이 필요 없는 간단한 트릭이다.

훈련을 위해 깐 해바라기씨와 같이 크기가 작지만 앵무새가 매우 좋아하는 먹이를 준비한다. 방해물이 없는 공간으로 이동해 새를 T스탠드 위에 올린 후 그 앞에 의자 등으로 앵무새와 높이를 맞춰 앉는다. 포상으로 줄 먹이를 입술 사이에 살짝 문 후, 앵무새에게 입술을 가져가며 '뽀뽀' 라고 말한다. 이때 입술 사이의 먹이를 본 앵무새는 부리로 입술 사이의 먹이를 가져간다. 이 동작을 성공하면 칭찬해주고 그 먹이를 준다.

별다른 어려움 없이 이 동작을 수행할 수 있을 때까지 반복한다. 단, 한 번의 훈련은 10~15분이 적당하다. 만일 이 동작을 완벽하게 수행하면 그 다음에는 입술에 아무것도 물지 않은 채 동일한 동작을 할 수 있도록 반복 훈련한다. 앵무새가 성공적으로 원하는 동작을 해내면 칭찬해준다.

■돼지저금통에 저금하기 : 앵무새에게 동전을 주면 돼지저금통에 넣도록 하는 트릭이다. 우선 구멍이 충분히 크게 뚫린 저금통과 플라스틱으로 된 큰 모조동전을 준비한다. 준비물을 큰 책상 뒤에 둔 뒤 앵무새를 책상 위에 올린다. 훈련자는 스스로에게 '저금하자' 라는 명령을 내리고 손으로 동전을 돼지저금통에 넣는 시범을 보인다. 시범 후에는 반드시 스스로 칭찬하고 포상으로 먹이를 준다. 이렇게 몇 차례 시범이 반복되고 난 후에는 앵무새에게 동전을 건네주며 동일한 명령어를 준다.

만일 앵무새가 동전을 건드리거나 부리를 물었다가 버리면 칭찬해준다. 이런 행동을 반복하며 훈련자도 지속적으로 시범을 보여준다. 조금씩 진전이 있을 때마다 칭찬해주고 포상한다. 만일 이미 성취한 수준에 다시 도달하지 못하면 칭찬과 포상을 제공하지 않는다. 이런 방식으로 진행하면 결국 앵무새는 주어진 명령어에 동전을 물어 돼지저금통에 넣을 수 있게 된다.

■**춤추기** : 특정한 신호가 주어졌을 때 마치 춤을 추듯 몸을 흔들도록 만드는 것이 이 트릭훈련의 목표다.

훈련을 위한 공간에 T스탠드와 포상용 먹이를 준비한다. 앵무새를 T스탠드에 올려놓은 후, 이미 배운 트릭들을 복습한다. 복습이 끝나면 '춤추자'라는 말과 함께 손가락으로 앵무새의 발을 건드린다. 새가 발을 살짝 들어 올리면 칭찬해주고 먹이를 준다. 이를 반복하며 새가 양쪽 발을 교대로 들고 다시 내려놓도록 한다. 이렇

춤추기훈련 모습

게 해서 양쪽 발을 교대로 움직이게 되면 마치 춤을 추는 것처럼 보이게 된다. 이때 사진에서처럼 날개를 함께 움직이게 하면 발만 움직일 때보다 시각적으로 더욱 효과가 크다. 훈련시간은 15분을 넘지 않도록 유의한다.

■**죽은 척 하기** : 주어진 명령어에 앵무새가 뒤로 누운 채 죽은 척 하도록 하는 것이 이 트릭훈련의 목표다. 별도의 훈련용품은 필요 없으며, 부드러운 수건 등을 테이블 위에 깔아주는 것으로 충분하다. 기본적으로 뒤로 눕는 것은 앵무새의 기본적인 본능에 반하는 동작[1]이기 때문에 대부분의 앵무새는 이런 동작을 매우 싫어한다. 따라서 충분한 연습과 인내가 필요함을 유의해야 한다.

이 트릭에서 가장 중요한 것은 앵무새가 훈련자가 자신의 등을 만지는 것을 용인하게 하는 것이다. 처음에는 등을 만지는 것을 매우 싫어하는 것이 일반적이다. 조금씩 접근해서 앵무새가 자신의 등이 만져지고 더 나아가서 등에 손바닥을 댄 채로 수분 이상의 시간을 참을 수 있도록 유도한다. 결국 수분 이상 훈련자가 자신의 등에 손바닥을 대도 무리가 없으면 비로소 진짜 훈련을 시작한다.

뒤집기 훈련 중인 세네갈 패럿

앵무새의 등에 손을 댄 채 '빵'이라고 하는 명령어와 함께 앵무새를 살짝 뒤집었다가 제자리로 돌려놓은 다음, 칭찬하고 먹이를 준다. 이런 방식으로 조금씩 앵무새가 몸을 뒤집는 것에 익숙해지도록 한다. 이런 동작을 반복해 일차적으로 훈련자의 명령과 더불어 별다른 거부감 없이 몸을 뒤집도록 놔두게 한다. 어느 정도 몸을 뒤집는 데 익숙해지면 몸을 뒤집고 있는 시간을 늘리는 데 집중해 10~15초 정도 몸을 눕히고 이를 유지할 수 있도록 한다. 몸을 눕힐 때는 고개를 떨어뜨려 마치 진짜로 죽은 것처럼 보이도록 한다. 손을 대고 죽은 척 하는 것이 어느 정도 성공하면 그 다음에는 손을 대지 않고 앵무새가 명령어에 따라 스스로 드러눕도록 한다. 이때는 '빙글빙글'에서 활용한 훈련법들을 원용하면 된다.

■빙글빙글 : 이 트릭은 신호에 따라 앵무새가 T스탠드 위에서 한 바퀴 몸을 돌리도록 하는 것이다. 앞서 다른 훈련과 다른 부분을 동일하게 진행한다. 손에 작은 먹이를 들고 앵무새의 눈앞에서 앵무새의 머리를 축으로 천천히 먹이를 든 손을 회전한다. 이때 '빙글빙글'이라는 명령어를 함께 한다.

처음에는 앵무새가 손을 따라 머리를 돌리기만 해도 칭찬과 포상을 한다. 시간이 지나면서 완전히 몸을 돌릴 수 있게 되면 칭찬과 포상을 하고, 그 이후로는 완전히 몸을 돌린 경우에만 칭찬과 포상을 한다. 계속해서 반복해 동작을 완벽하게 할 수 있도록 한다. 동작이 완벽해지면 그 다음에는 손에 먹이를 들지 않고 반복하며, 마지막으로는 손을 돌리지 않고 명령어만으로 몸을 360도 회전하게 한다. 항상 성공적으로 동작을 마쳤을 경우 칭찬과 포상을 한다. 고개 끄덕이기와 내젓기도 위의 방식과 동일한 방식으로 훈련한다.

■**악수하기** : 이 트릭은 특정한 신호가 주어졌을 때 앵무새가 한쪽 발을 들어 악수하듯이 훈련자의 손을 잡고 흔들도록 하는 것이다.
T스탠드와 작은 포상용 먹이를 준비한다. 훈련장소에 T스탠드를 설치하고 앵무새를 올려놓는다. 본 훈련을 시작하기 전에 이미 배운 다른 훈련을 한두 차례 복습한다. '악수하자' 라는 말을 하며 훈련자의 오른손으로 앵무새의 오른발을 건드린다. 이때 앵무새가 발을 올려 손을 잡으면 칭찬해주고 먹이를 준다. 만일 두 발을 다 올려서 손위로 올라오면 절대로 칭찬하지 말고 먹

악수훈련 모습

이도 주지 말아야 한다. 시간이 지나고 훈련이 반복되면서 최종적으로는 반드시 한 발만 올리고, 그 발을 흔들고 다시 놓을 때만 칭찬하고 먹이를 주도록 한다.

■**데굴데굴** : 명령어가 주어지면 몸을 구부려 바닥을 구를 수 있도록 하는 것이 이 훈련의 목표다. 앞에서 배운 '죽은 척 하기'와 동일한 방식으로 훈련하되, 몸을 옆으로 돌려 굴러서 다시 원래의 자리로 돌아오도록 하는 것이 이 훈련의 차이점이다. '데굴데굴' 이라는 명령어와 함께 앵무새의 등에 손을 대고 몸을 옆으로 돌려서 다시 원래의 자리로 돌아오도록 한 다음 칭찬과 포상을 한다. 이를 몇 차례 반복한 후 등에서 손을 떼고, 명령어만 줘 스스로 몸을 눕히고 다시 돌아서 일어설 수 있도록 한다.

Section 08

그 밖의 훈련

배변훈련

앵무새를 비롯한 조류의 소화기는 인간 등 포유류와는 다소 다르게 진화했다. 조류는 비행을 위한 충분한 양력을 얻기 위해 체중을 최소화하는 쪽으로 진화했으며, 이에 따라 소화기계통이 단순하고 소장과 대장도 매우 짧다. 또한 먹이를 소량씩 자주 먹되 소화도 빠르고 배설도 자주하게 됐다. 이에 따라 대부분의 앵무새는 약 30분마다 변을 본다. 물론 변의 양이 아주 많은 것은 아니지만 체구가 커지거나 또는 로리류처럼 묽은 변을 보는 경우, 외출을 하거나 함께 놀아줄 때 이런저런 어려움이 있는 것이 사실이다.

이런 이유로 앵무새에 대한 배변훈련이 필요한 경우가 있다. 앵무새 배변훈련은 완벽하게 이뤄지기는 어렵지만 어느 정도 가능하다. 대부분의 배변훈련은 정해진 장소에서만 변을 보거나 또는 명령어에 따라 변을 보는 방식으로 진행되지만, 후자의 경우 앵무새의 자연적인 생리기능을 과도하게 제한할 염려가 있어 본서에서는 다루지 않도록 하겠다. 전자의 정해진 장소에서 용변보기는 매우 단순하고도 효과적이다. 준비물은 특정한 색깔의 종이 한 장이면 충분하다. 대부분의 앵무새는 변을 보기 전 몸을 약간 부풀리며, 엉

윙 트리밍은 대부분의 훈련에 있어서 기본적인 요건이다. ©Cityparrots/Jonker&Innemee

앵무새는 자주 먹이를 먹으며, 배변 또한 자주 이뤄진다. 특히 로리나 로리킷 계통은 액상의 변을 보는 것으로 악명이 높다.

덩이를 뒤로 쭉 빼는 동작을 취한다. 이때 앵무새의 횃대 밑에 흰색종이를 두고, 그 위에 변을 보게 한 후 앵무새에게 적절한 칭찬을 해준다. 그 다음부터는 앵무새가 변의를 보일 때마다 동일한 행동을 반복한다. 앵무새를 흰 종이 위에 올려놓고 변을 볼 때까지 기다렸다가 변을 무사히 보게 되면 칭찬해주는 것도 유사한 방법이다. 이러한 행동을 반복하면 앵무새는 흰색 종이가 변을 보는 곳임을 어렵지 않게 인식하게 된다.

하지만 앞서 설명했듯이 앵무새는 자주 변을 보는 습성을 가지고 있으며, 이는 훈련으로 변화시킬 수 있는 성질의 것은 아니다. 더불어 흰 종이가 준비되지 않았거나 훈련 초기에 각각의 모든 배변을 효과적으로 통제하지 못하면 배변훈련의 효율성이 저하되는 경우도 있을 수 있다. 이러한 특성을 염두에 두고 최근 미국과 유럽 등에서 많이 이용하는 것이 바로 팔 또는 어깨 위에 덧대는 배변받이나 앵무새용 기저귀다. 배변받이는 탈부착이 가능하며, 앵무새가 별도의 훈련 없이 그저 자연스럽게 배변을 해도 보호자의 옷에 용변을 묻히지 않는 소재로 설계돼 있다(마치 미용실에서 펌을 할 때 사용하는 약품받이식으로 생겼다). 앵무새용 기저귀도 초기에는 답답해하는 경우가 많으나 익숙해지면 목줄처럼 큰 어려움 없이 착용이 가능하다. 배변훈련에서 좋은 결과를 얻지 못한 경우 이런 방법으로 대체하는 것을 권해본다.

함께 놀아주기

개에게 던진 물건을 물어오게 하거나 고양이와 고양이낚시로 놀아주듯이, 앵무새의 경우도 다양한 놀이방법을 통해 보호자와 앵무새 간의 유대감을 강화하고 앵무새의 정서를 좀 더 풍부하게 할 수 있다. 앵무새와 함께하는 가장 일반적인 놀이는 수건놀이다. 놀이방법은 매우 간단해서 크고 하얀 수건을 이용해 앵무새를 덮어주고, 앵무새가 수건 밖으로 나오면 칭찬해주고 쓰다듬어주는 것이다. 또는 이를 변형해서 수건으로 보호자의 얼굴을 감싸서 가렸다가 앵무새를 놀라게 하거나, 수건 아래에 앵무새가 좋아하는 먹이를 넣어두고 앵무새가 찾아내도록 하는 방법도 있다. 산책도 앵무새와 함께할 수 있는 좋은 놀이방법 중 하나다. 단, 산책할 때는 가급적 윙 트리밍을 해야 하고, 반드시 안전벨트를 착용시켜 만약에 생길지도 모르는 문제를 미연에 방지해야 한다. 이번 장에서 설명한 다양한 훈련도 좋은 놀이가 된다.

이 책의 특성상 모든 트릭과 놀이를 설명하지는 않았지만, 타니 로버와 다이안 그린돌이 펴낸 'Parrot Trick' 등은 앵무새와 함께하는 다양한 트릭과 놀이에 대한 좋은 정보를 담고 있으므로 참고하기 바란다.

잘 훈련된 앵무새는 평생을 함께하는 친구가 될 수 있다.
ⓒCityparrots/Jonker&Innemee

풍부화 프로그램

앵무새는 집단을 이뤄 생활하며 호기심이 많은 동물이다. 이런 연유로 동료나 짝과의 긴밀한 접촉 없이 오랜 기간을 홀로 보내게 되면 심각한 심리적 문제로 발전하는 경우가 발생할 수 있다. 가급적이면 다양한 장난감을 제공하고 친구앵무새를 구해주는 것이 좋다.

최근 동물원 등에서 활용하고 있는 풍부화 프로그램을 적극적으로 도입하는 것도 좋은 방법이다. 풍부화 프로그램이란 말 그대로 앵무새의 환경을 자연상태에 가깝도록 조성하고, 다양한 활동을 제공함으로써 사육환경에서 가장 큰 문제로 작용하는 외로움과 지겨움을 극소화시켜 정서적으로나 육체적으로 건강한 삶을 보장해주는 것이다. 즉 과거 단순히 먹이와 청소만을 제공했던 수용개념의 사육에서 높은 삶의 질을 보장하는 진일보한 사육개념인 것이다. 풍부화 프로그램이라고 해서 특별히 대단한 장비를 구입하고 거액을 투자하는 것은 아니다. 일반 가정에서도 어렵지 않게 접근할 수 있으며, 앵무새의 삶의 질을 비약적으로 증진시켜준다.

프리 플라이트

최근 미국 등 조류사육 선진국에서는 프리 플라이트가 논쟁의 중심에 있다. 프리 플라이트란 말 그대로 앵무새가 넓고 큰 새장등지에서 자유롭게 날 수 있도록 사육하는 것이

구미 등 반려앵무 사육 역사가 오랜 지역에서는 이른바 프리 플라이트 운동이 조금씩 번져나가고 있다.
ⓒCityparrots/Jonker&innemee

★ 간단한 풍부화 프로그램의 예 ★

- 자연의 소리를 담은 CD 틀어주기(바람소리, 물소리, 새소리, 바닷소리 등)
- 케이지 내에 먹어도 문제가 되지 않는 다양한 식물 재배하기
- 충분한 비행 공간 확보하기
- 복합적이고도 다양한 장난감을 제공하되 수시로 교체하기
- 스프레이 등으로 정기적인 목욕을 실시하며, 바람을 맞거나 자연광을 직접 쬘 수 있는 기회 제공하기
- 매일 새롭고 다양한 먹이를 주되 대롱 속에 숨겨놓거나 굵은 줄에 매다는 등 다양한 방법으로 주기

다. 또는 아예 아무런 안전장치 없이 자유롭게 시내나 공원을 활공할 수 있도록 하는 급진적인 사육자들도 있다. 이들은 앵무새를 비롯한 비행조류는 운동량의 90% 이상을 비행에서 확보하며, 충분한 비행운동이 보장되지 않을 경우 대형매커우의 소모성질환에서 볼 수 있듯이 수명을 극단적으로 줄이는 등 심각한 건강상의 이상을 초래한다는 점에서 이 운동을 강력히 옹호하고, 다른 사육자들에게 전파하고 있다.

물론 이들의 주장은 매우 일리가 있다. 실제로 많은 앵무새들이 심각한 운동부족으로 기대수명에 훨씬 미치지 못하는 것이 사실이다. 하지만 자유롭게 비행할 수 있는 사육장은 대부분의 국내주거형태가 공동주택임을 고려할 때 다소 어려움이 있는 것이 사실이며, 완전한 형태의 프리 플라이트는 앵무새와 보호자 간에 엄청난 수준의 유대감이 형성되지 않으면 오히려 심각한 사태로 이어질 수 있음을 명심해야 한다. 매년 윙 트리밍이 되지 않은 상당수의 앵무새들이 창문 밖으로 날아가 헛된 죽음을 맞이하고 있음을 기억할 때 성급한 프리 플라이트는 경계해야 할 것으로 보인다. 다만 중소형앵무의 경우 작은 방이나 아파트 베란다 등을 이용해 큰 어려움 없이 프리 플라이트 기회를 제공할 수 있으므로 각자의 여건 내에서 그 가능성을 고려해보는 것도 좋다 하겠다.

나이든 앵무새의 교육훈련

국내에도 앵무새 애호가의 수가 늘어나면서 기르던 앵무새를 다시 내놓는 경우를 심심치 않게 볼 수 있다. 처음 앵무새를 구입할 때는 앵무새에 대한 환상으로 이런저런 여건이나 앵무새를 기르는 데 따른 문제점을 면밀히 분석하지 않았으나 실제로 앵무새를 기르다 보니 소음, 비용, 훈련의 어려움 등으로 앵무새를 되파는 경우가 발생하는 것이다. 이런 이들을 무조건 나무랄 수는 없으나 이러한 거래의 대상이 되는 앵무새의 처지를 생각한다면 안타까운 일이 아닐 수 없다.

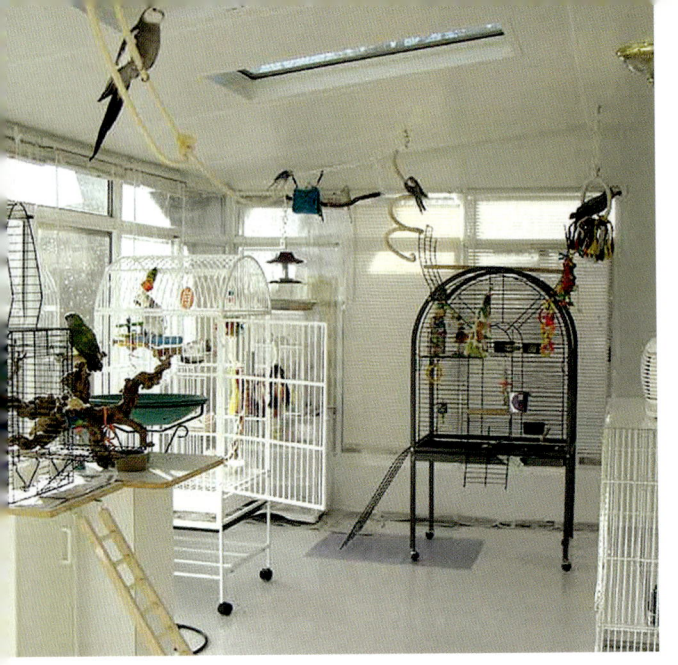

자유비행이 가능한 앵무새 전용공간

간단히 말하자면 이처럼 재분양된 앵무새의 훈련은 통상 어린 앵무새에 비해 어려운 것이 통론이다. 이런 새들은 부적절한 행동으로 인해 전 보호자로부터 배척을 당한 경우가 대부분이다. 물론 앞서 살펴봤듯이 전적으로 앵무새의 잘못인 경우는 거의 없으며, 오히려 기존의 보호자의 부적절한 관리에 기인한 경우가 더 많을 것이다. 새로운 보호자가 충분한 지식을 바탕으로 적절히 훈련시킬 수 있다면 문제가 없겠지만, 초심자가 그것도 중대형의 앵무새를 기르게 된다면 별다른 개선을 기대하기 어려운 것이 대부분이다. 하지만 그렇다고 해서 이런 앵무새의 훈련이 완전히 불가능한 것은 아니므로 시작도 하기 전에 지레 겁을 먹을 필요는 없을 것 같다. 최근에 미국에서 출간된 낸시 앨리스 벨의 'The Parrot Who thought she was a dog'나 국내에도 번역 출간된 조안나 버거의 'Parrot who owned me' 등은 이런저런 이유로 전 보호자에게 버림받고 새로운 보호자를 찾은 이른바 불량 앵무새 등이 어떻게 새로운 환경에 적응하고 새로운 보호자와 깊은 우정을 나누는지에 대해 잘 보여주고 있다.

가장 강조하고 싶은 점은 어쩔 수 없이 '버림받은 앵무새'를 기르게 됐다면 여러 번의 버림으로 깊은 상처를 입은 앵무새의 감정을 깊이 이해하고 보듬어주는 것이 우선이라는 것이다. 사람에 대한 신뢰를 상실한 앵무새에게는 어떠한 훈련이나 교육도 무용지물이다. 우선 신뢰관계를 회복할 수만 있다면 다른 훈련이나 교육은 자동으로 뒤따라오는 것임을 기억한다면 이런 앵무새와도 좋은 결실을 맺을 수 있다. 신뢰관계가 성립한 후의 훈련과 교육은 처음 보호자를 만난 어린 앵무새와 크게 다르지 않다.

각주　1) 필자가 기른 일부 앵무새들은 어릴 때 누워서 자는 경우가 있기도 했다. 하지만 거의 모든 새들은 성장하면서 횟대 위에서 자게 된다. 완전히 성장해서도 스스로 누워서 자는 경우는 보지 못했다.

Chapter 7

앵무새의 건강과 질병

앵무새가 잘 걸리는 질병의 종류와 진단방법, 질병 및 부상 발생 시의 응급처치법과 질병예방에 대해 알아본다.

Section 01

질병의 징후와 예방

모란앵무나 사랑앵무 같은 소형앵무새는 사육상태에서 최상의 조건만 갖춰준다면 약 7년 정도 살 수 있다. 기록에 따르면 15년을 산 모란앵무도 있다고 하는데, 대부분의 모란앵무는 7년을 넘기지 못하는 것으로 알려져 있다. 하지만 같은 소형앵무 중에서도 유리앵무는 그 작은 체구에도 불구하고 약 15년 이상을 살 수 있다. 체구가 좀 더 큰 앵무새들은 물론 이보다 훨씬 더 긴 수명을 자랑한다. 장미앵무류 및 코뉴어류는 30년 이상, 아프리칸 그레이나 매커우, 아마존, 코카투 계열은 짧게는 40년에서 길게는 80년에 가까운 수명을 자랑한다. 일반적으로 집에서 많이 기르는 개나 고양이가 불과 15년을 살기 어려운 것과 비교하면 수명이 상당히 길다고 할 수 있다.

이처럼 수명이 길다 보니 살아 있는 동안 관리를 제대로 하지 못하면 여러 가지 질병에 시달릴 가능성도 높다. 이번 섹션에서는 취미 및 전문사육자 수준에서 앵무새의 질병의 징후를 조기에 확인하고, 이러한 질병에 대해 간단히 대처하는 법을 배우며, 질병과 부상을 예방할 수 있는 방법에 대해 알아보도록 하겠다.

체구가 차이 나는 앵무새를 함께 두는 것은 매우 위험한 행위다.

사육상태의 앵무새는 영양학적 요구를 스스로 충족시킬 수 없기 때문에 보호자의 각별한 관심과 충분한 지식이 필수적이다.

질병과 부상에 관한 글을 쓰면서 가장 염려가 되는 것은 이 글을 읽은 사육자 여러분들이 글에 근거해 병이 난 앵무새를 스스로 치료하려고 시도하는 것이다. 정확한 진단과 치료는 오직 자격을 갖춘 앵무새 전문 수의사만이 할 수 있다는 것을 명심하도록 한다.

우리나라에서는 동물과 관련된 약품은 특별한 처방전 없이도 살 수 있으며, 주변에서 어렵지 않게 각종 조류질병 치료제를 구할 수 있다. 이러한 약품들은 항생제가 상당부분을 차지한다. 상당수의 무지한 사육자들은 정확한 원인도 모르면서 앵무새의 상태가 좋지 않아 병에 걸린 것으로 짐작되면 그 용법이나 용량을 무시한 채 무작정 약을 사용한다. 그야말로 전형적인 약물남용이다. 어쩌다 정말 운이 좋다면야 그 앵무새가 살아날 수도 있지만, 대부분의 경우는 병 때문이 아니라 잘못 사용된 약 때문에 폐사하게 되며, 설혹 살아나더라도 심각한 후유증에 시달리게 되는 것이 일반적이다. 따라서 여러분은 여기서 설명하는 것은 단지 여러분에게 기초적인 수준의 가이드라인만을 제공할 뿐, 실제 진단과 치료는 모두 전문수의사에게 일임해야 한다는 사실을 명심하기 바란다. 참고로 이번 섹션은 랜스 젭슨의 'Exotic Animal Medicine' 으로부터 많은 도움을 얻었다.

> ★ 병에 걸렸을 때의 징후 ★
>
> 활동 저하 / 대부분의 시간 동안 감겨 있는 눈 / 대부분의 시간 동안 부풀린 깃털 / 축 처진 날개 / 횃대와 거의 평행이 되도록 앉은 자세 / 횃대에 앉아 있지 못하고 떨어짐 / 재잘거림이나 울음의 중단 / 먹이섭취의 중단 또는 저하 / 호흡 시의 비정상적인 소음(헐떡거림, '쉑쉑' 거리는 소리 등) / 빈번한 콧물 흘림 / 비공으로부터의 이물질 누출 / 숨 쉴 때마다 꼬리깃 흔들기 / 횃대에 앉은 채로 목을 늘려서 새장의 창살을 부리로 잡고 있기(새는 목을 늘려서 숨쉬기를 좀 더 쉽게 하기 위해 이러한 동작을 취함) / 구토 / 더러워진 항문 / 비정상적인 탈모 및 새로운 깃털이 나지 않는 경우 / 출혈 / 체중감소 / 상반신의 비대 / 식수 소비량의 변화 / 일상적인 동작과 습관의 변화 / 변 형태 등의 변화 / 전반적인 활동량의 변화 / 깃털다듬기 횟수의 감소 / 빈번한 머리 흔들기 / 유조시절의 행동으로 돌아가기(이미 별다른 무리 없이 위닝 단계로 접어든 핸드 피딩된 개체에서 다시 핸드 피딩 초기의 행동으로 돌아가는 것) / 깃털, 다리, 날개 등의 자해 / 새장 바닥에 쪼그리고 앉아 있는 행동

질병의 징후

제2장에서 건강한 앵무새의 신체적 특징에 대해 이미 알아봤다. 여기서는 그와 반대되는, 즉 질병에 걸리거나 몸 상태가 좋지 않은 앵무새의 신체적 특징에 대해 면밀히 알아보도록 하겠다. 자신이 보호하고 있는 앵무새의 평소 건강할 때 모습을 잘 기억하고, 매일 아침저녁으로 시간이 될 때마다 가능한 많이, 면밀하게 관찰해 이상 유무를 확인해야 한다. 만약 이상이 있다면 즉각적인 응급조치와 조류전문수의사의 진료를 받게 하는 것이 여러분이 사랑하는 앵무새를 살릴 수 있는 유일한 방법임을 반드시 명심하도록 한다.

앵무새는 몇 가지 이유로 질병 및 부상의 발생여부를 확인하기 어려운 측면이 있다. 야생에서 독수리, 매 등 여러 천적으로부터 언제나 생존의 위협을 받는 앵무새들은 포식자들이 집단 내에서 병에 걸리거나 다친, 약한 개체만을 찾기 때문에 병에 걸리거나 다치고서도 그렇지 않은 척 하는 습성을 수만 년간 이어왔다. 또

적절한 윙 트리밍과 안전한 실내환경을 조성하는 것만으로도 앵무새의 건강한 삶을 보장할 수 있다.
ⒸCityparrots/Jonker&Innemee

한, 집단생활을 하는 앵무새 사회에는 일종의 쪼는 서열이 있고, 강한 개체는 좋은 짝을 만나서 좋은 장소에 둥지를 틀고 많은 먹이를 구해 자신의 유전자를 후대에 남길 수 있다. 그러나 질병에 걸리거나 해서 약한 개체는 이와 같이 번식을 할 수 있는 기회를 얻기도 힘들다. 또한, 집단에서는 집단의 좋은 형질을 후대에 남기려고 하는 이유로 약한 개체를 집단에서 축출하거나 심한 경우 죽여 버리기도 한다.

또 다른 이유는 바로 앵무새에게 자주 발생하는 질병의 특성이다. 앵무새에게 자주 발병하는 여러 가지 전염성 질병들은 장기간의 잠복기를 갖는 특성이 있다. 짧게는 수주에서 길게는 수년간의 잠복기를 갖는다. 그러다 보니 보균자(또는 숙주)인 개체는 겉으로는 별다른 특이점을 보이지 않으면서 오랜 기간 살아남아 다른 개체들에게 병원균을 퍼뜨

부적절하게 관리된 프리 플라이트는 자칫 앵무새의 탈출이나 재야생화를 초래할 수 있다. ⓒCityparrots/Jonker&Innemee

린다. 이러한 이유로 질병에 걸리거나(병원균을 보유한) 부상을 입은 앵무새를 정상적인 개체로부터 구별하기는 매우 어려운 것이 현실이다. 그러나 그렇다고 하더라도 질병에 걸린 것을 확인하는 것이 완전히 불가능한 것은 아니다. 앞의 표에서 언급하는 몇 가지 징후를 통해 병에 걸리거나 해서 건강상태가 좋지 않은 앵무새를 구별해내는 눈을 기를 필요가 있다. 사랑과 관심 그리고 기초적인 지식을 가지고 접근하면 큰 어려움 없이 정상적인 개체와 병에 걸린 개체를 구분할 수 있다는 것을 명심하기 바란다.

질병 및 부상의 예방

이미 발생한 질병 및 부상을 치료하기보다는 사전에 예방하는 것이 가장 경제적이며 인도적인 방법이다. 일반적으로 대부분의 부상은 부적절한 사육환경에 기인한다. 과도하게 좁은 케이지, 부적절한 케이지의 창살 간격, 케이지 내 돌출된

청결한 환경은 건강의 최우선 조건이다.

철사조각, 과도한 밀집수용, 케이지 내의 개체를 손으로 잡는 과정에서의 부상, 쥐나 고양이 등의 습격, 어린이들의 괴롭힘, 프리 플라이트의 경우 앵무새에게 안전하지 못한 각종 가정환경(화장실, 어항, 전선, 선풍기, 약, 작은 이물질 등) 등이 대표적인 문제요소가 된다. 질병은 각각의 종에 적합한 영양을 공급하고 청결한 환경을 제공하며, 정기적인 소독과 수의사의 예방적 진료로 어느 정도 통제가 가능하다. 더불어 새로운 개체를 구입할 경우 해당 개체를 최소 한 달 이상(3개월 이상이 이상적) 검역하는 것이 필요하며, 이상이 발생한 개체는 즉시 격리 수용하고 전체 개체군에 대한 완전한 소독과 진찰이 필수적이다.

Section 02

흔히 걸리는 질병 및 부상

본서는 수의학 전문서적이 아니며 독자도 수의사가 아닌 관계로 사육과정에서 발생 가능한 질병에 대해 발생부위 및 증상을 중심으로 열거하고, 그 증상과 발생원인 및 관리요령 등을 위주로 기술하겠다. 주변에서 호발하는 질병은 좀 더 상세하게 다뤘으며, 내과질환처럼 국내 실정에서 진단과 치료가 용이하지 않은 질병은 간단한 표로 대체했음을 밝혀둔다. 더불어 본서가 전문수의사를 대상으로 하지 않았으며, 잘못된 자가치료를 방지할 목적으로 실제적인 치료방법은 포함하지 않았음을 유의하기 바란다.

다시 한 번 강조하지만 이상이 있는 모든 개체는 반드시 적절한 수준의 수의학적 관리를 받아야 한다. 섣부른 자가치료 시도는 필연적으로 돌이킬 수 없는 결과를 가져오게 된다는 점을 반드시 인지하기 바란다.

피부 및 관련 질환

조류의 피부조직은 매우 연약하고 얇다. 깃털이 난 부위는 세포층이 10겹에 불과한 경우도 있다. 피부에는 우지선을 비롯해 왁스분비선(small wax secreting gland), 점액분비

불량한 깃털상태는 피부질환의 대표적인 증상이다.
더불어 이런 피부질환은 적절한 영양공급만으로도 쉽게 호전될 수 있다.

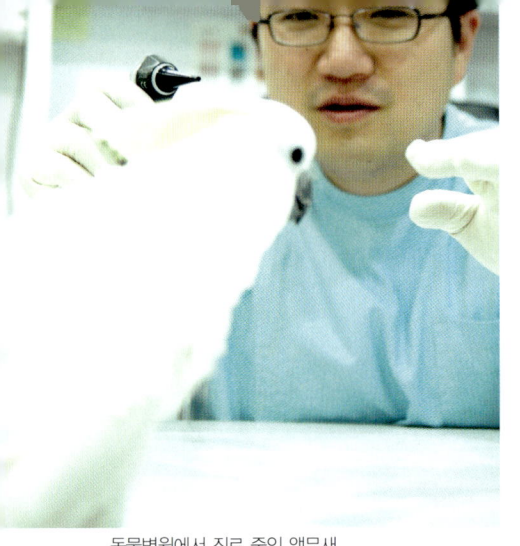

동물병원에서 진료 중인 앵무새

선(mucus secreting vent gland) 등이 분포돼 있으며, 땀샘은 존재하지 않는다. 피부에 존재하는 미생물의 수는 일반적으로 포유동물보다 적다고 알려져 있으며, 효모류는 거의 존재하지 않는다. 깃털은 외상으로부터 피부와 신체 기관을 보호하며, 비행에 필수적인 역할을 하고 종과 성을 구분할 수 있게 해준다.

■원인 : 피부질환의 원인은 참으로 광범위해서 하나하나 언급하기가 어려운 것이 현실이다. 바이러스나 진균 등에 의한 감염성, 영양불균형, 외상 등에 의한 이상, 기생충감염, 심지어 독성 또는 자극성 물질에 의한 이상까지 실로 다양한 원인이 존재한다.

■증상 : 이처럼 다양한 원인에 의해 발생하는 피부질환은 통상 소양감(아프고 가려운 느낌), 궤양, 깃털 손상 및 탈락, 자해, 피부경화, 피부조직괴사, 결절, 깃털 색깔의 변화, 종양, 알레르기 등의 증상을 수반한다.

■진단 : 혈액이나 깃털 샘플을 통한 체내 아연 및 납농도 검사가 가장 기본적으로 시행되는 검사다. 물론 일부 질병에 있어서는 체내 중금속농도가 특정 질병과 직접적인 연관이 없을 수도 있는 것은 사실이지만, 일반적으로 체내 아연농도가 32.0~50.0㎛ol/L 이상일 경우 다양한 부작용이 초래될 수 있으며, 아연중독을 심각하게 고려해야 한다. 아연중독은 단구증가증[1]을 야기할 수 있는 것으로 알려져 있다. 세균 및 진균학적 샘플 채취, 요검사, 방사선검사, 내시경검사, PBFD, 폴리오마바이러스(polyomavirus),[2] 아스페르길루스(aspergillus)[3] 항체검사가 필요할 수도 있다. 내부기생충 등의 검사를 위해 분변검사가 권장된다.

■관리[4] : 각각의 종 및 연령 등에 최적화된 먹이를 제공하는 것이 선행적으로 이뤄져야 한다. 가급적 펠릿사료로 전환해야 하고 비타민 및 미네랄을 충분히 공급하며, 곡물 및 견과류의 급이를 줄이고 과일 및 야채의 공급을 충분히 늘려야 한다.

★ 피부 관련 질병별 치료법 ★

- **외부기생충** – 진드기의 경우 이버멕틴(Ivermectin)[5]이나 피프로닐(Fipronil)[6]을 이용한다. 육안으로 확인이 가능한 경우 핀셋 등을 이용해 직접 제거할 수 있다. 닭붉은진드기(Common red mite) 및 유사종은 이버멕틴이나 피레트린(Pyrethrin)[7] 분말을 이용할 수 있으며, 브리딩 팬 내부에 목재로 된 부분이나 시설물이 있을 경우 페인트 등을 이용해 모든 구멍과 홈을 메워 진드기가 서식할 수 있는 환경을 제거한다. 날개진드기(Feather mite)는 사이퍼메트린(Cypermethrin)[8] 분말이나 피프로닐 스프레이를 깃털에 도포한다. 깃진드기(Quill mite), 사르콥티드 마이트(Sarcoptid mite), 퀼월 마이트(Quill wall mite)[9]도 동일한 방법으로 구제한다. 크네미도콥티드 마이트(Cnemidocoptid mite) 및 그와 유사한 종은 경정맥에 kg당 0.2mg의 이버멕틴을 도포해 좋은 결과를 얻을 수 있다.

- **지알디아증(람블편모충증)** – 지알디아증 또는 람블편모충증이라 불리는 이 증상은 장내에 기생하는 람블편모충에 의해 발생하며, kg당 25mg의 메트로니다졸(Metronidazole)을 5~10일간 투여해 좋은 결과를 얻을 수 있다.

- **칸디다증** – 니스타틴(Nystatin), 암포테리신 B(Amphotericin B) 등이 효과가 있으며, 아스페르길루스와 트리코스포론 아사히(Trichosporon asahii)[10] 감염에는 케토코나졸(Ketoconazole)을 이용한다.

- **PBFD** – 부리와 깃털에 심각한 변형을 가져오고 결국 죽음에 이르게 되는 이 병에는 별다른 특효약이 없는 것이 현실이다. 일반적으로 균형 잡힌 식단을 제공하는 등의 지지요법이 유일한 대안이다. 다만, 감염초기에는 조류 인터페론(interferon)이 효과가 있을 수 있다. PBFD에 양성반응을 보이나 별다른 증상이 없는 개체는 90일 후 재검하는 것이 필요하다.

- **헤르페스 바이러스 및 파필로마 바이러스 감염증** – 이 바이러스는 피부에 물집이나 작은 사마귀를 유발하며, 2차 감염을 막기 위해 광범위항생제를 투여하고 지지요법을 이행하는 것이 유일한 대안이다.

- **알레르기** – 소양증의 경우와 동일한 방식으로 조치하되, 스테로이드 사용에 극도로 유의해야 한다.

- **종양** – 외과수술로 제거하며, 시스플라틴(Cisplatin)을 이용해 항암요법을 이행할 수 있으나 다양한 부작용이 수반되는 만큼 각별히 유의해야 한다.

- **낭종 및 유사질환** – 물혹이라고도 불리는 낭종은 모낭 주위에 주로 발생하며, 외과적 수술로 제거한다. 사랑앵무에 발생하는 지방종 등은 L 카르니틴(L-Carnitine)을 이용할 수 있다.

- **범블 풋(bumble foot)** – 범블 풋은 앵무류를 비롯한 중소형 조류의 발에 주로 발생하는 족부감염증으로 외과적 수술 및 2차 감염을 막기 위한 철저한 소독과 드레싱이 필요하다. 한쪽 발에만 증상이 있는 경우 수술 후 다른 발에 가해지는 과도한 압력으로 인한 이상에 유의해야 한다.

깃털이 많이 탈락되거나 손상된 경우 체온유지를 돕기 위해 충분한 보온 및 가온대책을 강구해야 한다. 피부손상정도가 클 경우 다양한 균에 효과적으로 작용하는 항생제를 투여해야 한다. 소양감이 큰 경우 500g을 기준으로 1방울 정도의 멜록시캄(Meloxicam)[11]을 1일 2회 투여할 수 있다. 단, 스테로이드의 투입은 엄금한다.

경우에 따라서 자해나 오버 프리닝 등에 의한 피부와 깃털의 손상을 방지하고 행동을 교정할 목적으로 엘리자베스칼라라고 불리는 깔때기 또는 원반모양의 행동교정용 기구를 목에 부착할 수 있다. 그러나 이는 종종 정상적인 섭식활동을 비롯한 비행 등의 행동을 방해하고, 모이주머니의 활동을 저해할 수 있는 것으로 알려져 있어 사용상의 주의가 요망된다. 또한, 이 기구를 제거하면 종종 다시 동일한 행동이 재발하는 편이므로 가급적이면 엘리자베스칼라를 부착하고 나서 24~48시간 정도는 입원시켜 집중적인 관리를 받으며 이 기구에 익숙해지도록 하는 것이 필요하다. 이 기구는 해당되는 병적 행동이 완전히 치유된 것을 확인하고 제거해야 재발을 방지할 수 있다.

자해

사육상태의 앵무류에서 비교적 쉽게 발견되는 이 증상은 반복적이고 비정상적인 방법으로 자신의 몸에 스스로 위해를 가하는 행위다. 일반적으로 정신과적인 측면에서 접근하며, 단기간에 완전히 치료하는 것이 어려운 질병으로 널리 알려져 있다. 다양한 측면에서 복합적으로 접근해 진단하고 치료해야 한다.

■**발병의 배경과 환경** : 자해의 원인을 파악하는 것이 자해를 치료하는 데 있어서 가장 중요한 관건이며, 이를 위해서는 다음과 같은 여러 가지 사안을 확인할 필요가 있다.

품종 – 품종이 종종 매우 중요한 요소로 작용한다. 매커우와 왕관앵무는 통상 날개와 다리부위부터 시작하며, 아마존이나 몰루칸 코카투는 깃털보다 피부를 자해한다. 아프리칸 그레이는 머리 부분을 제외하고 목부터 꼬리 끝까지 모든 깃털을 완전히 다 뽑는 것으로 악명이 높다.

이력 – 개체별 이력이나 배경도 원인분석에 있어서 무시할 수 없는 요소다. 사육상태에서 번식해 핸드 피딩된 개체(captive bred hand reared, CBHR)보다 야생에서 포획된 개체(wild caught, WC)는 기생충이나 정신적 문제에 기인한 자해가 많이 관찰되며, 전자의 경우 영양학적 불균형에 기인한 경우가 더 빈번하게 보고된다. CBHR 개체는 일반적으로 해당 종의 전형적인 깃털 다듬는 방법을 배우지 못하고, 이런 것이 향후 부적절한 깃털다듬기에 따른 자해로 이어질 가능성을 높이기도 한다.

혼자 길러지는지 또는 다른 동료 앵무새가 있는지, 실내에서 사육되는지 또는 야외방사장에서 사육되는지, 과거 병력을 알 수 없는 최근에 새로 입수된 개체인지 또는 오랜 기간 관리해온 개체인지, 얼마나 오랜 기간 자해를 지속해왔는지, 언제나 한결같이 자해를 하는지 또는 돌발적으로 자해하는지, 특

자해로 깃털이 손상된 앵무새

정한 시간이나 날에만 자해하는지(보호자의 외출, 출근, 토요일, 평일 등), 특정한 발생 요인이 있었는지, 새로운 새나 애완동물 및 사람이 해당 개체와 함께 살게 됐는지, 새가 참을 수 없는 새로운 환경의 변화 등이 있었는지, 자해 시 행동은 어떠한지, 자해할 때 소리를 지르거나 하지는 않는지, 자해가 어떤 형태로 진행돼 왔는지, 보호자는 어떤 형태로 반응하는지 등의 사항에 대해 면밀히 검토하는 것이 우선이다.

사육환경 – 해당 개체가 사육되는 환경 또한 매우 중요한 요인으로 작용할 수 있는 만큼 특이점의 유무를 면밀히 분석해야 한다. 대부분의 앵무류의 원산지인 적도지방은 하루 중 12시간은 밤이고 12시간은 낮이므로 사육상태에서도 이러한 사이클을 유지해주는 것이 중요하다. 우리나라의 경우 기후나 주거여건 등을 고려할 때 대부분의 앵무새는 실내에서 사육되는데, 반드시 태양광등을 이용해 태양광과 유사한 조명환경을 제공해야 한다. 유리창은 거의 모든 자외선의 투과를 방해하므로 염두에 두도록 한다.

앵무새는 우지선에서 나온 기름으로 깃털을 단장하고 이 깃털은 자외선과 반응해 비타민D_3를 생성하며, 이렇게 생성된 비타민D_3는 다시 깃털을 다듬는 앵무새의 부리를 통해 소화관으로 들어가 체내에 흡수돼 중요한 역할을 수행한다. 태양광에 포함된 자외선 등은 각종 기생충, 세균, 박테리아, 진균 등을 죽이는 역할을 하기 때문에 천연항생제나 다름없는 중요한 요소다. 태양광 또는 유사 인공광원이 제공되지 않는 경우 건강을 위협함은 물론 정상적인 번식에 심대한 장애요소가 됨을 주지해야 한다. 아마존, 매커우를 비롯한 상당수의 앵무종은 다습한 지역 원산이다. 이런 종들은 언제나 충분한 수분을 섭취할 수 있도록 배려해줘야 하며, 자주 샤워를 시켜주는 것이 중요하다.

식단 – 곡물과 견과류 위주로 구성된 식단은 대부분의 앵무새에게 장기적으로 치명적인 악영향을 미칠 수 있다. 이런 식단은 고지방, 저단백이며 충분한 미네랄과 비타민을 제공하지도 못한다. 핸드 피딩을 마친 개체들은 가급적 펠릿사료(또는 균형 잡히고 다양한 먹이. 단, 전술했듯이 펠릿사료만 먹여서는 안 된다)를 먹을 수 있도록 유도하는 것이 장기적으로 좋은 결과를 가져온다.

아연중독 및 오염 – 만성적인 저농도의 아연중독은 깃털 뽑기의 주요 원인 중 하나로 알려져 있다. 고농도의 아연중독은 신장과 간의 치명적인 손상을 초래하며 구토, 다뇨증 등의 원인이 된다. 또 담배연기를 비롯한 각종 공기오염물질은 깃털의 생장에 장애를 초래하며, 공기를 과도하게 건조하게 할 수 있고 이로 인해 깃털 뽑기가 발생할 수 있다.

생활 – 앵무류는 사회적인 동물로서 짝이나 소규모 그룹을 이뤄 생활하므로 친구나 짝 없이 혼자 사는 앵무새는 과도한 외로움을 견디지 못해 정신적인 문제가 발생할 수 있다. 따라서 반드시 장난감을 제공해줘야 하며, 한두 가지 장난감을 장기간 제공하는 경우 쉽게 지루해질 수 있으므로 일주일에 한번 꼴로 새로운 장난감을 제공하거나 기존 장난감을 돌려가며 제공해야 이러한 문제를 막을 수 있다. 그렇지 않은 경우 지루함과 외로움은 자해로 이어지기 쉽다.

■**원인** : 자해의 원인은 여러 가지가 있으며, 일반적으로는 다음과 같은 원인으로 인해 문제가 야기된다고 본다.

관심 끌기 – 비정상적 행동 시 보호자의 관심이 증대되며, 이러한 메커니즘이 앵무새의 비정상적 행동을 강화하는 역할을 한다.

전환된 형태의 이탈유도행위 – 야생에서 서식하는 앵무새는 스트레스 상황에 직면하면 날아서 해당 장소를 벗어날 수 있지만, 사육상태의 앵무새는 그럴 수 없으므로 날아서 도망가는 행동이 과도한 깃털 손질로 전환돼 나타날 수 있다.

지겨움 – 야생의 앵무새는 먹이 찾기, 동료와의 놀이, 천적으로부터 피하기 등으로 바쁜 일상을 보내게 되지만, 사육상태의 앵무새는 남아도는 시간을 먹기나 깃털다듬기 등으로 채우게 된다.

고독 – 앵무새는 매우 수준 높은 사고력과 인지능력을 지니고 있으며, 과도한 외로움은 다양한 문제를 야기할 수 있다.

적절하지 못한 영양공급 등에 의해 깃털색에 이상이 발생한 아프리칸 그레이. 앞가슴의 붉은 깃털은 영양학적 이상 등의 증거다. 더불어 깃털 뽑기 증상도 함께 보이고 있다.

■**증상** : 우선 가장 먼저 확인할 사항은 탈모나 자해 상처 등이 좌우대칭인지 여부를 확인하는 것이다. 정신적 원인에 의한 자해는 초기에는 비대칭적인 형태를 보이는 것이 일반적이다. 부리, 발톱, 눈, 피부, 항문 등을 꼼꼼히 살펴서 비타민A결핍이 아닌지 확인할 필요가 있다. 피부의 경우 염증, 상처, 궤양 등이 없는지 확인하는 것도 중요하다.

깃털 중간에 희미한 선이 있거나, 깃털의 끝부분과 시작부분의 형태가 정상적인 경우와 달리 차이가 있는 경우, 이는 정신적 스트레스 등에 의해 깃털의 성장에 이상이 생겨 발생하는 현상으로 통상 스트레스라인이라고 칭한다. 지저분하게 뭉개져 있거나 끝이 과

깃털 뽑기는 가장 대표적인 앵무새의 자해증상이다.

도하게 마모된 것은 체구나 편 날개 길이에 비해 케이지가 너무 작아서 발생하는 문제로 매커우와 같은 대형앵무류에서 어렵지 않게 발견된다. 깃털의 형태가 비정상적이거나 색깔에 이상이 있는 것은 적절한 영양의 부족이거나 PBFD를 의심할 수 있다.

깃털 한두 개를 뽑아서 뿌리 부분 등을 현미경으로 검사하면 외부기생충의 존재여부를 확인할 수 있다. 피더 스코어링(feather scoring)이라 해서 깃털의 상태를 점검하는 표를 이용해 문제여부를 확인할 수도 있다.

■**진단** : 진단을 위해서는 기초혈액분석이 필수적이다. 혈중아연농도, 간과 신장의 생화학적분석 등이 요구된다. 폴리오마바이러스와 PBFD에 대한 PCR검사 및 클라미도필라(Chlamydophila)[12] 검사가 필요하며 분변검사, 내시경검사, 방사선촬영 등이 필요하다. 병리학적 분석을 위해서는 클라미도필라, 스타필로코커스(Staphlococcus),[13] 아스페르길루스, PDD(proventricular dilatation disease), 성호르몬 이상 등의 원인에 대한 확인이 필요하다. 계절적 변화양상을 보이는 자해행위는 성호르몬과 밀접한 관련이 있을 수 있다. 대부분의 앵무새는 포란 효율을 극대화하기 위해서 포란대 부위의 깃털

을 뽑는다. 의심되는 경우 성호르몬농도를 검사할 필요가 있다.

우선 병리학적 측면에서 가능한 모든 검사를 수행하고, 별다른 특이점이 없을 경우 정신과적 측면에서의 이상 유무를 검토하는 것이 필요하다. 일반적인 경우 대부분의 자해를 과도하게 정신과적 측면으로 몰아가는 경향이 있으나 이는 그리 적합한 접근방식이 아니다. 최근에는 앵무새 사육과정에서 발생하는 특정한 프로세스가 정서적 감응력 등의 발달과정에 부정적인 영향을 미치고, 이것이 자해와 같은 부정적 결과를 야기한다는 주장이 설득력을 얻고 있기도 하다.

■관리 : 무엇보다 가장 중요한 부분은 균형 잡힌 식단이다. 일각에서는 다양한 과일과 야채로 '강화된 펠릿사료'가 가장 이상적이라고 주장하기도 한다. 필요하다면 기존의 일반적인 먹이에 칼슘, 비타민, 미네랄을 일부 보강하는 것도 고려할 만하다. 광주기나 담배 연기 등과 같은 환경적 측면을 면밀히 검토해 개선해야 하며, 케이지 내에서 모든 금속제품을 제거하는 것이 좋다. 아울러 풍부화 프로그램을 도입해야 한다. 만약 케이지 안에 혼자 남겨둬야 한다면 텔레비전이나 라디오를 틀어주는 것도 좋은 방법이다. 대부분의 새들은 자연적으로 다양한 소음이 있는 환경을 더 좋아한다. 완전한 정적은 곧 주변에 포식자가 있다는 것을 의미하기 때문이다. 최근의 연구결과에 따르면 풍부화 프로그램이나 새로운 친구 새의 영입은 자해 행위에 유의미한 개선을 가져온다고 한다.

소양감이 있다면 멜로시캄 처방을 고려해야 한다. 깃털이 너무 많이 손실됐다면 보온이 충분히 되는지 확인하고 가온대책을 강구해야 한다. 전술한 검사결과에 따라 다양한 치료방법을 동원하되, 가급적이면 엘리자베스칼라의 사용은 치명적인 경우가 아니면 배제한다. 더불어 기본훈련을 강화해 새와의 교감수준을 높이고 리더 팔로워 관계(leader-follower relationship)를 정립하도록 노력한다.

상부호흡기계 질병

상부호흡기라 하면 통상 코, 목 등 호흡기 전단을 일컫는다. 비염은 가장 대표적인 상부호흡기계 질병의 하나다. 원인과 증상, 진단 및 관리방법은 다음과 같다.

■원인 : 바이러스성 원인으로 파라미소바이러스,[14] 인플루엔자A를 들 수 있고 박테리아성 원인으로 미코플라스마[15]를 들 수 있다. 진균성으로 아스페르길루스, 칸디다[16]가 원

둥지에서 밖을 살피는 스칼렛 매커우
ⓒCityparrots/Jonker&Innemee

인이며 영양학적 측면에서 볼 때 비타민A부족, 이외에도 알레르기와 비공폐쇄 등의 여러 원인이 있을 수 있다.

■증상 : 식욕부진, 발열, 콧물흐름, 기침, 축농증 등의 증상을 동반한다. 부비강[17] 내 음압의 증가로 안구가 두개골 안으로 빨려 들어가 눈이 움푹 꺼져 보이기도 한다.

■진단 : 방사선촬영, 혈액검사, 비공내시경검사 등을 기본적으로 수행한다. 일반적으로 하부호흡기질환과 유사한 방식으로 진단절차가 진행되며 박테리아, 마이코박테리아, 미코플라스마, 진균, 파필로마 등에 대한 검사가 이뤄진다.

■관리 : 병의 원인을 아는 것이 가장 중요하다. 발병개체는 스트레스를 최소화하고 어두운 장소로 격리수용해 관리하도록 한다. 태양광등을 이용해 병원균을 제거하고, 필요 시 산소호흡장치를 가동하며, 충분한 영양을 공급한다.

하부호흡기계 질병
조류에 있어서 하부호흡기란 기관, 기관지 및 폐, 기낭 등을 의미한다. 폐렴은 가장 대표적인 하부호흡기계 질병의 하나다. 원인과 증상, 진단 및 관리방법은 다음과 같다.

■원인 : 하부호흡기계의 이상에는 통상 다음과 같은 원인이 있는 것으로 알려져 있다. 바이러스성 원인으로 파라미소바이러스, 애비폭스바이러스, 아마존 트라케이티스바이러스, 오르소레오바이러스,[18] 인플루엔자A, 아데노바이러스, PDD(proventricular dilatation disease, 선위확장증)[19] 을 들 수 있다.

박테리아성 원인은 미코플라스마속 박테리아, 클라미디아, 프세우도모나스속 박테리아, 보르데텔라 아비움, 미코박테리움 아비움을 들 수 있고 진균성은 아스페르길루스, 크립토코코시스가 원인이다. 사르코시스티스 팔쿨라타의 원충, 기낭진드기 및 기낭충 등의 기생충이 원인이기도 하다.

기타 원인으로 비타민A부족, 호흡기감염에 따른 기관상피의 각질화, 각종 종양, 기도 내 이물질, 테플론(Teflon)으로 코팅된 조리기구가 과열되면서 발생한 연기의 독성, 화재나 화염 등으로부터 방출된 연기, 복부의 기타 질병, 담배연기, 천식이나 알레르기 반응, 만성폐섬유증[20]을 들 수 있다.

■**증상** : 심각한 호흡곤란, 입을 벌리고 호흡하기, 목소리의 변화나 말하기의 중단, 콧물 흘림, 머리를 흔들거나 목을 쭉 잡아 빼는 행동, 기침(종종 보호자가 하는 기침을 따라하는 경우가 있으므로 혼동하지 않도록 유의한다), 호흡 시 발생하는 소음, 복부팽만, 노란색의 요산, 심급성폐사[21] 등과 같은 증상을 보이면 하부호흡기 계통의 이상이 의심될 수 있다.

■**진단** : 방사선촬영(폐와 기낭촬영의 상태를 확인한다. 복부기낭의 팽배는 통상 곡물 껍질이나 곰팡이 증식 등에 따른 상부호흡기 폐색이 원인이다), 형광투시, 혈액검사 및 생화학적 검사, 아스페르길루스나 클라미디아[22]의 감염여부 확인, 효소면역측정법(ELISA)을 통한 인플루엔자A 감염여부 확인, 세포검사, 기관지 등의 내시경검사, 투조,[23] 분비물 및 분변검사[24] 등을 기본적으로 수행한다.

■**관리** : 스트레스를 최소화하고 어두운 장소로 격리수용하며, 충분한 영양을 공급한다. 또 태양광등을 이용해 병원균을 제거하며, 필요 시 산소호흡장치를 가동한다. 기도가 막힌 경우 기낭 내에 삽관해 호흡을 보조하며, 필요 시 아미노필린 같은 기관지 확장제나 브롬헥신 같은 점액용해제를 투여해 호흡을 보조한다.

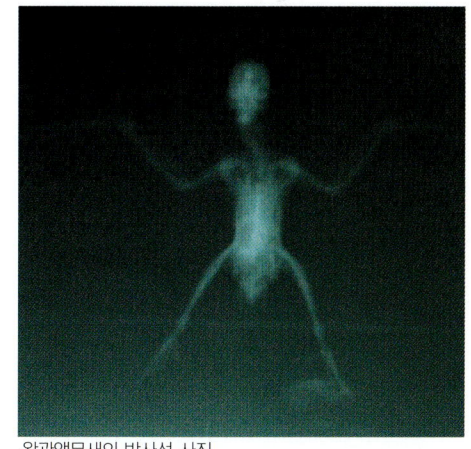

왕관앵무새의 방사선 사진

부리장애

일부 사육가들은 부리의 장애나 이상을 대수롭지 않게 생각하는 경우가 종종 있으나, 조류에게 있어서 부리는 포유류의 이빨만큼이나 중요하고 예민한 기관으로 많은 주의가 필요하다. 부리장애의 원인과 증상, 진단 및 관리방법은 다음과 같다.

■원인 : 일반적으로 부리장애의 가장 큰 원인은 골절, 종양 및 감염성 질병이다. 또는 과도한 부리사용에 따라 악관절에 이상이 초래되기도 한다.

■증상 : 윗부리와 아랫부리 등의 이상부위를 면밀히 확인해야 하며, 부리좌우의 대칭여부도 반드시 확인해야 한다. 윗부리나 아랫부리가 과도하게 자라거나, 가위처럼 변형돼 비정상적인 모습을 갖는 것이 일반적이다.

■진단 : 정확한 진단을 위해서는 방사선촬영이 필수적이다. 확연히 드러나는 기형이나 부리절단 등의 경우 육안으로도 진단이 가능하지만, 정확한 진단을 위해서는 방사선촬영이 수반돼야 한다.

■관리 : 심각한 골절은 일반적으로 치료가 어려운 것으로 알려져 있다. 이상이 있는 부위는 외과적으로 제거하는 것이 좋으며, 만일 해당 개체가 남아 있는 부리를 이용해 먹이를 먹을 수 있다면 비교적 양호한 경과를 기대할 수도 있다. 경증의 골절인 경우에는 치과에서 사용하는 레진이나 보철기법 등을 이용해 최소한의 부리사용이 가능하도록 보조할 수 있다. 적절한 항생제 투여도 필수적이다. 골절인 경우 절단된 부위가 과도하게 자라나지 않는지 유의해서 지속적으로 관리해야 한다. 가위부리(부정교합)의 경우 보철을 이용해 원래 자리로 부리가 돌아오도록 보정할 수 있다.

구토, 토해먹이기, 연하곤란

조류의 경우 구토, 토해먹이기, 연하곤란은 각기 다른 의미를 지니는 것이 일반적이다. 구토란 통상 전위의 음식물이 부리를 통해 다시 나오는 것이며, 토해먹이기란 모이주머니의 음식물이 부리를 통해 다시 나오는 것이다. 연하곤란은 말 그대로 음식물을 식도 아래로 넘기지 못하는 것이다. 원인과 증상, 진단 및 관리방법은 다음과 같다.

■원인 : 일반적인 구애행동에 따른 먹이공급, 요오드결핍(특히 사랑앵무의 경우), 혀의 상처, 선위염, 메가박테리아(Mega bacteria) 감염, 칸디다 감염, 제대로 소화되지 않았거나 섭취한 음식물에 존재하는 독성물질로 인한 이물감, 먹이 이외의 물질 섭취, 종양, PDD(pervasive pevelopmental disorder, 전반적 발달장애), 아연을 비롯한 중금속 중독, 적당하지 않은 실내온도 및 먹이 온도, 너무 연하게 조제된 핸드 피딩 포뮬러, 소낭 내에 축적된 물질의 경

부적절한 간격의 케이지 창살은 각종 부상의 주된 원인이 된다.

화, 소낭의 염증, 아에로모나스나 프세우도모나스 등의 박테리아의 감염, 소낭 내의 트리코모니아시스 감염(사랑앵무와 왕관앵무에 흔함), 소낭 내의 칸디다 감염(어린 새끼의 경우 흔함), 악관절이상[25] 등이 일반적인 원인이 된다.

■증상 : 통상 토해낸 먹이에 소화되지 않은 씨앗이 관찰된다(PDD, 메가 박테리아 감염). 턱, 비공, 부리 등 주위에 회백색의 액체가 말라붙어 있고 소낭이 팽창해 있다. 또 체중이 감소되며, 변에 덜 소화된 씨앗이나 소화되지 않은 씨앗이 발견된다.

■진단 : 카데타를 이용한 소낭내용물 채취, 분변검사를 통한 그램 양성여부 확인, 혈액검사를 통한 중금속농도 확인, 방사선촬영, 소낭내시경(크림색이 도는 황색조직이 소낭 및 식도 등에서 발견될 경우 트리코모니아시스 감염을 추정할 수 있다), 초음파검사를 시행한다.

■관리 : 스트레스를 최소화하고 어두운 장소로 격리수용하며 충분한 영양을 공급한다. 바이러스성 질병의 경우 예후가 좋지 못한 것이 일반적이다. 필자의 경우도 PDD로 아끼던 로즈링넥 패러킷을 잃은 바 있다.

분변의 이상

일반적으로 조류의 분변은 대변과 소변으로 구분된다. 대변은 짙은 색으로 비교적 견고하게 형태를 유지하며, 소변은 소량의 소변과 흰색의 요산으로 이뤄져 있다. 하지만 종과 먹이에 따라 매우 다양한 형태와 색상을 보이기 때문에 유의할 필요가 있다. 사랑앵무 등은 매우 단단한 변을 보는 반면에 로리나 로리킷 계통은 묽은 변을 본다. 분변 검사 시에는 반드시 각 종의 특성과 먹이를 면밀히 검토해 다뇨증 및 설사여부를 명확하게 확인해야 한다.

■증상 : 대변이 너무 적거나 없을 경우 식욕부진이거나 심한 변비 또는 기타 장폐색을 확인해야 하고, 형태를 갖추지 못한 경우에는 설사, 일반적이지 않은 색상을 띨 경우 혈변 및 특정 색상 과일의 다량섭취 여부를 확인해야 한다. 기타 소화되지 않은 씨앗, 기생충 알 등이 함유된 경우 등의 확인이 필요하다. 소변이 너무 적거나 없는 경우 곡물위주의 사료(특히 사랑앵무의 경우)를 급이하고 있는지 확인이 필요하고, 너무 소변이 많은 경우 과일이나 야채위주의 사료 급이, 조갈증(폴리유리아의 경우 반드시 샘플을 채취해 검사해야 한다) 등을 확인해야 한다.

일반적이지 않은 색상, 즉 옅은 녹색에서 짙은 녹색을 띤다면 과도하게 높은 담록소 수치에 따른 간질환을 의심할 수 있고, 녹색이 도는 청동색인 경우에도 간질환을 추정할 수 있다. 단, 외상 후 종종 이런 증상이 나타나기도 하므로 혼동하지 않도록 한다.

■진단 : 반드시 신선한 분변샘플을 확보해야 하는데, 일반적으로 기생충란은 신선한 분변샘플만 있다면 현미경을 통해 어렵지 않게 확인이 가능하며, 그램염색[26]을 통해

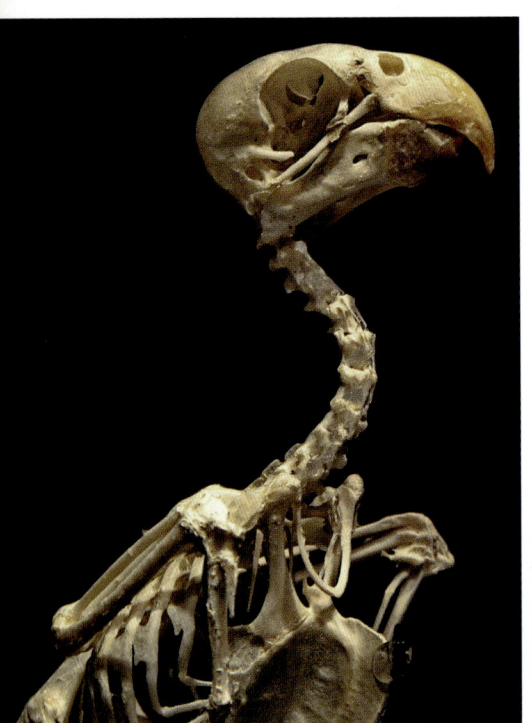

앵무새의 뼈는 비행을 위해 속이 빈 형태로 진화했으며, 포유동물에 비해 골절 등에 매우 취약할 수밖에 없다.

장내 세균상을 확인할 수 있다. 필요 시 박테리아 배양 등을 실시할 수 있다.

■관리 : 특별한 이상이 없는 경우 일반적인 관리로 충분하나 스트레스를 최소화하고 어두운 장소로 격리수용하며, 충분한 영양공급 등에 신경 쓰면 관리 시 도움이 될 수 있다.

영양학적 불균형

가장 문제가 되는 것은 부적절한 단백질 비율이다. 왕관앵무의 경우 위닝이 끝날 때까지의 적절한 단백질함유량은 전체 먹이의 20%다. 그러나 5% 미만의 경우 심각한 발달장애가 발생하며, 결국 폐사하게 된다. 10~15%의 경우 발달장애가 발생하며, 일부가 폐사하게 된다. 25%의 경우 성장률이 빨라지지만 과도한 공격성과 같은 행동장애가 발생하며, 35% 이상이 되면 오히려 성장률이 둔화되고 심각한 공격성을 보이게 된다.

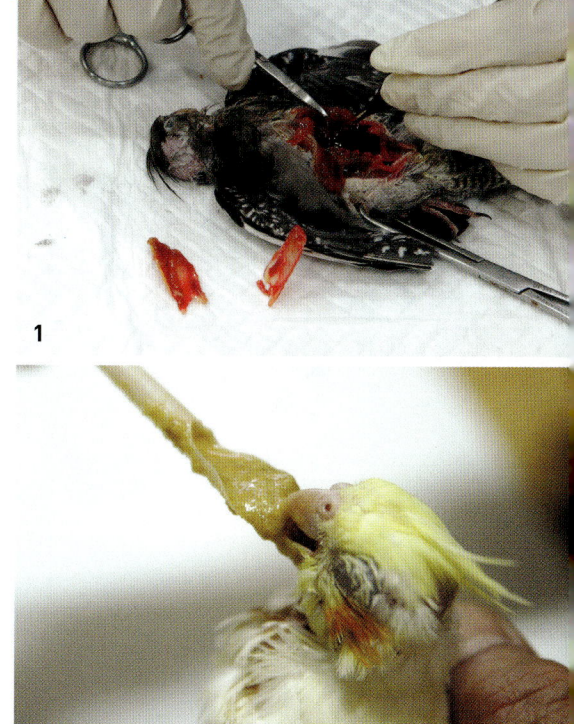

1. 사인규명을 위해 앵무새의 사체를 해부하고 있는 모습
2. 눈꺼풀의 기형을 갖고 태어난 왕관앵무. 이런 개체가 발생하면 해당 블러드 라인을 모두 폐쇄하는 것이 책임감 있는 브리더의 자세다.

■증상 : 비타민A과다증은 과도한 비타민A가 원인이 돼서 백내장이나 뼈에 이상이 생기는 질병이다. 카로틴이 과도하게 많은 경우 피부의 색이 노랗게 변색될 수 있다. 비타민A결핍증은 장기간에 걸쳐 비타민A가 부족해 발생하는 질병으로 상피조직의 변성을 초래한다. 비염이나 안검염이 수반되기도 하며, 심한 경우 신장에 심각한 문제가 생기기도 한다. 비타민D_3과다증은 신장계통의 이상을 초래한다. 대사성골질환은 통상 비타민D_3결핍증, 칼슘결핍증, 고인산혈증 등에 의해 발병되는데 특히 아프리칸 그레이가 이 병에 취약한 것으로 알려져 있다.

자해하는 앵무새 ⓒCityparrots/Jonker&Innemee

이 병에 걸린 새는 날개 등을 심하게 떠는 증상을 보이며, 번식률이 떨어지고 마비가 생기기도 한다. 비타민E결핍증에 걸린 새는 기면증이나 평형감각이상을 보인다. 완전한 마비가 생기기도 하고, 백근증을 보이기도 한다. 소화기계통의 이상을 동반하며, 이 경우 소화되지 않은 씨앗이 그대로 배출된다. 비타민K결핍증은 콕시디오스탓(콕시듐치료제)이나 항생제의 장기투여에 따라 장관 내 미생물군이 소실돼 발생한다. 비타민K의 결핍은 혈액응고기능을 저해해 과다출혈을 초래하기도 한다. 리보플래빈결핍은 지방간, 번식률저하, 과도하게 긴 비행우 등을 초래한다. 어린 왕관앵무의 경우 허약해지고 설사가 생기며, 깃털에 이상이 생기거나 발톱이 과도하게 말리게 된다.

판토텐산이 결핍된 왕관앵무새의 경우 배와 등의 깃털이 제대로 성장하지 못한 채 생후 3주경에 폐사하게 된다. 일반적으로 판토텐산결핍의 새들은 성장률이 둔화되고, 얼굴과 발가락에 피부병이 생긴다. 요오드부족은 사랑앵무 등에서 갑상선종을 유발한다. 비만은 아마존앵무, 갈라 코카투, 왕관앵무, 사랑앵무 등에서 매우 흔하게 나타나며 죽상동맥경화증[27]을 유발한다. 간지질증은 일반적으로 무기력, 우울증을 수반하며 소변이 노랗거나 녹색으로 변한다.

■진단 : 방사선검사, 혈액검사, 간생검 등이 필요하다. 현재 급이 중인 사료에 대한 면밀한 분석이 수반돼야 한다.

■관리 : 영양불균형은 종종 2차 감염을 수반하는 것으로 알려져 있다. 따라서 적절한 항생제투여를 고려하는 것이 바람직하며, 품종에 따라 좀 더 균형 잡힌 식단으로 변경해야 한다. 곡물위주의 식단은 적절한 펠릿사료로 대체하고, 여러 가지 다양한 색상의 신선채소와 과일의 비중을 늘리되, 감귤과의 과일은 배제해야 한다.

적절한 비타민 및 미네랄보충제를 제공해야 하며, 싹틔운 씨앗은 지방을 분해하는 데 큰 도움을 준다. 다만 앵무새의 경우 새로운 음식을 먹는 데 저항감이 큰 경우가 많으므로 유의해야 한다. 태양광등을 이용해 충분한 자외선을 제공해야 하며, 특히 아프리칸 그레이의 경우 자외선이 핵심적인 역할을 한다.

★ 기타 여러 가지 질병의 원인과 증상 및 관리 ★

기타소화기장애	개괄	여러 가지 매우 다양한 원인에 의해 발생하며 식욕부진, 설사, 혈변 등으로 이상 유무를 알게 되는 경우가 많다.
	원인	바이러스성 – PDD / 파라믹소바이러스 / 파필로마토시스 / 오르테오바이러스 / 파체코바이러스 / 로타바이러스 / 피코르나바이러스 / 아데노바이러스
		박테리아성 – 클레브시엘라 속 / 슈도모나스 속 / 살모넬라 / 여시니아균 / 클라미디아필로시스 / 마이코박테리아 / 클로스트리디아 /클로스트리듐 콜리눔(로리류에 국한됨)
		진균성 – 칸디다 / 메가박테리아 / 털곰팡이 감염증 / 프로토조알 / 지알디아 / 스피로누클레우스
		기생충성 – 일반적으로 앵무새는 기생충감염이 드문 편이지만, 땅위에서 주로 생활하는 호주계 그래스 패러킷에서는 비교적 쉽게 찾아볼 수 있다. 아스카리드 / 카필라리아 / 선위충(Geopetitia, Dispharynx, Habronema, Tetrameres속이 일반적임) / 촌충류(Raillietina속이 일반적임)
	증상	체중감소 / 지저귐의 멈춤 / 소화되지 않은 씨앗의 배출 / 혈변(파세코병) / 신경증 / 분변으로 더러워진 항문(사랑앵무의 경우는 일반적으로 과체중으로 인해 스스로를 단장할 수 없거나 복부헤르니아 때문에 발생하며 중미지역에 서식하는 아마존, 매커우 등의 경우는 파필로마바이러스 때문으로 알려져 있기도 하다) / 녹황색의 설사(스피로뉴클레우스라는 기생충에 의한 것으로 대부분 폐사한다) / 녹색분변과 콧물(클라미디아 감염의 경우) / 항문의 충혈 및 팽창 / 급사 / 대규모 폐사(사랑앵무 등의 경우 오르테오바이러스가 그 원인인 경우가 많으므로 유의하기 바란다)
	진단	일반적인 혈액검사 / 분변검사 / 전위충란 확인을 위한 전위세척 / 방사선촬영 / 형광투시법 / 폴리오마바이러스와 파세코병 등의 확인을 위한 PCR / 초음파검사 / 내시경검사
	관리	적절한 항생제 투여 및 지지요법을 실시한다.
간질환	개괄	통상 간질환은 그 경과를 알기 어려운 것이 일반적이며, 원인이 밝혀져도 치료가 어려운 것이 대부분이다.
	원인	바이러스성 – 파세코병 / 폴리오마바이러스 / 아데노바이러스
		박테리아성 – 클라미디아 / 마이코박테리아
		진균성 – 아플라톡신중독증[28]
		영양학적 – 혈색소증[29] / 간지질증
		종양 – 림프종 / 간암
		기타 – 간경변증 / 스테로이드성 간장애 / 유전분증[30]
	증상	체중감소 / 지저귐의 멈춤 / 소화되지 않은 씨앗의 배출 / 혈변(파세코병) / 신경증 / 분변으로 더러워진 항문(사랑앵무의 경우는 일반적으로 과체중으로 인해 스스로를 단장할 수 없거나 복부헤

간질환	증상	르니아 때문에 발생하며 중미지역에 서식하는 아마존, 매커우 등의 경우는 파필로마바이러스 때문으로 알려져 있기도 하다) / 녹황색의 설사(스피로뉴클레오스라는 기생충에 의한 것으로 대부분 폐사한다) / 녹색분변과 콧물(클라미디아 감염의 경우) / 항문의 충혈 및 팽창 / 급사 / 대규모 폐사(사랑앵무 등의 경우 오르토레오바이러스가 그 원인인 경우가 많으므로 유의하기 바란다)
	진단	방사선촬영 / 혈액검사 / 분변의 PCR(파세코병의 경우) / 내시경검사 / 초음파검사 / 생검
	관리	간질환의 경우 실질적인 치료가 힘든 경우가 많으나 아래의 방법으로 적절히 관리할 경우 만성질환 등에 있어서 일정수준의 생명연장[31]이 가능하다. 또한, 최소한 생존하는 동안의 삶의 질을 향상시킬 수 있으므로 참고하기 바란다. 지지요법 / 락툴로오스(지사제)의 공급 / 큰 엉겅퀴(건강식품으로 제조된 것)의 공급
근골격계질환	개괄	말 그대로 뼈와 관절 그리고 근육계통에 문제가 생긴 것으로 좁은 새장에서 생활하는 경우 이런 위험에 노출될 가능성이 매우 높아진다.
	원인	바이러스성 - PBFD / 레트로바이러스 감염 박테리아성 - 폐혈성 관절염[32] / 골수염 영양 - 대사성골질환[33] 종양 - 신장암(통상 레트로바이러스 감염에 의함) / 정소·난소암(통상 사랑앵무에 호발하며 레트로바이러스 감염에 의한 것으로 추정) 기타 비감염성 - 통풍 / 갈비뼈골절 / 척추손상 / 너무 작은 레그 밴드 / 어린 새끼의 성장장애 / 유조의 골형성부전[34] / 대사성 장애(심근질환 등)
	증상	체력저하 및 운동실조증 / 움직임의 둔화 / 다리의 마비 / 갈비뼈의 기형 / 비행불능
	진단	방사선촬영 / 혈액검사 / 내시경검사 / 초음파검사
	관리	골절, 탈구, 염좌가 아닌 경우 실질적인 치료가 제한되는 경우가 많으므로 유의하기 바란다. 다음과 같은 조치가 고려될 수 있으며, 사례에 따라 수의사의 판단이 필요하다. 지지요법 및 항생제 투여 / 부드러운 바닥으로 된 호스피탈 케이지로 이동
뇌신경장애	개괄	신체의 모든 움직임과 인지능력을 관장하는 뇌 및 신경계의 장애는 그 어떤 문제보다 더 위중한 결과를 가져오는 것이 보통이다.
	원인	바이러스성 - 파라믹소바이러스 / PDD / 파세코병 / 아데노바이러스(특히 사랑앵무의 경우) / 웨스트나일바이러스 박테리아성 - 클라미디아 / 박테리아성 뇌수막염 진균성 - 진균성 뇌수막염 원충성 - 사르코시스티스 기생충 - 광동주혈선충증 기타 비감염성 - 아연중독 및 기타 중금속중독 / 독성물질 / 골절 / 신장질환 / 심각한 간손상 / 뇌혈관장애
	증상	체중감소 / 우울증 / 사경(머리 돌아감) / 평형감각이상 / 주저앉음 / 마비 / 소화관장애(소화불능 등)
	진단	방사선검사 / 혈액검사 / 각종 병원균에 대한 배양검사 / 파세코병에 대한 PCR / 내시경검사 / 초음파검사 / 생검

심혈관계질환	관리	보호자가 할 수 있는 범위는 아래에 언급된 정도이며, 나머지는 수의사의 지시를 따르도록 한다. 지지요법 / 수액투입(식도를 통한 수액투입은 구토 및 기도폐색을 유발할 수 있으므로 가급적 항문을 통해 투입할 것)
	개괄	조류는 비행을 위해 다른 동물에 비해 좀 더 효율적인 심혈관계를 가지고 있는 것으로 알려져 있으나 그렇다고 해서 심혈관계 질환의 발생빈도가 낮지는 않은 것 같다.
	원인	바이러스성 – 폴리오마바이러스 / PDD
		박테리아성 – 심내막염 / 심막염 / 만성폐질환
		진균성 – 심막염 / 만성폐질환
		원충성 – 하이모프로테우스 / 류코사이토준 / 아키바속 / 말라리아 원충
		영양 – 지방축적 / 죽상동맥경화증(특히 아마존과 아프리칸 그레이에 빈발함)
		종양 – 림프종 및 림프육종[35]
		기타 비감염성 – 만성간질성폐섬유화증[36], 특히 나이든 아마존에게서 많이 발견된다. / 우심실 비대증(통상 폐질환에 기인함) / 혈관의 석회화 / 아보카도중독 / 혈액 내 과도한 요산농도 / 운동부족
	증상	호흡의 이상 / 운동의 급격한 감소 및 중단 / 심장박동음의 변화 / 구토와 체력저하 / 마비나 지각능력의 저하(뇌혈관계통의 이상에 기인함)
	진단	방사선촬영 / 혈액검사 / 내시경검사 / 생검(간, 신장, 심장근) / 심장초음파검사 / 심전도검사
	관리	심장질환 역시 대부분의 경우 현실적인 치료가 어려운 경우가 많다. 다만 다음과 같은 조치를 통해 앵무새의 삶의 질을 개선할 수 있을 것으로 기대된다. 스트레스 최소화 / 영양개선
안과질환	개괄	눈의 이상은 어렵지 않게 확인이 가능하지만, 한쪽 눈의 시력만 잃거나 또는 체구가 작은 품종의 경우 확인이 곤란한 경우도 있을 수 있다. 매일 이상 유무를 확인하는 자세가 필요하다.
	원인	바이러스성 – 파필로마바이러스 / 계두 / 눈꺼풀 말단의 궤양(아마존앵무의 경우 호발) / 결막염(모란앵무) / 아데노바이러스(모란앵무)
		박테리아성 – 박테리아성 결막염 / 클라미디아 / 미코플라스마 / 부비강염
		진균성 – 부비강염
		원충성 – 엔세팔리토준 헬렘
		영양 – 비타민A결핍증
		기타 비감염성 – 선천성 눈꺼풀 폐쇄 / 백내장 / 유피낭종[37] / 중금속중독 / 빈혈(특히 사랑앵무의 경우) / 간성뇌병증
	증상	한쪽 눈 또는 양쪽 눈에 이상 / 각결막염 / 눈꺼풀의 각질화 / 백내장(35살 이상의 매커우에서 흔히 발견됨) / 각막궤양 / 시력상실 / 안구 내 출혈 / 호너증후군[38]
	진단	일반적인 안검사 / 각막손상확인을 위한 검안 / 혈액검사 / 생검 / 초음파검사
	관리	항생제 투여 / 비타민A의 집중 투여

내분비장애	개괄	가장 대표적인 내분비계통의 이상은 뇌하수체선종[39]으로 사랑앵무와 왕관앵무에 흔히 발생한다. 이와 더불어 갑상선기능저하증이나 부신관련 질병도 발생한다. 다뇨증과 번갈증이 관찰될 경우 내분비계통의 이상을 고려할 수 있다.
	원인	일반적인 원인은 종양 등에 의한 내분비계통의 기능항진이나 부전이다.
	증상	다뇨증, 번갈증
	진단	방사선촬영 / 혈액검사 / 내시경검사 / 생검 / 초음파검사
	관리	내분비계통 이상의 경우 실질적인 치료방법이 없는 것이 현실이다. 환축의 삶의 질을 높이는 부분을 고려하는 것이 최선이다.
비행불능	개괄	조류에게 비행은 가장 중요한 이동방법이다. 이러한 비행에 문제가 생기는 것은 조류에 있어 치명적인 문제로 작용하는 것이 일반적이다.
	원인	바이러스성 – 폴리오마바이러스 / PBFD 박테리아성 – 병적골절[40] 진균성 – 병적골절 기타 비감염성 – 심혈관장애 / 호흡기장애 / 뇌신경장애 / 오훼골[41] 골절 및 기타 비행관련 뼈의 골절
	증상	깃털상실[42] / 한쪽 날개가 축 늘어져 있는 경우 / 분명하게 확인 가능한 골절 / 오래 전에 골절된 후 이미 자가치료가 된 골절부위
	진단	방사선촬영 / 혈액검사 / 내시경검사 / 초음파검사
	관리	해당부위가 움직이지 않도록 유의한다. 가급적 좁은 새장에 넣고 놀라지 않도록 유의하며, 충분한 영양을 공급한다.
생식기장애	개괄	앵무새는 일반적으로 48시간마다 1개씩 산란한다. 생식기계통의 이상 유무의 진단을 위해서는 일반적인 한배의 알 숫자를 확인해두는 것이 도움이 된다.
	원인	박테리아성 – 복막염 영양 – 칼슘결핍증 종양 – 난관선종 기타 비감염성 – 알막힘 / 골격기형 / 난관파열 / 과산란(특히 왕관앵무의 경우)
	증상	현저한 활동저하와 호흡곤란 / 다리의 마비 / 과산란 / 체강의 팽창
	진단	혈액검사 / 방사선검사 / 초음파검사 / 내시경검사
	관리	알막힘 등이 발생했을 경우 다음과 같은 조치를 취하면 어려움 없이 산란에 이르게 되지만, 자가 판단 및 치료는 금물이다. 고온다습하고 어두운 병원새장으로 옮김 / 칼슘이나 비타민D_3제제 투여

응급조치

골절, 절단, 창상 등의 외상의 경우 적절한 응급조치만으로도 소중한 생명을 살릴 수 있다. 앵무새의 응급조치라고 해서 인간의 경우와 크게 다르지 않다. 출혈이 심한 경우 압박해 지혈을 돕고, 골절된 경우 적절한 방법으로 보정하며, 다른 이상의 경우 보온과 기도확보를 통해 수의사의 진료 전까지 목숨을 부지할 수 있다면 응급조치는 성공적이다. 응급조치의 핵심은 신속한 조치이며, 더불어 과도하지 않아야 한다. 모든 실질적인 진단과 조치는 반드시 수의사에 의해 이뤄져야 한다.

■**응급조치 및 치료** : 전술했듯이 앵무새는 골절이나 창상, 열상, 절단, 화상 등의 외상이 아닌 경우 발병여부를 확인하기가 매우 어려운 편이다. 발병을 확신할 때는 이미 더 이상 손을 쓸 수 없는 상황에 처한 경우가 많다. 일단 겉으로 분명히 드러나는 외상(알막힘을 포함해)은 출혈인 경우 압박 등을 통해 지혈시키고, 골절인 경우 두껍고 큰 타월 등으

건강한 더비안 패러킷(Derbyan Parakeet, *Psittacula derbiana*)

로 상처가 움직이지 않도록 고정한 채 어두운 상자 등에 넣어 조류진료가 가능한 병원을 찾는 것이 최선이다. 과거에 출간된 일부 서적에서는 골절 등의 경우에 자가치료하는 방법을 소개하고 있지만, 이를 그대로 따르는 것은 대부분 심각한 결과를 가져오게 되므로 절대로 시도하지 말아야 한다. 모든 건강상의 이상은 반드시 조류전문 또는 조류진료경험이 있는 수의사에게 일임해야 한다. 기타 명확한 원인을 알 수 없으나 이상증상이 감지되는 경우에도 절대로 자가치료를 시도하지 말고 전문수의사에게 진료와 치료를 요청하기 바란다.

앵무새를 기르기로 결심했다면 가장 먼저 할 일은 거주지 근처의 조류진료가 가능한 동물병원을 여러 곳 확보해두는 것이다. 막상 문제가 발생하게 되면 진료 가능한 동물병원을 찾으려고 우왕좌왕하는 사이 병이 위중해지는 경우를 자주 봐왔다. 즉 평소에 주의를 기울여 면밀히 관찰하고, 어떤 것이든지 건강상의 이상이 있다고 판단되거나 추정되면 주저하지 말고 최대한 빨리 수의사에게 진료를 의뢰하기 바란다.

일부 사육자는 병원비를 아까워해 말도 되지 않는 방법으로 자가치료를 시도하는 경우가 있는데, 앵무새의 생명을 소중히 여기는 애조가라면 반드시 피해야 할 행위임을 명심하기 바란다. 비교적 흔하게 발생하는 알막힘의 경우에도 제대로 된 진료를 받으면 비교적 적은 비용으로 짧은 시간 만에 거의 100%에 가까운 좋은 결과를 얻을 수 있으나, 고전적 민간요법(항문과 주둥이에 올리브기름 넣기 등)으로는 비극적인 결과를 얻을 뿐이다.

■**안락사 및 사후조치** : 모든 생명은 탄생과 더불어 죽음을 준비하는 존재다. 갓 알에서 깨어난, 귀엽기 이를 데 없던 여러분의 반려앵무도 언젠가는 죽음을 맞이하게 된다. 아무리 수의학이 발전하더라도 고치지 못하는 질병은 존재하며, 모든 질병을 정복했다 하더라도 새로운 질병이 또 생겨날 것이다. 따라서 앵무새를 새로 맞아들이는 그 순간부터 마지막 순간을 준비하는 것이 성숙한 앵무새 마니아의 자세이며, 운명적 순간에 큰 거부감 없이 현실을 받아들여야 한다.

앵무새의 경우 분명한 외상이나 영양불균형 등과 관련된 질병이 아닌 경우 소규모 동물병원에서는 진료가 어려운 경우도 있으며, 만성 또는 퇴행성질병(국내의 대부분의 앵무새들은 부적절한 관리와 환경으로 퇴행성 질병이 발생하기 전에 폐사하지만)의 경우, 국내 유수의 대학병원 부설 동물병원에서도 진단과 진료가 어려운 경우가 많다. 의학적으로 별다른 대안이 없고, 과도한 고통으로 남은 삶의 질을 보장하지 못할 경우 안락사를 고려할 수 있다. 하지만 안락사는 존엄한 생명과 관련된 것으로 보호자가 마음대로 결정할 사항은 결코 아니다. 우리나라의 경우 일부 몰지각하고 동물을 기르는 이로서의 자질이 부족한 이들이 병원비가 과도하게 나온다거나, 냄새가 난다거나, 늙었다거나, 심지어 다른 더 어린 동물을 사겠다는 이유로 안락사를 요구하기도 한다. 현재 이런 이들의 어이없는 요구와 결정을 법적으로 제한할 수 있는 방법은 없는 것이 현실이지만, 이 책을 읽는 여러분만큼은 이런 부류에 속하지 않기를 간절히 희망한다.

만약 안락사를 고려해야 할 상황인 경우, 반드시 수의사의 의학적 소견을 바탕으로 보호자 자신의 양심에 따라 최대한의 주의를 기울여 결정하기 바란다. 현행법 상 폐사한 동물은 토양오염 등의 문제로 땅에 매장할 수 없으며, 종량제쓰레기봉지를 이용해 버려야 한다. 하지만 한 가족처럼 사랑했던 반려동물을 이런 식으로 보내는 데 대해 반감이 있기 때문에 최근 이 규정은 개정될 조짐을 보이고 있다. 더불어 현재 시중에는 다양한 형태의 동물장례전문업체가 있으며, 이들 업체를 통해 좀 더 인도적인 방법으로 반려동물을 보낼 수 있으므로 참고하기 바란다. 안락사와 반려동물의 죽음에 관심이 있는 독자는 리타 레이놀즈의 '펫 로스(Pet Loss)'를 탐독해보기 바란다.

사실 반려앵무의 경우 질병보다 사고로 인한 사망사례가 더 많은 편이다.

각주 **1)** monocytosis라고도 불리는 증상으로 백혈병, 악성 림프종, 골수증식성 질환, 다발성 골수종, 호중구감소증 등과 같은 혈액 질환, 교원병(膠原病), 악성종양, 결핵·감염성심내막염·장티푸스 등과 같은 감염성 질환 등이 원인인 것으로 알려져 있다. 단구증가증 자체에 대한 치료는 필요 없지만, 그 원인에 대한 치료는 해야 한다. **2)** 폴리오마속에 속하는 바이러스의 통칭으로 조류와 포유류에서 종양을 유발하는 것으로 알려져 있다. **3)** 자연계에 잡균으로 번식하는 곰팡이의 일종인 아스퍼길루스, 푸미가투스 등에 의해서 일어나는 질병으로 초기 발견되면 치료가 가능하나 재발이 쉽고 늦게 발견한 경우 폐사에 이를 수 있다. 치료제는 존재하나 조류의 경우 여러 이유로 예후가 좋지 않은 경우가 많다. **4)** 피부 관련 질환의 경우 비교적 그 질병의 심각성이 크지 않은 경우가 많기 때문에 치료와 관련한 간단한 사항을 예외적으로 병기했다. 하지만 그럼에도 반드시 전문수의사의 진료 및 처방을 따라야 하는 것을 잊지 말기 바란다. 항진균제 등 일부 약품의 경우 적절한 용량과 투약기간을 지키지 않을 경우 심각한 부작용을 수반할 수 있으므로 특히 유의해야 한다. **5)** 외부기생충에 광범위한 구충효과를 지닌 성분이다. **6)** 다양한 기생충에 광범위한 구충효과를 지니고 있으나 수생동물 및 벌 등에게 치명적이다. **7)** 케냐에 자생하는 식물에서 추출되는 천연구충제이다. **8)** 일상적으로 사용되는 구충제의 일종이다. **9)** 조류의 기생충에 관해서는 Carter T. Atkinson, Nancy J. Thomas, and D. Bruce Hunter의 'Parasitic Diseases of Wild Birds'를 참조하기 바란다. **10)** 토양 등에 널리 존재하는 진균의 일종으로 인간과 조류의 피부와 소화기계통에 기생하며 다양한 증상을 일으킨다. **11)** 비스테로이드계 소염제의 일종으로 염증, 발열 등에 광범위하게 사용된다. **12)** 클라미필라속 박테리아들은 포유류 및 조류 등의 동물에 다양한 병리적 증상을 유발하는 것으로 알려져 있다. 특히 Chlamydophila psittaci는 조류와 포유류 간에 교차 감염이 가능하며, 초기에 감기와 같은 증상을 유발하고 장기적으로 호흡기계통에 치명적인 악영향을 미치며, 감염된 개체는 결국 폐사하게 된다. 호흡, 접촉, 분비물 등을 통해서 감염된다. **13)** 인간을 포함한 포유류와 조류 등에 식중독 등을 유발하는 미생물로 통상 토양에 서식한다. **14)** 인간 및 다양한 동물에서 호흡기계 질병을 유발한다. 조류의 경우 뉴캐슬병 등의 원인균으로 널리 알려져 있다. **15)** 박테리아의 일종으로 세포벽이 존재하지 않아 페니실린 등의 항생제에 영향을 적게 받는 것으로 알려져 있다. 폐렴 등의 원인균이다. **16)** 인체나 동물의 입안·피부 등에 존재하며, 정상상태에서는 인체에 무해하나 항생물질을 장기 사용하거나, 인체가 면역에 대한 저항력이 약해졌을 때 체내에서 이상번식을 해 가려움을 동반하는 이른바 칸디다증을 일으킨다. **17)** 비강에 이어져 있는 공기가 들어 있는 두개골 내 공간 **18)** 인간에게는 별다른 문제를 야기하지 않으나 쥐와 조류에서는 다양한 증상을 가져온다. **19)** 1978년 처음 매커우에서 발견됐으며, 매커우 소모성 증후군(Macaw wasting syndrome)이라고 칭하기도 한다. 조류 보르나바이러스에 의해서 발병하며, 소화기계통과 신경계통에 영향을 미치고 결국 폐사하게 된다. **20)** 특히 나이든 아마존앵무에게서 흔히 관찰된다. **21)** 별다른 증상 없이 갑자기 죽는 것을 의미하며 급성보다 더 빠르다. **22)** 클라미디아 혈청검사를 통해 감염여부를 비교적 손쉽게 확인할 수 있다. 단, 감염초기에는 분명한 양성반응을 얻기 어려운 경우가 있으므로 7~10일의 간격을 두고 재검사하는 것이 좋다. **23)** 소형조류의 경우 강한 광선을 조사하는 투조를 통해 기관 내 진드기 등의 유무를 확인할 수 있다. **24)** 분비물검사를 통해 각종 병원체나 병원체의 알 등을 확인할 수 있다. PCR 또는 중합효소연쇄반응이라는 방법을 통해 미량의 샘플로도 병원체의 존재여부를 확인할 수 있다. **25)** 이른바 록 조(lock jaw)라고 불리며, 왕관앵무에게서 흔히 관찰된다. **26)** 1884년 덴마크 의사 H. C. J. 그람이 고안한 특수염색법으로, 이때 자주색으로 염색되는 세균을 그람양성균, 붉은색으로 염색되는 세균을 그람음성균이라고 한다. **27)** 죽상경화증은 주로 혈관의 가장 안쪽을 덮고 있는 내막에 콜레스테롤이 침착하고 내피세포의 증식이 일어난 결과 '죽종'이 형성되는 혈관질환을 일컫는다. **28)** 아플라톡신이 포함된 사료를 먹은 가축이나 조류에게서 나타나는 중독증. 아플라톡신은 아스퍼길루스 플라비스(Aspergillus flavis)와 같은 곰팡이가 배출하는 대사산물이다. **29)** 신진대사의 이상에 의해 여러 가지 장기에 철반응 음성의 갈색소가 과잉으로 부착하는 질환이다. **30)** 유전분증이란 조직이나 장기에 아밀로이드(유전분)라고 불리는 이상 단백질이 축적되는 질환으로, 조직이나 장기의 기능장애를 초래한다. **31)** 파세코병은 급사하는 경우가 많다. **32)** 감염된 조직에서 생성된 화농(고름)이 관절부위를 침범하면 생기는 관절염이다. **33)** 대사성 골질환 대사장애에 의해 뼈에 변성이 생긴 것으로 골 위축, 골다공증, 구루병, 골연화증, 섬유성 골이영양증을 포함한다. **34)** 뼈를 형성하는 조직생성이 미진한 발육이 불완전하고 부러지기 쉬운 상태가 돼서 몸의 불균형과 신체활동에 지장이 생기는 질환이다. **35)** 림프구계(球系) 세포에서 유래하는 악성종양. 림프구성(球性) 림프종이라고도 한다. **36)** 폐의 간질이란, 폐에서 산소의 교환이 일어나는 허파꽈리(폐포)의 벽을 구성하는 조직을 총칭하며, 구체적으로는 산소를 받아들이는 모세혈관 외에도 폐포 상피세포와 내피세포, 기저막, 임파관 등을 모두 포함한다. 간질성 폐질환이란 폐의 간질을 주로 침범하는 비종양성, 비감염성 질환들을 총칭하는 용어다. **37)** 유피낭종은 일종의 양성 종양으로 그 내부에 털, 뼈, 연골 등의 조직이 들어 있는 것이 특징이다. 난소나 눈에 호발된다. **38)** 눈의 교감신경 공급에 영향을 미치는 병변을 일컫는다. 주로 편측성(한쪽)으로 나타나지만, 경우에 따라 양측성으로 발생할 수도 있으며 동공의 축동, 안구의 함몰, 제3안검의 돌출 등을 수반한다. **39)** 선종이란 위, 장, 침샘 등의 선상피(腺上皮)에서 발생하는 양성 종양의 일종으로 건강한 부분과의 경계가 분명하며 덩어리모양을 이루는 특징이 있다. **40)** 뼈가 어떤 병 때문에 약해져서 쉽게 부러진 골절이다. **41)** 포유류를 제외한 척추동물 앞다리의 견대(肩帶)를 구성하는 뼈의 일부다. 독립된 쇄골 아래쪽에 있으며 바깥쪽은 상완골(上腕骨·또는 견갑골), 안쪽은 흉골과 연결돼 있다. **42)** 이런 경우 어린 사랑앵무라면 폴리오마바이러스, 나이가 있는 새라면 PBFD를 의심할 수 있다.

Chapter 8

앵무새의 번식

번식 전 알아야 할 사항, 번식을 위한 준비, 산란 및 포란과 육추, 인공포란 및 인공부화, 핸드 피딩에 대해 알아본다.

Section 01

번식 전 고려해야 할 사항

다른 동물을 기를 때도 마찬가지겠지만, 앵무새를 기르다 보면 누구나 한 번쯤은 번식을 시켜보고 싶은 욕구를 느끼게 된다. 사랑하는 애조가 알을 낳고, 그 알에서 귀여운 아기 앵무새가 깨어 나오는 일련의 과정을 통해 무한한 생명의 신비를 느낄 수 있다.

필자의 어린 시절을 회상해 보면 둥지상자 속에 암컷이 들어가 한동안 보이지 않게 되면 혹시나 둥지상자 속에서 죽은 것은 아닌지, 알은 몇 개를 낳은 것인지, 알은 모두 이상 없이 수정돼 잘 부화하게 될지 무척 궁금해 수시로 둥지상자를 열어보고 싶은 충동이 일곤 했다. 그러다 언젠가부터 둥지상자 속에서 짹짹거리며 먹이를 보채는 작은 소리가 들려오면 그 기쁨은 이루 헤아릴 수가 없었다. 한 달 여가 지나서 작은 둥지상자의 출입구로 검은 눈을 반짝거리며 어미와 똑같은 모습을 한 작은 아기새가 머리를 내밀면 기분이 날아갈 것만 같았다. 마치 필자가 아기새를 낳은 것처럼 기쁘고, 어린 마음에도 어미새들이 얼마나 자랑스러웠는지 모른다.

그러나 언제나 좋지만은 않았다. 어떤 경우에는 연속해서 무정란만 낳기도 하고, 분명히 유정란임에도 불구하고 무엇이 문제인지 알속에서 아기새가 죽어버리기도 하고, 멀쩡히 잘

생후 60일경의 아프리칸 그레이

포란해 태어난 새끼새를 어미가 먹이를 주지 않거나 또는 둥지상자 밖으로 집어던져버리기도 했다. 이럴 때는 눈물도 많이 흘리고, 필자가 무엇을 잘못한 것은 아닐까 며칠씩 문제를 찾아내려고 고민하기도 했다. 아마 여러분도 마찬가지일 것이다. 번식은 여러분에게 많은 기쁨을 안겨주지만, 동시에 여러 가지 예기치 못한 문제나 부담을 안겨줄 수도 있다.

이번 섹션에서는 번식과 관련된 여러 가지 문제에 대해 상세히 알아보도록 하겠다. 앞서도 언급했지만 이 책의 목적은 번식을 잘하는 방법을 전수하는 데 있지 않다. 이 책의 목적은 사람과 앵무새가 행복하게 사는 세상을 만드는 데 일조하는 것이다. 만일 그저 번식 잘하는 법에 대해 알고 싶은 독자라면 이 책을 덮을 것을 권한다.

앵무새 번식의 목적

앵무새를 기르는 사람은 누구나 한두 번쯤 번식을 시켜보고 싶은 생각을 하며, 실제로 많은 앵무새 애호가들이 앵무새를 번식시키고 있다. 그러면 이처럼 많은 사람들이 앵무새를 번식시키고자 하는 이유는 무엇이겠는가.

생후 3주령의 퍼시픽 패럿렛 유조

■**호기심에 근거한 번식** : 앵무새를 번식시키는 첫 번째 이유는 자연의 신비를 느끼고 싶다는 마음에서다. 거창하게 말해 자연의 신비이지, 실상은 단순한 호기심에 근거한 것이라고도 볼 수 있다. 이런 분들은 대부분 앵무새를 기르다 번식에 대한 단순한 호기심이 생겨서 번식까지 시도하게 되는 것이다.

■**금전적인 목적에 따른 번식** : 가장 저렴한 앵무새인 사랑앵무의 경우도 소매가로는 한 쌍에 3만원 정도에 분양되고 있다. 어느 정도 운이 좋고 잘 기르기만 한다면 일년 동안 한 쌍의 사랑앵무는 20마리 이상의 새끼앵무새를 안겨주며, 이를 화폐로 환산하면 소매가로는 무려 30만원에 달한다. 가장 저렴한 편에 속하는 사랑앵무가 그럴진대 사랑앵무보다 작지만 분양가가 훨씬 고가인 유리앵무의 경우는 청색변종의 경우 한때는 한 쌍 당 약 80만원 선에

번식 중인 갈라 코카투 한 쌍
ⓒQuesthaven/Mary&Matthew Holden

서 분양됐으며, 일 년에 20마리를 낳는다고 가정하면 연간 약 수백만원의 수익을 창출해 준다. 이런 이유 때문에 매년 상당수의 앵무새 마니아들이 아예 전문사육자로 전업하거나 또는 부업으로 앵무새 번식을 시도하고 있다.

■**당위론에 입각한 번식** : 핸드 피딩으로 길들여진 한 마리의 앵무새를 기르다가 이 앵무새들이 성적으로 성숙하게 되면 보호자의 손에 엉덩이를 비비거나, 암컷이라면 혼자서 알을 낳는 경우가 생긴다. 이런 일을 경험하게 되면 대부분의 보호자들은 짝이 없어서 불쌍하다는 생각에 짝을 찾아주게 된다. 결국 이렇게 짝을 찾게 된 앵무새는 번식을 하게 되는 것이다.

■**종 보전을 위한 번식** : 우리나라의 경우는 그리 강하지 않지만, 유럽을 비롯한 조류사육의 선진국 등에서는 상당히 중요한 사육목적의 하나로 인식되고 있다. 현재 전 세계적으로 약 350여 종의 앵무새가 있지만, 이 중의 상당수는 원산지에서 멸종위기에 처해 있다. 이들 앵무새들이 멸종위기에 처하게 된 가장 큰 이유는 바로 인간의 탐욕에 근거한 서식지파괴와 밀렵된 앵무새의 국제 간 밀매다. 대부분의 코카투, 매커우, 아마존 계열은 원산지에서 그 명맥을 간신히 유지하고 있으며, 이 중 일부는 이미 더 이상 자연상태뿐만 아니라 사육상태에서도 그 존재를 찾을 수 없게 돼버렸다. 이런 상황을 그대로 방치하면 상당수의 앵무새들이 수십 년을 넘기지 못하고 완전히 멸종해버릴 수 있다.

이런 우려에서 앵무새 사육 선진국의 일부 의식 있는 전문브리더들은 대학 등 연구기관 및 정부와 손잡고 사육상태에 있는 몇몇 멸종위기종들을 인공적으로 번식해 자연으로 다시 돌려보내는 프로젝트를 수행하고 있다. 아직까지는 그리 성공적인 결과를 얻지 못했지만, 연구가 거듭되다 보면 희망적인 결과를 얻게 되지 않을까 생각한다.

■**변종 작출을 위한 번식** : 왕관앵무 및 모란앵무 등 비교적 대중적인 품종은 물론이거니와 최근에는 매커우나 아마존 등 사육개체 수가 그리 많지 않은 품종들도 루티노, 알비노를 비롯한 다양한 변종들이 작출되고 있고, 이러한 변종들은 그 희소가치로 인해 상당한 인기를 누리고 있으며, 지속적으로 새로운 변종에 대한 수요가 존재하는 것이 사실이다. 더불어 전문사육자로서도 자신의 힘으로 새로운 변종을 작출하고, 그 혈통을 고정한다는 것은 무한한 영광이 아닐 수 없다.

번식을 시도하지 말아야 하는 이유

현재도 수많은 앵무새 전문사육자나 취미사육자들이 번식을 시도하고 있다. 필자가 앵무새를 번식시키는 것은 그리 좋은 생각이 아니라고 말하면, 이런 분들이 반발할 수도 있겠다. 그러나 앵무새 사육이 업이 아니라 취미인 대부분의 사육자들에게 앵무새 번식은 득보다는 실이 더 많을 수 있다는 측면이 있다.

■**추가비용 발생** : 우선 앵무새를 번식시키기 위해서는 생각지 못한 추가적인 비용이 발생할 수 있다. 품종에 따라서 그 추가적인 비용의 규모는 달라지겠지만, 우선 번식을 위한 넓은 새장과 둥지상자를 구입해야 하며, 인공포란과 핸드 피딩을 원한다면 좀 더 많

다양한 리네오 변종

은 비용이 필요하다.

이 글을 읽는 독자 중 일부는 이렇게 반문할지 모른다. '넓은 새장이나 특별한 시설, 장비는 다 쓸모없는 낭비일 뿐이다. 나는 그런 것 하나도 없이 얼마든지 새끼를 많이 얻었다. 많을 때는 그냥 어두컴컴한 지하실에서 아무 먹이나 먹이고도 일 년에 30마리 가까운 새끼를 얻은 적도 있다'라고 말할 분이 분명히 있을 것이다. 필자는 이런 분께 이 책의 서문에서 언급한 것을 다시 한 번 기억하라고 말하고 싶다. 이 책은 앵무새의 한계를 실험하고자 하는 분들에게는 그리 적합한 책이 아니다. 이 책은 앵무새를 친구 이상으로 존중하는 분들을 위한 책이다. 그 사실을 명심하기 바란다.

■**불의의 사고 발생** : 앵무새를 번식시키다 보면 불의의 사고가 일어날 수도 있다. 중대형 앵무새를 비롯해 모란앵무와 같은 소형앵무새에 있어서도 메이트 킬링[1]은 상당히 보편화된 일이다. 또한 잘 자라던 아기새가 알 수 없는 이유로 도중에 폐사하거나, 어미가 알이나 아기새를 포기하는 일도 많이 일어난다. 또는 새로 태어난 아기새가 갖가지 선천적·후천적인 장애를 갖고 있는 경우도 사육자의 마음을 아프게 한다. 경우에 따라서는 알을 낳던 어미새가 에그 바인딩 등으로 폐사하는 경우도 있다.

■**아기새의 분양문제** : 태어난 아기새에게 새로운 집을 찾아주는 것도 문제다. 열 마리고 스무 마리고 새로 태어난 아기새 모두를 직접 기를 수 있다면 좋겠지만, 대부분 시간적·공간적인 제약 때문에 그럴 수 없는 경우가 많다. 이런 경우라면 새로 태어난 아기새들을 책임지고 길러줄 다른 사육자를 찾아야 한다.

위닝을 마쳐가는 퍼시픽 패럿렛 유조

돈을 받고 판매할 수도 있지만 이익창출을 목적으로 하지 않는 일반 취미사육자라면 이보다는 귀엽고 소중한 아기새들을 정성들여 맡아줄 수 있는 책임있는 사육가에게 맡기는 편이 더 중요한 경우가 많다. 그러나 이처럼 책임감과 사랑으로 아기새들을 길러줄 수 있는 적당한 사육자를 찾는 것은 그리 쉬운 일이 아니다. 제대로 자격을 갖추지 못한 사육자에게 아기새들을 떠나보낸 지 얼마 안 돼 실수로 아기새를 죽였다는 소식을 들으면 분양자로서는 정말 슬프기 그지없을 것이다.

생후 40일경의 세네갈 패럿

미국 등지의 경우는 매년 수많은 앵무새가 보호자로부터 시끄럽거나 말을 듣지 않는다는 이유로 버림받고 있다. 이중 상당수는 안락사를 당하며, 일부는 다른 보호자에게 다시 팔려가지만 이내 또 다시 버림받는 것으로 알려져 있다. 특히 중대형앵무새들은 수명이 수십 년에 달하며, 경우에 따라서는 100여 년에 달함에도 불구하고 평생을 부적절한 대우와 외로움 속에 떨다 비참한 최후를 맞이한다. 우리나라는 아직 이른바 중고앵무새를 파는 데 어려움이 없지만, 수입이 자유화되고 공급이 늘고 있으나 주거형태의 특성상 중대형앵무류의 사육에 상당한 어려움이 있음을 고려할 때 십 수 년 내에 미처 분양되지 못한 앵무새가 버려지는 상황이 오지 말란 법은 없다.

위에서 언급한 것과 같은 이유로 여러분이 기르고 있는 앵무새들을 번식시킬 때는 매우 신중해야 한다. 번식을 통해 새로운 기쁨을 맛볼 수도 있지만, 잘못하면 득보다 실이 더 많을 수 있다는 사실을 기억하고 만약의 문제에 대해 충분히 준비한 후 번식을 시도할 것을 당부한다.

Section 02

번식준비

종조 구하기

번식을 시도할 때 가장 중요한 것은 물론 종조를 확보하는 것이다. 가장 적절한 종조는 그 품종의 특성을 잘 표현하고 건강하며, 좋은 혈통의 어린 아기새를 구하는 것이다. 일부 사육가들은 다른 곳에서 번식경험이 있는 한 쌍을 구하거나 또는 나이가 이미 충분히 든 성조를 구하려고 하는 경우를 볼 수 있는데, 이는 그리 좋은 생각이 아니다.

여러분이 사육가라고 가정하면 아무리 많은 금전적 보상을 받더라도 이미 환경에 적응하고 안정이 돼 새끼를 잘 낳고 있는 어미새를 팔려고 하지는 않을 것이다. 이민을 간다던지 또는 기타 어쩔 수 없는 이유로 기르던 앵무새들에게 새로운 보호자를 찾아줘야 하는 경우가 아니라면, 새 주인을 찾는 앵무새들은 전 보호자의 설명과는 달리 번식이나 건강 등에 문제가 있는 개체가 대부분이다. 따라서 번식에 성공하고 싶다면 시간이 오래 걸리는 문제가 있을 수는 있지만 반드시 어린 새를 구해 새로운 환경에서 충분히 적응시킨 후 번식을 시도하는 것이 좋다.

구애행동 중인 하이브리드 마카앵무 ©ivyparker&innerpeace

장비 준비

장비부분에 대해서는 앞에서 이미 설명했으므로 여기서는 간단하게만 짚고 넘어가도록 하겠다. 성공적인 번식을 위해 준비할 장비는 새장, 둥지상자, 둥지상자 내 베딩, 검란기, 소독액, 태양광등, 가습기, 온도계, 습도계 등이 있다.

새장은 앞서도 말했듯이 크면 클수록 좋다. 가능한 한 가장 큰 새장을 준비해야 하며, 대부분의 앵무새는 수직보다는 수평비행을 즐기므로 옆으로 긴 새장을 준비하는 것이 좋다. 둥지상자는 품종의 특성 및 체구를 고려해 준비해야 한다. 너무 작은 둥지상자를 사용하면 어미새가 드나드는 과정에서 알에 손상을 입힐 수 있으며, 아기새가 발에 걸려 둥지상자 밖으로 떨어질 수도 있다. 베딩은 여러 가지가 있겠지만, 보통은 톱밥을 3~4cm 두께로 단단하게 깔아주는 것만으로도 충분하다.

최소한 이 정도 크기의 케이지와 환경을 제공할 수 없다면 중대형앵무의 번식은 욕심내지 말아야 한다.
ⓒQuesthaven/Mary&Matthew Holden

환경 조성

성공적인 번식을 위해서는 좋은 종조나 충분한 장비도 중요하지만 번식을 위한 일조량, 습도, 온도를 비롯한 주변 환경과 영양도 매우 중요한 요소임을 간과해서는 안 된다.

■**적절한 온도 조성** : 현재 우리나라에서 길러지는 앵무새는 그 종류만도 수십 종에 달한다. 이들 각각의 품종들은 서로 다른 지역 원산이며 그 각각의 지역은 일조량, 습도, 고도, 온도 등이 모두 상이하다. 따라서 이론적으로 최적의 번식환경을 조성하기 위해서는 각 품종별 원산지의 기후를 그대로 재현해야 하겠지만, 이는 현실적으로 거의 불가능하다고 볼 수 있다. 게다가 동시에 동일한 장소에서 서로 다른 지역출신의 여러 종의 앵무새를 기른다면 더욱 어려운 일이다.

그러나 그렇다고 해서 번식을 시도하지도 않고 포기할 필요는 없다. 아프리카 출신이건 동남아시아 출신이건 또는 중남미나 호주 출신이건 대부분의 앵무새는 아열대 또는 열대지방 출신이다. 따라서 기본적으로 20~25℃ 정도의 온도를 맞춰주는 것으로 온도문제는 어느 정도 해결할 수 있다. 물론 품종에 따라서 30℃ 이상에서 번식을 하는 경우도 있고 10℃ 전후에서 번식을 할 수도 있지만, 대부분의 앵무새는 20~25℃에서 가장 우수한 번식결과를 가져오는 것으로 알려져 있다.

■**적절한 시기 선택** : 온도가 위에서 언급한 수준에서 일정하게 유지된다고 할 때 우리가 고민해봐야 할 것은 '과연 어떤 조건이 맞춰진다면 앵무새들이 번식을 시도하게 될 것인가' 라는 문제다. 앵무새뿐만 아니라 지구상에 존재하는 거의 모든 생물은 자신의 유전자를 후대에 남기고 싶어 하는 종족보존의 욕구를 지니고 있다. 이러한 중요한 일을 하기 위해서는, 즉 2세를 보기 위해서는 충분한 먹이를 구할 수 있는 시기를 잘 선택하는 것이 매우 중요하다. 먹이가 풍부하지 않다면 자신 혼자만의 목숨도 유지하기 어려울 것이며, 이는 다시 말해서 하루에 자신보다도 몇 배나 더 먹어야 될 서너 마리의 새끼들을 먹여 살릴 수 없기 때문에 번식은 실패하게 될 것이다. 이는 쓸데없는 시간과 노력 그리고 소중한 에너지의 낭비이며, 자신의 목숨조차도 앗아갈 수 있기 때문에 충분한 양의 먹이를 구할 수 있을 경우에 한해 번식을 시도하게 된다.

그렇다면 과연 그 적절한 때는 언제일까. 간단하게 말하자면 앵무새의 주식이 되는 새순, 꽃, 과일, 작은 곤충, 애벌레, 식물의 씨앗이 많아지는 시기다. 즉 열대나 아열대지역

수컷에게 먹이를 조르는 갈라 코카투 암컷(우)
ⓒQuesthaven/Mary&Matthew Holden

의 경우에는 몬순시기 또는 그 직후이며, 한대지역이라면 봄에서 가을에 걸친 시기다. 이런 시기에는 강우량이 많고 따라서 습도가 비교적 높으며, 이로 인해 새순이 돋고 열매가 열리며 주변에서 어렵지 않게 충분한 먹이를 구할 수 있게 된다. 또한, 봄에서 여름으로 계절이 변해가면서 낮의 길이가 길어진다.

■ 적절한 습도 유지 : 위에서 언급한 자연의 변화를 고려할 때 번식에 있어 습도 유지가 중요한 관건임을 쉽게 알 수 있을 것이다. 습도가 높다는 것은 건기가 끝나고 생명이 약동하는 우기가 다가오고 있다는 의미다. 즉 먹을 것이 풍부해지는 시기가 되는 것이다. 이렇게 되면 멀리 가지 않고도 암컷과 새끼를 먹일 충분한 먹이를 어렵지 않게 구할 수 있고, 한배에 키울 수 있는 새끼도 3~4마리 이상이 될 것이다. 따라서 성공적인 번식을 원한다면 60% 정도의 습도를 유지해서 어미새들이 마치 우기 중에 있는 것처럼 느끼게 해줌으로써 번식을 유도할 필요가 있다.

적절한 습도는 단순히 어미새들이 번식을 하도록 유도하는 것뿐만 아니라 포란 중인 알이 호흡과정에서 수분을 빼앗겨 알속에서 발생을 멈추고 죽어버리는 현상도 막을 수 있다. 더불어 호흡기가 예민한 앵무새에게 적절한 습도유지는 호흡기질병 예방에도 중요한 역할을 하기 때문에 매우 의미가 있다고 하겠다. 단, 습도는 그야말로 적절한 범위를 넘지 말아야 하며, 자외선을 쬘 수 있도록 해줌으로써 높은 습도로 인한 곰팡이나 세균의 증식 등을 막을 수 있도록 신경을 써야 한다.

■ 적절한 일조량 조절 : 다음으로 중요한 것은 일조량이다. 낮의 길이가 길어지게 되면 먹이가 많아지는 봄과 여름이 오고 있다는 의미이며, 이 역시 습도와 같은 이유로 앵무새

1. 선 코뉴어 어미와 새끼 ⓒQuesthaven/Mary&Matthew Holden **2.** 플라이트 케이지에서 함께 생활하고 있는 코카투 유조들 ⓒQuesthaven/Mary&Matthew Holden

들에게는 매우 중요한 번식촉진제의 역할을 하게 된다. 일조량을 조절할 수 있다면 하루 14시간 정도 햇볕을 쬐어주는 것으로 용이하게 번식을 유도할 수 있다. 실제로 대부분의 양계업자들은 일조량을 조절해 산란을 촉진하고 있다. 단, 태양광선이나 태양광등의 광선이 아닌 일반 형광등이나 백열등의 빛은 그리 큰 의미가 없을 수도 있다.

번식을 촉진하기 위해 일조량을 조절할 때는 단계적으로 천천히 일조량을 늘리거나 줄여야지 절대로 한 번에 큰 변화를 줘서는 안 된다. 호주의 어떤 브리더는 약 2년에 걸쳐서 번식률이 지극히 저조했는데, 태양광등을 이용해 일조량을 조절한 뒤부터 매년 넘쳐나는 새끼새들로 눈코 뜰 새 없이 바쁜 시간을 보내게 됐다고 한다. 일조량을 조절할 때는 갑자기 시간을 늘리거나 줄임으로써 어미새들이 털갈이에 들어가지 않도록 주의할 필요가 있다. 또한, 철물점이나 인터넷 등에서 어렵지 않게 구할 수 있는 자동타이머를 이용함으로써 정확하게 시간을 조절할 수 있다.

■**충분한 영양공급** : 마지막으로 중요한 조건은 바로 충분한 영양이다. 어미가 알을 낳아 품고 기르기 위해서는 질적이나 양적으로 충분한 먹이가 필수다. 특히 칼슘성분과 단백질성분은 알의 형성과 새끼새의 성장에 없어서는 안 될 중요한 성분이다. 효과적인 번식 유도와 성공적인 번식을 원한다면 기본적인 혼합곡물모이 외에도 에그 푸드, 야채, 과일을 비롯해 칼슘 및 미량원소보충제 등을 충분히 골고루 제공해야 한다. 추가적으로 빈번하고 규칙적인 수욕은 번식을 유도하는 데 탁월한 효과가 있다고 알려져 있다.

Section 03

산란 및 포란, 육추

발정 및 교미

앞서 언급한 여러 가지 조건이 충족될 경우, 건강하고 상태가 좋은 종조라면 오래지 않아 성호르몬 분비가 왕성해지며(이른바 발정), 번식할 준비가 될 것이다. 품종에 따라서 조금씩 차이가 있기는 하지만, 대부분의 수컷은 길고 높은 소리로 울거나 횃대 위에서 깡충깡충 춤을 추기도 할 것이다. 이 시기가 되면 수컷과 암컷이 서로 깃털을 골라주는 모습을 유난히 많이 보게 될 것이며, 때로는 수컷이 암컷에게 먹이를 토해서 먹이는 것도 볼 수 있을 것이다. 이쯤 되면 암컷 또는 수컷은 둥지상자를 기웃거리고 암컷은 점점 둥지상자 속에서 머무는 시간이 길어질 것이다. 하루에 서너 차례씩 수일에 걸쳐서 교미가 이뤄지는 것도 이 무렵이다.

대부분의 앵무새들은 암컷이 꼬리를 옆으로 치우면 수컷이 발톱으로 암컷의 날개나 등을 단단히 잡고, 엉덩이를 아래로 구부려 항문과 항문을 서로 마주대고 짧게는 몇 초부터 길게는 몇 분간 비벼댈 것이다. 교미가 이뤄지는 도중에는 절대로 짝짓기를 방해해서는 안 된다. 교미가 끝나고 나면 암컷은 잠시 횃대 위에서 몸을 꼿꼿이 유지하기도 하고

대형 방사장에서 생활하는 매커우들

혹은 바로 둥지상자 속으로 들어가 버리기도 한다. 성공적인 교미를 위해서는 조용한 환경이 최선이며, 더불어 교미할 수 있는 튼튼하고 적절한 크기의 횃대를 준비해야 한다. 개체에 따라서는 둥지상자 속이나 둥지상자 위, 심지어 바닥에서 교미를 하는 경우도 있으나 크게 염려할 필요는 없다.

산란
앵무새는 별도의 외부성기가 없고 총배설강이라 불리는 항문이 포유류의 성기의 기능을 수반하고 있다. 수컷은 암컷의 항문 내로 사정하고, 이렇게 사정된 정액은 암컷의 항문 내에 위치한 난관을 타고 올라가 배란을 준비 중이던 난자와 결합해 수정란을 만들며, 수정란은 난관을 통과하고 총배설강을 통해 산란된다.

포란
앵무새들은 보통 2개째 알을 낳고부터 포란을 시작한다. 알을 하루건너 하나씩 산란하므로 첫 산란으로부터 약 3일째 되는 날부터 포란을 시작하는 셈이다. 포란은 품종에 따라 다르긴 하지만, 대부분의 앵무새들은 암컷 혼자서 담당하며 이 책에서 주로 설명하는 모란앵무, 유리앵무, 도라지앵무, 목도리앵무, 장미앵무 등이 모두 이에 속한다. 다만 왕관앵무 등은 암수가 교대로 포란한다. 포란시기가 되면 포란하는 암컷(암수가 함께 포란하는 경우에는 수컷도 포함)의 앞가슴 쪽에 포란대라고 하는 조직이 발달하게 된다.

1. 영양부족과 과다산란으로 작게 산란된 왕관앵무 알(위)과 정상 크기의 알(아래) 2. 자육 중인 퍼시픽 패럿렛 어미새

갓 부화한 왕관앵무 알비노

이 조직에는 모세혈관이 고밀도로 분포돼 있어서 알이 발달하는 데 필요한 온도를 전달하는 역할을 한다. 이 조직은 번식이 끝날 무렵이 되면 점차 사라지며, 다음 번식 때 다시 비대해진다. 포란 시에는 통상 하루에 서너 차례 이상 알을 굴려줘서 알의 눈이 알 껍질에 고착화되는 것을 막아준다.

부화
일반적으로 짧게는 20일에서 길게는 28일 정도면 대부분의 종의 새끼는 알을 깨고 세상에 나오게 된다. 어미새가 직접 포란한 경우 부화가 되면 둥지상자 안에서 새끼새가 먹이를 조르는 소리가 작게 들리거나, 알 껍질이 둥지상자 밖에 떨어져 있는 것 등으로 어렵지 않게 부화사실을 확인할 수 있다.

육추
첫 새끼가 부화하고 서너 시간이 지나면 어미새는 새끼에게 먹이를 먹이기 시작한다. 처음에는 에그 푸드와 야채 등의 부드러운 먹이를 적당히 소화시킨 후 이를 다시 토해 먹이며, 시간이 지나 새끼가 성장할수록 알곡먹이 등도 먹이게 된다.

★ 갈라 코카투 알의 부화과정 ★

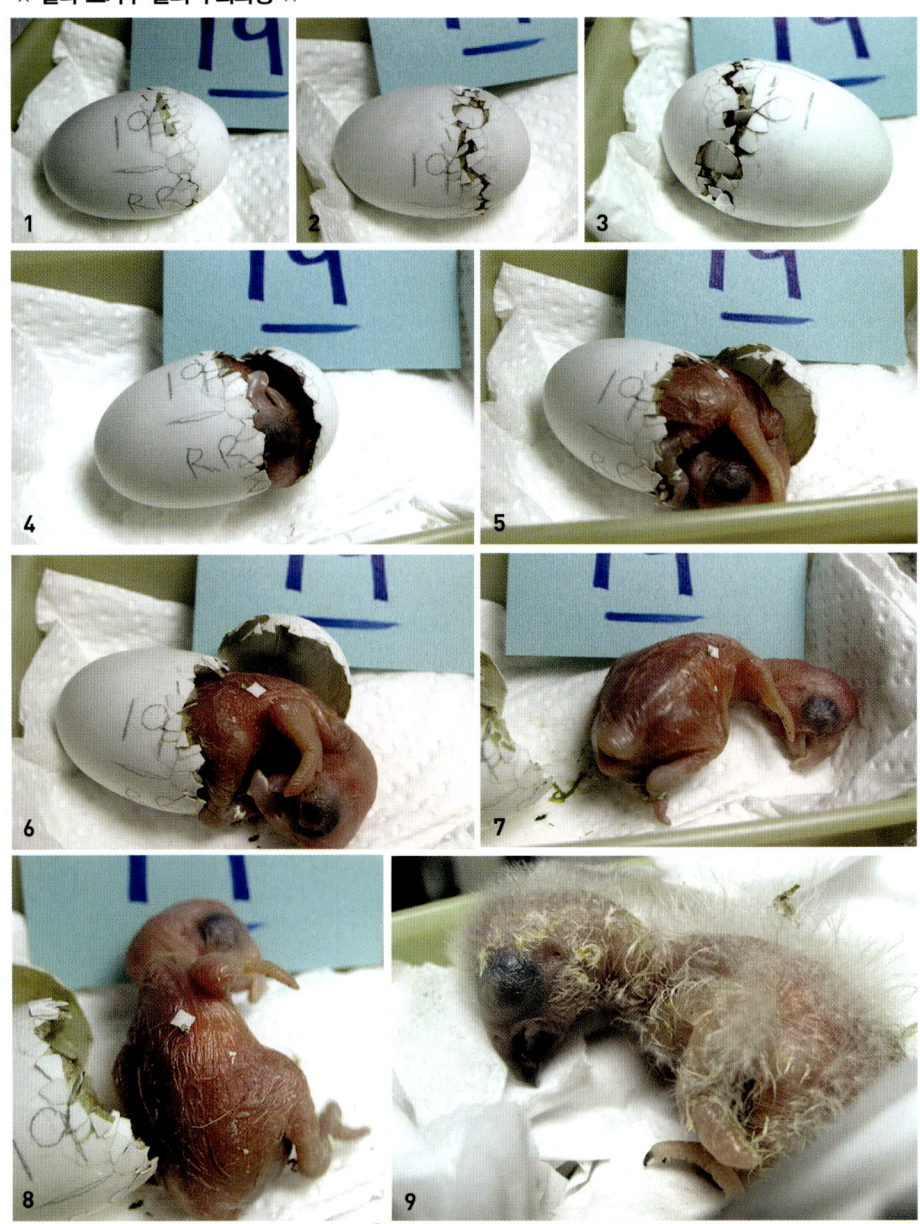

알을 깨고 나오는 과정을 번호 순으로 표기했다. ⓒQuesthaven/Mary&Matthew Holden

앵무새 새끼는 부화초기의 성장속도가 엄청나기 때문에 한배의 새끼들 간에 터울이 큰 경우, 막내는 뒤로 처져 성장이 둔화되고 결국은 폐사하는 문제가 생기기도 하므로 유의해야 한다. 일부 사육자는 알을 모두 빼내고 모조알을 넣었다가 산란이 끝나면 다시 원래의 알을 넣어주기도 하지만, 이런저런 여건을 고려할 때 그리 권장하고 싶지는 않다. 여러 쌍이 동시에 번식 중이라면 새끼들의 발육상태를 고려해 적절히 재배치하는 것도 좋다. 대부분의 어미새들은 별다른 문제없이 새로 주어

생후 5일경의 왕관앵무 유조

진 새끼들을 잘 길러낸다. 종에 따라 다르지만, 일반적으로 육추기간은 생후 40~120일 내외다. 대부분의 소형종은 45일 내외면 둥지에서 나와 스스로 먹이를 먹기 시작한다.

위닝

위닝은 포유동물로 따지면 이유기간이라고 볼 수 있다. 어미가 먹여주던 먹이에 의존하지 않고 스스로 먹이를 먹기 시작하는데, 대부분의 새들은 수주 내에 어미의 도움 없이 스스로 먹이를 먹게 된다. 이 시기 및 이러한 현상을 위닝이라고 한다. 이 시기에는 가급적이면 부드럽고 다양한 먹이를 충분히 제공해줘야 한다. 또한, 먹이그릇을 넓고 무거운 쟁반 등으로 바꿔줌으로써 먹이를 찾는 것에 서툰 새끼새가 먹이를 먹는 데 어려움이 없도록 배려할 필요가 있다.

이 시기는 향후 성장한 앵무새의 식습관에 큰 영향을 미치는 중요한 시기인 만큼 편식 없이 다양한 영양분을 섭취할 수 있도록 유의해야 한다. 적절한 시기가 돼 새끼새들이 스스로 먹이를 먹는 데 아무런 어려움이 없고, 어미새들이 새끼들에게 무관심하다면 새끼새들을 넓은 플라이트 케이지로 옮겨줘야 한다. 자칫 어미새들이 새로운 번식에 들어갈 준비를 하는 경우 새끼새들을 방해자나 침입자로 여겨 공격적인 행동을 하는 사례도 보고돼 있다. 만일 콜로니 브리딩을 하거나 또는 케이지가 필자가 언급한 최소크기 이상의 큰 사이즈라면 이런 부분은 그리 심각한 문제가 아닌 것으로 보인다.

육추 중인 코카투(좌)와 아프리칸 그레이(우) ⓒQuesthaven/Mary&Matthew Holden

야생의 앵무새들은 대부분 새로 태어난 새들과 일종의 소규모 집단을 이뤄 상당기간 함께 생활하는 것으로 알려져 있다. 더불어 일부 소형종을 제외하고는 자연상태에서 연속해 번식하는 경우는 그리 많지 않은 것도 사실이다. 어미새의 새끼에 대한 공격은 사육자가 과도한 욕심을 내 새끼새를 빨리 분리하고 둥지상자를 계속 부착해 2차 번식을 유도하는 과정에서 발생한 부자연스런 현상이 아닌가 싶다. 실제로 일부 해외사육자들의 증언에 따르면 일부 어미새들은 새끼가 독립한 이후에도 케이지 안에서 평화롭게 지내고, 심지어 2차 번식에 들어간 경우에도 1차 번식의 새끼들이 어미들과 한 둥지에서 함께 지낸다고 한다.

다음 번식 준비

앞서도 언급했듯이 한 번의 번식이 있은 후 곧바로 다음 번식에 들어가도록 방치하는 것은 그리 좋은 방법이 아니다. 앵무새 암컷은 번식과정에서 사람의 임신과 출산에 버금가는 큰 스트레스를 받으며 체력을 소진한다. 따라서 지속적으로 번식하는 것은 수익성을 생각하는 전업사육가가 아니라면 결코 권하지 않는다.

가급적 1차 번식이 종료되면 둥지상자를 완전히 제거하고 충분한 영양을 제공하며, 체력을 회복하고 쉴 수 있도록 해주는 것이 좋다. 설사 연 1회 이상 번식을 계획한다 하더라도 1차 번식이 종료되고 약 6개월 정도 이후에 진행되는 것이 좋다. 일부 사육자의 경우 수익성 증대를 위해 새끼를 중간에 꺼내고 보충성산란을 유도해 이것을 수회 이상 연달아 지속하기도 하고 심지어 이를 자랑하는 경우도 봤는데, 필자는 그런 상황에 처한 앵무새들이 그저 안타깝고 가여울 따름이다. 이는 앵무새의 본성에 반하는 일임을 절대 잊지 말아야 한다.

포스터링(fostering)

일부 앵무새들은 적절하게 포란을 하거나 또는 부화 후 육추를 하는 데 서툰 경우가 있다. 일부 전업사육자들은 수익성 극대화를 위해 이런 부모새의 알이나 새끼를 빼내 포란 중인 다른 어미새에게 맡기기도 하는데, 이를 포스터링(대리모를 통한 육추)이라고 한다. 대부분의 새들은 이러한 경우 별다른 문제없이 다른 어미새의 알이나 새끼를 잘 맡아 포란하고 길러준다. 심지어 종이 다른 경우에도 성공적으로 다른 종의 새끼를 길러내는 것으로 알려져 있다. 다만 각 종의 먹이습관이나 체구가 현저하게 다른 경우 그 결과는 그리 좋지 않다. 또한, 일부 예민한 어미새들은 여러 새끼 중 한두 마리가 특이한 외모나 울음소리를 지닌 경우 먹이를 먹이지 않는 경우가 있으므로 포스터링을 시도할 경우에는 깊은 선행연구가 필요함을 잊지 말아야 한다. 또한, 원래 부모새가 새끼를 다룰 줄 몰라서 키우지 않은 것이 아니라 새끼에게 질병 등의 이상이 있어서 버림을 받은 경우, 새로운 부모에게 이 새끼를 맡김으로써 건강한 새끼새들에게 질병을 전염시킬 수 있음도 유의해야 한다.

최근의 연구결과에 따르면 대부분의 앵무새는 스스로 새끼를 키울 수 있는 충분한 능력을 지니고 있지만, 제공된 환경이 부적절해 포란이나 육추를 포기하는 경우가 있다고 한다. 즉 너무 작은 케이지나 부적합한 먹이 및 환경 하에 놓여 있는 어미새의 경우 새끼새를 충분히 건강하게 키울 수 없다고 판단해 해당 배의 알이나 새끼들을 포기하게 된다는 것이다.

생후 4주경의 아프리칸 그레이

Section 04

인공포란 및 인공부화

알의 구조
앵무새의 알은 다른 조류의 알과 구조상 큰 차이가 없다. 다만 충격에 매우 예민한 것으로 알려져 있다. 이는 앵무새의 알이 우리가 쉽게 볼 수 있는 다른 가금의 알보다 작은 것을 고려할 때 그리 특이한 점은 아닌 것으로 보인다. 앵무새를 비롯한 조류의 알은 난각, 난막, 난백, 난황, 배 등으로 이뤄져 있다.

난각은 통상 두 겹의 조직으로 이뤄져 있으며, 알의 내부물질을 외부충격으로부터 보호하고 동시에 수분과 산소 등의 물질을 내부로 나를 수 있는 작은 구멍이 뚫려 있다. 난각은 칼슘이 주성분이며, 어미새가 과도하게 많이 산란할 경우 골격계에서 다량의 칼슘이 유출돼 심각한 상황에 직면할 수 있는 만큼 번식기의 앵무새에게는 충분한 양의 칼슘을 공급해야 한다. 난막은 모두 두 겹으로 이뤄져 있으며, 난각 바로 아래에 위치해 난황의 형태를 유지한다. 두 겹의 난막 사이에는 공기가 들어차 있는 이른바 에어 셀이 위치한다. 갓 낳은 알의 경우 이 에어 셀의 크기가 매우 작으며, 알이 오래될수록 에어 셀의 크기가 커져 알 전체 부피의 50% 이상을 점유하기도 한다.

생후 4주경의 이클레터스 패럿 한 쌍

난백은 농도가 다른 세 겹으로 구성돼 난황을 감싸고 있다. 난황에 가깝게 위치할수록 농도가 짙으며, 난각에 가까울수록 거의 투명에 가까운 유백색을 띤다. 난백의 끝은 난대라고 불리는, 꼬인 끈처럼 생긴 조직에 의해 난막에 고정돼 있다. 난황은 배가 성장하는 데 필요한 에너지원으로서 새끼가 필요로 하는 모든 영양소를 함유하고 있다. 배아가 성장해 부화가 가까워올수록 난황의 크기는 줄어들어 부화 무렵이 되면 거의 없어진다.

인공부화 장비

인공부화를 시키기 위해서는 다음과 같이 인큐베이터를 비롯해 여러 가지 준비해야 할 장비들이 있다. 각 장비들의 쓰임새와 사용법에 대해 알아본다.

■**인큐베이터** : 인큐베이터는 인공부화의 가장 핵심적인 장비로 수정란에 충분한 온도와 습도를 보장함으로써 배아가 발달할 수 있는 환경을 제공한다. 인큐베이터의 구조는 비교적 간단한 편이라서 내부에 수정란을 위치시키는 트레이가 있고 자동온·습도조절장치, 열선, 가습장치 등으로 이뤄져 있다. 전면은 내부를 볼 수 있도록 투명한 소재이며, 내부의 공기가 빠져나갈 수 있는 환기구가 후면이나 상부에 위치한다.

대부분의 인큐베이터는 크게 강제공기순환방식과 자연순환방식의 두 가지로 나뉜다. 강제공기순환방식은 열선 등에 의해 가열된 공기를 팬을 통해 강제로 순환시킴으로써 인큐베이터 내부 구석구석의 온도가 일정하게 유지되게 하며, 자연순환방식은 대류현상에 의해 자연적으로 온도가 유지되게 한다. 전자의 경우 미세한 진동 등을 유발할 수 있지만, 모든 수정란에 동일한 온도를 보장할 수 있기 때문에 주로 고가의 장비로 채택되고 있다. 후자는 진동이 거의 없는 대신 열원으로부터

대규모로 인공부화 중인 매커우와 코카투의 알

멀리 떨어진 수정란의 경우 충분한 온도를 보장할 수 없기 때문에 부화성공률이 저하될 수도 있다. 최근의 중고가 제품들은 자동으로 전란할 수 있는 장비가 부착돼 출시되기도 한다. 이러한 자동전란장비는 대부분 전란간격을 조정할 수 있는 컨트롤러가 있어 수고를 덜 수 있다. 하지만 경우에 따라서는 자동전란장비가 고장 나거나 부서진 알 조각 등에 걸리거나 한 경우, 전란이 중지돼 자칫 인큐베이터 내의 모든 수정란의 발생이 중지되는 문제가 생길 수 있으므로 유의해야 한다.

현재는 앵무새나 핀치류 전용의 국산제품도 일부 출시되고 있으며, 외제품도 100만원 내외에서 구매가 가능하다. 일부 전업사육자는 수백만원에 달하는 제품을 고집하기도 하지만, 일정 수준 이상이면 별다른 차이가 없다는 것이 해외 브리더들의 중론이다.

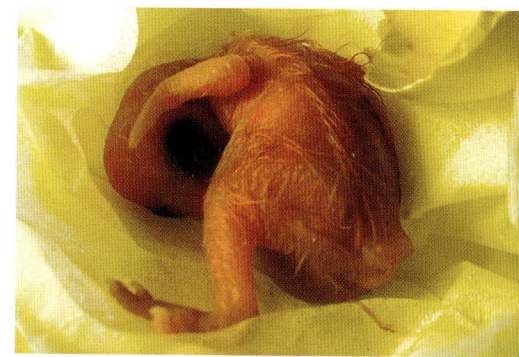

갓 부화된 메이저 미첼 코카투
ⓒQuesthaven/Mary&Matthew Holden

■**해처(hatcher)**: 해처란 국내에서는 좀 생소한 개념으로 해칭(hatching), 즉 부화가 임박한 수정란의 안전한 부화를 보장하기 위한 설비다. 수정란은 부화가 임박해지면 전란을 중지하고 습도를 높여줘야 한다. 그러나 다른 수정란과 함께 인큐베이터에 방치하게 되면 성공적인 부화에 지장을 받을 수밖에 없다.

해처는 인큐베이터와 비슷하게 생겼으나 통상 자동전란기가 없으며, 수정란 트레이의 바로 상단에 투명창이 있어 부화상태를 확인하기 쉽게 설계돼 있다. 해처에도 역시 강제공기순환방식과 자연순환방식이 존재하며, 장단점은 인큐베이터의 경우와 대동소이하다. 경우에 따라서 별도의 해처를 구입하지 않고 인큐베이터를 그대로 활용할 수도 있으나, 자동전란방식의 장비인 경우 반드시 자동전란장비의 가동을 중단하고 갓 태어난 새끼새가 부상을 당하지 않도록 페이퍼 타월 등의 충분한 완충제가 들어간 별도의 작은 상자 등을 준비해 수정란을 보호해야 한다.

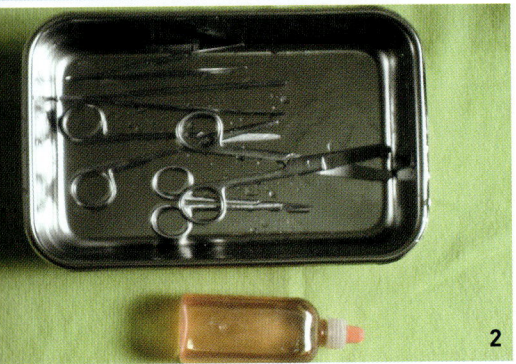

■ **기타장비** : 위에서 언급한 주요 장비 외에도 다음과 같은 장비가 있으면 많은 도움이 되므로 전문적으로 사육하는 애호가라면 반드시 갖춰둘 것을 권장한다.

전자식 온·습도계 – 인큐베이터나 해처에 내장된 온·습도계의 정확성을 이중으로 확인하기 위해 별도의 온·습도계를 구비하는 것이 좋다. 최근에는 전자식으로 된 기종들을 저렴하게 구할 수 있다.

캔들러 – 캔들러란 배아의 발육현황을 외부에서 확인하는 데 쓰이는 강력한 손전등이다. 보통 광선의 폭이 좁은 소형 손전등을 이용하지만, 일부 회사에서는 캔들링을 위한 고가의 전문제품도 선보이고 있다.

1. 해처. 전 세계적으로 가장 많은 조류 마니아들의 사랑을 받고 있는 Brinsea의 Hatch Maker다. 국내의 경우에는 아직 해처와 인큐베이터를 구분해 사용하는 경우가 많지 않다. 2. 필자의 외과수술도구

기록부 – 수정란의 발달현황 및 부화한 새끼앵무새의 발육현황 등을 기록해두는 것은 성공적인 인큐베이팅과 핸드 피딩을 위한 기초적인 작업이다. 수첩 등을 활용할 수도 있지만, 최근에는 엑셀 등의 프로그램을 이용해 편리하게 기록을 관리할 수 있다.

외과수술도구 – 안과용 가위, 소용량 주사기, 식염수, 소독액, 핀셋 등은 부화에 어려움을 겪는 새끼앵무새를 도울 때 꼭 필요한 장비로 전문사육자의 경우 반드시 준비해야 한다. 온라인 쇼핑몰 등을 통해 비교적 손쉽게 구할 수 있다.

알의 취급 시 주의사항

앞서 언급했듯이 앵무새의 알은 매우 예민하므로 다룰 때는 최대한 주의를 기울여야 한다. 필자의 경우는 대접 등에 솜이나 거즈를 깔아 부드러운 쿠션이 되도록 한 후 맨손으

로 알을 다룬다. 장갑이나 숟가락 등 다른 장비를 사용하는 경우 둥지상자의 못 등에 걸려 낭패를 보는 경우가 종종 있으므로 유의해야 한다. 또한, 불필요한 감염을 막기 위해 알을 만지기 전과 후에는 반드시 손을 완전히 소독해야 한다. 둥지상자에서 알을 꺼낼 때는 가급적 어미새가 완전히 둥지를 떠난 시간에 맞춰 알을 꺼낼 것을 권유한다.

인공포란

인공포화의 요령은 매우 간단하다. 이유를 막론하고 둥지에서 꺼낸 수정란을 적절한 조건으로 맞춰진 인큐베이터에 넣고 부화가 될 때까지 기다리는 것이다. 인큐베이터는 보통 온도는 37.2℃에 고정하며, 습도는 45~55%를 유지한다. 다만 일반사육자들은 불가피한 경우가 아니면 인공포란을 하지 말 것을 권장한다. 인공포란은 익숙해지기까지는 매우 번거로운 과정이 아닐 수 없으며, 아무리 숙련되고 고가의 장비를 쓰더라도 자연부화보다 성공률이 낮은 것이 사실이다. 어미에게서 알을 꺼낼 때는 매일 하나씩 새로운 알을 낳을 때마다 그 알을 꺼내고 의란을 넣었다가 모든 알의 산란을 마치면 한배의 알 모두를 한 번에 부화기에 넣기도 하고, 또는 일정기간 어미새가 포란하도록 놔뒀다가 수정이 확실한 알만 꺼내서 인큐베이터에 넣기도 한다.

■**전란** : 인공포란에 있어서 가장 중요한 문제 중의 하나는 바로 전란이다. 전란이란 수정란을 적절하게 굴려줌으로써 수정란 내에 발생 중인 배아가 난각에 고착되는 것을 막아주는 과정이다. 어미새가 포란하는 경우 어미새는 적절한 간격과 각도로 알을 굴려준다. 인큐베이팅을 하는 경우에는 사람이 손으로 이를 대신하거나 또는 자동전란기로 처리한다.

★ **인공포란을 하는 경우** ★

- 어미새가 알 수 없는 이유로 포란을 포기하는 경우
- 어미새가 알을 깨버리거나, 새끼를 물어죽이거나, 새끼에게 먹이를 주지 않는 경우
  또는 그러한 전력이 있어 당해 번식에도 문제가 발생할 가능성이 있는 경우
- 어미새가 에그 바인딩 등의 이유로 폐사하거나 포란할 수 없는 심각한 질병에 노출된 경우
- 너무 많은 알을 산란해 한 번에 포란이 어려운 경우
- 생산성을 극대화하기 위해 인공증식이 필요한 경우
- 종 보전을 위해 불가피하게 인공증식을 하는 경우

전란의 간격과 방식에는 브리더 간 다양한 의견이 존재하는 것이 사실이나 필자의 경우 하루 4회씩 180도로 전란해 좋은 결과를 얻고 있다. 대부분의 인큐베이터는 하루 12~48회 정도 전란할 수 있게 돼 있으며, 외부컨트롤러를 이용해 조정이 가능하다. 일부 브리더는 180도씩 하루에 한 번의 전란으로도 우수한 결과를 얻고 있는 등 전란에 대해서는 다양한 의견이 존재하며, 대부분이 좋은 결과를 가져 오는 것으로 보아 그 세부적인 방법이 부화율이나 새끼새의 발육에 별다른 심각한 영향을 미치는 것 같지는 않다.

■**캔들링** : 인공포란에서 중요한 것 중 하나는 바로 캔들링을 통해 수정란의 발육상태를 점검하는 것이다. 가급적 캔들링은 매일 정해진 시간에 해야 하며, 캔들링 도중에는 알이 과도하게 식지 않도록 유의해야 한다. 인공포란을 시작한 지 약 5일이 되면 알 내부에 팔딱이는 작은 심장과 혈관이 보이기 시작한다. 일부 제품은 이 심장의 박동을 측정해 알의 부화예정일을 알려주기도 한다.

이렇게 발달하기 시작한 수정란은 10일 정도 되면 알 전체에 혈관이 생성돼 온통 붉은 색으로 보이게 되며, 십 수 일이 경과하면서 불투명하게 되고 알 표면의 색깔도 거무스름하게 변하게 된다. 이는 배아가 성장해 점차 새끼앵무새의 모습을 갖춰가고 있기 때문이다. 경우에 따라 수정란 내부에 검은색 반점이 생기기도 하며 이것이 커지기도 한다. 또는 포란을 시작한 지 10여일쯤 돼서 갑자기 알 내부가 휘저어놓은 달걀처럼 흐물흐물

1. 말라버린 무정란의 내부 **2** 어미새에 의해 파손된 앵무새의 알. 이 정도 손상의 경우 발견시기가 늦을 경우 발생이 중지되는 것이 일반적이다. 이 정도라면 수리가 어려운 편에 속하나 만약을 대비해 수리를 시도할 수는 있다. 거즈 등을 이용해 파손된 부위 전체에 대한 보완이 필요하다.

해지기도 한다. 이는 일반적으로 발육이 중지된 것으로 받아들여지나, 필 디그니 등 해외의 일류 브리더에 따르면 이런 상태의 수정란에서 정상적으로 새끼가 부화한 경우도 있다고 하니 너무 실망하지 말고 인내심을 갖고 좀 더 기다려 볼 것을 권한다.

인공포란뿐만 아니라 자연포란의 경우에도 알의 손상은 종종 있는 일이다. 부주의한 사육자나 또는 놀란 어미새 등에 의해 알 껍질에 금이 가거나 구멍이 뚫리

생후 3주경의 퍼시픽 패럿렛 유조

는 일이 종종 있게 된다. 하지만 그렇다고 너무 실망할 필요는 없다. 매니큐어 등을 이용해 금이 가거나 구멍 난 부분을 조심스레 수선해주면 의외로 별 이상 없이 부화하는 경우가 많이 있다. 상한 부위가 큰 경우에는 무독성 문방용 풀과 거즈를 이용해 수선할 수도 있다. 손상 정도가 심해 내부의 내용물이 흘러나온 경우가 아니라면 대부분의 난각손상은 발달중지의 직접적 원인이 되지는 않는다. 대부분의 발달중지는 깨진 곳으로 침입한 감염원에 의한 2차 감염이 원인인 것으로 알려져 있다. 신속한 난각수리는 이러한 2차 감염의 문제를 감소시켜 결과적으로 성공적인 부화를 보장해준다.

인공부화

수정란은 부화가 가까워질수록 무게가 줄어들어 최초 산란됐을 때와 비교해 12~18%의 중량을 상실한다. 이는 발육하는 배아가 수분을 비롯한 다양한 알의 구성성분을 소비했기 때문이다. 종별로 산란일과 포란개시일을 고려해 부화예정일로부터 D-5일이 되면 앞서 설명한 해처로 이동시켜야 한다. 이때 수정란을 해처로 이동하기 하루 이틀 전부터 해처의 작동에 이상이 없는지 면밀히 확인해야 한다. 최근 판매되는 일부 전자식온·습도계는 일정기간 동안의 온·습도의 변화상을 기록하는 기능이 있는데, 이러한 기능은 해처의 정상동작여부를 확인하는 데 많은 도움이 된다.

■**수정란의 해처 이동** : 수정란을 해처로 옮길 때는 파손에 각별히 주의해 무독성 휴지 등을 깐 소형 플라스틱 용기에 하나씩 넣어준다. 이 시기가 되면 수정란의 에어 셀의 크기가 커지기 시작한다. 해처로 수정란을 이동할 때 반드시 연필 등을 이용해 이동 시의 에어 셀의 위치를 표시하고, 매일 이를 재확인해야 한다. 해처 이동 후 48~72시간에 걸쳐 에어 셀은 비균등하게 기울어지기 시작하다가 D-3일 정도가 되면 이른바 내부파각이 시작된다. 에어 셀이 비균등하게 확장하는 것은 수정란 내부의 새끼앵무새가 파각을 위해 가장 적당한 위치로 몸을 돌리며 발생하는 현상이다.

기존에 인큐베이터에서는 일정한 규칙에 따라 전란했다면 해처에서는 하루 4회 정도 기준점을 정해 좌우 45도 이내에서만 조심스레 전란해야 한다. 이 시기에는 새끼앵무새가 적절한 파각위치로 이동하는 시기로 기존 인큐베이터에서의 경우처럼 전란을 하면 새끼새가 정확한 위치를 잡지 못해 부화가 지연되거나 또는 내부에서 폐사하는 문제가 발생할 수 있다. 부화단계에서 또 한 가지 명심할 것은 해처 내부의 습도가 55% 이상이 되도록 유지해야 한다는 것이다. 부화단계가 되면 수정란 내부의 수분은 거의 다 소진이 되고, 발달 중인 배아는 외부로부터 유입되는 수분에 전적으로 의지하게 된다. 만일 충분한 수분이 공급되지 않으면 도중에 발달이 중지되는 경우가 빈발한다.

■**수정란의 내부파각** : 내부파각이란 난각의 일부를 찢는 것으로 실제 파각의 준비단계다. 이 내부파각은 약 24시간에 걸쳐 이뤄지고 내부파각이 완전히 이뤄지면 에어 셀이 보이지 않게 되며, 새끼앵무새는 알 내부에 꽉 들어차게 된다.

■**수정란의 외부파각** : 내부파각이 완료되면 외부파각이 시작된다. 외부파각은 보통 24~72시간이 소요되는 힘든 과정이다. 수정란 내부에서 수정란 표면을 두드리거나 삐악거리는 소리가 들리면 내부파각이 종료되고 외부파

둥지상자 속의 이클레터스 패럿 유조

각이 시작되는 것으로 보면 된다. 별다른 징후가 없더라도 에어 셀이 사라지면 외부파각이 시작되는 것으로 추정할 수 있다. 처음에는 수정란 표면에 약간의 금이 가고 작은 구멍이 뚫리며, 점점 그 구멍이 커지고 결국은 알에서 완전히 빠져나오게 된다. 알에서 완전히 빠져나온 새끼는 보통 난막과 탯줄과 같은 조직으로 연결돼 있으며, 배에 아직 난황의 일부가 완전히 흡수되지 못하고 남아 있는 경우가 있기도 하다. 하지만 이러한 난각과의 연결조직은 외부공기에 노출된

산란 순서대로 번호를 매긴 메이저 미첼 코카투의 알
ⓒQuesthaven/Mary&Matthew Holden

지 수 시간 내로 말라서 떨어져나가며, 난황 역시 대부분 수 시간 또는 길어야 하루 내외에 완전히 흡수된다. 단, 아직 새끼앵무새의 몸의 일부가 난각과 연결돼 있다면 베타딘이나 헥시딘 희석액을 이용해서 조심스레 소독해줄 필요가 있다.

■**수정란의 강제파각** : 경우에 따라서는 외부파각이 과도하게 지연되거나 또는 중단되는 경우가 있다. 내부파각의 징후가 있었으나 24시간 이상 에어 셀이 그대로 있거나, 내부파각이 완료된 후 24시간 이상 아무런 징후가 없거나 또는 외부파각이 시작된 후 72시간 이내에 완전히 부화에 성공하지 못하면 문제가 있는 것이므로 사육자의 조력이 필요하다. 에어 셀이 그대로 있으나 내부파각이 장시간 진행되지 못하는 경우는 작은 핀셋을 이용해 조심스레 에어 셀을 사방 2mm 정도 떼어내고 내부의 진행상황을 확인해 보도록 한다. 만일 내부에 움직임이 있고 내부파각이 계속 진행 중이며, 별다른 이상이 없다고 판단되면 알을 다시 해처로 돌려놔야 한다. 외부파각이 진행되던 중 중단된다면 이는 대부분 새끼새의 체력이 고갈된 경우로 안과수술용 가위와 핀셋 등을 이용해 조심스레 남아 있는 난각을 제거해줘야 한다. 단, 이러한 모든 판단은 충분한 근거를 바탕으로 합리적으로 내려져야 한다. 잘못할 경우 아무런 이상이 없는 새끼새를 오히려 죽음으로 몰아넣을 수도 있음을 명심해야 한다. 이렇게 해서 강제파각이 끝나면 앞서 말한 베타딘이나 헥시딘 희석액 등을 이용해 조심스레 소독해준다.

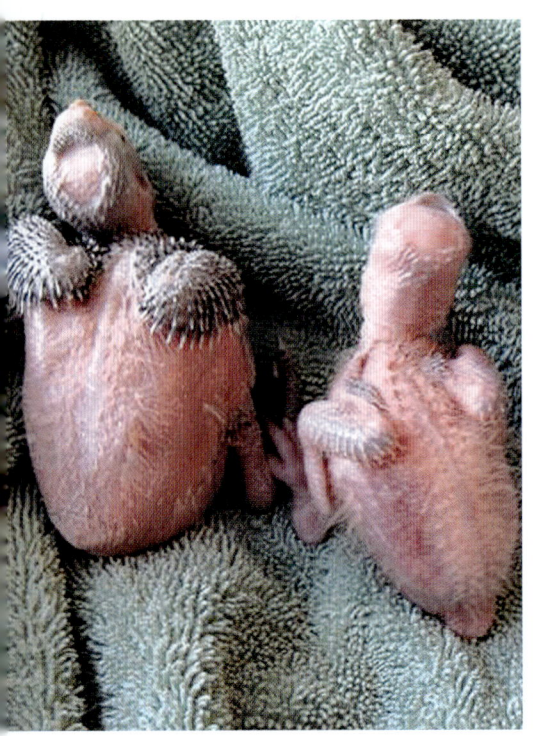

생후 10일경의 갈라 코카투 유조
ⓒQuesthaven/Mary&Matthew Holden

통상 알에서 깨어난 새끼새는 몸이 적당히 촉촉하게 젖어 있는 것이 일반적이나, 너무 보송보송하게 말라 있고 피부가 쭈글쭈글하거나 과도하게 젖어 있다면 이는 해처 내의 습도가 너무 낮거나 높은 것이므로 아직 부화하지 않은 다른 알을 위해 습도를 조절해줘야 한다.

■전해질 보충 : 부화가 갓 끝난 새끼앵무새는 3~4시간에서 최대 6~8시간 정도 그대로 해처에 두는 것이 좋다. 이 시간 동안 새끼앵무새는 젖은 몸을 말리고 부화하는 데 소진한 기력을 회복하게 된다. 부화가 갓 끝난 새끼는 대부분 부화과정에서 과도한 수분손실을 겪기 때문에 전해질을 추분하게 보충해주는 것이 중요하다. 경우에 따라 일부 사육자들은 바로 포뮬러를 먹이기도 하는데, 필자를 포함해 해외 대부분의 전문사육자들은 전해질 보충을 통해 탈수를 완화시킴으로써 포뮬러의 소화 등을 원활하게 돕고 있다. 오랜 시간에 걸쳐 힘들게 부화했거나 또는 심각한 탈수 증상을 보이는 경우에는 부화 직후 가급적 짧은 시간 내에 전해질을 보충해줘야 한다. 전해질이 충분히 보충되지 않은 상태에서 바로 포뮬러를 먹이게 되면 아무리 농도가 옅은 경우라도 구토를 비롯해 심각한 문제를 야기할 수 있다. 국내에서 인공부화를 하는 일부 사육자들에게서 부화초기 높은 폐사율이 나타나는 이유가 대부분 여기에 있음을 기억해야 한다.

일반적으로 전해질보충제는 페디어슈어나 인슈어와 같은 고농축영양제를 제품의 정해진 비율로 물과 희석한 후 다시 하트만솔루션과 1:1 비율로 희석해 사용한다. 이렇게 희석액이 준비되면 작은 피펫이나 1mm 주사기를 이용해 새끼새를 잘 보정한 후 소량씩 흘려 넣어준다. 이렇게 1~2번 보충해주면 축 늘어져 있던 새끼새가 어느 정도 원기를 찾고 포뮬러를 먹을 준비가 된다.

빈발하는 문제점

부화와 핸드 피딩 과정에서 나타나는 문제들은 통상 다음과 같은 것들이 널리 알려져 있으므로 잘 숙지해서 유의하기 바란다.

■**발생 초기 수정란의 발달 중지** : 수정란이 발생초기에 죽게 되면 이른바 블러드 링이 생기게 된다. 이는 배아가 죽으면서 발생 중이던 혈관들이 죽어 알의 한쪽으로 뭉쳐지면서 생기는 현상으로 캔들링을 통해 어렵지 않게 확인할 수 있다. 여러 가지 원인이 있을 수 있지만 둥지에서 알을 빼낼 때 충격을 받았거나 전란이 부적절한 경우 주로 발생한다. 부적절한 온도나 습도가 장기간 지속되는 경우에도 이런 문제가 발생할 수 있다. 매회의 인공부화 시마다 온도와 습도를 비롯한 다양한 조건들을 기록해 문제점을 선별하고, 이를 제거하기 위한 노력을 지속해야 한다.

핸드 피딩을 시작한 지 2주가 지난 생후 4주령의 이클레터스 패럿 유조

생후 2주령의 매커우 유조

■ **발생 중·후기의 발달 중지** : 어느 정도 성장한 후 발달이 중지되는 것은 통상 인큐베이터 내 트레이의 외곽 등에 장기간 놓여 적절한 온도가 오랫동안 유지되지 못한 데 따른 경우가 많다. 또는 진균 등의 피해로 인한 경우도 보고된 바 있다. 가급적 균등한 온도와 습도를 유지할 수 있는 우수한 인큐베이터를 사용하고, 수정란을 만질 때는 반드시 손과 용구를 소독하기를 권장한다.

■ **드로우 다운(draw down)의 지연** : 온도가 불안정하거나 또는 부적절하게 낮은 경우 종종 이런 문제가 발생한다. 수정란의 발생이 완전히 중지된 것으로 확신하기 어렵다면 수일간 좀 더 기다려볼 것을 권장한다.

■ **외부파각의 지연** : 내부파각이 종료되고 에어 셀이 없어지면 통상 외부파각이 시작되지만, 경우에 따라 과도하게 지친 새끼새가 잠시 시간을 지체하기도 한다. 만일 내부파각이 완전히 종료되고도 48시간 이상 아무런 추가움직임이 없으면 에어 셀이 있던 부위로 작은 구멍을 내서 새끼새의 호흡을 도와줘야 한다. 이때 에어 셀이 있던 부위 이외의 다른 부분에는 난막에 혈관이 위치해 있을 수 있으므로 주의해야 한다.

일반적으로 작은 주사기의 바늘 끝을 이용해 조심스럽게 구멍을 내서 내부를 확인할 수 있다. 별다른 움직임이 없이 그대로 있다면 이는 과도하게 지친 것이므로 다시 해처로 돌려놓고 24시간 정도 약 60%의 습도를 유지하며 관찰한다. 만일 24시간 이후에도 아무런 움직임이 없다면 외과수술도구를 이용해 조심스럽게 부화를 도와주도록 한다. 부화를 보조할 때는 반드시 난막에 혈관이 남아 있는지를 확인해야 한다. 만일 에어 셀 이외의 부분에 여전히 혈관이 있다면 6시간 정도 브루더에 놔뒀다가 다시 확인해야 한다. 보통 시간이 지나면서 부화가 준비되면 난막에 있던 혈관들이 없어지게 된다. 우선은 새끼새의 머리와 부리 부위의 알 조각들을 제거한 후, 다시 브루더로 돌려놓고 관찰하며,

새끼가 스스로 나머지 부분을 깨고 나올 수 있도록 해준다.
만일 그렇게 했는데도 12시간 내에 별다른 진전이 없으면 최대한의 주의를 기울여 나머지 부분을 조심스레 제거한다. 나머지 부분을 떼어낼 때는 미지근한 증류수를 난각과 새끼새 사이에 적셔주며 조심스럽게 진행해야 한다. 만일 난황이 아직 완전히 흡수되지 않았으면 더 이상 진행하지 말고 그대로 다시 브루더로 돌려놓아야 하며, 혹시라도 심각한 탈수증상을 보일 때는 지체하지 말고 전해질을 보충해줘야 한다.

■**역위** : 대부분의 새끼새들은 수정란의 에어 셀 주변을 돌아가며 쪼아서 별모양의 구멍을 뚫고 나오게 된다. 그러나 간혹 에어 셀의 반대편, 즉 수정란의 뾰족한 쪽에 구멍을 내거나 내려고 하는 경우가 있다. 이 경우 새끼새는 머리와 부리를 움직일 공간이 부족하기 때문에 알을 깨고 나오는 데 일반적인 경우보다 더 많은 노력이 필요하며, 시간이 너무 많이 소요되기도 한다. 이런 경우에는 우선 알을 깨고 나오려는 지점 근방에 아주 작은 구멍을 뚫어서 현재 진행 중인 상황을 파악하는 것이 중요하다. 또한 에어 셀 이외의 부위에는 아직 혈관이 위치해 있는 경우가 많으므로 한 번에 과도하게 많은 조각을 떼어냄으로써 과다출혈로 새끼새가 폐사하는 일이 없도록 유의해야 한다. 더불어 에어 셀 부위의 알 조각도 떼어내 알 내부의 압력을 줄여줄 필요가 있다. 만일 현재 잘못 구멍을 내고 있는 부위의 내부에 여전히 혈관이 위치해 있다면 서너 시간이 지난 후 다시 확인해 혈관이 없어진 것을 확인하고 부화를 보조해야 한다.

■**난황의 불완전 흡수** : 일부 개체의 경우 난황이 미흡수된 경우가 있다. 이 경우에는 추가적인 부화보조를 중단하고 다시 브루더로 옮겨야 한다. 더불어 난황 및 난막 등과 연결된 부위를 희석한 베타딘이나 헥시딘으로 1~2일 정도 소독해줘야 한다.

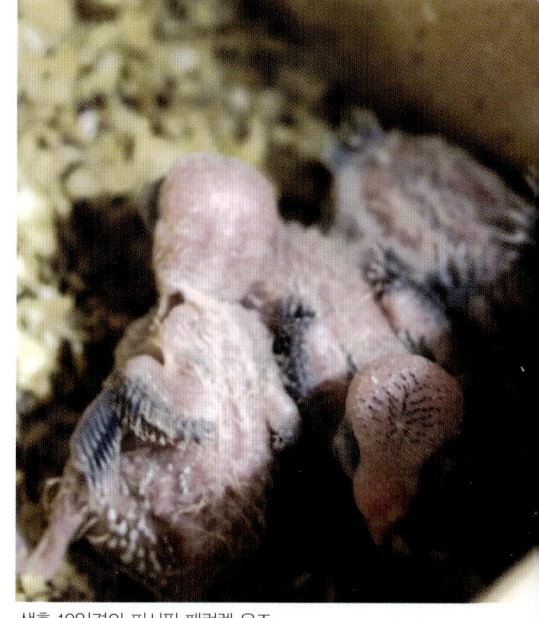

생후 10일경의 퍼시픽 패럿렛 유조

Section 05

핸드 피딩

핸드 피딩의 기초

불과 10여 년 전만 해도 국내 사육자들에게 핸드 피딩이란 상당히 낯선 것이었다. 필자가 어린 시절 조류사육 관련 서적을 읽을 때 가끔 핸드 피딩(당시에는 손노리개 기르기라고 했음)에 관한 내용을 보긴 했으나 실제로 핸드 피딩을 하는 사육가가 있다는 것은 거의 알지 못했다. 그러던 것이 현재는 매우 보편화돼서 앵무새를 처음 기르는 초보사육자들도 핸드 피딩을 시도하는 것을 쉽게 볼 수 있다. 하지만 이는 그리 좋은 현상은 아니다.

■**핸드 피딩의 위험성** : 핸드 피딩은 부모새가 해야 할 일을 사육자가 대신 수행하는 것이다. 새끼앵무새를 가장 잘 기를 수 있는 것은 다른 그 누구도 아닌 바로 어미앵무새 자신이다. 아무리 과학적인 연구를 거쳐 생산된 포뮬러라고 할지라도 이는 단지 자연상태에서 어미앵무새가 새끼앵무새를 먹이는 먹이를 흉내 낸 것에 불과하다. 따라서 새끼앵무새의 상태를 가장 잘 알고 잘 키울 수 있는 것은 어미앵무새라는 사실을 인지하고 무분별한 핸드 피딩은 지양돼야 한다.

브루더는 최대한 청결하게 유지돼야 한다.

생후 3주령의 왕관앵무 ⓒQuesthaven/Mary&Matthew Holden

일부 조류원이나 전업 및 부업사육자 중에는 핸드 피딩을 위한 생후 15일 전후의 새끼 앵무새를 판매하는 경우가 있다. 이는 특히나 위험한 일이며 지탄받아 마땅한 일이다. 어린 앵무새들은 아직 면역체계가 확립되지 않은 상태이기 때문에 작은 스트레스나 변화에도 심각한 상황에 직면할 수 있다. 실제로 핸드 피딩 과정에서의 폐사율은 앵무새의 전 생애를 놓고 볼 때 가장 높게 나타난다. 더군다나 전문적인 교육을 받거나 지식을 갖고 있지 않은 초보사육자 또는 어린 학생들에게 독립하지 않은 어린 앵무새를 판매하는 것은 거의 범죄에 가까운 일이라고 할 수 있다.

미국의 일부 주에서는 위닝이 끝나지 않은 앵무새를 전문적인 지식을 갖고 있지 않은 일반대중에게 판매하는 것을 법으로 엄격하게 금하고 있다. 아직 우리나라는 이런 수준은 아니지만, 사육자와 판매자 스스로가 돈벌이에 급급해 소중한 생명을 위험에 빠뜨리는 일은 없도록 주의할 필요가 있다.

■**핸드 피딩의 목적** : 그러면 이러한 위험이 내재돼 있는 핸드 피딩을 하는 목적은 무엇일까. 핸드 피딩의 목적은 대략 다음과 같이 3가지가 있다. 하나하나 짚어보도록 하겠다.

첫째, 현재 핸드 피딩이 이뤄지는 가장 큰 목적은 이른바 '애완조'를 만들기 위해서다. 사랑앵무, 왕관앵무, 모란앵무를 비롯한 각종 앵무새들은 어미새가 직접 키워낸 개체에 비해 사람이 손으로 먹이를 먹여 길러진 개체가 좀 더 길들이기 쉬운 측면이 있다. 그리고 이렇게 길들여진 개체가 그렇지 않은 개체에 비해 좀 더 높은 가격을 받으며 판매도 더욱 용이한 편이다. 이러한 여러 가지 편이성 때문에 많은 전문사육자나 취미사육자들이 핸드 피딩을 하고 있는 실정이다.

둘째, 좀 더 많은 새끼앵무새를 얻기 위해서다. 이것 역시 첫 번째 이유와 마찬가지로 경제적인 측면과 관련이 있다. 종에 따라 차이는 있으나 교미를 하고 첫 산란을 하는 데까지 대개 1~2주 정도의 시간이 걸리며, 포란을 해 부화하는 데까지 약 18~24일 정도의 시간이 소요된다. 이렇게 부화된 새끼앵무새들은 어미새로부터 독립하기까지 적게는 45일(소형앵무 기준)에서 길게는 수개월(대형코카투 또는 대형매커우 계열)까지도 걸리게 된다. 그런데 이 육추기간 중에 새끼앵무새를 꺼내 핸드 피딩을 하게 되면 어미는 육추에 대한 부담 없이 다음 번식에 들어갈 수 있기 때문에 짧게는 약 한 달에서 길게는 서너 달의 육추기간을 단축할 수 있는 것이다. 따라서 좀 더 많은 새끼앵무새를 짧은 기간 동안 얻을 수 있기 때문에 상당수의 전업사육자 또는 부업사육자들이 이러한 목적으로 핸드 피딩을 시행하고 있는 것이다.

셋째, 어미새가 알 수 없는 이유로 포란이나 육추를 포기해 어쩔 수 없이 핸드 피딩을 해야 하는 경우다. 이 경우는 다른 경우와는 달리 윤리적인 부담이 없으며, 핸드 피딩이 아니면 생명을 살릴 수 없기 때문에 반드시 핸드 피딩이 필요한 경우라고 하겠다.

핸드 피딩 중인 모란앵무

핸드 피딩용 장비 및 기구

핸드 피딩은 연약한 새끼앵무새를 다루는 일인 만큼 장비 면에 있어서도 만반의 준비가 필요하다. 일부 사육자들은 플라스틱 통이나 종이상자 등에서 별다른 보온조치도 없이 기르거나, 한 번 사용한 핸드 피딩 도구를 다른 새들에게 연달아 사용하는 경우를 볼 수 있는데, 이는 다소 무책임한 처사라고 할 수 있다. 여기서는 핸드 피딩에 필요한 여러 가지 장비들과 그 장비들의 관리방법에 대해 간단히 알아보도록 하겠다.

■**브루더(brooder)** : 브루더란 새끼앵무새를 넣어 기르는 상자다. 구조는 위에서 뚜껑이 열리거나 또는 앞에서 뚜껑이 열리는 형태이며, 내부에는 습도 및 온도유지와 통풍을 위한 간단한 장비들이 설치돼 있다. 새끼앵무새들은 어미새로부터 분리된 초기에는 몸에 깃털이 없는 경우가 대부분이기 때문에 외부온도에 민감하게 반응하게 되며, 습도가 낮은 경우 노출된 피부를 통해 쉽게 수분을 빼앗겨 탈수상태에 빠지기 쉽다. 또한, 새끼앵무새들이 성장하면서 자라난 깃털에서 떨어져 나온, 깃털을 보호하고 있던 조직들이 부서지면서 브루더 안은 미세먼지로 가득 찰 수 있다. 따라서 조용하고도 강력한 환기시설이 필수적이다.

새끼앵무새는 면역체계가 약한 만큼 철저한 위생관리가 필요하다. 브루더의 내부는 소독된 대팻밥이나 잘게 찢은 부드러운 종이 등을 깔아서 배설물을 흡수하도록 해야 하며, 이런 깔개는 가능한 자주 교환해줘야 한다. 더불어 가능한 매일 소독약 등을 이용해 철저하게 소독하고 청소해줘야 한다.

■**위닝 케이지(weaning cage)** : 위닝 케이지란 위닝단계에 있는 유조가 완전히 독립하기 전까지 머무는 케이지다. 통상 날갯짓을 시작할 무렵 위닝 케이지로 옮겨주는 것이 일반적이다. 브루더는 날개를 펴기에는 공간이 부족하기 때문에 원활한 성장을 위해 충분한 운동을 할 수 있는 더 넓은 공간으로 옮겨주는 것이 좋다.

단, 이 시기에는 아직 스스로 자신의 몸을 완전히 제어하지 못하므로 혹시라도 케이지의 창살 등에 발이나 날개가 걸리지 않도록 유의해야 한다. 또한, 바닥에는 푹신하고 깨끗한 베딩을 깔아줘 발에 오물이 묻거나 착지할 때 다리에 충격이 가지 않도록 배려해야 한다. 필자는 중대형종의 경우는 대형개장을 옆으로 2~3개 연결해 사용하고 있으며, 소형종의 경우 별도의 창살이 없는 놀이터를 이용해 관리함으로써 좋은 결과를 얻고 있다.

■핸드 피딩 기구 : 새끼앵무새에게 물에 갠 포뮬러를 먹이는 도구로는 양 옆이 오목하게 만들어진 핸드 피딩용 숟가락을 사용하는 것이 일반적이다. 일반적인 찻숟가락 크기의 숟가락의 볼록한 부분을 위로 살짝 굽힌 형태로 된 것으로 시중에서 저렴하게 구할 수 있다. 집에서 쓰지 않는 찻숟가락 등을 이용해서 쉽게 자작할 수도 있는데, 이때 숟가락의 입에 닿는 부분이 너무 두꺼우면 작은 새끼앵무새의 입에 포뮬러를 흘려 넣는 데 어려움이 있을 수 있으므로 주의해야 한다. 필자의 경우는 시중에서 슬러시 등을 먹을 때 사용하는, 끝부분이 절개돼 숟가락처럼 떠먹을 수 있는 기능이 첨가된 빨대를 이용해 좋은 결과를 보고 있다. 이 도구는 가격도 매우 저렴할 뿐만 아니라 일회용으로 한번 사용하고 버릴 수 있어서 위생 측면에서도 기존의 다른 어떤 기구보다도 큰 이점이 있다.

일부 사육자들은 주사기를 이용하기도 한다. 주사기(주사바늘을 제거한)를 이용한 핸드 피딩은 새끼앵무새가 먹는 양을 정확하게 확인할 수 있는 이점이 있다. 일각에서는 이러한 주사기에 고무 튜브 등을 부착해 새끼앵무새의 소낭에 직접 포뮬러를 주입하는 방식으로 핸드 피딩을 하기도 한다. 이렇게 함으로써 여러 마리를 핸드 피딩하는 경우 시간을 줄일 수 있기 때문에 전업사육자들이 이 방식을 선호하는 편이다. 본래 이 방식은 병에 걸리거나 해서 스스로 먹이를 먹을 수 없거나 먹는 것을 거부하는 경우에 사용하는 방법으로 강제급이라고도 부른다.

그러나 이러한 튜브 피딩은 각각의 새끼새와 접촉할 시간이 거의 없으며, 새끼새가 먹이를 맛 볼 새도 없이 기계적으로 배만 부르게 하는 다소 비인도적인 방법으로 비난의 대상이 되고 있다. 이런 방식으로 길러진 앵무새는 향후 성격문제가 발생할 가능성이 높다는 논의가 있으므로 참고하기 바란다.

핸드 피딩 중인 퍼시픽 패럿렛

■**소독장비** : 소독장비라고 부르면 상당히 거창한 것으로 들릴 수 있으나 핸드 피딩을 위한 여러 가지 장비를 소독할 수 있는 어떠한 형태의 것도 이 범주에 들어가게 된다. 브루더를 소독하기 위해서는 액상 소독액을 분무할 수 있는 분무기가 필요하다. 핸드 피딩을 위한 숟가락이나 주사기, 포뮬러를 담기 위한 그릇 등을 소독하는 데는 열탕소독이 최선의 방법이며, 이렇게 소독된 기구는 자외선살균소독기 등을 이용해 보관하는 것이 좋다. 열탕소독은 가정에서 사용하고 있는 냄비 등을 이용해도 충분하며, 자외선살균소독기는 자외선살균소독 기능이 있는 식기건조기를 이용하거나 중고 주방용품 매장에서 몇만원 정도로 구입이 가능하다.

■**온도계** : 핸드 피딩용 포뮬러는 먹일 때 적절한 온도를 유지하는 것이 필수적이다. 너무 뜨거우면 식도와 소낭에 화상을 입을 수 있으며, 너무 차가우면 새끼앵무새가 먹는 것을 거부할 수 있다. 따라서 온도계를 구비해 포뮬러의 온도를 확인한 후 핸드 피딩하는 것이 필요하다. 이때 사용하는 온도계는 기존의 수은이나 알코올온도계보다는 디지털온도계를 이용하는 것이 빠르고 정확한 결과를 얻을 수 있다. 최근에는 피측정 물체에 직접 온도계를 대지 않고 광선을 조사하는 것만으로도 온도를 측정할 수 있는 온도계가 개발돼 시판 중이므로 이러한 형태의 제품을 이용하는 것도 좋겠다.

핸드 피딩 중인 유조에게는 청결한 환경과 적절한 온도 유지가 필수적이다. ⓒQuesthaven/Mary&Matthew Holden

브루더 안에 있는 생후 1~2주 정도 된 아프리칸 그레이

■**저울** : 새끼앵무새는 정상적으로 발육하면 매일 상당한 속도로 성장하게 된다. 건강에 이상이 있다면 이러한 발육속도에 현저한 이상이 있는 것을 체중을 통해 확인할 수 있다. 따라서 500g 내외의 무게를 정밀하게 측정할 수 있는 저울이 있다면 매일 새끼앵무새의 성장그래프를 그릴 수 있으며, 이를 통해 건강상의 이상 유무를 쉽게 확인할 수 있다.

저울은 가능하면 디지털방식으로 돼 미세한 체중의 변화도 쉽게 확인 가능한 것이 좋으며, 앵무새가 어릴 때는 작은 플라스틱 상자 등에 넣어서 한꺼번에 무게를 측정한 후, 플라스틱 상자만을 다시 측정해 새끼앵무새의 무게를 측정하는 것이 좋다. 물론 앵무새가 어느 정도 성장한 상태라면 작은 횃대를 만들어서 그 횃대에 앉힌 후 측정할 수 있다.

핸드 피딩 포뮬러

국내에서 이유(離乳)하기라고 불리는 핸드 피딩은 어미앵무새가 기르고 있는 새끼앵무새를 둥지에서 꺼내 사육자가 직접 먹이를 먹여 기르는 행위를 칭한다. 여기서 굳이 기존에 널리 쓰이고 있는 '이유하기' 또는 '이유시키기' 라는 말 대신 핸드 피딩이라고 하는 용어를 사용하는 데는 이유가 있다. '이유' 란 말 그대로 포유류에 있어서 어미의 젖을 먹지 않게 되는 것을 의미하며, '이유식' 이란 이처럼 이유기에 접어든 어린 젖먹이동물이 일반

강한 피딩 리액션(feeding reaction)을 보이는 아프리칸 그레이

적인 거친 먹이를 먹기 전에, 거친 먹이에 적응시키기 위해 급이하는 조금 부드러운 유동식형태의 먹이를 의미한다. 사람의 경우도 모유나 분유를 떼고 밥을 먹기 전에 각종 죽형태의 유동식을 먹이는데 이것을 이유식이라고 부른다.

하지만 앵무새의 경우는 이와는 상당히 다르다. 앵무새에게서 이러한 형태의 이유식을 찾는다면 그건 아마도 어미로부터 독립하는 시기에 곧바로 거친 먹이를 먹기 전에 주는 삶은 달걀, 각종 간 과일 등이 될 것이다. 통상 국내에서 이유식이라고 칭하는 것은 위의 것과는 근본적으로 다른 것이다. 기존에 이유식이라고 칭하는 것은 미국 등지에서는 포뮬러라고 부르는 대용식이다. 여기서 대용식이라 함은 본래 어미가 직접 먹은 각종 씨앗, 과일, 야채, 기타 미량원소보충제를 간단하게 소화시킨 후, 이를 어린 새끼앵무새에게 토해서 먹이는데, 이 토해진 먹이를 대신한다는 의미에서의 대용식이다. 따라서 위에서 칭한 이유식과는 성격이 판이하게 다르다고 볼 수 있다. 이런 포뮬러는 새끼앵무새가 살아가는 데 가장 필수적인 에너지원인 만큼 그 성분배합비율이 매우 중요하다. 일부 사육자들은 스스로 고안한 배합비율을 이용해 자가 조제한 포뮬러를 사용하고 있는데, 이는 그다지 권장되지 않는 방법이다. 또한, 어떤 사육자들은 기존에 시판되는 포뮬러에 자기 나름대로 야채나 과일 또는 비타민보충제 등을 추가해 사용하기도 하는데, 이 또한 그리 바람직한 행태는 아니다.

기존에 시판 중인 포뮬러들은 거의 대부분 해외의 권위 있는 조류생태학자 및 사육자들이 다년간의 연구와 실험을 통해 각 품종의 야생에서의 먹이를 고려해 만들어졌으며, 새끼앵무새의 생육에 필수적인 각종 영양소가 최적의 배합비율로 섞여 있다. 따라서 기성제품을 이용하는 것만으로도 균형 잡힌 영양을 충분히 공급할 수 있는 것이다. 여기에 별도의 성분을 첨가하는 것은 오히려 한창 중요한 시점을 보내고 있는 새끼앵무새에게 심대한 악영향을 미칠 수 있다. 스스로 조제한 포뮬러 역시 제대로 된 최적의 배합비율을 지켰다고 보기 어려우며, 더불어 조제과정에서의 위생문제 등으로 인해 오히려 심각한 문제를 야기할 수 있음을 주지해야 할 것이다.

핸드 피딩의 실제

핸드 피딩은 어미새의 역할을 대신하는 어렵고도 숭고한 작업이다. 따라서 스스로가 충분히 준비돼 있다고 느끼기 전에는 결코 시도해서는 안 된다. 철저한 학습과 준비만이 성공적인 핸드 피딩을 보장한다는 것을 명심하기 바란다.

■**장비 및 포뮬러 준비** : 핸드 피딩을 하기로 결정했다면 우선 앞에서 언급한 각종 장비 및 핸드 피딩용 포뮬러를 제대로 준비해야 한다. 포뮬러는 냉장고에 보관해야 하며, 각종 장비는 제대로 작동하는지 확인하고 문제가 생길 경우에 대체할 수 있는 여벌을 확보해 두는 것이 좋다.

장비와 포뮬러가 다 준비됐다면 각종 서적이나 인터넷 상의 자료 등 간접적인 방법을 통해 관련 지식을 섭렵하고, 이미 핸드 피딩 경험이 많은 전문브리더나 조류원 또는 동료 취미사육자를 통해 핸드 피딩에 대해 직접 지도받는 것이 좋다. 또한, 핸드 피딩을 하게 되는 새끼앵무새들은 면역체계가 완성되지 않은 상태인 만큼 위급한 상황이 발생하는 경우가 많다. 따라서 이러한 경우를 대비해 조언을 얻거나 진료를 받을 수 있는 주변의 유능한 전문수의사를 확보해두는 지혜가 필요하다.

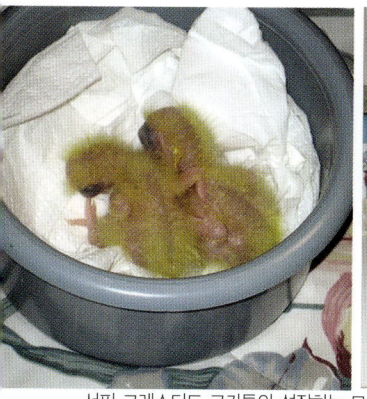  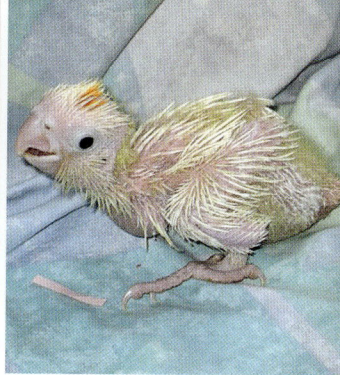

서퍼 크레스티드 코카투의 성장하는 모습 ©Questhaven/Mary&Matthew Holden

생후 4주령의 이클레터스 패럿 수컷 　　　　　　　생후 2주경의 리네오

■**새끼새 떼어내기** : 위에서 언급한 여러 가지 사항에 대해 이상 없이 준비했다면 이제 전문브리더, 조류원, 주변의 취미사육자 또는 자육 중인 어미새로부터 적당한 새끼앵무새를 구해야 한다. 통상 소형앵무새를 기준으로 해서 핸드 피딩에 적합한 앵무새는 약 15일령으로 알려져 있다. 사랑앵무, 유리앵무, 모란앵무, 리네오 등을 기준으로 15일령이면 대부분 조금씩 핀 피더가 나며 눈을 뜰 무렵이 된다. 중형앵무 이상이라면 이때가 되도록 아직 솜털로 덮여 있으며, 눈을 뜨지 않은 것이 일반적이다. 이는 앵무새의 크기나 품종에 따라서 위닝에 걸리는 시간이 다르며, 위닝에 도달하는 기간이 길수록 그 발육속도 또한 상대적으로 늦기 때문이다.

또한, 어미새의 번식경험이나 제공되는 먹이의 양과 질, 계절(사육시설의 온도) 등에 따라서 그 발육속도에 현저한 차이가 생기기도 한다. 따라서 천편일률적으로 '생후 며칠이면 핸드 피딩을 하기에 적기다' 라고 단언하는 것은 다소 어리석은 짓이다. 소형이건 중형이건 또는 그 품종을 막론하고 핀 피더가 나오고 눈을 뜰 무렵(또는 갓 눈을 뜬)이라면 핸드 피딩을 하기에 적합한 시기라고 말할 수 있을 것이다. 이때 또한 주의해야 할 것이 있다. 핸드 피딩은 가능하면 직접 기르고 있는 어미새로부터 떼어낸 새끼앵무새를 상대로 하는 것이 좋다. 이는 다른 곳, 이를 테면 다른 전문사육자나 특히 조류원 등으로부터 새끼앵무새를 구하다 보면 장거리 이동이나 급격한 환경변화 등으로 인해 새끼앵무새가 상당한 스트레스를 받을 수 있으며, 이로 인해 심하면 폐사할 수도 있기 때문이다. 어떠한 의도로 핸드 피딩을 시작했건 관계없이 중도에 새끼앵무새가 폐사하고 만다면 이는 결코 윤리적 측면에서 비난을 피하기 어려울 것이다.

어미새로부터 새끼를 떼어낼 때는 가능하면 한배의 새끼를 다 떼어내는 것이 좋다. 보온 시설이 부족하다면 서로의 체온에 의지할 수 있기 때문에 생존율을 다소 높일 수 있다. 또한, 한 마리보다는 여러 마리를 동시에 기름으로써 먹이에 대한 경쟁심을 제고할 수 있기도 하다. 아직 사육자에게 익숙하지 않거나 예민한 개체의 어미새의 경우에는 새끼새를 일부 미리 빼내는 경우 나머지 새끼새를 포기하거나, 심지어 물어죽이던지 또는 둥지 밖으로 던져버릴 수도 있다. 새끼새는 통상 늦은 저녁에 어미가 충분히 먹이를 먹인 후 떼어내는 것을 원칙으로 한다. 그러나 필자의 경험으로는 언제 떼어내건 별다른 차이가 없는 것으로 보인다. 저녁에 떼어내는 것이 좋다고 하는 사육자들은 이미 어미가 충분히 먹인 상태이기 때문에 다음날 새벽까지는 더 이상 먹이를 주지 않아도 되며, 다음날 새벽이 되면 먹이가 완전히 소화돼서 배가 고픈 상태이므로 핸드 피딩을 하기에 더 수월하다는 이유를 든다.

새끼앵무새를 어미에게서 분리하기 전에 한 가지 해야 할 일은 브루더의 온도를 높여서 약 30℃ 정도에 맞추며 습도를 60%선으로 유지하는 것이다. 새끼앵무새는 대부분 솜털만을 가지고 태어나기 때문에 스스로 체온을 유지하는 데 상당한 어려움을 느낀다. 특히 앵무새는 체온이 39℃ 정도에 달하므로 낮은 외부온도에 사람보다 더 민감하게 반응한다. 주변온도가 너무 낮으면 체온을 유지하기 위해 지나친 에너지를 소비하고 잘못하면 폐사할 수도 있다. 또한, 피부도 매우 연약하기 때문에 브루더 내의 습도가 낮은 경우 탈수 등의 문제가 생길 수 있다.

청결한 환경에서 자라고 있는 왕관앵무

이클레터스 패럿의 핸드 피딩 모습

■포뮬러 급이 : 새끼앵무새를 분리하고 나서는 제일 먼저 각각의 개체의 체중을 측정하고 이를 기록해두는 것이 좋다. 이렇게 함으로써 향후 핸드 피딩 간에 체중감소 등 특이 사항의 발생을 조기에 확인할 수 있다. 또한, 가능하다면 밴딩을 함으로써 개체 간의 구분을 용이하게 할 수도 있다.

여러 쌍의 어미나 서로 다른 사육장으로부터 구한 다수의 새끼앵무새를 핸드 피딩하는 경우라면 가능한 서로 다른 독립된 브루더와 핸드 피딩 장비를 사용하며, 핸드 피딩 도구나 장비 그리고 사육자의 손 등을 완벽하게 소독하는 것이 좋다. 서로 다른 어미들이 어떤 특정 전염성질병을 가진 경우 잘못하면 다른 쌍에서 나온 새끼앵무새들까지 감염돼 문제가 될 수 있기 때문이다. 어린 앵무새들을 수개월씩 검역하는 것이 현실적으로 불가능한 만큼 이러한 조치는 그야말로 최소한의 조치라고 할 수 있겠다.

어미로부터 충분한 먹이를 먹고 소낭이 부른 새끼들을 분리한 후 충분한 온도를 유지하고 있는 브루더로 옮기고 나면, 암막 등을 이용해 빛을 가려줘 안정을 취하게 해주는 것이 필요하다. 약 2~3시간 정도가 지나서 확인해 보면 부풀어서 육안으로 확인이 가능하던 소낭이 작아져 있으며, 그 안에 꽉 차 있던 먹이가 소화된 것을 확인할 수 있을 것이다. 이때 새끼앵무새의 부리 근처에 손가락을 가져가면 입을 벌리며 먹이를 보채게 된다. 이런 상태라면 큰 무리 없이 핸드 피딩을 시작할 수 있다. 품종이나 개체 또는 일령에 따라서 이런 피딩 리액션을 보이지 않거나 또는 손을 피하고 무서워하는 경우도 있다. 이런 개체들은 초보사육자에게는 다소 어려운 상대가 될 것이지만 처음부터 너무 걱정할 필요는 없다. 이럴 경우를 대비해 주변의 숙련된 사육자를 알아두면 많은 도움이 될 것이다. 최악의 경우 강제급이를 통해 불행한 사태를 막을 수 있다.

충분히 소화가 돼 피딩 리액션을 보인다면 이제 첫 핸드 피딩을 준비할 때다. 우선 다시 한 번 꼼꼼하게 각종 장비가 소독됐는지 확인한다. 그러고 난 후 깨끗한 물을 40℃로 데운다. 이렇게 데워진 물을 미리 비슷한 온도로 데워놓은 그릇에 넣고 적량의 포뮬러 분말을 넣어 덩어리가 없어질 때까지 충분히 저어준다. 이때 시중에서 판매하는 보온기 등을 이용해 적정온도가 유지되도록 하면 좋다. 또는 다른 큰 용기에 따뜻한 물을 담아서 중탕하는 것도 좋다. 어린 새끼들은 묽은 포뮬러를 먹이고, 일령이 높아질수록 점점 되직한 포뮬러를 급이하면 된다. 상세한 급이빈도와 농도는 각 포뮬러의 설명서를 참조하기 바라며, 소낭이 80% 정도 차면 더 이상 먹이를 주지 않는 것이 좋다.

위닝

핸드 피딩된 새끼앵무새의 위닝은 부모새가 키운 개체에 비해 좀 더 조심스럽게 이뤄져야 한다. 대부분의 핸드 피딩된 새끼앵무새들은 독립할 시간이 다가오면 포뮬러를 받아먹는 횟수나 양이 서서히 줄어들며, 스스로 조금씩 바닥 등에 떨어진 먹이를 건드리거나 먹는 시늉을 하기 시작한다. 이 시기가 되면 매일 급속도로 늘어나던 체중이 정체기에 들어가며 오히려 조금씩 감소하는 양상을 띠게 된다. 이때는 가능한 넓고 묵직한 먹이그릇에 다양한 펠릿, 과일, 야채, 곡물먹이 등을 제공해 새끼새가 이런저런 것을 가지고 놀다가 스스로 먹는 방법을 터득할 수 있도록 해줘야 한다. 하지만 문제는 포뮬러는 먹지 않으면서 그렇다고 스스로도 먹이를 잘 먹지 않는 경우가 빈발한다는 것이다. 이런 이유에서 면밀한 체중측정은 필수적이다. 만일 체중이 최대치의 80% 이하가 되면 반드시 포스 피딩(force feeding, 강제급이)을 실시해 과도한 체중감소로 인한 폐사를 방지해야 한다.

위닝의 가장 좋은 방법은 이미 먹이를 스스로 잘 먹는 다른 새와 함께 지내도록 하는 것이다. 어미새처럼 사육자가 먹이 먹는 방법을

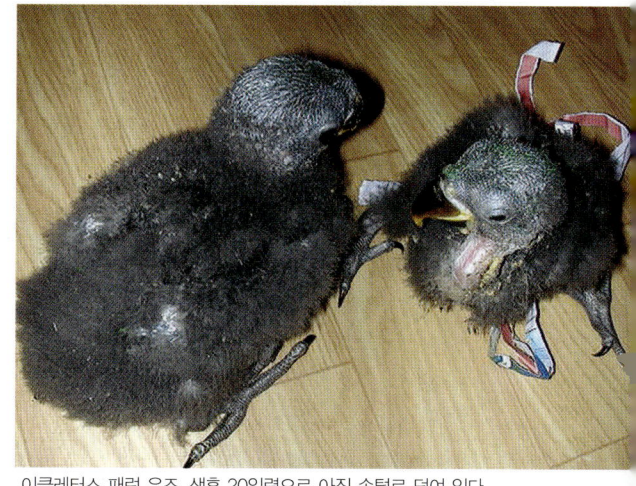

이클레터스 패럿 유조. 생후 20일령으로 아직 솜털로 덮여 있다.

 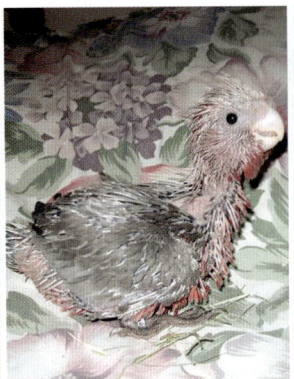  

갈라 코카투의 성장하는 모습 ⓒQuesthaven/Mary&Matthew Holden

가르치는 것이 현실적으로 매우 어려운 상황에서 다른 동료를 통한 방법은 종종 좋은 결과를 가져온다. 더불어 위닝시기가 되면 날개를 비롯한 몸 전체의 깃털이 완전히 자라나게 되며, 날갯짓을 하고 브루더 내의 이곳저곳을 탐색하게 된다. 따라서 가급적이면 크기가 크고 날개 등이 끼일 문제가 없는 위닝 케이지를 준비해주는 것이 좋다. 위닝 케이지라고 해서 달리 특별한 것은 없지만, 가로가 넓고 다양한 장난감이 설치된 것으로 충분하다. 다만 바닥은 반드시 철망이 아닌 베딩 등을 이용해 발을 다치는 일이 없도록 유의해야 하며, 횃대의 높이도 바닥에서 25cm 내외로 설치해(소형앵무의 경우 15cm) 새끼앵무새가 오르내리는 데 어려움이 없도록 해줘야 한다.

베딩은 여러 가지가 쓰이고 있지만, 가급적 입자가 매우 커서 새끼새가 삼킬 수 없거나 또는 비교적 작고 부드러워서 삼켜도 문제가 되지 않는 재질이 좋다. 필자는 현재 인쇄되지 않은 깨끗한 신문용지를 1x20cm로 절단해 사용하며 좋은 결과를 보고 있다. 톱밥을 비롯한 일부 시판 중인 베딩은 과도한 먼지를 발생시키거나 소화관을 막아 심각한 문제를 야기하기도 하므로 유의하기 바란다. 어떤 사육자는 바닥에 펠릿이나 곡물먹이를 깔아놓고 새가 그것을 먹고 동시에 그 위에 변을 보게 하기도 하는데, 이는 위생적인 측면에서 심각한 문제를 야기할 수 있으므로 유의하기 바란다.

각주 1) mate killing : 암수끼리 서로 상대방을 죽이는 현상. 주로 코카투와 같은 중대형앵무에서 많이 보고되지만 모란앵무와 같은 소형종에서도 일상적으로 발견된다. 특별히 병리적인 현상은 아니며, 한번 메이트 킬링이 일어나면 습관적으로 짝을 죽이는 경우가 많으므로 이런 개체는 브리딩 프로그램에서 제외시키는 것이 좋다.

Chapter 9

앵무새의 유전

유전의 의미와 기초유전학에 대해 살펴보고, 앵무새의 색상돌연변이, 유전계산기 활용하는 법에 대해 알아본다.

Section 01

유전의 의미

지구상에 존재하는 모든 생명체는 유전자라 불리는 고분자물질이 보유한 생명정보를 기반으로 한다. 이 유전자는 통상 DNA라고 불리며 세포의 구조, 작용, 섭식, 생식, 죽음을 비롯한 생명의 모든 현상을 관장한다.

유전이란

유전이란 위에서 언급한 유전자의 작용을 포괄적으로 일컫는 용어다. 45억 년으로 추정되는 지구의 역사 그 어느 시점에 스스로를 복제할 수 있는 능력을 지닌 분자가 출현했고, 이 분자는 스스로를 복제하는 능력을 바탕으로 자신과 똑같거나 닮은 또 다른 존재를 생산하며 그 연속성을 이어가게 됐다. 이 스스로를 복제하는 분자가 바로 우리의 조상인 최초의 생명체인 것이다.

유전을 논하기 위해서는 진화에 대한 언급을 회피하기 어려우나 지면관계 상 여기서는 이러한 생명의 기원이나 진화에 대한 깊은 논의는 자제하도록 하겠다. 다만 분명한 것은

아름답게 성장한 갈라 코카투

일부 과학을 위장한 지적사기집단이 주장하는 바와는 달리 진화는 과학이며, 유전 및 유전법칙은 그러한 진화의 핵심이라는 것이다. 진화에 대한 좀 더 깊은 지식은 다윈의 적자를 자처하는 리처드 도킨스나 다른 저명한 진화과학자들이 남긴 일련의 저작을 주의 깊게 읽을 것을 권한다. 이 장에서는 위에서 잠시 언급한 확장된 개념의 유전이 아닌 우리의 최대관심대상인 앵무새의 색상돌연변이에 있어서 유전자의 작용과 활용에 중점을 두고 실용적인 측면만을 살펴보도록 하겠다.

유전지식의 의미

약 10여 년 전부터 합법적 또는 비합법적인 루트를 통해 일본이나 서구 육종가들의 노력의 결과물인 다양한 색상의 돌연변이 품종들이 국내에 유입되면서, 앵무새의 색상변이에 대한 마니아들의 관심은 그 어느 때보다 높아졌다 하겠다. 그러나 아쉽게도 아직 국내에서 앵무새의 색상변이에 대한 전문적 지식을 가졌거나 새로운 품종을 작출해낼 수 있는 사육가를 찾기란 어려운 것이 현실이다.

물론 소수의 마니아들은 상당한 수준의 지식과 경험을 축적하고 있지만, 유전학적 기초가 없는 일반애호가들에게 이러한 논의는 안 그래도 복잡한 머리를 더욱 복잡하게 할 뿐이다. 예를 들어 어떤 이가 왕관앵무 화이트페이스 수컷과 노멀 암컷을 교배했을 때 그 후손의 색상은 어떻게 될 것인지 질문했다고 하자. 독자 여러분 중 자칭 앵무새 색상유전의 고수라 칭하는 분이 있다면 이에 대한 대답을 자신 있게 말할 수 있을까? 아마 자신감에 넘치는 이들은 모두 노멀 색상이라고 대답할 것이다. 물론 이는 어떤 측면에서는 맞는 답변이다. 즉 수컷과 암컷의 유전형이 모두 동형접합체(homozygote)라면 이 답변이 맞는 것이다. 그러나 만일 암컷이 이형접합체(heterozygote)라면 그 결과는 50%의 화이트페이스와 50%의 노멀(좀 더 정확하게는 normal split to whiteface[1])이 된다.

이야기는 여기서 끝이 아니다. 만일 이 개체 중 어느 하나 또는 둘 다가 화이트페이스 이외에 다른 형질을 보유하고 있다면 그 결과는 매우 달라질 수도 있다. 예를 들어 수컷이 이노인자(ino)를 하나 보유하고 있었다면 2세 중 암컷은 50%의 확률로 화이트페이스 루티노, 즉 알비노가 될 수도 있다. 필자가 하고자 하는 말은 유전학의 기초를 제대로 알지 못하고 지극히 단편적인 지식만으로 브리딩을 하게 되면 그 결과는 본인이 생각한 것과는 상당히 동떨어질 수 있다는 것이다. 일반적인 취미사육가라면 큰 문제가 아닐 수도 있으나 만일 영리를 목적으로 하거나 새로운 품종의 육종을 목표로 하는 준프로급의 아마추어라면 매우 심각한 결과를 초래할 수도 있다.

또 한 가지 명심해야 할 것은 유전학에 대한 지식이 단순히 새로운 색상의 품종을 육종하는 것 이외에, 각각의 개체나 개체군의 건강 등에 있어서도 매우 중요한 역할을 한다는 것이다. 대부분의 독자가 알다시피 통제되지 않은 근친교배는 선호되는 형질뿐만 아니라 제거돼야 할 형질의 농도도 높이는 경향이 있다. 즉 근친교배를 통해 아름다운 색상을 고정시킬 수도 있지만, 동시에 신부전이나 실명의 위험이 높아질 수도 있는 것이다.

제한된 지면 때문에 유전학에 대한 모든 부분을 다룰 수는 없는 만큼 통상 우리가 많이 접하게 되는 유전현상 및 용어해설을 중심으로 유전학의 기초를 다음 섹션에서 선보이도록 하겠다. 좀 더 높은 수준의 유전관련 지식을 원하는 경우 박영일 외 2인 공저의 '가축육종학' 이나 한국동물육종유전연구회의 '동물육종학'을 비롯한 다양한 유전 및 육종관련 서적을 참고하기 바란다.

가장 많은 변종이 직출된 사랑앵무. 사진은 와일드타입 암컷

Section 02

기초유전학

유전자

유전자(gene)란 부모에서 자식으로 이어지는 유전의 특질을 담은 단위를 의미한다. 유전학자들은 이러한 유전자를 컴퓨터의 소프트웨어로 비유하는데, 이런 소프트웨어는 DNA라 불리는 화학구조에 의해 저장되고 다음 세대로 이어진다. 그러나 유전자란 단순한 정보체계일 뿐, 스스로 능동적인 역할을 하지는 못한다. 이러한 유전정보가 생명체에 구현돼 원하는 유전정보를 작동시키기 위해서는 RNA에 의한 전사와 발현이라는 단계를 거쳐야 한다. RNA는 DNA 원본의 구성에 위해를 가하지 않은 채 그 정보를 읽어낸 일종의 복사물이고, 이렇게 복사된 유전정보는 단백질의 형태로 구현된다.[1]

우리가 최근 많이 접하는 게놈(genome, 세포나 생명체의 유전자 총체로 지놈이라고도 함)이란 이러한 유전자의 복수형으로 한 생명이 보유한 유전정보 전체를 집합적으로 일컫는 용어다. 유전자와 게놈을 분석하면 특정 생명체의 유전정보를 해독할 수 있게 된다. 유전자가 수록되는 DNA는 티민, 시토닌, 아데닌, 구아닌이라는 염기가 특정한 순서

뉴질랜드 특산인 케아(Kea, *Nestor notabilis*)

로 배열된 이중의 나선구조를 취하고 있으며, 이러한 4가지 염기의 배열순서에 따라 임의의 유전정보를 수록할 수 있다. 즉 DNA는 일종의 4진법 기록매체인 것이다.

멘델의 법칙

오스트리아의 수도사였던 멘델은 완두콩을 재료로 수년간 완두종자의 다양한 특질에 대한 실험을 수행했다. 이러한 실험을 통해 멘델은 완두에 존재하는 임의의 형질이 다음 세대로 이어지는 데 특정한 규칙이 있음을 발견했고, 오늘날의 유전학의 토대를 마련한 바 있다. 멘델의 법칙이라고 통칭되는 유전규칙은 모두 3가지로 우리는 이를 각각 우열의 법칙, 분리의 법칙, 독립의 법칙이라고 칭한다. 이러한 멘델의 법칙의 기본은 바로 특정 형질을 관장하는 요인이 쌍의 형태로 존재해 그 각각을 양친으로부터 이어받으며, 이렇게 받은 임의의 형질을 자신의 배우자와 함께 다시 2세에게 물려준다는 것이다.

■**우열의 법칙** : 우열의 법칙은 쌍으로 존재하는 유전자는 각각 우성과 열성으로 구분되며, 이때 우성인 유전자만이 발현되는 것을 의미한다. 즉 우성유전자는 동형접합체이건 이형접합체이건 항상 발현되지만, 열성유전자는 이형접합체의 경우에는 쌍을 이루는 우성유전자에 눌려 그 표현이 억제되며, 억제할 우성유전자가 없는 열성유전자만의 동형접합인 상황에서만 발현되는 것이다.

보호자에게 반가움을 표시하는 애완앵무새

이러한 예의 가장 대표적인 것이 앞서 살펴본 화이트페이스, 즉 블루유전자다. 물론 이런 사례에 비단 블루만 해당되는 것은 아니다. 왕관앵무의 실버나 옐로우페이스, 모란앵무의 딜루트, 퍼시픽 패러킷의 아메리칸 옐로우, 링넥의 클리어헤드 등이 모두 이

우열의 법칙

	m	m
M	Mm	Mm
M	Mm	Mm

런 범주에 들어간다. 통상 우리가 유전자형을 표기할 때 우성인자는 대문자로, 열성인자는 소문자로 표기한다. 예를 들면 로젤라 등에서 흑변종을 유발하는 멜라니스틱유전자는 열성이라 m으로 표기하며, 그렇지 않은 노멀 유전자는 M으로 표기한다.

만일 어떤 개체가 멜라니스틱유전자를 보유하고 있지 않다면 그 개체의 유전자형은 MM으로 표기되며, 멜라니스틱유전자를 하나만 보유해 표현형은 노멀인 개체는 Mm으로, 멜라니스틱유전자가 발현된 멜라니스틱 개체의 유전형은 mm으로 표기할 수 있다. 이때 노멀인 동종접합개체를 멜라니스틱인 동종접합개체[2]와 교배하는 경우를 살펴보면, 위의 표[3]와 같이 도식될 수 있다. 위와 같은 교배의 결과 나오는 F1개체는 모두 우성과 열성유전자를 함께 보유한 이형접합개체이며, 이들은 우열의 법칙에 따라 우성인 M, 즉 노멀유전자만 발현되고 멜라니스틱유전자의 발현이 억제돼 노멀로 표현된다.

■**분리의 법칙** : 분리의 법칙은 부모의 대립하는 형질 중 열성이었던 형질이 잡종2대(F2)에서 다시 발현되는 현상을 일컫는다. 예를 들어 각각 우성유전자와 열성유전자를 지닌 노멀 수컷(AA)과 이노 암컷(aa)[4]을 교배하는 경우 그 F1들은 모두 Aa의 이형접합체인 노멀로 표현될 것이며(split to non sex linked ino),[5] 다시 이들 간에 교배해 F2를 얻을 경우 이 F2 중 25%는 성과 관계없이 ino로 표현된다. 물론 25%는 AA인 노멀이며, 50%는 Aa인 이노형질을 보유한 노멀(normal split to non sex linked ino)이 될 것이다. 아래의 표를 보면 좀 더 명확하게 이해할 수 있을 것이다.

앞서 우열의 법칙에서 나온 멜라니스틱 대신 a, 즉 non sex linked ino로 F1을 얻은 후 이들 F1을 근친교배할 경우, 표와 같은 유전형과 표현형을 얻게 된다.

다소 복잡해 보일 수 있으나 간단하게 설

분리의 법칙

	A	a
A	AA	Aa
a	Aa	aa

명하자면 잡종1대에서 표현되지 않았던 부모 중 한쪽의 열성인자가 잡종2대에서 다시 분리돼 나타나는 것을 의미하며, 이는 앞서 설명한 우열의 법칙의 연장선상에 있는 것이다.

■**독립의 법칙** : 독립의 법칙은 멘델이 발견한 최후의 법칙으로 사실 앞서 설명한 우열의 법칙과 독립의 법칙이 결합된 것이다. 위의 두 가지 법칙을 알고 있으면 이 마지막 법칙도 이해하기 어렵지 않을 것이다. 이와 관련한 좀 더 상세한 설명은 앞서 언급한 육종 및 유전관련 서적을 참조하기 바란다.

돌연변이

돌연변이를 알아보기 전에 먼저 변이에 대해 짚고 넘어갈 필요가 있다. 변이란 생물의 종, 품종, 집단, 개체 간에 존재하는 형태나 능력상의 차이를 의미한다. 이러한 변이는 유전적 구성의 차이와 환경적 요소에 의해 생성된다. 유전적 변이, 즉 유전변이는 유전자의 구성차이에 의해 생성되는데 반해 환경변이는 영양물질, 온도, 병원체, 화학약품 등에 의해 초래된다.

유전변이는 다시 교배변이와 돌연변이로 크게 나눠볼 수 있다. 교배변이는 돌연변이와 더불어 육종의 대상이 되는 주요한 변이로, 서로 상이한 유전적인 특질을 지닌 개체를 교배해 얻어지는 변이다. 즉 위에서 살펴본 왕관앵무의 화이트페이스 품종과 펄 품종을 교배해 화이트페이스 펄과 같은 새로운 품종을 얻는 것이 좋은 예다. 돌연변이는 유전물질인 DNA 내의 아데닌, 구아닌, 시토닌, 티민의 4가지 성분으로 이뤄진 염기배열 순서에 어떤 이유로 임의의 변화가 생겨 발생하는 변이다. 우리에게 널리 알려진 알비니즘(온몸이 희고 눈이 붉게 보이는 현상)은 멜라닌 생성을 담당하는 유전자에 결실 또는 이상이 생겨 발생하는 돌연변이의 대표적인 예다.

육종

브리딩과 동일한 의미로 특정한 목적을 가지고 특정한 형질을 지닌 개체나 혈통을 확립하는 일련의 행위를 일컫는다. 예를 들어 퍼시픽 패럿렛에 임의로 발생하는 알비니즘을 이용해 알비노개체를 작출하거나 그러한 혈통을 고정하는 작업이 육종인 것이다.

또는 기존에 이미 존재하는 알비노 퍼시픽 패럿렛이 특정한 건강상의 이상을 수반한다고 가정할 때, 이러한 이상을 제거해 건강한 알비노개체를 얻는 과정도 육종 내지 브리딩이라고 볼 수 있다. 단, 브리딩의 경우 협의로 쓰일 때 단순히 번식시키는 것을 의미하기도 한다는 것을 유의하기 바란다.

반성유전

여러 유전형질은 특정 염색체 위에 위치한다. 이러한 유전형질 중 성염색체에 위치해 성과 더불어 유전되는 형질이 있는데, 이러한 일련의 현상과 기작을 반성유전이라고 칭한다. 이러한 반성유전의 가장 대표적인 사례는 바로 수컷 헤테로형 반성유전과 암컷 헤테로형 반성유전이다. 전자는 포유동물처럼 수컷의 성염색체가 헤테로(hetero, XY형)이고, 암컷이 호모(homo, XX형)인 경우 특정 반성유전자가 X염색체 위에 위치해 발생하는 현상이다. 반면에 후자는 우리가 관심을 두고 있는 앵무새

나뭇가지로 장난을 치고 있는 야생앵무새
ⓒCityparrots/Jonker&Innemee

등의 조류에서 발생하는 것으로 수컷의 성염색체가 호모(ZZ)이고, 암컷의 성염색체가 헤테로(ZW)일 때 관심의 대상이 되는 특정 염색체가 Z염색체와 결부돼 유전되며 발생하는 현상이다. 조류에 있어 가장 대표적인 반성유전인자는 터쿼즈 패럿의 시나몬인자나 대부분의 앵무새에 공통적으로 발현되는 이노인자가 있다. 이외에 성과 관련해서는 한성유전과 종성유전 등이 있으나 여기서는 깊이 다루지 않겠다.

동형접합체

동일한 대립인자를 지닌 유전인자의 집합체를 의미한다. 제노타입이 NN, 즉 노멀인 왕관앵무는 동형접합체이며 제노타입이 Nn, 즉 임의의 열성인자 n을 보유한 개체는 이형접합체다. 이때 우리는 후자를 n인자를 보유한 노멀개체(normal split to n)라고 칭한다.

치사유전자

치사유전자란 배아나 개체의 사망을 불러오는 유전자를 의미한다. 앵무새에 있어 가장 잘 알려진 사례는 바로 사랑앵무의 주황색상 유전자(O)다. 우성인 이 유전자를 동형집합체로 보유한 개체는 발생도중 사망(발생중단)하게 된다. 따라서 페노타입이 주황색상인 사랑앵무는 모두 이형집합체다.

근친교배

근친교배(동계교배)는 통상 국내의 대부분의 앵무새 마니아들 사이에 반드시 피해야 할 것으로 알려져 있으나 이는 사실과 다소 거리가 있다. 근친교배란 말 그대로 혈연관계가 분명한(부모자식, 형제자매, 사촌 등) 근연관계인 개체 간의 교배를 의미한다. 통상 이러한 근친교배에 대해 부정적인 인식이 널리 퍼져 있고, 판매되는 개체들도 근친관계가 아님을 강조하는 문구를 동반하는 것이 일반적이다.

하지만 한 가지 명심해야 할 사항은 현존하는 대부분의 개체들은 근친교배를 통해서 작출됐다는 것이다. 돌연변이 또는 어떠한 이유로 현존하는 형질을 고정시킨다고 할 때 가장 널리 쓰이는 방법은 근친교배를 이용하는 것이다. 근친관계인 개체군은 이상적이라고 판단되는 특정 형질의 유전농도가 다른 개체군에 비해 높은 것이 당연한 사실이며, 따라서 이러한 근친개체군 간의 선택적 교배를 통해 원하는 형질의 농도를 높이고 궁극적으로 목표로 하는 개체의 형질을 고정할 수 있는 것이다.

물론 돌연변이 등에 의해 얻어진 형질의 경우 굳이 근친교배가 필요하지 않은 것은 사실이나, 그렇다고 해도 여전히 근친교배는 목표로 하는 형질을 고정시키는 가장 빠르고 손쉬운 방법임에는 이론의 여지가 없다. 단, 근친교배 시 바람직하지 않은 유전형질 역시 과도하게 집중될 수 있는 만큼 고도의 계획과 피드백을 통한 번식이 요구된다 하겠다. 경우에 따라 부모자식 간의 교배를 인브리딩(inbreeding)이라 하고, 근연관계가 떨어지는 조카, 조손 간의 교배를 라인브리딩(linebreeding)이라 구별해서 부르기도 한다.

이종교배

이종교배란 분류학적인 측면에서 볼 때 서로 다른 종인 개체를 교배해 번식시키는 것이다. 이는 통상 다른 종이 보유한 특정 형질을 가져올 목적으로 수행된다. 이렇게 얻어진 잡종1대 수컷은 최소 3대에서 통상은 5대 이후가 돼야 생식능력을 갖게 된다. 암컷은 잡종여부와 관계없이 생식능력을 보유한다. 말과 당나귀 사이의 잡종인 노새가 대표적인 예다.

앵무새의 경우는 루티노 알렉산드리안 패러킷을 작출하기 위해 노멀 알렉산드리안 패러킷과 루티노 인디언링넥 패러킷을 교잡하는 것이 널리 알려져 있다. 즉 현존하는 루티노 알렉산드리안 패러킷은 모두 두 종간 이종교배의 산물이다. 종을 넘어 서로 다른 속간의 교배를 이속 간 교배라 칭하며, 이종교배에 비해 성공률이 현저히 떨어진다고 알려져 있다.

검정교배

검정교배란 현재 보유한 임의의 개체가 어떠한 형질을 가지고 있는지 알아보기 위한 과정이다. 즉 페노타입이 노멀인 퀘이커앵무가 있다고 할 때, 이 개체가 블루나 시나몬과 같은 임의의 형질을 가지고 있는지 알기 위해 이미 제노타입이 명확하게 알려진 개체와 시험 삼아 교배해보는 것이다. 예를 들어 시험대상개체의 제노타입이 Nn으로 추정되며, 피교배대상 개체의 형질이 Nn임을 이미 알고 있다면, 이 둘 간의 교배에서 nn인 개체가 작출되는 것을 통해 이러한 추정의 사실여부를 확인할 수 있는 것이다.

이런 형태의 확인작업은 통상 초기 임의의 형질이 돌연변이 등으로 처음 발견됐을 때, 해당 형질의 유전적 특성을 확인하기 위해 이뤄진다. 예를 들어 제노타입이 NN인 양친 사이에서 임의의 형질을 지닌 돌연변이 개체가 작출됐을 때, 이 형질이 우성인지 열성인지 또는 반성유전인지 등의 여부를 위에서 설명한 방식을 변형해 적용함으로써 확인할 수 있는 것이다.

블루 헤디드 파이어누스 ©Cityparrots/Jonker&Ihnemes

Section 03

색상돌연변이

거듭 언급했듯이 앵무새의 종이 워낙 다양한 관계로 현존하는 모든 종의 모든 색상돌연변이를 언급하는 것은 쉬운 일이 아니다. 다만 그나마 다행인 것은 앵무새에게 있어서는 색상돌연변이 이외의 형태의 돌연변이는 알려진 바가 거의 없다는 것이다. 우리나라에도 많은 마니아를 확보하고 있는 카나리아의 경우 왕관앵무나 모란앵무처럼 단순한 색상의 변이로만 구분되는 것이 아니라 체형이나 울음소리에 따라서 품종이 구분되며, 이들 간의 유전관계는 색상변이에 비해 매우 복잡하고 여러 유전자가 동시에 작용해 그 인과관계를 확인하기 매우 어려운 편이다. 이런 점을 고려할 때 앵무새의 유전변이는 그 종의 다양성에도 불구하고 어떤 측면에서는 카나리아보다 단순하고 쉽다고 하겠다.

이번 섹션에서는 테리 마틴의 저작을 바탕으로 우리에게 흔히 알려진 색상돌연변이를 설명하고, 그 돌연변이가 확인된 종의 예를 들도록 하겠다. 여기 소개된 내용 이외에 좀 더 상세한 정보를 원하는 독자는 테리 마틴과 다이아나 앤더슨이 함께 쓴 'A Guide to Cockatiels and Their Mutations and Pets & Aviary Birds' 나 테리 마틴의 'A Guide

재야생화된 옐로우 크라운드 아마존 ⓒCityparrots/Jonker&Innemee

to Colour Mutations & Genetics in Parrot'을 참조하기 바란다. 더불어 여기서는 지면 관계 상 이른바 중첩변이는 다루지 않았음을 유의하기 바란다. 우리에게 가장 널리 알려진 이러한 중첩변이는 바로 왕관앵무의 알비노다. 왕관앵무의 알비노는 블루와 루티노인자가 함께 작용해 생성된다. 즉 왕관앵무에 있어 우리가 알비노라 부르는 백변종은 사실 화이트페이스(블루) 루티노인 것이다.

블루(blue)

블루변이는 일반적으로 우리가 가장 쉽게 찾아볼 수 있는 변이다. 통상 와일드타입 내지 노멀이라고 불리는 대부분의 종들은 청색과 황색인자가 함께 작용한 결과 녹색을 보인다. 따라서 블루는 황색과 함께 가장 쉽게 만들어질 수 있는 변종인 것이다. 노멀이 녹색이 아닌 왕관앵무 등의 일부 종은 회색이 녹색의 역할을 하며, 따라서 이때의 회색인자는 블루인자와 동일한 형태로 발현된다. 블루인자는 종에 따라 다양한 수준으로 발현되며 파블루(par blue)와도 깊은 관계가 있다.

일반적인 녹색의 새가 노란색 바탕의 깃털에 블루색상이 작용해 만들어진 결과인데 반해, 블루변종은 이러한 옐로우그라운드가 어떤 임의의 원인으로 황색색소가 결핍돼 화이트그라운드로 바뀌며 청색만이 작용해 만들어진다. 우리에게 널리 알려진 화이트페이스 왕관앵무도 이러한 블루변종의 일례이며, 사실 화이트페이스라는 명칭보다는 블루라고 부르는 것이 좀 더 과학적이고 정확한 표현임을 알아두기 바란다.

블루변이의 교배와 관련해 설명한 좌측의 표를 참고하기 바란다. 리네오, 퍼시픽 패럿렛, 왕관앵무, 모란 등 국내에서 기르는 거의 모든 앵무새가 이와 같은 방법으로 설명된다.

블루변이의 교배

	N	N
N	NN	NN
n	Nn	Nn

수 : NN(normal) / 암 : Nn(normal split to blue)
회색 : 노멀 / 청색 : 블루인자를 보유한 노멀

루티노(lutino) 또는 이노(ino)

루티노는 몸 전체가 노랗고, 눈이 붉거나 짙은 포도주색인 변종을 일컫는다. 루티노는 통상 황색 이외의 흑색이나 회색을 만들어 내는 멜라닌색소가 결핍돼 나타난 결과다. 즉 앞서 살펴본 블루변종과 반대의 결과로 만들어지는 것이다.

루티노를 유발하는 인자는 여럿이 알려져 있으며 사랑앵무, 스칼렛체스티드 패럿(Scarlet Chested Parrot), 부르케스 패럿(Bourke's Parrot), 분홍머리모란앵무, 갈라코카투 등에서 주로 관찰되는 루티노가 일반적이다. 이외에도 블루프론티드 아마존이나 더스키헤디드 코뉴어(Dusky Headed

루티노변이의 교배

	$Z^{ino}Z$	Z
Z	ZZ^{ino}	ZZ
W	$Z^{ino}W$	ZW

수 : $Z^{ino}Z$ / 암 : ZW
회색 : 이노인자를 보유한 노멀 수컷 / 적색 : 노멀 수컷 / 황색 : 루티노 암컷 / 백색 : 노멀 암컷

Conure)에서 관찰되는 루티노가 있으나, 아직 그 유전적 형질이 알려진 바 없다. 위의 표는 스플릿 루티노 수컷과 노멀 암컷의 교배결과다. 루티노변이에는 위와 같은 반성유전 외에도 열성루티노가 있다. 열성루티노는 통상 아델레이드 로젤라(Adelaide Rosella), 퍼시픽 패럿렛, 엘레강트 패럿(Elegant Parrot) 등에서 관찰된다. 이 경우 성염색체와는 별개로 일반적인 열성인자와 동일한 방식으로 유전되므로 반성유전의 경우와 혼동하지 않도록 유의하기 바란다. 유전법칙은 앞서 살펴본 블루의 경우를 참고하기 바란다.

시나몬(sex linked cinnamon)

시나몬은 반성유전의 일종으로 해당 유전인자는 갈색계열의 색소가 검은색으로 변화하는 것을 제한하는 작용을 한다. 팰로우(fallow)인자도 유사한 작용을 하지만, 작용의 시기가 상이한 것으로 알려져 있다. 교배결과는 반성유전 루티노의 사례를 참고하기 바란다.

딜루트(dilute)

수년 전 리네오레이티드 패러킷이 국내에 처음 소개되며 다양한 논란을 불러일으킨 유전인자다. 이러한 논란의 원인은 이 유전자가 국내에 처음 소개돼 생소했기 때문이기도 하겠지만, 더 중요한 원인은 종별로 서로 상이한 유전형태를 보였기 때문일 것이다. 통상 딜루트는 옐로우라고도 불리며, 매우 다양한 유전형태를 보이는 일군의 상이한 유전인자 및 그 현상을 통칭한다고 보면 된다. 경우에 따라 딜루트인자는 실버라고 불리기도 한다.
레드럼프드 패럿, 크림슨 로젤라, 레인보우 로리킷 등에서 관찰되는 딜루트는 열성으로 블루의 경우와 동일한 방식으로 유전된다. 단 유의할 것은 퍼시픽 패럿렛, 사랑앵무, 왕관앵무를 비롯한 여러 종의 앵무새에 유사한 변이가 존재하나 그 형태가 조금씩 상이하

야생의 몽크 패럿(Monk Parrot) ⓒCityparrots/Jonker&Innemee

며, 심지어는 한 종 내에서도 비슷한 결과를 발생시키는 서로 다른 유전자가 공존한다는 점이다. 사랑앵무의 경우 이른바 그레이윙, 클리어윙, 블랙아이드옐로우(black eyed yellow) 등 무려 3종류의 유사한 변이가 존재하기도 한다. 참고로 왕관앵무와 인디언링 넥의 경우에는 우성딜루트가 존재한다. 이러한 우성딜루트는 지금까지 매우 소수의 종에서만 확인된 바 있으므로 참고하기 바란다.

팰로우(fallow)
팰로우인자 역시 국내에는 비교적 생소한 변이를 일으키는 인자다. 팰로우의 특징은 성성숙에 도달했을 때 이노계열의 경우처럼 눈이 붉은색을 띠며, 다른 색상의 농도나 배색에는 아무런 영향을 주지 않은 채 오직 검거나 회색인 깃털을 옅은 갈색이나 황색으로 변화시켜야 한다. 이 변이의 개체들은 전체적으로 연한 파스텔 톤을 띠게 된다.

통상 팰로우변이 내에는 그 기작과 표현형태에 따라 잿빛(Ashen Fallow), 회갈색(Dun Fallow), 구릿빛(Bronze Fallow), 옅은 청색(Pale Fallow) 등이 알려져 있다. 이중 잿빛 팰로우는 왕관앵무새에서 어렵지 않게 발견된다.

올리브 및 다크 그린

올리브 및 다크 그린은 녹색인 노멀개체를 좀 더 어두운 색상으로 바꾸는 이른 바, 깃털의 구조변화 유전자에 의해 발생한다. 즉 올리브와 다크 그린 유전자는 색상의 배합을 바꾸는 것이 아니라, 빛이 산란되는 깃털의 외부구조에 변화를 줘서 다른 색깔처럼 보이게 만들어주는 것이다. 이와 비슷한 역할을 하는 깃털의 구조변화 유전인자에는 그레이 그린과 바이올렛이 있다.

또한, 이러한 올리브 및 다크 그린인 해당인자가 몇 개인지에 따라 하나도 없으면 노멀, 하나면 다크 그린, 두 개면 올리브로 표현되는 등 지금까지 봐온 인자들과는 다소 상이한 형태를 띤다. 예를 들어 해당인자가 하나인 싱글 팩터(single factor) 개체를 노멀개체와 교배하면 50%의 노멀과 50%의 싱글 팩터인 다크 그린이 작출되며 싱글 팩터와 해당인자가 두 개인 더블 팩터, 즉 올리브를 교배하면 50%의 싱글 팩터, 즉 다크 그린과 50%의 더블 팩터, 즉 올리브 개체가 작출된다.

리네오레이티드 패러킷의 경우 이러한 구조는 블루 변종에도 적용돼 각각 코발트와 머브 변종을 만들어낸다. 또한, 이러한 현상은 터콰즈 패러킷, 인디안링넥, 블루앤골드윙 매커우 등에 폭넓게 존재한다.

휴식 중인 세네갈 패럿 ⓒCityparrots/Jonker&Innemee

야생의 옐로우 셔브론드 패러킷(Yellow Chevroned Parakeet, *Brotogeris chiriri*) ⓒCityparrots/Jonker&Innemee

오팔린(opaline)

오팔린은 일종의 색소분배조정인자에 의한 변이다. 기본적으로 이 변이는 반성유전되며, 종별로 조금씩 상이한 결과를 가져오지만 통상 흑색계열 색소의 범위를 제한하고 황색, 적색, 분홍색 등 황색계열의 분포를 넓히는 역할을 한다. 로젤라, 분홍머리모란앵무, 레드럼프드 패럿 등에서 흔히 보인다. 왕관앵무의 경우 펄이라고 불리기도 한다.

파이드(pied)

파이드는 이른바 반점이라는 의미로 여러 가지 흰색, 노란색을 비롯한 임의의 색상이 몸 전체에 군데군데 또는 한곳에 집중적으로 자리 잡는 것을 의미한다. 통상 우성파이드, 열성파이드, 열성블랙아이드클리어, 열성ADM(anti dimorphism) 등이 알려져 있다.

파이드는 그 유전형식을 막론하고 파이드라는 사실만 유전될 뿐, 파이드가 자리한 위치까지 그대로 유전되지는 않는다는 것을 유의해야 한다. 일각에서는 파이드가 넓게 자리 잡아 원래의 색상이 매우 제한적으로 분포하는 것을 헤비 파이드(heavy pied)라고 별도

★ 유전 계산기 ★

앞서 간략히 앵무새에 적용되는 유전법칙을 살펴봤으나 지면의 한계로 인해 좀 더 세부적인 사항을 다루지 못했음을 양해 바란다. 이러한 지면상의 한계를 극복하고자 이른바 유전계산기 이용법을 설명하고자 한다. 유전계산기를 이용하면 복잡한 유전지식에 대해 명확히 알지 못하더라도 큰 어려움 없이 유전법칙을 확인할 수 있으며, 특정 유전인자를 지닌 부모 새를 교배했을 때 작출되는 2세들의 유전형질도 확인할 수 있다.

여기서 필자가 사용하는 유전계산기는 이른바 'Genetic Calculator 1.3' 버전으로 약 10여 년 전부터 필자가 애용해온 프로그램이다. 인터넷 상(www.gencalc.rasek.biz)에서 누구나 무료로 이용할 수 있으며, 현존하는 거의 모든 종과 품종에 대한 최신의 정보를 제공한다. 다만, 이 프로그램을 이용하기 위해서는 최소한의 영어능력을 갖추고 있어야 하며, 앞서 설명한 수준 또는 그 이상의 기본적인 유전지식과 유전인자의 표기방법을 숙지하고 있어야 함을 유의하기 바란다.

■프로그램 구동 및 종 선택 : 우선 해당주소를 입력하고 아래와 같이 초기화면을 열어 본인이 관심을 가지고 있는 품종을 클릭한다. 종별 리스트는 아래의 붉은 원안에 있다. 필자는 국내에서 가장 흔하게 볼 수 있는 종인 왕관앵무를 선택해 보겠다.

■유전형 입력 : 종을 선택하고 나면 붉은색 원처럼 해당 개체 암수의 유전형을 입력한다. 이때 1.0.은 수컷이며 0.1.은 암컷임에 유의해야 한다. 여기서 필자는 수컷은 화이트페이스로, 암컷은 시나몬 화이트페이스로 가정했다. 이를 마치고 나면 푸른색 원안처럼 표시해 결과를 어떤 형태로 볼 것인지를 선택한다. 좌측은 페토타입, 즉 표현형만을 확인하는 것이고 우측은 표현형과 더불어 제노타입, 즉 유전형도 확인하겠다는 것을 의미한다. 여기까지 입력한 후, 녹색원안의 generate라는 버튼을 클릭한다. 이는 결과를 생성해내는 명령버튼이다.

■결과보기 : 아래 화면은 위의 입력된 사항에 대한 계산 결과. 여기에서는 제노타입이 아닌 페노타입만 출력했음을 유의하기 바란다. 계산결과에 따르면 모두 화이트페이스의 2세만 작출됨을 쉽게 알 수 있다.

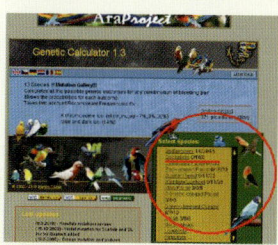 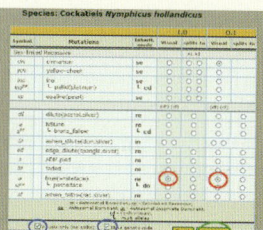 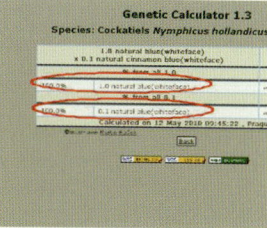

품종 선택   유전형 기입   결과 확인

이상에서 간단하게 유전계산기 사용법을 살펴봤다. 여기서는 매우 간단한 예만을 들었지만 만일 유전형이 복잡하거나 또는 해당개체의 명확한 유전형을 알지 못한다면 이러한 유전계산기도 큰 도움이 되지 못할 수 있음을 유의하기 바란다. 기술은 단지 보조도구일 뿐이다. 기술을 사용하는 사람의 최소한의 지식과 능력이 없이는 무용지물일 수 있음을 유의하기 바란다.

레드로이드 아마존 ⓒCityparrots/Jonker&Innemee

로 칭하며 더 높은 가치를 부여하기도 한다. 이 경우에도 마찬가지로 헤비 파이드를 서로 교배하더라도 헤비 파이드가 나올 확률은 그리 높지 않으며, 일반적인 의미의 파이드가 나오는 편이다.

파이드와 유사한 가장 흥미로운 케이스는 바로 하프 사이더(half sider)라는 현상일 것이다. 이는 한 마리의 개체가 몸의 좌우를 나누어 서로 완전히 상이한 색상을 갖는 현상이다. 다만 이러한 하프 사이더는 파이드유전인자의 작용이 아니라 배발생단계에서의 유전적 결함에 의한 후천적인 형질로 당연히 유전이 되지 않으며, 파이드인자와 관련도 없음에 유의하기 바란다.

멜라니스틱(melanistic)

멜라니스틱은 국내에는 거의 알려지지 않은 유전인자로 종에 따라 몇 가지 상이한 형태로 존재한다. 이 인자는 몸 전체의 색상을 매우 검게 바꿔버린다. 로리계통이나 로젤라계통에 널리 알려져 있으며 열성이다. 적용되는 방식은 일반적인 열성인자와 동일하다.

각주 1) 물론 일부 바이러스 등은 DNA대신 RNA가 DNA의 역할을 담당하기도 한다. 2) 멜라니스틱현상을 유발하는 유전자는 열성이기 때문에 노멀이라 하더라도 Mm이 이형접합개체의 경우 노멀로 표현됨을 유의하자. 3) 이 표는 유전형을 계산하는 데 매우 유용하게 사용된다. 가로축과 세로축에 양친의 유전형을 각각 풀어서 표기하고 그 가로와 세로축 또는 행과 열이 만나는 곳을 양 개체로부터 나온 F1의 유전형으로 보면 된다. 여기서는 두 개의 대립하는 유전형을 가지고 계산했고, 각각의 칸은 4마리의 F1 중 1마리 또는 100%의 F1 중 25%를 의미한다. 이러한 도식화는 좀 더 복잡한 형태로 확장될 수 있으며, 그 적용방법은 큰 차이가 없다. 4) 이때 a는 성과 관련 없이 발현되는 열성유전자인 non sex linked ino를 의미한다. 이 유전자는 우리가 일반적으로 왕관앵무나 퍼시픽패럿렛 등에서 쉽게 볼 수 있는 sex linked ino와 달리 암수 모두 두 개의 aa를 보유하고 있어야 ino로 표현됨을 유의하기 바란다. 5) 여기서 split to란 유전형이 동형접합이 아닌 이형접합체라서 표현되지 않은 열성유전자를 지니고 있음을 의미한다. 통상 '스플릿 투 ~~' 라고 읽는다. 통상 화이트페이스는 왕관앵무에 있어 블루(blue)유전자가 발현된 것을 의미한다. 따라서 이 경우 유전기호를 기술할 때는 normal split to blue라고 하는 것이 좀 더 정확한 표현이다.

참고서적

- 일반사항
- Tweti Mira(2008), Of Parrot and People, Penguin Group
- Pepperberg Irene(2008), Alex and Me, Harper Collins
- Juniper Tony(2005), Spix's Macaw, Harper Collins
- Reynolds Rita(2008), Petloss, Newsage Press
- Diamond Judy, Bond B. Alan(1999) Kea, Bird of Paradox-The Evolution and Behabior of a New Zealand Parrot, University of California Press
- Nancy Elis-Bell(2008), The Parrot Who Thought She was a Dog, Harmony Books
- Robin Deutsch(2004), The Healthy Bird Cook Book, T.F.H. Publications
- 채희영 외 3인 공저(2000), 조류생태학, 아카데미서적
- Pettinill S. Olin 저, 권기정 외 3인 공역(2000), 조류학, 아카데미서적
- Rothfels Nigel 저, 이한중 역(2003), 동물원의 탄생, 지호
- Burger Joanna 저, 김정미 역(2002), 나를 소유한 앵무새, 인북스
- Davis Make 저, 정병선 역(2005), 조류독감-전염병의 사회적 생산, 돌베게

- 종별 상세자료
- 한국동물학회 편저(2005), 세계의 주요 동물명집, 전파과학사
- Lexicon of Parrot, www.arndt-verlag.com
- Joseph M. Forshaw(2006), Parrots of the World, Prinston University
- Terry Martin, Diana Anderson(2007), A Guide to Cockatiels and Their Mutations, ABK
- Neville and Enid Connors(2005), A Guide to Black Cockatoos, ABK
- Anne C. Watkins(2004), The Conure Handbook, Barrons
- Chris Hunt(1999), A Guide to Australian White Cockatoos, ABK
- Rob Marshall, Ian Ward(2004), A Guide to Ecletus Parrots, ABK
- Rick Jordan(2003), A Guide to Macaws, ABK
- Peter Odekerken(2002), A Guide to Lories & Lorikeets, ABK
- Syd and Jack Smith(1997), A Guide to Asiatic Parrots, ABK
- Rosemary Low(2006), A Guide to Grey Parrot, ABK
- Stan Sindel, James Gill(1992), Australian Grass Parakeets, Singil Press
- Thomas Haupt(1998), A complete Pet Owner's Manual Cockatiel, Barrons
- Matthew M. Vriends(1999), The Cockatiel Handbook, Barrons
- Nikki Moustaki(2002), Why Do Cockatiels Do That?, Bowtie
- Diane Grindol(2001), Cockatiel for Dummies, Wiley Publishing, Inc.
- Werner & Susanne Lantermann, Matthew M. Vriends(2000), A Complete Pet Owner's Manual, Barrons
- Alessandro D'angieri, The Colored Atlas of Lovebirds, T.F.H) Publications, Inc.

- 훈련
- Nikki Moustaki(2005), Parrots for Dummies, Wiley Publishing, Inc
- Mattie Sue Athan(1999), Guide to Companion Parrot Behavior, Barrons
- Diane Grindol, Tom Roudybush(2004), Teaching Your Bird to Talk, Howell Book House
- Tani Robar, Diana Grindol(2006), Parrot Tricks, Howell Book House
- Bonnie Munro Doane(2001), Parrot Training, Howell Book House
- Bonnie Munro Doane(1995), My Parrot My Friend, Howell Book House

- 질병, 건강 관련
- Jaime Samour(2004), Avian Medicine, Saunders
- Thomas N. Tully, Jnr, Martin P.C. Lawton, Gerry M. Dorrestein(2000), Avian Medicine, Butterworth Heinmann
- Nigel Harcourt-Brown & John Chitty(2004), BSAVA Manual of Psittacine Birds, British Small Animal Veterinary Association
- Lance Jepson(2009), Exotic Animal Medicine – A Quick Reference Guide, Saunders
- Teresa Bradley Bays, Teresa Lightfoot, Jorg Mayer(2009), Exotic Pet Behavior – Birds, Reptiles and Small Mammals, Saunders,
- Thomas N. Tully Jr, Gerry M. Dorrestein, Alan K. Jones.(2009), Handbook of Avian Medicine, Saunders
- Agnes E. Rupley(1997), Manual of Avian Practice, Saunders
- G. Causey Whittow(2000), Sturkie's Avian Physiology(5th Edition), Academic Press
- Murray E. Fowler, R. Eric Miller(2003), Zoo and Wild Animal Medicine(5th Edition), Saunders
- Bennet M. Petter, Owens P. F. Ian(2002), Evolutionary Ecology of Birds : Life Histories, Mating System and Extinction, Oxford University Press
- Whittow G. Causey(2000), Sturkie's Avain Physiology 5th Edition, Academic Press

- 번식 및 유전
- Gayle A. soucek(2001), The Parrot Breeder's Answer Book, Barrons
- Terry Martin(2002), A Guide to Colour Mutations & Genetics in Parrots
- Phil Digney(1998), A Guide to Incubation & Handraising Parrots, ABK
- Matthew M. Vriends(1996), Handfeeding and Rasing Baby Birds, Barrons
- Mattie Sue Athan(2007), Guide to a Well Behaved Parrot, Barrons
- Lauren Shannon-Nunn, Carol S. D'Arezzo(2000), Parrot Toys and Play Areas, Crowfire Publishing
- James McDonald(2003), The Complete Guide to Raising Pet Birds for Profit, Brentwood House Publishing

사진 출처 및 저작권
- ⓒ Cityparrot으로 표기된 사진은 모두 재야생화된 앵무새 구호연구단체인 〈City parrot〉의 Jonker&Innemee가 제공했으며, 이 자리를 빌어 깊은 감사의 마음을 전하고 싶습니다.
- ⓒ QuestHaven으로 표기된 사진은 모두 Mary Holden과 Mathew Holden이 제공했으며, 이 자리를 빌어 깊은 감사의 마음을 전하고 싶습니다.
- ⓒ의 표기가 안 된 나머지 사진은 해당 사진작가로부터 구매했거나 저자가 직접 촬영한 사진임을 밝혀둡니다.

깃털 달린 아인슈타인 앵무새

2010년 09월 05일 초판 1쇄 펴냄
2021년 04월 30일 초판 5쇄 펴냄

제작기획 | 씨밀레북스
책임편집 | 김애경
지은이 | 심용주
펴낸이 | 김훈
펴낸곳 | 씨밀레북스
출판등록일 | 2008년 10월 16일
등록번호 | 제311-2008-000036호
주소 | 강원도 춘천시 효자3동 753-21, 203호
전화 | 033-257-4064 **팩스** | 02-2178-9407
이메일 | cimilebooks@naver.com
웹사이트 | www.similebooks.com

ISBN | 978-89-961764-6-6 13490

이 책은 저작권법에 따라 보호받는 저작물이며,
무단전재와 무단복제는 법으로 금지돼 있습니다.
※값은 뒤표지에 있습니다.